OEUVRES
DE
WALTER SCOTT.

TOME XXIX.

IMPRIMERIE DE LACHEVARDIERE,
rue du Colombier, n° 30.

MONSIEUR L'ÉCUYER

Publié par Furne, à Paris.

HISTOIRE D'ÉCOSSE

RACONTÉE

PAR UN GRAND-PÈRE A SON PETIT-FILS.

TRADUCTION
DE M. DEFAUCONPRET,

AVEC DES ÉCLAIRCISSEMENS ET DES NOTES
HISTORIQUES.

TOME II. — DEUXIÈME SÉRIE.

PARIS.
FURNE, LIBRAIRE-ÉDITEUR,
QUAI DES AUGUSTINS, n° 39.

M DCCC XXXI.

HISTOIRE D'ÉCOSSE.

DEUXIÈME SÉRIE.

COMPRENANT
DEPUIS L'UNION DES COURONNES,
SOUS JACQUES VI,
JUSQU'A L'UNION DES ROYAUMES
SOUS LA REINE ANNE.

DÉDICACE.

A Hugh Littlejohn, Esq.

Mon cher enfant,

Je vous adresse quatre nouveaux volumes, lesquels renferment l'histoire de notre pays depuis l'époque où l'Angleterre et l'Ecosse furent soumises au même roi, jusqu'à celle de *l'Union* où ils furent enfin réunis en un seul royaume. Que vous puissiez lire ces volumes avec plaisir et profit, c'est, mon cher enfant, le désir et l'espoir

de votre très affectionné grand-père,
Walter Scott.

Abbotsford, 15 octobre 1828.

HISTOIRE D'ECOSSE

RACONTÉE

PAR UN GRAND-PÈRE
A SON PETIT-FILS.

DEUXIÈME SÉRIE.

CHAPITRE PREMIER.

Progrès de la civilisation.

L'accueil favorable que le public a fait à la première partie de cet ouvrage, écrit pour votre amusement et votre instruction, mon cher enfant, m'engage à continuer ma narration historique, jusqu'à l'époque où l'union de l'Angleterre et de l'Écosse fut rendue aussi complète par l'accord des sentimens et des intérêts des deux pays que la législature l'avait voulu, et que le demandait vainement depuis long-temps leur avantage mutuel.

Vous devez vous rappeler peut-être que nous nous sommes arrêtés au moment où Jacques, sixième du nom, qui régnait en Écosse, succéda au trône d'Angleterre par la mort d'Élisabeth, et devint ainsi le souverain de toute l'île de la Grande-Bretagne. L'Irlande faisait aussi partie de ses états; la moitié de ce pays avait été conquise par les armes de l'Angleterre, l'autre s'était soumise volontairement. Sous le règne d'Élisabeth, il y avait eu plusieurs guerres avec les lords et chefs irlandais; mais les Anglais avaient enfin obtenu la possession tranquille de cette riche et belle contrée. Ainsi les trois royaumes, formés par les îles Britanniques, passèrent sous la domination d'un seul souverain; et Jacques se trouva dans une situation pleine de force et de sécurité, ce qui, à cette époque, était le partage de peu de monarques européens.

Le pouvoir du roi Jacques fut d'autant plus grand que les progrès de la civilisation avaient augmenté les connaissances de ses hommes d'état et de ses conseillers, et donné de la force et de la stabilité aux lois qui protègent le pauvre et le faible contre les usurpations des riches et des puissans.

Mais vous me demanderez peut-être, mon cher enfant, ce que je veux dire par progrès de la civilisation; il est de mon devoir de vous l'expliquer aussi intelligiblement que je le pourrai.

Si vous considérez les degrés les plus inférieurs de la création, tels que la classe des oiseaux, des chiens, des bestiaux, ou toute autre classe de l'espèce animale, vous verrez que pour tout ce qui peut leur être utile, ces êtres sont privés des moyens de se communiquer leurs idées. Les animaux ont des cris par lesquels ils expriment le plaisir ou la peine, la crainte ou l'espérance; mais ils n'ont aucun langage par lequel ils puissent, ainsi que les hommes, converser ensemble. Le Tout-Puissant, qui forma toutes les créatures suivant sa volonté, n'a point donné à ces classes inférieures la faculté d'améliorer leur situation, ou de communiquer entre elles. Il y a sans aucun doute de grandes différences dans l'intelligence des divers animaux. Mais quoiqu'un oiseau puisse bâtir son nid plus adroitement qu'un autre oiseau appartenant à une espèce différente de la sienne, ou qu'un chien ait plus de finesse qu'un autre chien, et soit plus capable d'apprendre les tours qu'on lui enseigne, cependant comme il manque d'un langage pour exprimer aux animaux de son espèce les avantages qu'il possède, ses talens grossiers meurent avec lui; ainsi les chiens et les oiseaux conservent leurs habitudes natives, comme ils ont fait depuis la création du monde; en d'autres termes, les animaux ont un certain dégré de raison qu'on appelle instinct, qui leur apprend à chercher leur nourriture, à pourvoir à leur bien-être et à leur sûreté, de la même manière qu'ont agi de tous temps ceux qui leur donnèrent la vie; mais cet instinct ne leur procure pas la faculté de communiquer à leurs petits une innovation heureuse, ou une connaissance utile. Vous avez dû remarquer que l'exemple de l'hirondelle, du roitelet et d'autres oiseaux, qui couvrent leurs nids d'une espèce de toit, pour les protéger contre la pluie, n'est point imité du reste des oiseaux, qui continuent de construire les leurs aussi imparfaitement que le faisaient les premiers oiseaux dans le commencement du monde.

Une autre circonstance, qui semble calculée pour empêcher les animaux de s'élever au-dessus du rang qui leur fut assigné, c'est le court espace de temps pendant lequel ils sont protégés par ceux dont ils reçurent l'existence. Peu de semaines donnent à la jeune couvée de chaque saison assez de force et de hardiesse pour abandonner le nid protecteur; l'attachement si tendre qui avait existé tant que les petits étaient incapables de pourvoir à leur subsistance cesse tout-à-coup; quelques semaines s'écoulent, et tous les membres de cette famille si unie sont étrangers l'un à l'autre. Les agneaux, les génisses et les jeunes poulains ne s'éloignent jamais de leur mère tant qu'ils sont protégés par sa sollicitude et nourris de son lait; mais dès qu'ils se sentent la force nécessaire pour se défendre eux-mêmes, et l'instinct de pourvoir à leurs besoins, ils renoncent aux soins maternels, et les oublient à jamais.

Ainsi, chaque classe séparée conserve d'âge en âge la même position dans l'ordre général de l'univers; et aucune génération n'est et ne peut être, ou plus instruite, ou plus ignorante, que ne l'ont été celles qui l'ont précédée, ou celles qui doivent la suivre.

Le genre humain suit une route bien différente. Dieu, comme nous dit l'Écriture, forma l'homme à son image. Il ne faut pas entendre par là que le créateur du ciel et de la terre ait aucune forme visible et palpable, à laquelle ressemble le corps humain; mais cela veut dire que celui qui a créé le monde est un esprit invisible et incompréhensible; qu'il a mêlé à la forme humaine quelque portion d'une essence ressemblant à la sienne : essence qui anime et dirige les mouvemens et la volonté de l'homme, et qui, au moment de la dissolution de son corps, retourne vers le monde spirituel d'où elle a été tirée, pour y répondre du bien et du mal dont elle fut le premier mobile. C'est cette essence qu'on appelle l'âme.

Il eût donc été impossible que l'homme qui possède la connaissance du bien et du mal, connaissance qui lui donne quelques rapports avec cette classe supérieure composée de ces intelligences célestes que nous nommons des anges, et ayant, quoiqu'à une incalculable distance, quelque affinité avec l'essence de la Divinité elle-même; il eût été impossible, dis-je, que l'homme eût été placé sur les mêmes limites, en ce qui a rapport aux progrès des connaissances, que ces êtres inférieurs de la création, qui ne sont point responsables des actions dirigées par leur instinct, ni capables, par leur intelligence, d'améliorer ou de changer leur condition. L'homme, bien différent des animaux, et dont les organes du corps correspondent si intimement avec les facultés de son âme, possède les moyens d'augmenter d'heure en heure son pouvoir, son instruction, sa sagesse, aussi long-temps que la vie le lui permet.

Des nations entières peuvent se réunir dans le dessein de se protéger et de se défendre mutuellement ; elles ont la même faculté de s'agrandir et de se perfectionner ; et si les circonstances sont favorables, elles peuvent s'élever graduellement depuis le dernier échelon où est placée la horde barbare de sauvages tout nus, jusqu'à la dignité d'un peuple puissant et civilisé.

La faculté d'améliorer notre condition en acquérant un savoir utile et qui procure les moyens par lesquels l'homme devient le roi de l'univers, est fondée sur ce que la race humaine est la seule qui, parmi tous les êtres composant la création, possède les mêmes avantages. Arrêtons-nous un instant sur ce sujet, mon cher enfant, nous en retirerons quelques vérités aussi curieuses qu'importantes.

Si l'homme, tout en possédant une essence ou âme immortelle qui le rend capable de choisir et de refuser, de juger et de condamner, de raisonner et de conclure, était dépourvu des moyens de communiquer les conclusions auxquelles ses raisonnemens l'ont conduit, il est de fait que les progrès de chaque individu seraient en proportion de ses propres observations et de sa propre intelligence. Mais le don de la parole donne à chacun la faculté de mettre au jour des idées nouvelles, qui, au lieu de mourir dans le sein où elles sont nées, deviennent une partie de la masse de connaissances qui appartient à la communauté, et qui s'augmente et devient d'une utilité générale à mesure que des hommes sages et des esprits inventifs s'élèvent dans la société. Cet usage d'une langue parlée qui distingue si glorieusement l'homme immortel des animaux périssables, est le premier moyen d'introduire et d'accroître la science dans l'enfance des peuples.

Une autre cause du perfectionnement de la société, est l'incapacité où se trouvent les enfans d'agir par eux-mêmes, ce qui rend si long-temps nécessaire l'attention et la protection de leurs parens; lors même que la nourriture que la terre produit sans culture, telle que les fruits et les légumes, est en pleine maturité, un enfant pendant plusieurs années est incapable de la recueillir et de pourvoir à ses besoins. Bien plus encore, lorsqu'il faut se procurer des alimens par la chasse, la pêche, ou par la culture du sol, occupations qui exigent un degré de force et d'adresse que les enfans ne peuvent posséder avant d'avoir au moins douze ou quatorze ans, il s'ensuit, par une loi bien sage de la nature, qu'au lieu de quitter leurs parens dès le commencement de leur vie, comme les oiseaux et les quadrupèdes, les enfans restent sous la protection de leurs pères et mères pendant bien des années, et forment leur esprit en acquérant toutes les connaissances que leurs parens peuvent leur donner. Il résulte aussi de ces sages dispositions de la Providence, que l'amour et l'affection, qui parmi les animaux ne sont produits que par l'instinct, et n'ont point de durée, deviennent dans la race humaine une inébranlable et profond sentiment fondé sur l'attachement d'un côté, la reconnaissance de l'autre, et l'effet d'une longue habitude.

Par ces raisons, il arrive ordinairement que les enfans n'éprouvent aucun désir d'abandonner leurs parens ; ils habitent dans la hutte où ils sont nés, et travaillent, lorsqu'ils en ont la force, pour ceux qui les nourrissent dans leur enfance. Deux familles s'unissent ensemble, et se donnent mutuellement des secours ; c'est là le premier pas de la société humaine ; et l'on a trouvé dans cette condition des sauvages si grossiers et si ignorans, qu'ils étaient bien peu au-dessus d'un troupeau d'animaux sauvages. Les naturels de la Nouvelle-Galles du sud, par exemple, sont encore aujourd'hui au dernier degré de l'échelle de l'humanité, ignorant tous les arts qui peuvent ajouter au bien-être ou à la dignité de l'existence. Ces malheureux sauvages ne portent point d'habits, ne construisent point de cabanes, ne connaissent pas même la manière de chasser les animaux ou de pêcher les poissons. Ils ne s'emparent de ces derniers que lorsqu'ils en trouvent dans les rochers qui bordent la mer, ou lorsque la marée en jette sur le rivage. Ils se nourrissent des substances les plus dégoûtantes, mangent des serpens, des vers, des lézards, enfin tout ce qu'ils peuvent se procurer. Ils savent, il est vrai, allumer du feu, et dans ce sens seulement, ils sont sortis de la plus profonde ignorance à laquelle l'homme puisse être assujetti; mais ils n'ont point appris à faire bouillir de l'eau, et lorsqu'ils voient les Européens accomplir cette opération si simple, la plupart prennent la fuite, ou sont saisis de terreur. Des voyageurs nous citent d'autres sauvages qui ne connaissent pas même l'usage du feu, et qui ne soutiennent leur misérable existence que par des coquillages et du poisson cru.

Et cependant, mon cher enfant, de cet état vil autant que déplorable, qui semble au-dessous de celui des animaux, l'homme a le pouvoir de s'élever au plus haut rang que la Providence lui ait destiné. A mesure que les occasions se présentent, ces hordes de sauvages peuvent acquérir les arts des peuples civilisés: elles construisent des huttes pour se garantir des intempéries de l'atmosphère; elles inventent des armes pour détruire les bêtes féroces dont elles sont entourées, et pour tuer celles dont la chair est utile à leur subsistance. Elles plantent des arbres à fruits, et sèment des graines, aussitôt qu'elles découvrent que les productions les plus nécessaires peuvent s'accroître et s'améliorer par la culture et l'industrie. Ainsi les progrès de la société humaine, à moins qu'ils ne soient suspendus par quelque malheureux évènement, s'avancent peu à peu, et chaque génération nouvelle, sans perdre aucun des avantages déjà obtenus, en acquiert d'autres qui étaient inconnus à la génération qui l'a précédée.

Par exemple, lorsque trois ou quatre familles errantes se sont réunies, se fixent dans un lieu, et commencent à cultiver la terre, à bâtir des huttes sur le plan d'un village ou d'un hameau, elles conviennent en général de se choisir un maître, pour être leur juge, l'arbitre de leurs disputes en temps de paix, et le chef qui les conduit pendant la guerre. Voilà le fondement d'un gouvernement monarchique. Quelquefois les affaires publiques sont dirigées par un conseil, un sénat, composé des vieillards et des hommes les plus sages de la tribu. Voilà l'origine des états républicains. De toute manière ils se mettent sous la protection d'un gouvernement quelconque, et obéissent à des lois qui préviennent ou punissent toute querelle.

Des changemens importans sont amenés par le temps; d'abord, sans aucun doute, les membres de la communauté mettent en commun les fruits et le produit de la chasse. Mais bientôt la raison enseigne que celui qui emploie son adresse et son travail à rendre la terre productive acquiert un droit de propriété, sur le produit que sa peine et ses efforts ont pour ainsi dire créé. Ainsi, il est bien vite reconnu que l'homme qui plante un arbre a seul le droit de se nourrir de ses fruits, et que celui qui a semé un champ de blé a le privilége d'en recueillir le grain. Sans les soins du planteur et du laboureur, il n'y aurait eu ni pommes ni blé; il est donc juste de les laisser jouir du produit de leurs peines. De la même manière, l'état lui-même est censé acquérir un droit de propriété sur les champs que les membres qui le composent ont cultivés, et dans les forêts où ils exerçaient autrefois la chasse et la pêche. Si des hommes d'une tribu différente entrent sur le territoire d'une nation voisine, il survient une guerre; et la paix n'est obtenue qu'en proposant des deux côtés des conditions raisonnables. C'est ainsi qu'un état naissant étend ses possessions, et par ses communications avec d'autres tribus, pose le fondement de lois générales qui règlent la conduite des nations les unes envers les autres tant pendant la paix que pendant la guerre.

Viennent ensuite d'autres organisations non moins importantes, qui tendent à augmenter la différence entre les hommes dans l'état primitif de la société, et ceux qui jouissent des bienfaits de la civilisation. Une des plus remarquables, est la séparation des citoyens en différentes classes, et l'introduction de l'usage de l'argent. Je vais essayer de vous rendre ces grands changemens intelligibles.

Dans l'état primitif de la société, chaque membre de la communauté fournit à tous ses besoins par son travail personnel. Sa chasse lui procure des alimens ; il sème et récolte son propre grain, cueille ses propres fruits ; il taille les peaux qui lui forment des habits, il fait les chaussures qui protègent ses pieds. Il est ainsi, bien ou mal couvert, en proportion de son adresse personnelle et de son industrie. Mais le temps apprend qu'un homme a une activité particulière à la chasse, étant, nous le supposons, jeune, actif et entreprenant ; un autre, plus âgé, et d'un caractère plus tranquille, se plaît à labourer la terre, ou à diriger des troupeaux de bœufs et de moutons ; un troisième, boiteux peut-être, ou infirme, a l'adresse de tailler les vêtemens et de les assujettir ensemble, ou bien de faire la chaussure alors en usage. Il arrive donc, et pour l'avantage de tous, que le premier ne s'occupe que de chasse, le second se livre à la culture de la terre, le troisième reste chez lui, et fait des habits et des souliers. Mais il s'ensuit, et c'est une conséquence nécessaire, que le chasseur est obligé de donner à celui qui cultive les champs une partie de son gibier et de ses peaux, s'il désire avoir du blé pour faire du pain, ou une vache pour donner du lait à sa famille ; et que l'un et l'autre doivent offrir encore une partie des productions qui leur appartiennent à un troisième homme qui est devenu tailleur et cordonnier. Chacun peut donc se procurer ce qu'il désire plus aisément et beaucoup mieux, lorsque les occupations sont divisées, que si chaque homme était en même temps chasseur, laboureur et tailleur. Il s'acquitterait mal de ces trois états ensemble, il fait donc mieux de s'en tenir à celui qu'il comprend parfaitement et qu'il pratique avec succès. Ce mode de paiement se nomme troc, échange : c'est le premier trafic par lequel les hommes partagent entre eux leurs propriétés, et satisfont leurs besoins en se privant de leur superflu.

Mais dans la suite des temps, on trouve les trocs incommodes, le laboureur n'a pas besoin de chaussure au moment où le cordonnier a besoin de grain, ou bien le cordonnier n'a pas besoin de fourrure, ni de gibier, tandis que le chasseur veut avoir des souliers. Pour remédier à cet inconvénient, presque toutes les nations ont introduit l'usage de ce que nous appelons *de l'argent*; c'est-à-dire qu'elles ont choisi quelques matières particulières capables d'être divisées en petites parties, qui, n'ayant en elles-mêmes aucune valeur intrinsèque, sont néanmoins reçues comme représentant la valeur de toute espèce de denrées. Dans quelques pays on fait usage de coquillages d'une espèce particulière; dans d'autres, on se sert de peaux, de drap, de fer; mais l'or et l'argent, divisés en petite quantité, sont généralement employés sur presque toute la surface du globe.

Afin que vous puissiez comprendre l'utilité de cette représentation portative de la valeur des marchandises, et ce qu'elle a de commode, supposons que le chasseur dont nous parlions tout à l'heure ait besoin d'une paire de souliers, que le cordonnier ne désire point de gibier, tandis qu'il voudrait avoir du grain, et que l'agriculteur désire à son tour d'autres marchandises que des souliers. Voilà trois hommes qui veulent se procurer des objets qui leur sont nécessaires ou commodes, et qu'ils ne peuvent obtenir par échange, parce que celui auquel ils s'adressent n'a pas besoin de ce qu'ils lui offrent. Supposons maintenant que l'usage de l'argent soit introduit, et sa valeur reconnue, ces trois personnes trouvent aussitôt ce qu'elles désirent. Le cordonnier ne veut point du gibier que le chasseur offre de vendre; mais il y a un autre homme dans le village qui en a besoin, et l'achète pour cinq pièces d'argent. Le chasseur vend sa marchandise, va trouver le cordonnier, et celui-ci donne, pour de l'argent, ce qu'il ne voulait pas donner pour du gibier. Il se rend chez le laboureur, achète à son tour la quantité de blé qui lui est nécessaire; tandis que le fermier se procure aussi ce qu'il a besoin, ou garde son argent pour le dépenser lorsqu'il en trouvera l'occasion.

L'invention de l'argent est suivie de l'accroissement du commerce ; il y a des hommes qui s'occupent d'acheter des articles dont ils n'ont aucun besoin, pour les revendre avec un profit quelconque, c'est-à-dire qu'ils les vendent un peu plus cher qu'ils ne les ont achetés. Ceci est commode pour toutes les parties, puisque les propriétaires primitifs ne demandent pas mieux que de vendre à bon marché à ceux qui ouvrent des magasins et des boutiques, afin de s'éviter la peine de colporter leurs marchandises d'un endroit à un autre pour trouver des acheteurs ; et que le public consent volontiers à s'adresser à ces marchands intermédiaires, parce qu'on est sûr de trouver promptement chez eux ce dont on a besoin.

Les nombreuses transactions occasionées par l'introduction de l'argent, et d'autres circonstances, détruisent bien vite l'égalité des rangs qui existe dans le premier état de la société. Quelques hommes deviennent riches, et paient les secours des autres pour faire leur ouvrage. Quelques uns sont pauvres, et sont les serviteurs de ceux qui les nourrissent ; d'autres sont sages et habiles, se distinguent par leurs exploits à la guerre et leurs conseils pendant la paix, ils s'élèvent au gouvernement des affaires publiques ; d'autres encore, et c'est le plus grand nombre, n'ont que le courage nécessaire pour suivre ceux qui les conduisent, et ne possèdent que le talent d'accomplir ce qu'on leur commande. Ces derniers tombent, comme de raison, dans l'obscurité, tandis que les autres deviennent des généraux et des hommes d'état. L'acquisition du savoir et des talens tend aussi à augmenter la différence des rangs. Ceux qui reçoivent une bonne éducation, par le soin de leurs parens, ou qui possèdent assez de force d'esprit et de persévérance pour s'instruire eux-mêmes, se séparent des ignorans, et forment une classe distincte et une condition à part; ils n'entretiennent de communication avec leurs inférieurs qu'autant que cela leur est nécessaire. De cette manière, l'ordre entier de la société est changé; et au lieu de présenter l'uniforme aspect d'une grande famille, dont chaque membre a presque les mêmes droits, elle ressemble plutôt à une confédération ou à une association de diverses classes, de divers rangs et conditions, dont chaque corps forme une espèce de département dans la société, dont les devoirs de chacun sont différens de ceux des autres.

Les degrés par lesquels une nation s'élève de l'état naturel et simple que nous venons de décrire, dans le système plus compliqué où les rangs sont distingués les uns des autres, s'appellent les progrès de la société ou de la civilisation. Ces progrès sont mêlés, comme toutes les choses humaines, de beaucoup de mal et de beaucoup de bien; mais il semble que ce soit une loi de notre nature morale, que ces altérations doivent avoir lieu, soit plus vite, soit plus lentement, en conséquence des inventions et du perfectionnement des générations qui se succèdent.

Un autre changement qui est le résultat de conséquences non moins importantes, vient de la tendance graduelle vers la civilisation. Dans la société primitive, chaque homme de la tribu est un guerrier, et il est forcé de servir lorsque son pays a besoin de son bras. Mais plus tard, l'état militaire, du moins dans des circonstances ordinaires, est rempli par des soldats de profession, dont l'affaire est de se battre pour l'état, quand cela est nécessaire; qui sont payés par la communauté, dont les autres membres, par ce moyen, n'interrompent pas leurs paisibles travaux. Ce changement produit des conséquences trop importantes pour que nous puissions nous en occuper dans ce moment.

Nous avons dit que ces changemens étonnans qui amènent l'homme à demeurer dans des châteaux et des villes, au lieu d'habiter des huttes et des forêts; qui le rendent capable de cultiver les sciences, de dompter les élémens, au lieu d'être plongé dans l'ignorance et la superstition, sont dus à la raison dont Dieu a gratifié l'espèce humaine, et, dans un degré moins éminent, au don de la parole, par lequel nous pouvons communiquer aux autres les résultats de nos propres réflexions.

Mais il est évident que lorsque les progrès de la société reposent sur la tradition orale, ils sont sujets à être souvent interrompus. L'imagination de celui qui raconte, la faiblesse d'esprit de celui qui écoute, peuvent conduire à plusieurs erreurs; et il est généralement reconnu que les connaissances ont fait des progrès bien lents, jusqu'à ce que l'art de l'écriture ait été découvert, art par lequel une forme fixe, exacte et matérielle, est donnée à la sagesse des siècles passés. Ce bel art une fois connu, on peut être certain de la conservation et des progrès des sciences. L'histoire n'est plus confiée au souvenir des vieillards, elle prend un corps impérissable, elle peut alors être soumise à la révision de diverses personnes, jusqu'au moment où le sens est clairement expliqué et compris, et qu'il ne reste plus aucun doute, aucune incertitude.

L'art d'écrire oppose une barrière aux violentes révolutions, qui ont lieu si souvent dans le commencement des états, et par lesquelles les fruits de la science sont aussi fréquemment détruits que les fruits de la terre le sont par un ouragan. Supposons, par exemple, un évènement qui est souvent arrivé aux états naissans ; supposons qu'une nation qui a fait de rapides progrès dans les arts soit envahie et subjuguée par une autre plus puissante, ou plus nombreuse, quoique plongée dans l'ignorance ; il est certain que les vainqueurs n'attachant aucune importance aux sciences des vaincus ; les sciences, si elles sont seulement confiées à la mémoire des individus qui viennent d'être soumis, seront insensiblement perdues et oubliées. Mais si les découvertes furent confiées à l'écriture, les manuscrits où elles ont été décrites, quoique négligés pendant un certain temps, attireront probablement l'attention à une époque plus heureuse. Ce fut ainsi que l'empire romain, lorsqu'il eut atteint son plus haut degré de splendeur, fut conquis et renversé par des tribus de barbares. Ces admirables compositions classiques, qui sont appréciées de nos jours à leur juste valeur, furent sauvées de la destruction et de l'oubli par les manuscrits que le hasard avait conservés dans les vieilles bibliothèques des églises et des couvens. On doit regarder comme une maxime infaillible, qu'une nation ne peut faire de rapides progrès dans les sciences utiles et dans la civilisation, jusqu'au moment où le perfectionnement est rendu stable par l'invention de l'écriture.

Une autre découverte presque aussi importante que celle de l'art d'écrire, fut faite dans le quinzième siècle. Je veux parler de l'invention de l'imprimerie. L'écriture à la main était une opération difficile, lente et dispendieuse. Lorsqu'un manuscrit est achevé, il court la chance d'être mis de côté dans la poussière de quelque grande bibliothèque, où il peut être négligé par les studieux, ou doit du moins n'être accessible qu'à un petit nombre de personnes, et il est exposé à être détruit par de nombreux accidens. Mais l'admirable invention de l'imprimerie donne à l'artiste le moyen de tirer des milliers de copies d'un manuscrit original, en les gravant sur le papier en moins de temps et avec moins de frais qu'il n'en faudrait pour faire avec la plume cinq à six copies du même manuscrit. Depuis l'époque de cette glorieuse découverte, des connaissances de tout genre, sont sorties, pour ainsi dire, des ténèbres des cloîtres et des universités, d'où elles étaient connues d'un petit nombre de savans, pour paraître à la lumière du jour, où leurs trésors sont accessibles à tous les hommes.

La Bible elle-même, dans laquelle nous trouvons les lois de la vie éternelle, et mille leçons pour notre conduite dans le monde, était inaccessible avant l'invention de l'imprimerie, excepté aux prêtres de Rome, qui trouvaient leur intérêt à n'en permettre la lecture qu'aux personnes de leur ordre ; ils cachaient ainsi l'altération et la corruption que l'ignorance et la mauvaise foi avaient introduites dans la belle simplicité des saintes écritures. Mais lorsque, par le moyen de la presse, les copies de la Bible devinrent si nombreuses, que tous ceux qui se trouvaient au-dessus de la plus misérable pauvreté purent à bon marché se procurer ce livre divin, on en appela généralement des erreurs et des usurpations de l'église de Rome, à cette parole divine sur laquelle elle prétendait avoir fondé sa domination.

Un trésor jadis caché au public se trouva alors à la portée des laïques comme des clercs. Les conséquences de ces recherches, que l'imprimerie seule pouvait rendre faciles, donnèrent naissance à l'heureuse réformation de l'église chrétienne. Cet art si noble rendit les connaissances temporelles aussi faciles que celles qui concernaient la religion. Les ouvrages d'histoire, de science, de morale, ou d'agrément, qui pouvaient instruire ou amuser, furent imprimés à grand nombre, et se répandirent parmi le peuple. Ainsi il fut impossible que le temps fît oublier d'importantes découvertes, et l'on n'eut plus la crainte de voir détruire les arts et la littérature par la perte des manuscrits qui en conservaient les souvenirs.

En un mot, l'imprimerie est une invention qui donne à chaque individu la faculté de s'adresser à ses compatriotes sur les sujets qu'il juge importans, et qui permet à une nation entière d'écouter la voix de cet homme, quelque obscur qu'il soit, et de le comprendre avec autant de facilité qu'un chef indien est compris de sa tribu qu'il harangue autour du feu du conseil. On ne doit pas oublier l'importante différence qui existe entre un orateur et un auteur; l'orateur ne parle qu'aux personnes présentes, mais l'auteur d'un livre s'adresse, non-seulement à la génération actuelle, mais à toutes celles qui suivront, si son ouvrage est utile.

J'ai tâché de vous tracer les degrés que parcourt la civilisation dans la société, avec plus ou moins de rapidité, suivant que les lois, les institutions et les circonstances la favorisent ou la retardent. Par ces progrès de la civilisation, l'homme, qui est doué de raison, et destiné à l'immortalité, améliore peu à peu la condition dans laquelle la providence l'avait placé, tandis que les animaux continuent à protéger leur existence par les mêmes moyens de conservation que l'instinct seul indique à leur espèce depuis la création.

J'ai appelé votre attention un peu longuement sur cette matière, parce que vous remarquerez mieux maintenant le changement qui s'était opéré graduellement et lentement dans les royaumes d'Angleterre et d'Écosse, où de longues querelles étaient terminées, en apparence, par l'avènement de Jacques VI, d'Écosse, à la couronne d'Angleterre. Ce prince porta, dans ce puissant royaume, le titre de Jacques Ier.

CHAPITRE II.

Infirmités et mauvais caractère d'Élisabeth dans les dernières années de sa vie. — Avènement de Jacques VI, agréable sous ce rapport aux Anglais. — Affluence des Écossais à la cour de Londres; querelle entre eux et les Anglais. — Combat singulier entre Stewart et Wharton. — Attentat de sir John Ayres contre lord Herbert. — Assassinat de Turner, maître d'armes, par deux pages de lord Sanquhar. — Exécution des trois assassins. — Statuts contre l'assassinat par le poignard.

L'ILE entière de la Grande-Bretagne était réunie sous un roi, quoiqu'elle restât en effet divisée en deux royaumes séparés, gouvernés chacun par leur propre constitution et leurs différens codes de lois, mais susceptibles d'être de nouveau désunis, dans le cas où le roi Jacques mourrait sans laisser de postérité, les royaumes pouvant être réclamés par plusieurs héritiers. Jacques avait deux fils, mais il était possible qu'ils mourussent avant leur père, et alors les sceptres d'Angleterre et d'Écosse eussent été portés par différentes mains. La famille Hamilton aurait succédé au trône d'Écosse, et le plus proche héritier d'Élisabeth, à celui d'Angleterre. Quel était ce plus proche héritier? il eût été difficile de le décider.

On aurait pu penser que Jacques, le souverain d'un royaume pauvre et stérile, qui pendant plusieurs siècles avait soutenu une guerre presque continuelle contre l'Angleterre, serait reçu froidement par une nation habituée à mépriser les Écossais à cause de leur pauvreté, et à les considérer comme des ennemis, vu leur constante aversion pour le sang et le nom anglais. On aurait pu supposer encore qu'un peuple aussi fier que le peuple anglais eût regardé d'un mauvais œil le changement de dynastie, transférant le sceptre de la main des Tudors, qui l'avaient porté pendant cinq règnes successifs, sous celle d'un Stuart, descendant des anciens ennemis de la nation anglaise. Mais grâce à la Providence, tandis que de telles raisons existaient pour rendre l'avènement de Jacques et l'union des deux couronnes odieux aux Anglais, d'autres circonstances l'emportaient sur ces objections, non seulement parmi les classes élevées, mais aussi parmi le peuple, qui est cependant toujours contraire aux souverains étrangers, par la seule raison qu'ils sont étrangers.

Après un long et glorieux règne, la reine Élisabeth devint d'un caractère plus difficile et plus irrésolu que dans sa jeunesse, plus impérieuse, et plus portée à exercer un pouvoir arbitraire dans les plus légères occasions. Une des causes principales du mécontentement du peuple, était le refus obstiné de la reine, de prendre quelques arrangemens pour la succession au trône après sa mort. Ses soupçons et son entêtement à ce sujet, donnaient lieu à des scènes étranges. Parmi beaucoup d'autres, celle que nous allons raconter prouve le déplaisir qu'elle éprouvait à entendre parler de la vieillesse et de ses suites.

L'évêque de Saint-David prêchant en la présence de Sa Majesté, choisit pour son texte : « *Comptez le nombre de* » *vos jours, afin d'appeler la sagesse dans vos cœurs;* » (ps. XC, v. 12.) faisant allusion à l'âge avancé de la reine, qui avait alors soixante-trois ans, et aux infirmités, conséquence inévitable de la vieillesse; — comme, par exemple, *lorsque les dents ne sont plus qu'en petit nombre et que la vue s'affaiblit : — lorsque les filles de la joie et du chant seront humiliées;* — et autres allusions semblables. La reine fut aussi mécontente du choix de ce texte, que de semblables conseils; elle ouvrit brusquement la fenêtre de la tribune dans laquelle elle était assise, et pria le prédicateur de garder ses avis pour lui-même, attendu qu'elle s'apercevait que les plus grands clercs n'étaient pas les plus sages. Son mécontentement ne s'arrêta pas là, l'évêque eut l'ordre de se tenir renfermé chez lui pendant un certain temps; et quelques jours après, faisant allusion à cette circonstance, Élisabeth dit à ses courtisans; combien l'évêque se trompait en la supposant aussi vieillie que peut-être il l'était lui-même. Elle remerciait Dieu, ajouta-t-elle, de lui avoir conservé son estomac, sa force, sa voix pour chanter, son talent pour jouer des instrumens. Et pour prouver la bonté de ses yeux, elle montra un petit bijou où se trouvait une inscription en très petites lettres, et elle le présenta à lord Worcester et à sir James Crofts pour lire l'inscription; ces deux seigneurs avaient trop de tact pour ne pas paraître myopes dans une semblable occasion; alors Elisabeth la lut avec un air d'aisance, et se mit à rire de l'erreur du bon évêque. Les fautes d'Elisabeth, quoique provenant principalement de sa vieillesse et de sa mauvaise humeur, étaient observées et condamnées par ses sujets, qui commençaient ouvertement à se montrer las du règne d'une femme, oubliant combien il avait été glorieux, et désiraient d'être gouvernés par un roi. Participant à ce sentiment général, le plus secret confident d'Élisabeth et son conseiller, sir Robert Cecil, qui devint ensuite comte de Salisbury, tourna ses pensées vers le roi d'Écosse, comme le plus proche héritier de la couronne. Jacques était un prince protestant, ce qui lui assurait la faveur de l'église d'Angleterre, et celle des nombreux partisans de la religion protestante. Cecil entretint une correspondance avec le roi d'Écosse, par laquelle il lui traçait la route qu'il devait suivre pour assurer ses droits à la couronne d'Angleterre. D'un autre côté, les catholiques du royaume, sur lesquels le gouvernement d'Elisabeth faisait peser des lois très sévères, désiraient également l'avènement de Jacques ; car ce prince ayant eu pour mère une princesse fort attachée à la religion catholique, ils espéraient quelques faveurs, ou du moins quelque soulagement à tous les maux qu'ils avaient soufferts. Le comte de Northumberland entretenait une correspondance avec Jacques du côté des catholiques, dans laquelle il offrait d'assurer les droits du roi d'Écosse à la succession par la force des armes.

Jacques tenait ces intrigues aussi secrètes que possible. Si l'une ou l'autre avait été découverte par Élisabeth, ni les services de Cecil, ni la haute naissance et le pouvoir du duc de Northumberland, ne les eussent sauvés de toute la sévérité de son indignation. Cecil fut un jour sur le point d'être démasqué. Tandis que le secrétaire était de service auprès d'Élisabeth, un courrier remit entre ses mains des lettres secrètes du roi d'Écosse. — « Ouvrez vos dépêches, dit Élisabeth, et faites-nous connaître les nouvelles d'Écosse. » Un homme qui eût eu moins de présence d'esprit aurait été perdu ; car si la reine avait vu la moindre hésitation de la part du ministre, ses soupçons auraient été éveillés, et l'intrigue découverte. Mais Cecil se rappelant l'aversion naturelle de la reine pour les odeurs désagréables, aversion qui était augmentée par la croyance du temps, que les maladies contagieuses et les poisons subtils pouvaient être communiqués par l'odorat, l'adroit secrétaire profita de cette circonstance, et tandis qu'il coupait les liens du paquet, il observa qu'il avait une étrange et désagréable odeur; à ces mots, Élisabeth le pria d'emporter le paquet hors de sa vue, et de l'ouvrir avec les précautions nécessaires. Cecil profita de cette permission, pour retirer du paquet tout ce qui aurait pu trahir sa correspondance avec le roi d'Écosse. La politique et les vues de Cecil furent secondées par les seigneurs de la cour; il n'y avait en effet aucun héritier du trône dont les droits pussent être opposés à ceux de Jacques d'Écosse.

On doit ajouter, pour baser sur quelques fondemens cette approbation générale, que les défauts de caractère de Jacques n'avaient point encore attiré l'attention tandis qu'il occupait le trône d'Écosse. La difficulté de sa position était alors si grande, il était exposé à tant de dangers par la haine du clergé, les querelles des nobles, et les dispositions hostiles du bas peuple, qu'il n'osait se livrer à ces caprices puérils, et aux bizarreries dont plus tard il se rendit coupable quand il fut davantage le maître de ses actions. Au contraire, il était obligé de rechercher les plus sages conseillers, d'écouter les avis les plus prudens, et de cacher son goût à encourager les favoris oisifs, les parasites et les flatteurs, aussi bien que le désir intérieur qu'il éprouvait d'étendre son autorité plus loin que la constitution du pays ne le permettait. A cette époque, il gouvernait par les conseils de ministres, tels que le chancelier Maitland, et Home, comte de Dunbar, hommes d'état distingués, dont les mesures prudentes et les lois utiles donnaient au roi une réputation de sagesse. Jacques n'était pas dépourvu lui-même d'un certain degré de sagacité ; il possédait tout ce que peut donner le savoir accompagné de pédanterie, et une finesse d'esprit qui le rendait capable de jouer le rôle d'un homme de sens, soit qu'il agît sous l'influence de la contrainte ou de la peur, ou bien lorsqu'il ne se présentait aucune occasion de commettre quelques folies. Ce fut par ces qualités précaires qu'il acquit dans sa jeunesse la réputation d'un roi sage et capable ; mais lorsque, dans la suite, son caractère fut mieux connu, parce qu'il était placé sur un théâtre plus élevé, on trouva qu'il ne méritait pas d'autre titre que celui qui lui fut donné par un profond politique français, qui l'appelait ordinairement « le fou le plus sage de la chrétienté. »

Malgré les défauts du roi Jacques, l'Angleterre accueillit son avènement au trône avec plus d'empressement et de joie qu'elle n'en avait jamais montré pour aucun prince. Une foule de sujets de tous rangs se présenta sur son passage, pour l'accompagner, pendant son voyage en Angleterre, jusqu'à la capitale du royaume. Les riches lui offrirent leurs biens, les grands lui donnèrent des fêtes magnifiques, et les pauvres, qui n'avaient rien à offrir que leur vie, semblaient prêts à la dévouer à son service. Quelques personnes de la suite de Jacques, qui connaissaient son caractère, craignaient le dangereux effet qu'un tel changement pouvait produire en lui : « Que la peste étouffe ce peuple, dit un des plus vieux serviteurs de Jacques, ils vont gâter un bon roi. »

Un autre Écossais fit une réponse spirituelle à un Anglais qui désirait connaître quel était le véritable caractère de Jacques. « Avez-vous jamais vu, dit l'Ecossais, un singe apprivoisé ? Si vous en avez vu, vous devez savoir que si l'animal vous appartient, vous pouvez me faire mordre par lui ; mais que s'il devient à moi, je puis vous faire mordre à mon tour. »

Le temps prouva la vérité de ces bons mots ; le roi Jacques, parvenu de la pauvreté à la richesse, devint léger, prodigue, indolent, adonné aux plaisirs. Les douces flatteries du clergé anglais, qui l'avait proclamé chef de l'Eglise, entièrement opposées aux rudes attaques des ministres presbytériens d'Ecosse, qui avaient à peine accueilli sa demande d'être un des membres les plus inférieurs de leur clergé, ajoutèrent un nouveau degré de ridicule à ses prétentions théologiques. Enfin, tiré d'un pays où sa liberté personnelle et celle de son gouvernement étaient souvent en danger ainsi que sa vie, il fut donc transporté de joie lorsqu'il se trouva dans une position où non seulement sa volonté n'était jamais contestée dans tout ce qui avait rapport à lui, mais paraissait être la règle à laquelle tout loyal sujet devait se soumettre. Jacques, de son côté, semblait disposé, autant que possible, à user dans toute son étendue du pouvoir qu'on lui offrait. D'un monarque équitable et juste, il devint un despote arbitraire, et, au lieu de s'assujettir au travail du cabinet comme jusqu'alors il en avait eu l'habitude, il passa son temps à la chasse et dans les fêtes.

De cette manière, Jacques, malgré un grand savoir et beaucoup de pédanterie, se plaça sous la tutelle d'une foule d'indignes favoris, et, malgré son bon naturel et l'amour de la justice, il fut souvent entraîné à des actions et à des mesures qui, si elles ne méritent pas tout-à-fait d'être appelées tyranniques, étaient au moins illégales et injustes. Mais c'est du gouvernement de l'Ecosse que nous traitons maintenant: et je vais essayer de vous exposer les conséquences qui résultèrent pour les Ecossais de leur union avec l'Angleterre.

Si la nation anglaise était satisfaite de recevoir Jacques pour son souverain, le peuple écossais n'était pas moins séduit par les espérances que lui faisait concevoir l'avènement de son monarque à un royaume si puissant. Ils considéraient la haute fortune de Jacques comme un augure de la grandeur future de leur nation. Chaque Ecossais en particulier espérait recueillir sa part des richesses qu'on supposait abonder en Angleterre ; ils se rendirent à la cour par milliers, empressés de les partager.

Jacques fut blessé de l'avidité et de l'importunité de ses compatriotes affamés, et humilié de leur pauvre et misérable apparence parmi les riches seigneurs anglais, ce qui attirait du ridicule et du discrédit sur le pays auquel il appartenait. Il envoya des instructions au conseil privé d'Ecosse, afin d'empêcher ces importuns de quitter leur patrie, ajoutant que leurs manières et leur tournure étaient une disgrâce pour tous les habitans de l'Ecosse. Une proclamation s'ensuivit à Edimbourg, annonçant qu'un grand nombre d'hommes et de femmes de basse extraction, sans noms, sans propriétés, sans commerce, quittaient l'Ecosse pour se rendre à la cour d'Angleterre, qui en était remplie, au grand déplaisir de sa majesté ; car ces gens n'étant dans l'opinion de ceux qui les avaient vus, que des paresseux et des misérables, leur importunité et leur nombre donnaient l'idée qu'il n'y avait aucune personne distinguée dans un pays qui fournissait une telle multitude de vagabonds. On se plaignait aussi de ce que ces importuns alléguaient ordinairement que la cause de leur apparition à la cour était pour réclamer le paiement de vieilles dettes faites par le roi : « ce qui, de tous les genres d'importunité, » disait la proclamation avec une grande simplicité, « était celui qui déplaisait le plus au roi. » On donna l'ordre d'afficher cette proclamation à toutes les croix des places de marché, en Ecosse, avec l'intimation qu'aucun Ecossais n'aurait la liberté de voyager en Angleterre sans la permission du conseil privé, et que les vaisseaux transportant des passagers, qui n'auraient pas obtenu de licence, seraient sujets à confiscation.

Mais quoique le roi essayât tout ce qui était en son pouvoir pour se débarrasser de ces grossiers courtisans, il y avait beaucoup d'autres Écossais, fils d'hommes de qualité, qui, par leur naissance et par leur condition, avaient le droit de paraître à sa cour et d'approcher de sa personne, et qu'il ne pouvait repousser sans renoncer à ses anciennes affections, au sentiment national, et à la reconnaissance qu'il devait aux services passés. Les bienfaits qu'il accordait à ceux-là étaient regardés avec un œil d'envie par les Anglais, qui semblaient croire que tout ce qu'on accordait aux Écossais leur appartenait. Le roi, quoiqu'on ne pourrait dire qu'il eût commis quelque injustice à dessein, était mal jugé, tant par ses compatriotes, que par les Anglais. Les Écossais, qui avaient été ses amis dans ce qu'on pourrait appeler son adversité, espéraient naturellement une part à son bonheur en le voyant monté au faîte d'une telle grandeur; les Anglais, d'un autre côté, éprouvaient, avec raison, quelque jalousie, en devinant les espérances de ces hommes du nord. En un mot, les courtisans écossais pensaient que leurs anciens services, leur affection éprouvée dans des circonstances difficiles, leur titre de compatriotes, et peut-être même la parenté, qui ne s'étend si loin chez aucun peuple, leur donnaient le droit à tous les avantages que le roi pouvait accorder; tandis que les Anglais pensaient que tout ce qui était donné aux Écossais était pris à leurs dépens. Ils exprimaient leur mécontentement dans des vers et des bons mots satiriques, comme on le retrouve dans cette vieille chanson :

Pauvre Écossais ! chacun sait comme
En Angleterre on t'a fait gentilhomme.

Ton bonnet bleu, lorsque tu vins chez nous,
De la pluie et de la tempête
Bien faiblement parait les coups.
Aujourd'hui brillent sur ta tête
Plume et chapeau ; mais le bonnet,
Où donc est-il ? Le diable seul le sait.

Lame longue et rouillée, ornait jadis sa hanche
D'un lourd panier de fer, qui lui servait de manche ;
Maintenant une épée est ceinte à son côté,

Et le fier Écossais, sur un cheval monté,
Semble enivré de joie, et d'orgueil transporté.

Ces autres vers décrivaient un courtisan écossais :

Il naquit en Écosse, en ce climat propice,
Et, quoique mendiant, il faut qu'on le nourrisse.

On dit que lorsque les Écossais se plaignirent au roi de ce dernier sarcasme, Jacques répondit : « — Soyez tranquilles, je rendrai les Anglais aussi pauvres que vous, et de cette manière je finirai la dispute. » — Mais comme il n'était pas au pouvoir du roi d'apaiser par un bon mot des querelles entre la noblesse de deux fières nations, réconciliées depuis si peu de temps, tous les efforts de Jacques furent impuissans pour prévenir des scènes sanglantes entre ses compatriotes et ses nouveaux sujets. Ces scènes remplissaient la cour de désordres et le roi de chagrin : il avait la guerre en horreur sous quelque forme qu'elle pût prendre ; et la vue seule d'une épée nue suffisait pour le faire frémir.

Il y eut une de ces querelles qui prit un caractère si formidable, qu'elle menaça d'être la cause de la destruction de tous les Écossais qui se trouvaient à la cour et dans la capitale, et par conséquent d'une désunion entre deux royaumes si nouvellement et si heureusement réunis. A Croydon, dans une course de chevaux, Philippe Herbert, Anglais de haute naissance, mais heureusement d'un courage moins noble, reçut, dans une querelle, un coup de fouet dans le visage, qui lui fut donné par un nommé Ramsay, gentilhomme écossais, de service à la cour. L'insolente rudesse de Ramsay fut regardée comme une injure nationale par les Anglais qui étaient présens, et ils proposèrent de se venger sur-le-champ, en attaquant tous les Écossais qui se trouvaient à la course. Un gentilhomme nommé Pinchbeck, quoique assez mal partagé pour ces sortes d'affaires, car il n'avait que l'usage de deux doigts à la main droite, galopa à travers la multitude, en brandissant un poignard, exhortant tous les Anglais à l'imiter, et à tomber sur les Ecossais. « Faisons notre déjeuner avec ceux qui sont ici, s'écria-t-il, et nous dînerons avec le reste à Londres. » Mais comme Herbert ne rendit pas le coup qu'il avait reçu, le tumulte s'apaisa; autrement, il est certain qu'une scène affreuse aurait eu lieu. Jacques, dont Herbert était un des plus chers favoris, récompensa la modération de ce gentilhomme en le créant chevalier, baron, vicomte et comte de Montgomery, en un seul jour. Ramsay fut banni de la cour pendant un certain temps. Ainsi, l'affront général fut en quelque sorte réparé. Mais le nouveau comte de Montgomery resta, dans l'opinion de ses compatriotes, un homme déshonoré. On dit que sa mère, qui était la sœur de sir Philip Sidney, pleura et s'arracha les cheveux lorsqu'on lui apprit la patience avec laquelle son fils avait enduré l'insulte de Ramsay. C'est pour cette dame que Ben Jonson a fait cette belle épitaphe :

> La femme qui repose ici sous cette terre,
> De Sidney fut la sœur, de Pembroke la mère.
> Mort! avant que ta faux ait tranché le destin
> D'un être dont l'esprit fût plus juste, plus sain,
> D'une femme aussi bonne, aussi savante enfin ;
> Le temps, de tes succès inépuisable source,
> Reviendra sur ses pas, t'arrêter dans ta course.

Cependant la patience avec laquelle Herbert supporta son affront prévint heureusement le malheur de tout un peuple. Et si plus tard il n'avait pas donné des preuves de lâcheté, on aurait pu louer son patriotisme, qui avait préféré le bien de son pays à la satisfaction de se venger.

Un autre délit commis par un Ecossais d'un caractère hautain et irascible, fut aussi sur le point de produire de désastreuses conséquences. Les *Inns of court* [1] sont des lieux de résidence et d'étude pour les jeunes gens qui se

---

[1] Les *auberges des cours judiciaires*, lieu où étaient logés les hommes de loi et les étudians, etc.

destinent, en Angleterre, à la profession des lois ; ils sont remplis d'étudians, dont la naissance égale souvent les talens, et qui, vivant ensemble dans des espèces de collége, ont toujours été nourris des idées de priviléges et de distinctions, auxquelles la profession honorable qu'ils embrassent, aussi bien que leur naissance, leur donne des droits. Un de ces gentilshommes, nommé Edward Hawley, parut à la cour un jour d'entrée publique, et pénétra peut-être plus loin que son rang ne le lui permettait. Maxwell, un Écossais, favorisé des bonnes grâces du roi, et huissier de sa chambre, non seulement le jeta à la porte, mais le traîna littéralement hors de la chambre du roi, par un ruban noir qu'Hawley, comme tous les autres galans de l'époque, portait à son oreille. Hawley, qui était un homme de cœur, envoya aussitôt un cartel à Maxwell, et le second qu'il choisit, et qui fut chargé de porter le défi, informa l'Ecossais que s'il refusait ce rendez-vous, Hawley l'attaquerait, n'importe où il le rencontrerait, pour le tuer ou être tué par lui. Jacques, par les prérogatives de son rang, vint à bout d'apaiser cette querelle, en exigeant que Maxwell fît des excuses à Hawley, et pour donner aux deux antagonistes toute la facilité de s'expliquer, il accepta un magnifique bal masqué qui lui fut offert à cette occasion par les étudians de *Gray's-inn-lane*, société à laquelle Hawley appartenait.

Nous devons remarquer ici un grand changement parmi les jeunes gens de ce temps, changement qui s'était opéré peu à peu pendant les progrès de la civilisation. L'ancienne épreuve du combat, qui faisait partie des lois féodales, et qu'on mettait si fréquemment en usage, était maintenant tombée en désuétude. Les progrès de la raison humaine, les principes de justice, concouraient à prouver qu'un combat dans la lice pouvait montrer lequel de deux chevaliers était le meilleur cavalier ou le plus habile à tirer l'épée, mais qu'une telle lutte ne pouvait faire reconnaître quel était le coupable ou l'innocent ;

ce n'est que dans les siècles d'ignorance qu'on peut croire que la Providence fera un miracle et récompensera par le succès celui dont la vertu le mérite. L'épreuve par le combat, quoiqu'elle ne fût point effacée du code des lois, ne fut invoquée qu'une seule fois, après l'avènement de Jacques Ier, et même le combat n'eut pas lieu ; on le regarda comme un genre de preuve qui ne convenait plus à des temps éclairés. Par la même raison, les autres souverains d'Europe cessèrent de paraître à ces combats, excités par un ridicule point d'honneur, ou par l'envie de venger quelques injures, et qu'ils avaient jusqu'alors autorisés par leur présence. Ces combats étaient généralement désapprouvés par toutes les personnes raisonnables ; ils privaient souvent l'état de ses plus braves défenseurs, et ils furent défendus, sous peine de sévères punitions, par les rois d'Angleterre et de France, comme dans presque tout le monde civilisé. Mais l'autorité royale ne pouvait changer les cœurs, et la crainte des punitions n'était pas capable d'intimider des hommes dont les idées sur l'honneur, quoique entièrement fausses, leur étaient plus chères que la vie. Les combats singuliers furent peut-être plus fréquens qu'auparavant, et quoique avec moins de publicité, et dépourvus de l'appareil des lices, des armures, des coursiers, des hérauts et des juges, ils n'en sont pas moins sanglans que ceux qui s'accomplissaient autrefois selon la stricte observance de toutes les lois de la chevalerie. L'usage plus moderne voulait que les combattans se rencontrassent dans quelque lieu solitaire, seuls, ou bien chacun accompagné d'un ami, qu'on appelait second, et qu'on supposait être là pour voir si tout se passait avec justice. On se servait ordinairement dans ces combats d'une rapière ou petite épée, arme des plus meurtrières ; les combattans, pour montrer qu'ils n'avaient point d'armure offensive sous leurs habits, se débarrassaient de leurs vêtemens, et combattaient en chemise. Le devoir des seconds consistait, comme nous venons de le dire, à juger si les combattans agissaient avec loyauté. Mais comme il était difficile que ces jeunes étourdis conservassent leur sang-froid et restassent inactifs, en voyant combattre leurs amis, il était fort ordinaire qu'ils se battissent aussi, sans la moindre apparence de querelle; alors, celui qui dépêchait le plus promptement son antagoniste, ou le rendait incapable d'une plus longue résistance, venait sans hésiter au secours de son camarade : ainsi la victoire était en général le résultat de la supériorité du nombre, ce qui est contraire à toutes nos idées d'honneur et de bravoure.

Telles étaient les règles du duel, c'est ainsi qu'on appelait les combats singuliers. La mode en vint de France en Angleterre, et fut adoptée par les Écossais et les Anglais, comme le moyen le plus prompt de terminer leurs querelles nationales qui devenaient chaque jour plus nombreuses.

Une de ces querelles les plus remarquables, fut celle qui donna lieu à un combat fatal et sanglant entre sir James Stewart, fils du premier lord Blantyre, un Écossais, chevalier de l'ordre du Bain, et sir George Wharton, un Anglais, fils aîné de lord Wharton, chevalier du même ordre. Ces deux gentilshommes étaient amis, et si l'on peut ajouter foi à des rapports de famille, sir James Stewart était un des jeunes gens les plus accomplis de son temps. Une légère querelle au jeu conduisit Wharton à se servir d'une expression impolie, à laquelle Stewart répondit par un soufflet. Un défi fut échangé sur les lieux mêmes, et les deux jeunes gens convinrent de se battre le jour suivant dans un lieu désigné près de Waltham. Ce rendez-vous assigné, ils couvrirent leur ressentiment d'une apparence d'amitié, et burent du vin ensemble; en se quittant, Wharton fit observer à son adversaire que leur première entrevue ne se terminerait pas aussi tranquillement. Le combat eut lieu, les deux gentilshommes se battirent avec le courage le plus déterminé, tombèrent l'un et l'autre couverts de blessures, et moururent sur le champ de bataille.

Quelquefois la rage et la violence des braves de cette époque ne choisissaient pas la plus honorable mais la plus prompte manière de se venger : et les courtisans de Jacques Ier, malgré leurs titres et leur naissance honorable, étaient, en quelque sorte, habitués à attaquer un ennemi par surprise, sans assigner un lieu de rendez-vous, et sans observer aucune règle sur le nombre des combattans, et même dans certaines occasions ils ne se firent aucun scrupule de se venger par le sabre d'assassins stipendiés. Toutes les formes usitées, l'égalité des armes et du nombre, étaient mises de côté comme de vaines cérémonies.

Sir John Ayres, homme de rang et de fortune, avait conçu de la jalousie contre lord Herbert de Cherbury, célèbre comme soldat et comme philosophe, parce qu'il s'était aperçu que sa femme, lady Ayres, portait autour de son cou le portrait de ce brave et savant gentilhomme. Irrité par ses soupçons, sir John attendit lord Herbert, et le rencontrant lorsqu'il revenait de la cour, suivi seulement par deux domestiques, il se jeta violemment sur lui, soutenu par quatre personnes de sa suite, l'épée à la main, et accompagné de beaucoup d'autres dont les armes n'étaient pas sorties du fourreau, mais qui servaient à soutenir le courage des assaillans. Lord Herbert fut jeté à bas de son cheval ; l'épée avec laquelle il essaya de se défendre fut brisée dans sa main, et le poids de son cheval l'empêcha de se relever. Un de ses laquais prit la fuite en voyant son maître attaqué par une troupe si nombreuse ; le second resta près de lord Herbert, et dégagea son pied qui était pris dans l'étrier. Au même moment sir John était penché sur son rival pour lui plonger son épée dans le cœur : mais lord Herbert le saisissant par la jambe, le renversa aussi par terre, et quoiqu'il n'eût entre les mains que les restes d'une épée brisée, il donna un coup si violent dans la poitrine de son adversaire, qu'il lui ôta le pouvoir d'exécuter ses odieux desseins; l'arrivée de quelques amis de lord Herbert fit prendre la fuite à l'assassin; il vomissait le sang en abondance en conséquence du coup qu'il avait reçu.

Cet assassinat se passa au milieu des rues de Londres, et cette scène affreuse se prolongea pendant quelque temps, sans que personne se crût appelé à secourir le parti le plus faible; sir John Ayres parut éprouver moins de remords de sa coupable entreprise que de regrets qu'elle n'eût pas réussi. Lord Herbert lui envoya un défi aussitôt que ses blessures furent sur le point d'être guéries; le gentilhomme qui le porta plaça le billet à la pointe de son épée, et de cette manière le remit publiquement à la personne à laquelle il était adressé. Sir John Ayres répondit que l'injure qu'il avait reçue de lord Herbert était de nature à ne souffrir entre eux aucune entrevue, pas même celle qui résulterait d'un combat régulier, mais qu'il tuerait son rival par une fenêtre avec un mousquet, si jamais il en trouvait l'occasion. Lord Herbert assure dans ses mémoires, qu'il ne donna jamais aucune cause à la jalousie qui fit naître dans l'esprit de sir John Ayres de si violens désirs de vengeance.

Une circonstance plus cruelle encore, et qui servit à augmenter la haine générale qu'inspiraient les Ecossais, fut un crime commis par lord Sanquhar, gentilhomme d'Ecosse, l'héritier de l'ancienne famille des Creichton. Ce jeune lord, en faisant des armes avec un nommé Turner, maître d'escrime, eut le malheur de perdre un œil, par un coup de fleuret. Cet accident était sans doute fâcheux, mais il était impossible de blâmer Turner, qui n'avait eu aucune mauvaise intention, et qui éprouvait les plus grands regrets du malheur dont il était la cause innocente. Une ou deux années plus tard, lord Sanquhar se trouvant à la cour de France; Henri IV, qui à cette époque en était le souverain, lui demanda comment il avait perdu son œil. Lord Sanquhar, ne désirant pas s'arrêter sur ce sujet, répondit simplement qu'il l'avait perdu par un coup d'épée. L'homme qui fut la cause de ce malheur vit-il encore? demanda le roi; cette question fit une impression profonde sur le cœur du vaniteux lord Sanquhar, et il crut que son honneur exigeait la mort du pauvre maître d'armes. Il envoya donc son page en Angleterre, avec un autre de ses gens, qui tuèrent Turner d'un coup de pistolet, au milieu même de sa salle d'armes. Les assassins furent arrêtés, et convinrent qu'ils avaient commis ce crime pour obéir à leur maître, ayant été élevés dans la conviction qu'ils devaient accomplir tout ce qu'il lui plairait d'ordonner. Les coupables furent jugés et condamnés; on prit beaucoup d'intérêt à lord Sanquhar, qui était, dit-on, un jeune homme de mérite. Mais Jacques ne pouvait lui pardonner sans montrer une trop grande partialité envers ses compatriotes et anciens sujets. Il fut pendu avec ses deux complices; c'est, suivant lord Bacon, le plus grand exemple de justice du règne de Jacques Ier.

Ces actes de violence donnèrent naissance à une loi sévère, appelée *Statute of Stabbing* [1]. Jusque-là, dans l'indulgente jurisprudence d'Angleterre, le crime d'une personne qui en tuait une autre sans préméditation n'était pas appelé *murder* [2], les lois le nommaient *manslaughter* [3]. On ne le punissait que par une amende ou un emprisonnement. Mais pour abolir l'usage des épées courtes et des poignards, armes qu'il était facile de cacher et de produire à volonté, il fut arrêté que lorsque quelqu'un, sans préméditation, mais avec l'épée ou le poignard, attaquerait ou blesserait un individu dont les armes ne seraient point hors du fourreau, si l'individu attaqué mourait dans les six mois qui suivraient sa blessure, le crime ne serait pas considéré seulement comme un simple homicide, mais

---

(1) Loi contre l'assassinat par le poignard ou les armes courtes. — Éd.

(2) Meurtre, *murder*. — (3) Homicide par accident.

passerait dans la classe des assassinats, et comme tel serait puni de mort.

CHAPITRE III.

Jacques essaie de mettre les institutions d'Écosse en harmonie avec celles d'Angleterre. — Commissaires nommés à cet effet. — Ce projet échoue. — Distinction entre les formes du gouvernement ecclésiastique des deux pays. — Introduction de l'épiscopat dans l'église d'Écosse. — Les cinq articles de Perth. — Le peuple est mécontent de ces innovations.

Tandis que les querelles entre la noblesse d'Angleterre et celle d'Ecosse troublaient la paix du règne de Jacques Ier, ce monarque s'appliquait à cimenter autant que possible l'union des deux royaumes, et de rendre communs à l'un et à l'autre les avantages qui se trouvaient dans chacun séparément. L'amour du pouvoir, naturel à tous les souverains, uni à un désir sincère de tout ce qui pouvait être favorable aux deux pays, — car Jacques lorsqu'il n'était point emporté par sa passion pour le plaisir, ou soumis à l'influence d'indignes favoris, avait le talent de bien voir, et la volonté de s'occuper des intérêts de ses sujets — , l'engageait à accélérer par tous les moyens l'union des deux royaumes de l'île de la Grande-Bretagne, pour en faire un état inséparable, tel que la nature semblait l'avoir voulu. Il ne négligeait pas les mesures nécessaires pour atteindre ce but si digne d'envie, mais les circonstances retardèrent d'un siècle l'accomplissement de ses vœux. Pour expliquer ce qu'il tenta, et ce qui l'empêcha de réussir, il faut considérer la position respective de l'Angleterre et de l'Ecosse, en ce qui concerne leurs institutions politiques.

Les longues et sanglantes guerres entre la maison d'York et celle de Lancastre, qui, pendant plus de trente ans, se disputèrent le trône d'Angleterre, avaient, par le carnage de batailles fréquentes, par des proscriptions répétées, des exécutions publiques et des confiscations, diminué considérablement le nombre, la force et l'importance de la haute noblesse et des gentilshommes du royaume, par lesquels la couronne avait été alternativement donnée à l'un ou à l'autre des partis rivaux. Henri VII, prince adroit et sage, s'était assuré, par la victoire décisive de Bosworth, la possession tranquille du trône d'Angleterre. Il profita de la faiblesse des pairs et des barons, pour détruire l'influence que le système féodal lui avait autrefois donnée sur leurs vassaux. Ils se soumirent à perdre une partie de leur autorité, comme des hommes qui étaient convaincus que leurs ancêtres avaient payé bien cher une orageuse indépendance, et qu'il valait mieux vivre en paix sous un roi, comme sujets de l'état, que de posséder, dans leurs propres domaines, le pouvoir précaire de petits souverains; faisant la guerre, ruinant les autres, et courant le risque d'être ruiné soi-même. Ils abandonnèrent donc, sans trop de mécontentement, leurs droits oppressifs de souveraineté sur leurs vassaux, et se trouvèrent satisfaits d'être honorés et respectés comme maîtres de leurs propres terres, sans exercer le pouvoir de primer sur ceux qui les cultivaient. Ils exigèrent des rentes de leurs tenanciers, à la place des services qu'ils étaient obligés de leur rendre pendant la guerre, et de la suite qu'ils devaient leur fournir pendant la paix, et devinrent riches et paisibles au lieu d'être puissans et turbulens.

Tandis que les nobles perdaient de leur considération, les citoyens des villes et des ports de mer, la petite noblesse et les cultivateurs du sol acquéraient de l'importance; aussi bien que de la prospérité et du bonheur. Les habitans des communes sentaient bien tout l'ascendant que gagnait le roi; ils en murmuraient quelquefois, mais ils étaient convaincus en même temps que le trône les avait délivrés des exactions plus fréquentes et plus pénibles de leurs anciens seigneurs féodaux; comme le fardeau pesait également sur tous, ils préféraient vivre sous le gouvernement d'un roi qui imposait les mêmes conditions à tout un peuple, plutôt que sous celui d'une multitude de fiers seigneurs. Henri VII profita de ces dispositions favorables pour augmenter les impôts, qu'il réservait en partie pour des circonstances imprévues, et dont il disposait pour lever des troupes de soldats, tant étrangers que nationaux, dont il se servait dans les guerres qu'il entreprenait, sans être obligé d'appeler les soldats que devaient fournir les feudataires du royaume.

Henri VIII fut un prince d'un caractère bien différent, et cependant son règne contribua grandement à augmenter la puissance du souverain. Il dépensa, il est vrai, les trésors de son père, mais il les remplit de nouveau, en grande partie, par le pillage de l'église catholique romaine, et confirma l'usurpation d'une autorité arbitraire, par la vigueur avec laquelle il en soutint le poids. La tyrannie qu'il exerçait dans sa famille et à la cour n'était pas ressentie par les citoyens et le bas peuple, qui louaient plutôt sa popularité qu'ils ne craignaient sa violence. Son pouvoir leur arracha, sous la forme de prêts forcés et de dons gratuits, de grosses sommes d'argent, que le parlement ne lui avait point accordées. Mais, quoiqu'il ne pût contraindre le peuple à payer de tels impôts, il pouvait du moins exercer, comme dans l'affaire de l'alderman Read, le droit d'envoyer ceux qui le refusaient, affronter les dangers et les fatigues d'un service étranger, ce qui paraissait encore plus pénible aux riches citoyens que l'alternative de payer une somme d'argent.

Le règne de la reine Marie d'Angleterre fut sans gloire et de peu de durée; mais elle poursuivit la carrière arbitraire de son père, et elle ne se dessaisit, dans aucune occasion, du pouvoir que la couronne avait acquis depuis Henri VII. Le règne d'Élisabeth augmenta considérablement ce pouvoir; le succès des sages mesures qu'elle adopta pour maintenir la religion protestante et faire respecter la puissance de l'Angleterre par les autres royaumes, flatta la vanité de ses sujets, et lui concilia leur affection. La sagesse et l'économie avec laquelle elle distribua les trésors de l'état, ajouta au désir général de les placer à sa disposition. Le despotisme que son grand-père avait obtenu par son adresse, que son père avait maintenu par la violence, et que sa sœur avait conservé par l'intolérance, Élisabeth l'obtint de l'amour et de l'estime de son peuple. On doit cependant considérer que, semblable aux autres membres de la famille des Tudors, la reine nourrissait de hautes idées des prérogatives royales, et que lorsqu'elle était traversée dans ses desseins, ses paroles et ses actions rappelaient fréquemment de qui elle était fille.

En un mot, le pouvoir de la maison de Tudor peut être expliqué par une simple circonstance; la religion est le point sur lequel les hommes ont et doivent avoir une entière liberté de conscience; cependant, par la volonté du souverain, l'église d'Angleterre fut séparée de celle de Rome par Henri VIII; elle fut réunie à la foi catholique romaine par la reine Marie, et déclarée de nouveau protestante par Élisabeth. Dans chaque occasion, le changement s'opéra sans que le mécontentement et la résistance fussent assez forts pour ne pas être apaisés promptement par la puissance royale.

Ainsi, en succédant au trône d'Angleterre, Jacques se trouva à la tête d'une noblesse qui avait perdu l'habitude et le pouvoir de résister à la volonté de son souverain, et de riches communes qui, satisfaites d'être délivrées de l'autorité de la noblesse, étaient peu disposées à résister aux exactions du gouvernement.

L'ancien royaume d'Écosse se trouvait dans une situation tout-à-fait opposée. La noblesse féodale avait conservé sa juridiction territoriale et ses priviléges seigneuriaux dans la même étendue que ses ancêtres les avaient possédés, et avait la force ainsi que la volonté de résister à la puissance absolue du souverain, comme Jacques l'éprouva dans plus d'une occasion. Ainsi, quoique le corps du peuple ne fût point protégé par les lois justes et impartiales des heureux habitans de l'Angleterre, et que l'Écosse fût moins riche, cependant l'esprit de la constitution était empreint de toute la liberté dont les anciennes institutions féodales étaient susceptibles, et il devenait impossible au monarque d'influencer le parlement du pays, ou d'usurper les priviléges de la nation.

Il était donc évident qu'outre les nombreuses raisons à l'avantage du peuple, pour lesquelles Jacques désirait unir le sud et le nord de l'Angleterre sous la même forme de gouvernement, il avait encore un puissant intérêt personnel à réduire les nobles turbulens et le peuple d'Ecosse à l'état soumis et paisible dans lequel il avait trouvé l'Angleterre, mais que malheureusement ce pays ne conserva pas. Dans ces vues, il proposa que la législature des deux nations nommât des commissaires pour examiner de quelle manière il serait possible d'unir les deux royaumes sous la même constitution. Après quelques difficultés des deux côtés, le parlement d'Angleterre obtint de nommer quarante-quatre commissaires, tandis que le parlement d'Ecosse en nomma trente-six pour examiner ce sujet important.

Les premières conférences montrèrent combien il était difficile d'atteindre le but désiré jusqu'à ce que le temps eût changé ou adouci des deux côtés les préventions qui avaient existé entre les deux nations pendant leur séparation, et les longues guerres qu'elles avaient soutenues l'une contre l'autre. Les commissaires anglais demandèrent qu'il fût stipulé préalablement que le système des lois anglaises serait tout d'abord adopté en Ecosse. Les Ecossais rejetèrent cette proposition avec dédain, alléguant, avec justice, qu'une conquête faite par la force des armes pouvait seule autoriser la soumission d'une nation indépendante, aux coutumes et aux lois d'un pays étranger.

Le traité fut donc en grande partie détruit dès sa naissance ; le projet d'union tomba dans l'oubli, et le roi eut le désavantage d'avoir excité les soupçons et les inquiétudes des hommes de loi d'Ecosse, qui avaient été menacés de voir leur profession entièrement perdue ; et la profession des lois, qui doit avoir de l'influence dans tous les gouvernemens, en avait particulièrement en Ecosse, où elle n'était exercée que par les fils des familles les plus distinguées.

Quoique trompé dans la plupart de ses mesures pour établir une harmonie parfaite entre les lois des deux nations, Jacques conserva le désir d'obtenir au moins une conformité d'opinions en matière de religion, en rapprochant les formes et la constitution de l'église d'Écosse, autant que possible, de celles d'Angleterre. Ce qu'il tenta dans cette intention, forme une partie importante de l'histoire de son règne, et donna lieu à quelques uns des évènemens les plus remarquables de ceux de ses successeurs.

Je dois vous rappeler, mon cher enfant, que la réformation s'effectua en Angleterre par des moyens bien différens de ceux qui opérèrent un semblable changement en Écosse. Les nouveaux plans du gouvernement de l'église adoptés dans les deux nations ne se ressemblent en rien, quoique les doctrines que ces religions enseignent soient tellement semblables, que les différences qu'on peut y trouver ressemblent à des subtilités métaphysiques. Mais les formes extérieures des deux églises sont tout-à-fait distinctes. La réformation de l'église d'Angleterre est due, dans l'origine, à Henri VIII, dont l'objet principal était de détruire l'autorité du pape sur le clergé, et de se transférer à lui-même, en se déclarant chef de l'église par son droit royal, tout le pouvoir et toute l'influence dont le pape avait joui jusqu'alors. Henri, après avoir détruit les établissemens monastiques, et confisqué leurs possessions, après avoir réformé les doctrines de l'église qui lui semblaient vicieuses, s'occupa de conserver ses institutions générales, et les grades inférieurs et supérieurs du clergé, par lesquels les fonctions ecclésiastiques étaient exercées. Les promotions étant en grande partie accordées par le roi lui-même, Henri VIII pensait avec justesse qu'il s'attacherait le clergé inférieur, par l'espérance de l'avancement, et les classes supérieures par la gratitude et l'attente de plus hautes dignités. L'ordre des évêques, par exemple, était nommé par le souverain, et ses membres ayant le privilége de faire partie de la chambre des pairs, devaient soutenir la cause et approuver les vues du roi, dans les débats que les circonstances pouvaient faire naître dans cette assemblée. En Écosse, la réformation avait eu lieu par une impulsion populaire et soudaine, et la forme du gouvernement de l'église, adoptée par Knox et les autres prédicateurs, par lesquels la réformation avait été accomplie, fut rendue à dessein aussi différente que possible de la hiérarchie romaine. Le système presbytérien, comme je l'ai déjà dit, fut tracé sur le modèle de la simplicité républicaine; les *frères* qui desservaient l'autel ne demandaient ni n'accordaient aucune supériorité de rang, ni d'autre pouvoir que celui que chaque individu acquérait lui-même par un mérite ou un talent supérieur. Les représentans qui formaient le corps de l'église étaient choisis par la pluralité des voix, et aucun autre chef de l'église, visible ou invisible, ne fut reconnu, excepté le saint fondateur de la religion chrétienne, au nom duquel le conseil de l'église d'Ecosse était convoqué ou dissous.

Sur de telles institutions, le roi ne pouvait avoir que peu d'influence ; Jacques n'en acquit aucune par sa conduite personnelle. C'était cependant par la puissance du clergé que pendant son enfance il avait été placé sur le trône ; mais comme dans l'opinion de Jacques cette conduite était un acte de rébellion contre l'autorité de sa mère, il ne croyait pas devoir de grands remerciemens à l'église d'Écosse pour le service qu'elle lui avait rendu. Il faut avouer que les prédicateurs ne firent rien pour se concilier la faveur du roi; car, quoiqu'ils ne fussent pas légalement appelés à faire connaître leurs sentimens sur les affaires publiques et politiques, ils s'en mêlaient sans aucune cérémonie. La chaire retentissait d'invectives contre les ministres du roi, et quelquefois contre le roi lui-même. Les têtes les plus ardentes du clergé étaient non seulement disposées à traverser les vues Jacques, et à mal interpréter ses institutions, mais à l'insulter publiquement dans leurs sermons, mais à favoriser les insurrections suscitées par Stuart, comte de Bothwell, et d'autres seigneurs. Ils se répandaient souvent devant Jacques Ier en violentes invectives contre la mémoire de sa mère. On dit que dans une occasion, le roi, perdant patience, commanda à un de ces fanatiques de parler d'une manière sensée ou de descendre de la chaire; le prédicateur répondit à cette demande qu'il aurait dû trouver fort raisonnable : « — Je te dis, homme, que je ne veux ni parler d'une manière sensée, ni descendre de la chaire. »

Jacques ne s'apercevait pas que ces actes de violence et d'obstination venaient en grande partie des soupçons que le clergé d'Écosse avait justement conçus sur le désir qu'il éprouvait d'introduire des innovations dans l'église presbytérienne. Il conclut que la conduite des membres du clergé était le résultat de jalousies mutuelles, et le caractère essentiel de la forme de leurs institutions, et que l'esprit du presbytérianisme était l'ennemi des institutions monarchiques. Aussitôt que Jacques eut acquis cette augmentation de pouvoir, qui résultait de son avènement au trône d'Angleterre, il s'appliqua graduellement à former un nouveau plan pour l'église d'Écosse, afin qu'elle eût autant de rapports que possible avec celle d'Angleterre. Mais le clergé presbytérien surveillait sans cesse les intentions de son souverain. Ce fut en vain qu'il essaya de profiter de l'institution d'un ordre d'hommes appelés *surin-*

tendans, auquel la discipline de Knox lui-même avait assigné, en certains cas, une sorte de présidence, avec une inspection sur les actes du clergé. De cette manière, Jacques essaya d'introduire des présidens permanens dans les différens presbytères. Mais le clergé vit clairement quel était son but. « — Présentez-nous vos projets aussi simplement qu'il vous plaira, lui dit-on, expliquez nous-les aussi adroitement que vous pourrez, nous verrons toujours les cornes de la mitre. » Et les cornes de la mitre étaient en Écosse aussi odieuses que celles de la tiare du pape, que celles du diable lui-même. Enfin le roi hasarda un coup décisif. Il nomma treize évêques, et obtint le consentement du parlement pour les rétablir dans leurs évêchés à demi ruinés. Les autres évêchés, au nombre de dix-sept, avaient été convertis en seigneuries temporelles.

On doit avouer que les chefs du clergé presbytérien montrèrent autant de courage que d'adresse dans la défense des immunités de leur église. Ils étaient chers au peuple par la pureté de leur conduite, par la profondeur du savoir que possédaient les uns, et les talens transcendans que montraient les autres, et par dessus tout, peut-être, par la fermeté avec laquelle ils se soumettaient à la pauvreté, aux châtimens, à l'exil, plutôt que de trahir la cause qu'ils regardaient comme sacrée. Le roi, en 1605, avait ouvertement soutenu ses droits de convoquer et de dissoudre les assemblées générales de l'église. Plusieurs membres du clergé, au mépris du souverain, assemblèrent et présidèrent une assemblée générale à Aberdeen. Le roi saisit l'occasion de punir les membres réfractaires du clergé. Quatre d'entre eux furent envoyés en exil. En 1606, les deux célèbres prédicateurs nommés Melville furent cités devant le conseil, et réprimandés par le roi sur leur résistance à ses volontés. Ils se défendirent avec courage, et réclamèrent leur droit d'être jugés par les lois d'Écosse, royaume libre qui avait ses propres lois et ses priviléges. Mais l'aîné des Melville fournit des armes contre lui par son imprudence.

Devant le conseil privé, dans un débat concernant une copie de vers latins qu'André Melville avait écrits en dérision des cérémonies de l'église d'Angleterre, cet homme se laissa emporter par une indécente colère; il saisit l'archevêque de Cantorbéry par le linon de ses manches, qu'il déchira, les appelant des guenilles de Rome, accusant le prélat d'avoir violé le sabbat et maintenu l'antichrétienne hiérarchie; il l'appela le persécuteur des véritables prédicateurs, l'ennemi de l'église réformée, et se proclama lui-même le plus mortel ennemi de l'archevêque jusqu'au dernier instant de sa vie. Cette violence indiscrète fournit un prétexte pour enfermer dans la tour le vieux et zélé docteur presbytérien; il fut ensuite exilé et mourut à Sedan. Le jeune Melville fut enfermé à Berwick; plusieurs autres membres du clergé furent bannis de leurs paroisses et envoyés dans des villes éloignées; et pendant un certain temps le clergé se soumit avec répugnance à la volonté du roi. Ainsi l'épiscopat fut encore une fois introduit dans l'église d'Écosse.

Les projets d'innovation de Jacques n'étaient pas entièrement accomplis par l'introduction de la prélature. A la réformation, l'église d'Angleterre avait conservé l'observance de rites particuliers, qui se recommandaient au moins par leur décence, mais que l'opposition obstinée des presbytériens, pour tout ce qui se rapprochait des coutumes romaines, les porta à rejeter avec horreur. Cinq d'entre ces coutumes s'étaient introduites en Écosse par un arrêt d'un parlement tenu à Perth; on les connaissait sous le nom des cinq articles de Perth. Dans les temps modernes, où le pur cérémonial du service divin est considéré comme bien peu important, comparé aux dispositions dans lesquelles nous nous approchons de la Divinité, les cinq articles de Perth semblent enseigner des pratiques auxquelles on peut se soumettre, ou dont on

peut se dispenser, sans qu'elles soient considérées comme essentielles au salut. Les cinq articles de Perth étaient ainsi conçus : 1° il était ordonné que la communion serait reçue à genoux, et non pas assis, comme on l'avait pratiqué jusqu'alors en Écosse ; 2° que dans un cas d'extrémité la communion serait administrée en particulier ; 3° que le baptême, lorsqu'on le jugerait nécessaire, serait aussi administré en particulier ; 4° que les enfans seraient confirmés par l'évêque, comme en ayant pris l'engagement par la bouche de leur parrain et marraine au moment de leur baptême ; 5° que quatre jours, consacrés par des évènemens de la plus haute importance dans le christianisme, seraient gardés comme jours de fête : Noël, jour où notre seigneur est né ; le Vendredi-Saint, où il souffrit la mort ; Pâques, jour de sa résurrection, et la Pentecôte, jour où le Saint-Esprit descendit sur les apôtres.

Mais, malgré la modération de ces articles, on éprouva la plus grande difficulté à persuader, même aux membres du clergé qui étaient les plus favorables au roi, de les recevoir dans leur église ; ils n'y consentirent à la fin que par l'assurance qu'on leur donna que ce seraient les dernières innovations. Le corps entier de l'église acquiesça tristement à ces changemens, convaincu qu'ils indiquaient un retour manifeste vers le pape. Le bas peuple avait la même opinion ; et un orage d'une violence extraordinaire, qui eut lieu pendant que le parlement était assemblé pour délibérer sur les articles, fut considéré comme un signe de la colère du ciel contre ceux qui introduisaient de nouveau les rites et les fêtes de l'église de Rome dans l'église pure et réformée d'Ecosse. Enfin cet essai d'introduire dans les institutions presbytériennes quelque chose des principes de la hiérarchie anglicane, fut généralement combattu par l'église et par la nation, et l'on verra plus tard que c'est en voulant élever et étendre l'édifice commencé par son père, que Charles Ier ouvrit la route à ces actes de violence qui lui coûtèrent et le trône et la vie.

CHAPITRE IV.

Désordres des frontières. — Exemple caractéristique d'un mariage sur les frontières. — Querelle à mort entre les Maxwells et les Johnstones. — Bataille de Dryffesands. — Jacques use de tout le pouvoir que lui donnent les lois, après son avènement au trône d'Angleterre. — Mesure contre les maraudeurs des frontières. — Le clan de Graham transporté du lieu qui lui était contesté à Ulster en Irlande. — Levée de troupes pour servir à l'étranger. — Engagement mutuel des chefs pour maintenir le bon ordre. — Poursuites sévères contre les délinquans. — La ville de Berwick devient une juridiction indépendante.

Nous allons examiner maintenant les résultats que produisit l'avènement de Jacques au trône d'Angleterre sur les parties de son royaume encore indociles aux lois, les frontières et les hautes-terres, aussi bien que sur les provinces les plus civilisées d'Ecosse; nous en parlerons suivant leur ordre.

Les conséquences de l'union des deux couronnes se firent d'abord ressentir sur les frontières, qui, étant naguère les extrémités des deux pays, devinrent le centre du royaume. Mais il n'était pas facile de prévoir comment des hommes inquiets et turbulens, qui, pendant un si grand nombre de siècles, avaient été habitués à une liberté sauvage, et à une vie militaire, pourraient se conduire, quand une paix générale ne leur laissait aucun ennemi à combattre ou à piller. Ces habitans des frontières étaient, comme je vous l'ai déjà dit, partagés en familles ou clans, qui suivaient un chef qu'on supposait être descendu du premier père de la tribu. Ils vivaient, en grande partie, de rapines qu'ils exerçaient indistinctement sur les Anglais ou sur leurs propres compatriotes, les habitans des districts de l'intérieur des terres, ou de l'espèce d'impôt qu'ils en exigeaient pour les laisser vivre en paix. Cette sorte de pillage était considérée chez eux comme aussi honorable que digne de louanges, et l'histoire suivante en est, ainsi que beaucoup d'autres, un curieux exemple.

Un jeune gentilhomme d'une famille distinguée, appartenant à une de ces tribus des frontières ou clans, fit, soit par désir de pillage, soit par celui de la vengeance, une excursion sur les terres de sir Gédeon Murray d'Elibank, qui devint dans la suite trésorier d'Ecosse, et un des plus chers favoris de Jacques Ier. Le laird d'Elibank ayant mis ses gens sous les armes, poursuivit les maraudeurs, les rencontra au moment où ils étaient chargés de butin, les vainquit, et fit prisonnier le chef de la bande. Il fut amené au château du vainqueur, et la dame châtelaine demanda à son mari victorieux ce qu'il avait l'intention de faire de son captif.

— J'ai l'intention de le faire pendre, dame, répondit le mari, comme un homme qui a été pris sur le fait, en exerçant le vol et la violence.

— Cela n'est pas sage, sir Gedeon, reprit la dame plus sensée; si vous mettez à mort ce jeune gentilhomme, vous vous ferez une querelle mortelle avec son clan, qui est nombreux et puissant. Je vous conseille d'agir avec plus de raison; au lieu de faire pendre ce jeune homme, il faut le forcer d'épouser la plus jeune de nos filles, Meg à la grande bouche, et sans aucun *tocher* (c'est-à-dire sans dot). Le laird y consentit avec plaisir; car cette Meg à la grande bouche était si laide, qu'il était presque certain que, sans cette circonstance, elle n'aurait pu trouver de mari. Quand le jeune prisonnier sut qu'il ne lui restait pas d'autre alternative qu'un tel mariage ou la potence, il fut sur le point de choisir la mort; et ce ne fut qu'avec de grandes difficultés qu'on put le décider à épouser Meg Murray. Il finit cependant par y consentir, et l'on dit que Meg, qui lui avait été ainsi donnée de force, devint une femme aussi bonne qu'affectionnée;

4

mais la largeur extraordinaire de sa bouche passa à ses descendans, et fit reconnaître leur origine pendant plusieurs générations. Je mentionne cette anecdote parce qu'elle arriva sous le règne de Jacques Ier, et qu'elle montre, d'une manière frappante, combien tous les habitans des frontières avaient fait de progrès dans la morale, et dans le sentiment de ce qui est juste ou de ce qui ne l'est pas.

Un évènement plus important, mais non pas plus caractéristique, eut lieu peu de temps après, et montre dans ses progrès l'entière indépendance des habitans des frontières, leur mépris de l'autorité légale pendant ce règne, et dans sa conclusion l'augmentation du pouvoir du roi.

Il y avait eu, sur les frontières de l'ouest, une querelle longue et sanglante entre les deux nombreuses familles des Maxwells et des Johnstones. La dernière était la plus riche et la plus puissante famille dans le Dumfries-Shire et les environs, et possédait une grande influence parmi les habitans des terres moins élevées du pays. Leur chef avait le titre de lord Maxwell, et réclamait celui de comte de Morton. De l'autre côté, les Johnstones n'étaient pas égaux aux Maxwells, en nombre et en pouvoir ; mais c'était une race d'hommes d'un courage extraordinaire, très attachés les uns aux autres et à leur chef, et résidant dans la contrée montagneuse d'Annandale, dont ils s'élançaient comme d'une forteresse, et dans laquelle ils venaient se renfermer après avoir terminé leurs incursions. Ils étaient donc capables de se défendre contre les Maxwells, quoiqu'ils leur fussent inférieurs en nombre.

Ce fait était si bien connu, que lorsqu'en 1585 lord Maxwell fut déclaré rebelle, le laird de Johnstone obtint une commission pour le poursuivre et pour l'arrêter. Dans cette entreprise, cependant, Johnstone n'eut aucun succès. Deux troupes de soldats, que le gouvernement envoya à son secours, furent détruites par les Maxwells;

et Lochwood, la principale maison du laird, fut prise et brûlée de gaieté de cœur, afin, dirent les Maxwells, que lady Johnstone eût de la lumière pour mettre ses coiffes. Johnstone lui-même fut ensuite battu et fait prisonnier. C'était un homme d'un caractère fier et hautain, et l'on dit qu'il mourut du chagrin que lui causa sa disgrâce; de ce moment commença une longue série de querelles entre les deux clans rivaux.

Peu de temps après cette mort, Maxwell possédant de nouveau la faveur du roi, fut encore une fois nommé gouverneur des frontières de l'ouest, et une alliance fut conclue entre lui et sir James Johnstone, par laquelle ils convinrent, ainsi que leurs deux clans, de se soutenir les uns et les autres contre tout le monde. Cette convention arrêtée, le clan de Johnstone en conclut qu'il ne devait appréhender en rien la justice du nouveau gouverneur, tant qu'il ne pillerait pas quelqu'un qui s'appelât Maxwell. Ce clan descendit en conséquence dans la vallée du Nith, et commit de grands vols sur les terres appartenant à Douglas de Drumlanrig, Creichton lord Sanquhar, Grierson de Lagg, et Kirkpatrick de Closeburn, tous barons indépendans, de haute naissance et de grand pouvoir. Les seigneurs attaqués poursuivirent les maraudeurs avec des forces assemblées à la hâte; mais ils furent défaits, et leur troupe massacrée, en essayant de reconquérir leur bien. Les barons portèrent alors leur plainte devant Maxwell, le gouverneur, qui allégua sa dernière alliance avec Johnstone comme une raison qui l'empêchait de leur rendre la justice que sa place leur avait fait espérer. Mais, lorsque, pour compenser la crainte que lui occasionaient de nouvelles hostilités avec les Johnstones, ils lui offrirent de s'engager eux-mêmes par une promesse d'une rente d'hommes, comme on l'appela, pour soutenir lord Maxwell dans toutes ses querelles, excepté celles qu'il pourrait avoir avec le roi, la tentation devint trop forte pour qu'il n'y succombât pas; Maxwell résolut de sacrifier sa liaison d'amitié nouvellement formée avec Johnstone, au désir d'étendre son autorité par une aussi puissante confédération. Le secret de cette association ne resta pas long-temps caché à sir James Johnstone, qui s'aperçut que sa propre destruction et la ruine de son clan étaient le but que l'on se proposait; il se hâta d'appeler à son secours ses voisins de l'est et du sud. Buccleuch, parent de Johnstone, et de beaucoup le plus puissant de ses alliés, était dans une partie éloignée de l'Écosse. Mais le laird d'Elibank, dont nous avons fait mention dans la dernière anecdote, portait en personne la bannière de Buccleuch, et il rassembla un grand nombre d'hommes du clan de Scott, qui, suivant les historiens, étaient les plus grands voleurs et les plus féroces combattans parmi les clans des frontières. Les Elliots de Liddesdale vinrent aussi au secours de Johnstone, et ses voisins des contrées méridionales, les Grahams des terres contestées, poussés par l'espérance du pillage et par une ancienne haine qu'ils nourrissaient contre les Maxwells, envoyèrent aussi un nombre considérable de lances.

Ainsi préparé pour la guerre, Johnstone se mit en campagne avec activité, tandis que Maxwell assemblant à la hâte ses propres forces, et celles de ses nouveaux amis, les barons de Nithsdale, envahit Annandale, avec la bannière royale déployée, et une force qui montait à plus de deux mille hommes. Johnstone, inférieur en nombre, se tint sur la défensive, prit possession des bois et des terres favorables par leur position, attendant l'occasion de se battre avec avantage; tandis que Maxwell forma le siége du château ou de la tour de Lockerby, forteresse d'un Johnstone, qui était alors sous les armes avec son chef. Sa femme, dont le courage égalait celui d'un guerrier, et qui était la sœur ou la fille du laird mort dans les prisons de Maxwell, défendit la place pendant l'absence de son mari. Tandis que Maxwell essayait de foudroyer le château, qui était bravement défendu par un capitaine femelle, il reçut avis que le laird de Johnstone s'avançait pour défendre la place. Il abandonna le siége et fit publier dans sa petite armée qu'il donnerait une terre de dix livres (c'est-à-dire une terre estimée dix livres dans le livre des taxes), à celui qui lui apporterait la tête ou la main du laird de Johnstone. Lorsque ces mots furent rapportés à Johnstone, il répondit : Je n'ai point de terres de dix livres à offrir, mais j'en accorderai une de cinq marcs à l'homme qui m'apportera la tête ou la main de lord Maxwell.

L'engagement eut lieu sur le rivage de la rivière de Dryffe, près de Lochmaben, et on l'appelle la bataille de Dryffe-Sands. Elle fut dirigée par Johnstone, avec un grand talent militaire. Il ne montra d'abord qu'une faible partie de sa cavalerie, qui attaqua précipitamment l'armée de Maxwell, et se retira ensuite d'une manière qui fit supposer sa défaite à l'ennemi, et l'engagea à se mettre à sa poursuite, dans un grand désordre, et avec de bruyans cris de victoire. Les Maxwells et leurs confédérés se trouvèrent exposés de cette manière à une charge soudaine et désespérée du corps d'armée de Johnstone et de ses alliés, qui tombèrent sur leurs ennemis, tandis que leurs rangs étaient ouverts, et les forcèrent à prendre la fuite. Les Maxwells souffrirent beaucoup pendant leur retraite, un grand nombre fut pris dans les rues de Lockerby et taillé en pièces ; quelques uns furent balafrés au visage par les vainqueurs, sorte de coup qui se nomme encore dans le pays *coup de Lockerby*.

Maxwell, avancé en âge et pesamment armé, fut renversé de son cheval au commencement de la bataille ; il se nomma, et offrit de se rendre. Sa main droite, qu'il élevait en demandant merci, fut séparée de son corps. Ici s'arrête l'histoire ; mais des traditions de famille ajoutent les circonstances suivantes. La dame de Lockerby, qui avait été assiégée dans sa tour, ayant été témoin du haut des créneaux de l'approche du laird de Johnstone, aussitôt que l'ennemi abandonna le siége de la forteresse, elle envoya au secours de son chef le petit nombre de domestiques qui l'avaient aidée dans sa défense. Elle entendit bientôt le tumulte de la bataille, mais comme elle ne pouvait du haut de la tour distinguer le lieu du combat, elle resta dans l'agonie de l'incertitude, jusqu'au moment où le bruit sembla se diriger plus à l'ouest. Ne pouvant supporter plus long-temps son inquiétude, elle se précipita hors de la tour, suivie par une seule femme, pour juger du résultat de la journée. Comme mesure de précaution, elle ferma la lourde porte de chêne, et la grille de fer, sûreté des forteresses des frontières, et, attachant les pesantes clefs à une courroie, elle les suspendit à son bras.

Lorsque la dame de Lockerby arriva sur le champ de bataille, elle contempla les affreux résultats d'un combat sanglant; la petite vallée était couverte de corps humains et de chevaux, d'armures brisées, de blessés qui mouraient sans secours. Au pied d'un arbre, elle vit, parmi d'autres mourans, un homme de haute taille, d'un maintien noble, revêtu d'une brillante armure, mais dont la tête n'était couverte que par ses cheveux gris, et dont tout le sang s'échappait par suite de la perte de sa main droite. Il lui demanda des secours d'une voix défaillante, mais dans ce temps et dans ce pays l'idée d'un combat ôtait tout accès à la compassion, même dans le cœur d'une femme. La dame de Lockerby ne vit devant elle que l'ennemi de son clan et la cause de sa captivité, ainsi que de la mort de son père, et levant les pesantes clefs qu'elle portait à son bras, on assure qu'elle brisa le crâne du vaincu, lord Maxwell.

La bataille de Dryffe-Sands est remarquable, parce que c'est la dernière qui se donna sur les frontières; elle renouvela les anciennes querelles entre les Maxwells et les Johnstones, avec toutes les circonstances de férocité qui peuvent ajouter à l'horreur que doivent inspirer les guerres civiles. Voici le dernier acte de cette affreuse tragédie.

Le fils du malheureux lord Maxwell invita sir James Johnstone à une conférence amicale, à laquelle chaque chef s'engagea à n'amener qu'un seul ami. Ils se rencontrèrent dans un lieu appelé Auchmanhill, le 6 août 1608. L'ami de lord Maxwell, après avoir accablé d'amers reproches Johnstone de Gunmalie, qui avait suivi son chef, lui tira un coup de pistolet. Sir James Johnstone se détourna pour voir ce qui était arrivé, alors le traître Maxwell le tua par-derrière d'un coup de pistolet chargé de deux balles : tandis que le vieux chevalier était tombé mourant sur la terre, Maxwell s'approcha de lui pour achever son crime; mais Johnstone se défendit avec son épée jusqu'au moment où il perdit en même temps ses forces et la vie.

Cette catastrophe, qui termina une succession d'actes sanglans de vengeance, eut lieu plusieurs années après l'Union. Les conséquences, si différentes de celles qui résultaient ordinairement de semblables évènemens, prouvent combien l'autorité du roi et le pouvoir de donner plus de force au cours de la justice avaient augmenté depuis l'avènement de Jacques. On doit faire observer que, en 1585, quand lord Maxwell attaqua et fit prisonnier le laird de Johnstone (alors gouverneur nommé par le roi et agissant en son nom) et le jeta dans la prison où il mourut, Jacques vit son autorité royale méprisée; il fut obligé de pardonner à Maxwell, et de lui accorder sa confiance comme s'il n'eût rien fait qui fût contraire aux lois. L'autorité royale n'eut pas davantage d'influence en 1598, lorsque Maxwell, agissant comme gouverneur et portant la bannière du roi déployée, fut à son tour vaincu et tué dans la cruelle journée de Driffe-Sands. Sir James Johnstone obtint non seulement son pardon, mais encore la faveur du roi. En 1608, l'assassinat qui eut lieu près d'Auchmanhill eut des suites bien différentes. Lord Maxwell, ne trouvant aucun refuge sur les frontières, fut obligé de se sauver en France, où il résida pendant deux ou trois années; mais, ayant hasardé de retourner en Écosse, il fut arrêté dans les déserts de Caithness, et amené à Édimbourg pour y être jugé. Jacques, voulant dans cette occasion inspirer la terreur par une sévérité salutaire à une noblesse factieuse et aux habitans indisciplinés des frontières, condamna le criminel à avoir publiquement la tête tranchée, le 21 mai 1615.

On pourrait citer plusieurs exemples pour prouver qu'après l'avènement de Jacques au trône d'Angleterre, le cours de la justice sur les frontières n'était plus interrompu comme auparavant, même lorsqu'il s'agissait de riches et de puissans maraudeurs.

La classe inférieure des maraudeurs était traitée avec moins de cérémonie. Il fut ordonné par une proclamation, que les habitans des deux côtés des frontières (excepté les seigneurs et les gentilshommes d'une probité reconnue) ne pourraient conserver en leur possession des armures ou des armes, tant offensives que défensives, ni avoir un cheval au-dessus de la valeur de cinquante shillings. Certains clans, dont l'amour du pillage était connu, reçurent une défense spéciale de conserver des armes. Le célèbre clan d'Armstrong, la nuit même qui suivit le jour où la mort d'Élisabeth devint publique, supposant que les temps de désordre allaient revenir, et désirant ne pas perdre un instant, fit une incursion en Angleterre et y pilla comme à l'ordinaire. Mais de tels évènemens avaient été prévus, et on s'était préparé contre eux. Une troupe considérable de soldats, tant anglais qu'écossais, nettoya les frontières, et punit sévèrement les maraudeurs, faisant sauter leur forteresse, et enlevant leurs bestiaux et leurs troupeaux. Depuis ces mesures sévères, les Armstrongs ne recouvrèrent jamais leur importance. On rencontre bien peu de descendans de ce célèbre clan parmi les propriétaires du Liddesdale, où leurs ancêtres possédaient autrefois tout le district.

Les Grahams, qui habitèrent long-temps le territoire contesté, qui était réclamé par l'Angleterre et l'Ecosse, furent encore plus sévèrement punis. C'étaient de braves et actifs habitans des frontières, attachés à l'Angleterre, et, sous le règne d'Édouard VI particulièrement, ils avaient rendu bien des services à ce pays. Mais ils étaient aussi d'une grande indépendance, et leurs excursions étaient redoutées autant par les habitans du Cumberland que par ceux des frontières d'Écosse. On se plaignait également d'eux sur les deux frontières, et on parvint à les forcer de signer une pétition au roi, dans laquelle, avouant qu'ils n'étaient pas des gens bons pour vivre dans le pays qu'ils habitaient, ils demandaient que sa majesté leur fournît les moyens de se transporter autre part, où ses soins paternels pourvoiraient à leurs besoins. Le clan tout entier, excepté quelques individus, fut ainsi exilé de sa résidence habituelle et transporté dans le comté d'Ulster, en Irlande, où on l'établit sur des terres qu'on avait acquises des Irlandais vaincus. Il existe un registre où est consigné l'impôt auquel le comté de Cumberland fut taxé pour l'exportation de ces pauvres gens, comme s'ils avaient été autant d'animaux.

Un autre moyen efficace de se débarrasser d'une population sauvage et turbulente, qui aurait pu rendre de grands services pendant la guerre, mais qui devenait un fléau dans le temps de la paix profonde qui fut le partage des districts lorsque les guerres d'Angleterre furent terminées, fut de lever de nombreuses armées pour servir dans les pays étrangers. L'amour des aventures militaires avait déjà conduit une légion au secours des Hollandais, dans leur défense contre les Espagnols. Elle avait rendu de grands services dans les Pays-Bas, et particulièrement à la bataille de Mechline, en 1578 ; impatiens de la chaleur de l'atmosphère, les Écossais, au grand étonnement de leurs alliés et de leurs ennemis, jetèrent leurs vêtemens et combattirent en chemise avec une nouvelle ardeur. Cette circonstance est citée dans le plan de la bataille, qu'on peut trouver à Strada, avec cette explication : Ici les Écossais combattirent tout nus.

Buccleuch leva des forces considérables sur les frontières, les habitans ayant à jamais renoncé à leurs occupations ordinaires. Ils se distinguèrent aussi dans les guerres des Pays-Bas. On doit supposer qu'un grand nombre d'entre eux périrent sur le champ de bataille, et les descendans de ceux qui survécurent habitent maintenant la Hollande et l'Allemagne.

Pour ajouter au bien que produisirent ces exils volontaires, parmi une population devenue trop nombreuse pour la terre chargée de la nourrir, et qui jusqu'alors ne s'était soutenue que par le pillage, les propriétaires riches et de familles distinguées qui habitaient les frontières, formèrent une ligue par laquelle ils s'obligeaient non seulement à s'abstenir eux-mêmes de toute déprédation, mais de prévenir celles qui pourraient être commises par d'autres, et de faire cause commune contre tout clan dont les individus attaqueraient ceux qui agiraient en vertu de cet engagement. Ils promirent aussi, non seulement de saisir et de livrer entre les mains de la justice les maraudeurs qui se réfugieraient sur leurs terres, mais de chasser de leurs domaines toute personne qui serait soupçonnée de vol, et de la remplacer par de paisibles et d'honnêtes sujets. Je possède une de ces obligations, datée de l'année 1612, signée par environ trente propriétaires, qui presque tous portaient le nom de Scott.

Enfin George Home, comte de Dunbar, ministre de Jacques, homme capable, mais peu scrupuleux, exerça les poursuites les plus sévères contre ceux qui étaient convaincus, accusés, ou seulement soupçonnés d'avoir troublé la paix des frontières; la sévérité excessive qu'on exerça envers eux donna naissance au proverbe sur la justice de Jeddart (ou Jedburgh), qui disait qu'un criminel était pendu d'abord et jugé après. La vérité de ce proverbe est affirmée par des historiens comme un fait bien connu, et qui eut lieu dans de nombreuses circonstances. Ces mesures, toutes cruelles qu'elles étaient, tendaient à remédier à un mal qui semblait presque désespéré. Les *rentes* ou redevances, dont le nom jusqu'alors était presque inconnu sur les frontières, furent payées pour les propriétés, et ceux qui possédaient des terres tournèrent leurs pensées vers l'industrie rurale au lieu de les arrêter sur les arts militaires, qui jusqu'alors avaient été si nécessaires à des maraudeurs. Mais il se passa plus d'un siècle avant que cette frontière, qui avait été le théâtre de tant de disputes sanglantes, eût l'apparence paisible d'un pays civilisé.

Avant d'abandonner ce sujet, je dois vous expliquer que l'importante et forte ville de Berwick fut long-temps et violemment disputée par l'Angleterre et par l'Écosse ; ce dernier pays ne se regarda jamais comme vaincu, ni n'avait abandonné ses droits à cette ville, quoiqu'elle fût depuis long-temps en la possession de l'Angleterre. Jacques, dans la crainte de mécontenter l'un ou l'autre parti, laissa la question indécise. Depuis l'union des deux couronnes, cette ville n'est jamais citée comme faisant partie de l'Angleterre ou de l'Écosse, mais comme bonne ville de Berwick sur la Tweed ; et lorsqu'on fait une loi pour le nord ou le sud de la Grande-Bretagne, sans mentionner spécialement et d'une manière distincte cette ancienne ville, la loi n'a point de pouvoir et n'est point observée dans sa banlieue.

CHAPITRE V.

État sauvage des îles Occidentales ou Hébrides. — On étouffe les habitans d'Eigg, en remplissant de fumée une caverne où ils étaient cachés. — Histoire d'Allan-a-Sop. — Mort affreuse causée par la soif. — Massacre des habitans des basses-terres qui étaient établis dans Lewis et Harris. — Toutes les îles occidentales, excepté Skye et Lewis, offertes pour la somme de huit cents livres sterling au marquis de Huntley, qui refuse de les payer cette somme.

Les habitans des hautes-terres et des îles de l'occident ne se ressentirent pas autant de l'union des deux couronnes que ceux des frontières. L'avènement de Jacques au trône d'Angleterre fut de peu d'importance pour eux, excepté en ce qu'il rendait Jacques plus puissant, et lui donnait les moyens d'envoyer à l'occasion des troupes de soldats dans leurs forteresses, afin de les rappeler à l'ordre; mais c'était une mesure de rigueur inusitée, à laquelle on avait rarement recours. Les habitans des hautes-terres restèrent donc dans le même état qu'auparavant, faisant usage des mêmes costumes, portant les mêmes armes, et divisés en clans, chacun gouverné par son propre patriarche, et vivant enfin, sous tous les rapports, comme leurs ancêtres avaient vécu bien des siècles avant eux. Il y avait un peu plus de civilisation parmi les tribus gaéliques qui résidaient sur le continent; les habitans des Hébrides ou îles Occidentales, nous sont du moins dépeints comme de véritables sauvages. Un historien de l'époque s'exprime ainsi : « Les montagnards qui habitent le continent, quoique passablement sauvages, montrent cependant quelque ombre de civilisation; mais ceux des îles sont sans lois, sans morale, et totalement dépourvus de religion et d'humanité. » On a conservé quelques anecdotes sur leurs querelles, qui prouvent la vérité de cette accusation générale. Je vais vous en raconter une ou deux.

Les principaux possesseurs des Hébrides portaient originairement le nom de Mac-Donald, toutes les îles ayant été gouvernées par une succession de chefs qui portaient le nom de Donald des Iles, comme nous l'avons déjà dit, et possédaient une autorité presque aussi indépendante que celle des rois d'Écosse; mais cette grande famille s'étant divisée en deux ou trois branches, d'autres chefs s'établirent dans quelques unes des îles, et en disputèrent la propriété à leurs premiers possesseurs. De cette manière, les Mac-Leods, clan puissant et nombreux, qui avait de vastes domaines sur le continent, se rendirent maîtres à une époque fort éloignée d'une grande partie de l'île de Skye, ainsi que de Long-Island (c'est ainsi qu'on appelle les îles de Lewis et d'Harris), et combattirent vaillamment contre les Mac-Donalds et les autres tribus des îles. L'anecdote suivante est un exemple de la manière dont ces querelles se terminaient vers la fin du seizième siècle. Un bateau, conduit par un ou deux des Mac-Leods, prit terre à Eigg, petite île peuplée par les Mac-Donalds. Ils furent reçus d'abord avec hospitalité, mais s'étant rendus coupables de quelques impolitesses envers les jeunes femmes de l'île, les habitans en ressentirent une telle colère, qu'ils attachèrent les pieds et les mains des Mac-Leods, et les jetant dans leur propre bateau, les lancèrent à la mer au gré du courant, et laissèrent les malheureux qui y étaient attachés courir la chance de périr par la famine ou d'être submergés. Mais, par un heureux hasard, un bateau appartenant au laird de Mac-Leod, passa près de celui où se trouvaient les captifs : on les délivra, et on les conduisit au château du laird à Dunvegan, dans l'île de Skye, où ils se plaignirent de l'injure qui leur avait été faite par les Mac-Donalds d'Eigg. Mac-Leod, irrité, se mit en mer avec ses galères, montées par un grand nombre de ses gens, auxquels les habitans d'Eigg ne pouvaient espérer de résister. En apprenant que leur ennemi furieux s'approchait avec des forces supérieures et le projet de se venger, les habitans qui savaient bien qu'il n'y avait aucune grâce à espérer de Mac-Leod, conçurent l'idée, comme la seule chance de salut qui restât en leur pouvoir, de se cacher dans une immense caverne sur les bords de la mer.

Ce lieu était parfaitement choisi pour ce dessein. L'entrée ressemblait à celle de la tanière d'un renard, et était si étroite qu'un homme ne pouvait y passer qu'en s'appuyant sur les mains et sur les genoux. Un filet d'eau tombait du haut du roc, et suffit, ou plutôt suffisait à l'époque dont nous parlons, pour cacher l'ouverture de la caverne. Dans l'intérieur cette caverne s'élevait à une grande hauteur, et était couverte de sable blanc et sec ; sa largeur était assez considérable pour contenir un grand nombre de personnes, et l'île entière, composée, en comptant les femmes et les enfans, d'environ deux cents âmes, trouva un refuge dans ses vastes flancs.

Mac-Leod arriva avec son armée, il descendit dans l'île, mais il ne découvrit personne sur qui exercer sa vengeance : tout était désert. Les Mac-Leods détruisirent les huttes des habitans, et pillèrent tout ce qu'ils purent trouver. Cependant la colère du chef ne pouvait se satisfaire en s'exerçant sur de telles bagatelles. Il pensait que les habitans s'étaient sauvés sur leurs bateaux dans les îles possédées par les Mac-Donalds, ou qu'ils étaient cachés dans Eigg. Après avoir fait de sévères perquisitions pendant deux jours, Mac-Leod était au moment de se rembarquer, lorsque le matin du troisième jour l'un des matelots aperçut du pont de sa galère la figure d'un homme au milieu de l'île ; c'était un émissaire que les Mac-Donalds, impatiens de leur emprisonnement dans la caverne, envoyèrent imprudemment pour voir si les Mac-Leods s'étaient retirés. Quand le pauvre Mac-Donald se vit découvert, il essaya, en imitant les ruses d'un lièvre ou d'un renard, d'effacer la trace de ses pas, afin d'empêcher qu'elle ne fût reconnue lorsqu'il serait rentré dans la caverne. Mais tout son art fut inutile. Les assaillans revinrent de nouveau à terre, et suivirent ses traces jusqu'à l'ouverture de la caverne.

Mac-Leod, alors, somma de se rendre ceux qui y étaient renfermés, et leur ordonna de remettre entre ses mains les individus qui avaient maltraité ses gens, afin qu'il pût en disposer suivant son bon plaisir. Les Mac-Donalds, confians dans la force de leur forteresse, au sein de laquelle on ne pouvait entrer que sur les pieds et sur les mains, refusèrent de lui abandonner leurs compatriotes.

Alors Mac-Leod commença l'œuvre d'une inconcevable vengeance. Ses gens, par le moyen d'un fossé creusé au-dessus du roc, détournèrent le courant d'eau qui tombait à l'entrée de la caverne. Ce travail achevé, les Mac-Leods rassemblèrent toutes les matières combustibles qu'ils purent se procurer dans l'île, particulièrement de la bruyère sèche, l'entassèrent près de l'ouverture, et entretinrent pendant plusieures heures un feu immense, dont la fumée, pénétrant dans les retraites les plus profondes de la caverne, étouffa tous ceux qui y étaient renfermés. Il n'y a aucun doute sur la vérité de cette histoire, quelque affreuse qu'elle soit. La caverne est souvent visitée par des étrangers, et j'ai parcouru moi-même ce lieu, où les os des Mac-Donalds sont encore, de nos jours, répandus dans l'intérieur de la caverne en monceaux aussi épais que dans les charniers d'une église.

Les Mac-Leans, race hardie et entreprenante, qui, dans son origine, était à la suite du Lord des îles, s'était rendue indépendante et s'empara d'une grande partie de l'île de Mull, et de l'île plus petite d'Ilay, et dans diverses occasions avait fait la guerre avec succès aux Mac-Donalds. Il y a une autre anecdote relative à ce clan, qui présente aussi une peinture exacte des mœurs des habitans des Hébrides.

Le chef du clan, Mac-Lean de Duart, avait dans l'île de Mull une intrigue avec une jeune et belle femme de son propre clan, qui céda à sa passion et portait dans son sein un gage de sa faiblesse. L'enfant qui naquit de cette intrigue étant né par hasard dans une grange, reçut le nom d'Allan-a-Sop, c'est-à-dire Allan de la paille, ce qui le distinguait des autres de son clan. Comme le père et la mère d'Allan n'étaient pas mariés, cet enfant n'avait d'autres biens à espérer que ceux qu'il pourrait acquérir lui-même.

Cependant la beauté de la mère d'Allan captiva un homme d'un rang distingué dans le clan, nommé Mac-Lean de Torloisk; il l'épousa et l'emmena avec lui dans son château de Torloisk, situé sur le rivage du Sund ou petit détroit de la mer qui divise la petite île d'Ulva de celle de Mull. Allan-a-Sop faisait à sa mère de fréquentes visites dans sa nouvelle demeure ; elle le voyait avec plaisir, d'abord par affection, puis, parce qu'elle était fière de la force et de la beauté qui le distinguaient de tous les enfans de son âge. Mais les marques d'attachement qu'elle lui prodiguait étaient secrètes, car les visites d'Allan déplaisaient à son mari. Torloisk aimait si peu à voir le jeune garçon, qu'il résolut de lui faire quelque injure qui l'empêchât de revenir au château pendant quelque temps.

La dame du logis, regardant un matin par la fenêtre, vit son fils venir, bondissant le long de la colline ; elle se hâta de mettre une galette sur les cendres, afin qu'il eût du pain frais pour son déjeuner ; d'autres soins l'appelèrent hors de l'appartement. Lorsqu'elle eut ainsi préparé le premier repas de son fils, son mari entra au moment où elle sortait ; il devina aussitôt quelle avait été son occupation, et dans quel but elle l'avait entreprise, et résolut de faire au jeune Allan une réception qui le dégoûtât de telles visites à l'avenir. Il retira précipitamment la galette du feu, la jeta dans les mains de l'enfant et les fermant avec violence sur la pâte brûlante : — Tenez, Allan, dit-il, voici une galette que votre mère a préparée pour votre déjeuner. Les mains d'Allan furent cruellement brûlées. Ce jeune homme avait autant d'intelligence que de fierté ; il ressentit profondément cette marque d'inimitié de son beau-père, et ne revint plus à Torloisk.

A cette époque, les côtes occidentales étaient couvertes de pirates, qui, presque semblables aux anciens rois de la mer de Danemarck, s'établissaient dans des îles désertes, ou faisaient la conquête d'îles déjà habitées. Allan-a-Sop était jeune, robuste et brave jusqu'à la témérité ; il s'engagea comme matelot sur un vaisseau de pirates, et dans la suite obtint le commandement, d'abord d'une galère, puis enfin d'une petite flottille avec laquelle il parcourait les mers et ramassait un butin considérable.

A cette époque il résolut de rendre visite à sa mère, qu'il n'avait pas vue depuis bien des années, et faisant voile dans cette intention, il jeta l'ancre un matin dans le détroit de d'Ulva, en face du château de Torloisk. La mère d'Allan était morte; mais son beau-père, pour lequel il était alors un objet de crainte, comme il avait été l'objet de son aversion, se hâta de se rendre sur le rivage pour recevoir son redoutable beau-fils, en lui témoignant, avec affectation, l'intérêt qu'il prenait à sa prospérité. Allan-a-Sop était brusque et violent; mais il ne paraît pas qu'il fût vindicatif. Il crut que les témoignages d'affection de Torloisk étaient sincères et les reçut avec plaisir.

Le rusé vieillard réussit parfaitement à gagner l'amitié d'Allan et à effacer le souvenir de sa conduite passée : il pensa même qu'il pourrait s'en servir pour une vengeance secrète qu'il voulait exercer contre Mac-Kinnon d'Ulva, avec lequel, comme cela était fort ordinaire entre de pareils voisins, il avait eu quelques querelles. Dans cette intention, il donna à son beau-fils ce qu'il appelait un bon avis. — Mon cher Allan, lui dit-il, vous avez assez long-temps erré sur les mers, il est temps que vous ayez une demeure sur terre, un château pour vous protéger contre l'hiver, un village et des bestiaux pour vos gens, et une rade pour vos galères. Ici, près de nous, est l'île d'Ulva, qui est toute prête à vous recevoir. Cela ne vous coûtera d'autre embarras que de mettre à mort celui qui la possède maintenant, le laird de Mac-Kinnon, vieux rustre inutile, et qui pèse depuis long-temps sur la terre.

Allan-a-Sop remercia son beau-père d'un aussi heureux conseil, et déclara qu'il le mettrait aussitôt à exécution. Il leva l'ancre le jour suivant et parut devant le château de Mac-Kinnon, une heure avant midi. Le vieux chef d'Ulva fut alarmé de l'apparition menaçante d'un aussi grand nombre de galères, et son inquiétude fut encore augmentée en apprenant qu'elles étaient commandées par le redoutable Allan-a-Sop. N'ayant aucun moyen de défense ouverte, Mac-Kinnon, qui était un homme de bon sens, ne vit d'autre alternative que de recevoir les nouveaux venus, quels que fussent leurs desseins, avec toutes les démonstrations extérieures de la satisfaction. Il donna des ordres afin qu'on préparât un banquet aussi splendide que les circonstances le permettaient, et se hâta de se rendre sur la côte pour recevoir le pirate. Mac-Kinnon accueillit Allan, et lui souhaita la bienvenue avec une telle apparence de sincérité, que le jeune pirate se trouva dans l'impossibilité de chercher une querelle à la faveur de laquelle il pourrait exécuter les desseins violens qu'il avait conçus.

Ils passèrent en fête le jour entier, et le soir, au moment où Allan-a-Sop allait rejoindre ses vaisseaux, il remercia le laird de Mac-Kinnon de la manière dont il l'avait reçu; mais il ajouta avec un soupir qu'il payait bien cher cette affectueuse réception.

— Comment cela peut-il être? dit Mac-Kinnon : je vous ai donné cette fête de ma propre volonté.

— Cela est vrai, mon ami, reprit le pirate, mais cette fête a contrarié les projets qui m'ont amené ici ; ces projets étaient de vous donner la mort, mon bon ami, de m'emparer de votre maison, de l'île entière, et de m'établir ainsi dans le monde. Cette île eût été bien commode pour moi; mais votre réception amicale m'a détourné d'exécuter ce dessein ; je retourne donc errer sur les mers pendant quelque temps encore.

Il est probable que Mac-Kinnon se sentit ému en apprenant qu'il avait couru un aussi éminent danger; mais il prit soin de ne montrer que de la surprise, et répondit au pirate:

— Mon cher Allan, qui vous a conseillé un dessein aussi coupable envers votre vieil ami? car, j'en suis sûr, il n'est pas né dans votre cœur généreux. Il faut que ce soit votre beau-père, le vieux Torloisk, qui fut un mauvais mari pour votre mère, et qui vous montrait tant d'aversion lorsque vous étiez un pauvre enfant sans appui. Maintenant que vous êtes devenu brave et puissant, il veut vous indisposer contre les amis de votre jeunesse. Si vous réfléchissez un peu sur ce sujet, Allan, vous verrez que les domaines et les côtes de Torloisk vous seront aussi commodes que celles d'Ulva, et que si vous aviez le dessein de vous établir dans le monde aux dépens de quelqu'un, il vaut beaucoup mieux choisir pour victime le vieux ladre qui ne vous a jamais donné aucune preuve de tendresse, qu'un ami comme moi qui n'eut jamais de tort envers vous.

Allan-a-Sop fut frappé de la justesse de ce raisonnement, et la vieille injure de ses mains brûlées se représenta soudain à son souvenir.

— Ce que vous dites est vrai, Mac-Kinnon, répondit-il, et je n'ai point oublié le déjeuner un peu trop chaud que mon beau-père me présenta un matin. Adieu pour le moment, vous entendrez bientôt parler de ce que je vais entreprendre de l'autre côté du détroit.

Après avoir prononcé ces mots, le pirate se rendit à bord, et commandant à ses gens de démarrer les galères, fit voile de nouveau pour Torloisk, et se prépara pour y descendre armé. Son beau-père accourut empressé au-devant de lui, dans l'espoir d'apprendre la mort de son ennemi, Mac-Kinnon; mais Allan l'accueillit d'une manière bien différente de celle qu'il attendait. — Vieux traître, lui dit-il, vous avez surpris la bonté de mon caractère en me persuadant d'assassiner un homme qui vaut mieux que vous. Mais avez-vous oublié que vous m'avez grillé les doigts il y a vingt ans avec une galette brûlante? Le jour est venu où je dois vous payer votre déjeuner. En disant ces mots, Allan brisa la tête de son beau-père avec une hache d'armes, prit possession de son château et de ses domaines, et y établit une branche distinguée du clan de Mac-Lean.

Voici une autre anecdote sur un des chefs des îles occidentales. Un homme dont on vantait le bon naturel avait pour neveu un ingrat et un traître, qui essaya plusieurs fois de surprendre le château de son oncle, et de le mettre à mort, afin d'obtenir pour lui-même le commandement de sa tribu. Ayant été pris, le jeune audacieux fut amené devant son oncle, mais le chef ne permit pas qu'on lui fît aucun mal, et lui pardonna, à la condition toutefois qu'il renoncerait à ses mauvais desseins, et en l'assurant que s'il renouvelait ses offenses, il serait condamné à un châtiment si terrible, que toute l'Écosse en parlerait. Le perfide jeune homme, que la bonté de son parent n'avait pas désarmé, attenta de nouveau à la vie de son oncle. Il fut pris une seconde fois, et il fut à même de juger que son oncle ne l'avait pas trompé sur la rigueur du châtiment. Il fut enfermé dans la fosse ou cachot du château, cave profonde et sombre, à laquelle il n'y avait aucun accès, excepté par une ouverture pratiquée dans la voûte. On le laissa sans aliment jusqu'au moment où son appétit devint insupportable ; il commençait à croire qu'on avait l'intention de le laisser mourir de faim. Mais la vengeance de l'oncle était d'une cruauté plus raffinée. La pierre qui couvrait l'ouverture de la voûte fut levée, et une quantité de bœuf salé fut présentée devant le prisonnier, qui le dévora avec avidité. Lorsqu'il eut rassasié son appétit vorace, il espéra qu'on descendrait quelque liqueur pour étancher la soif dévorante que la diète et les viandes salées avaient excitée. Une coupe descendit lentement ; il la saisit précipitamment : elle était vide ! Alors il entendit rouler la pierre sur l'ouverture, et le captif fut condamné à mourir de soif. C'est, dit-on, la mort la plus affreuse.

Plusieurs histoires semblables pourraient être racontées sur la barbarie des habitans des îles ; mais celles que je viens de citer suffiront à prouver combien peu ils attachaient de prix à la vie, et la manière dont ils se vengeaient des injures et acquéraient des propriétés. Le roi Jacques semble avoir supposé qu'il serait impossible de

subjuguer cette race de sauvages ou d'adoucir ses mœurs
par la civilisation. Il ne vit pas de meilleur moyen à prendre que d'envoyer les habitans des plaines s'établir dans
les îles, et d'en chasser les indigènes ou de les détruire.
Dans ce dessein, le roi autorisa une association composée
de plusieurs gentilshommes du comté de Fife, la partie
de l'Ecosse la plus heureuse et la plus civilisée, qui essayèrent de s'établir dans les îles de Lewis et d'Harris. Ces entrepreneurs, comme ils furent appelés, levèrent des impôts, assemblèrent des troupes et équipèrent une flotte
avec laquelle ils débarquèrent dans l'île de Lewis, où ils
formèrent un établissement, dans un lieu nommé Stornoway. A cette époque, la possession de l'île de Lewis était
disputée entre les fils de Rory-Mac-Leod, le dernier seigneur, qui avait des héritiers de deux femmes différentes.
Les entrepreneurs, trouvant les indigènes se querellant
entre eux, éprouvèrent peu de difficulté à bâtir une petite ville et à la fortifier; et dès le commencement, leur
essai promettait de devenir heureux; mais le lord de Kintail, chef du clan nombreux et puissant de Mac-Kenzie,
était peu disposé à laisser cette belle île tomber en la possession d'aventuriers étrangers. Il avait lui-même le désir
de l'obtenir au nom de Torquil Connaldagh Mac-Leod, un
des prétendans, qui était intimement uni avec la famille
de Mac-Kenzie et disposé à agir suivant les désirs de son
puissant allié. Les habitans de Lewis, ainsi secondés, s'unirent contre les entrepreneurs; et, après une guerre
mêlée de succès et de revers, attaquèrent leur camp de
Stornway, le prirent d'assaut, brûlèrent le fort, tuèrent
une grande partie des étrangers, et firent le reste prisonnier. Le massacre fut horrible. Quelques uns des vieillards
qui existent encore dans l'île de Lewis parlent d'une très
vieille femme qui vivait dans leur jeunesse, et qui se vantait d'avoir tenu la lumière tandis que ses compatriotes
coupaient la gorge aux aventuriers.

Une dame, la femme d'un des principaux personnages

de l'expédition, se sauva de cette scène épouvantable; et
se réfugia dans un lieu sauvage et inhabité, où l'on ne
trouve que des rocs et des marais, et nommé la forêt de
Fannig. Elle devint mère au milieu de ce désert. Un habitant des Hébrides qui par hasard passait dans ce lieu,
monté sur un des petits chevaux du pays, vit la mère et
l'enfant périssant de froid, et, prenant pitié de leur malheur, il s'avisa d'un étrange moyen pour les secourir. Il
tua son bidet, lui ouvrit le ventre, en ôta les entrailles,
mit la mère et l'enfant nouveau-né dans l'intérieur du
cheval, afin qu'ils pussent jouir pendant quelque temps
d'une chaleur bienfaisante.

De cette manière il vint à bout de les conduire dans un
lieu de sûreté, où la dame resta jusqu'au moment où elle
put retourner sans danger dans sa patrie. Elle devint dans
la suite la femme d'un personnage important à Edimbourg;
c'était, je crois, un juge de la cour des sessions. Un soir,
comme elle regardait par la fenêtre de sa maison, dans la
Canongate, au moment où l'on était menacé d'une violente
tempête, elle vit un homme qui portait l'habit des montagnards, et l'entendit qui disait à un autre : — Ce serait une terrible nuit dans la forêt de Fannig. L'attention
de la dame fut aussitôt captivée par le nom d'un lieu dont
elle conservait un si terrible souvenir, et, regardant attentivement l'homme qui parlait, elle reconnut son libérateur. Elle le fit entrer chez elle, et le reçut avec la
plus grande cordialité. L'habitant des îles venait à Edimbourg pour une affaire de grande importance pour sa famille. La dame intéressa son mari en sa faveur, et, par
sa protection, l'affaire fut promptement terminée avec un
plein succès. L'étranger, comblé de prévenances et de présens, retourna dans son île, et il put se féliciter de l'humanité qu'il avait montrée d'une aussi singulière façon.

Après la prise de leur fort et le massacre de ceux qui
le défendaient, les gentilshommes de Fife renoncèrent à
leur entreprise. Le lord de Kintail en recueillit tous les

avantages, car il prit possession de l'île disputée, et la transmit à sa famille, à laquelle elle appartient encore.

Il semble cependant que le roi Jacques ne désespéra pas entièrement de civiliser les habitans des Hébrides en leur envoyant des colonies. On supposa que le puissant marquis de Huntley aurait assez de force pour se maintenir possesseur des îles, et assez de fortune pour indemniser la couronne de cette concession. L'archipel entier lui fut offert, excepté les îles de Skye et de Lewis, pour la somme modique de dix mille livres d'Écosse, environ huit cents livres sterling; mais le marquis ne voulut donner que la moitié de cette somme pour ce qu'il ne considérait avec raison que comme une permission de conquérir une région stérile, habitée par une race guerrière.

Tel fut le résultat des efforts qu'on tenta pour faire pénétrer quelque civilisation dans les îles occidentales.

Dans le chapitre suivant nous montrerons les progrès des montagnards sur le continent, progrès qui ne donnaient pas beaucoup plus de satisfaction.

CHAPITRE VI.

Mépris des montagnards pour les arts. — Histoire de Donald du Marteau. — Exécution du laird de Mac-Intosh par ordre de la marquise de Huntly. — Massacre des Farquharsons. — Race de la tribu de l'Auge. — Exécution du comte d'Orkney.

L'ÉTENDUE et la position des montagnes d'Écosse les rendaient beaucoup moins susceptibles d'amélioration que les districts des frontières; ces derniers plus circonscrits et d'un accès moins difficile, se trouvaient maintenant placés entre deux contrées paisibles et civilisées, au lieu d'être les limites de deux pays continuellement en guerre.

Les montagnards, au contraire, continuaient de se battre entre eux et de faire des incursions chez leurs voisins des plaines, habitude qui les distinguait dès l'aurore de leur histoire. Des aventures guerrières, de quelque nature qu'elles fussent, faisaient leurs délices et leur occupation, et tous les ouvrages de l'industrie étaient regardés comme au-dessous de la dignité d'un montagnard. La tâche nécessaire de recueillir au moins une modique récolte d'orge, était abandonnée aux vieillards, aux femmes et aux enfans. Les hommes ne songeaient qu'à la chasse et à la guerre. Je vais vous raconter un trait d'un chef montagnard, dont le caractère et les actions vous rappelleront Allan-a-Sop l'habitant des Hébrides.

Les Stewarts, qui résidaient dans le district d'Appin, dans les montagnes de l'ouest, formaient un clan nombreux et guerrier. Appin est le titre du chef du clan. La seconde branche de la famille était celle d'Invernahyle. Le fondateur, second fils de la maison d'Appin, était connu par le surnom, assez rare dans le pays, de *Saoileach* ou *le Paisible*. Un de ses voisins était le lord de Dunstaffnage, appelé Cailen Uaine, ou Colin le Vert, à cause de la couleur verte qui dominait dans ses tartans. Ce Colin le Vert surprit le paisible laird d'Invernahyle, l'assassina, brûla sa maison, et détruisit toute sa famille, à l'exception d'un enfant au berceau. Cet enfant ne dut point son salut à la pitié de Colin le Vert, mais à l'activité et à la présence d'esprit de sa nourrice. Voyant qu'elle ne pouvait éviter les poursuites des gens du chef, la fidèle nourrice ne trouva qu'un moyen de sauver la vie de son nourrisson, elle cacha l'enfant dans une fente de rocher, et, n'ayant aucune autre manière de lui procurer de la nourriture, elle suspendit à son cou, par un cordon, un gros morceau de lard. La pauvre femme eut à peine le temps de s'écarter du lieu où elle avait déposé l'enfant confié à ses soins, qu'elle fut faite prisonnière par ceux qui la poursuivaient. Comme elle nia qu'elle eût aucune connaissance des lieux où se trouvait l'enfant, on la relâcha comme une personne de peu d'importance ; mais avant de la laisser aller, on la garda pendant deux ou trois jours dans une étroite prison, la menaçant à chaque instant de la mort si elle ne voulait pas découvrir ce qu'elle avait fait de l'enfant.

Lorsque cette femme fut en liberté, et qu'elle s'aperçut qu'elle n'était plus observée, elle se rendit près de la fente du rocher auquel elle avait confié l'enfant ; elle ne conservait aucune espérance de le trouver en vie, car elle pensait que les loups, les chats sauvages, les oiseaux de proie l'avaient dévoré, mais elle éprouvait le pieux désir de confier les restes de son *dault* ou nourrisson à quelque lieu consacré à la sépulture des chrétiens. Quelles furent sa joie et sa surprise de trouver l'enfant bien portant, ayant vécu pendant son absence en suçant le morceau de lard qu'elle lui avait laissé, et qui se trouvait réduit à la grosseur d'une noisette ! L'heureuse nourrice se hâta de se sauver avec son précieux fardeau dans le district de Moidart, lieu de sa naissance ; elle était la femme du forgeron du clan de Mac-Donald, auquel le pays appartenait. La mère de l'enfant si miraculeusement sauvé était aussi une fille de cette tribu.

Pour assurer la vie de l'enfant, la nourrice persuada à son mari de l'élever comme leur propre fils. Il faut remarquer que le forgeron d'un clan de montagnards était un personnage d'une grande importance. Son adresse à forger des armures et des armes était ordinairement unie au talent de s'en servir, et à la force de corps que sa profession exigeait. Si je ne me trompe, le forgeron avait ordinairement le rang de troisième officier dans la maison du chef. Le jeune Donald Stewart se distinguait, en grandissant, par une force prodigieuse. Il devint habile dans l'art de son père nourricier, et sa force était telle, qu'il pouvait, dit-on, tenir pendant quatre heures deux lourds marteaux dans chacune de ses mains. D'après ces circonstances on lui donna le surnom de *Donuil-nan-Ord*, c'est-à-dire, Donald du Marteau, surnom par lequel il fut distingué toute sa vie.

Quand il eut atteint l'âge de vingt-un ans, le forgeron, père nourricier de Donald, observant que le courage et l'intelligence du jeune homme égalaient sa force personnelle, pensa qu'il devait lui découvrir le secret de sa naissance, lui faire connaître les offenses de Colin le Vert de Dunstaffnage, contre sa famille, et ses droits au domaine d'Invernahyle, maintenant dans la possession de l'homme qui avait assassiné son père et usurpé son héritage. Il termina ce récit en présentant à son nourrisson bien-aimé ses six enfans qui devaient le suivre et le défendre jusqu'à la mort, et l'aider à recouvrer son patrimoine.

Les lois étaient inconnues dans les montagnes. Le jeune Donald exécuta ses desseins par la force des armes. Il joignit à ses six frères de lait quelques parens de sa mère, et leva parmi les vieux partisans de son père, et les alliés de la maison d'Appin, des forces assez considérables pour le mettre à même de livrer bataille à Colin le Vert, qui fut défait, et Donald ressaisit en même temps la maison de son père et son domaine d'Invernahyle. Ce succès eut ses dangers, car il plaça ce jeune homme en opposition avec toutes les branches du puissant clan de Campbell, auquel le chef qui venait d'être détruit appartenait, par alliance du moins, à Colin le Vert, et ses ancêtres avaient pris le nom et s'étaient placés sous la bannière de ce formidable clan, quoiqu'ils fussent originairement chefs d'une tribu indépendante. Ces querelles devinrent mortelles quand Donald, dont la vengeance n'était pas satisfaite de s'être exercée sur l'auteur immédiat de ses malheurs, attaqua les Campbells jusque dans leurs propres domaines. C'est à ce sujet que les historiens des Campbells citent deux vers qui apprennent que :

> Donald le forgeron et le fils de l'enclume
> A rempli le Lochawe de deuil et d'amertume.

Enfin le puissant comte d'Agyle ressentit l'injure qui était faite aux gens de son clan et à ses parens. Les Stewarts d'Appin refusèrent de soutenir leur allié contre un aussi redoutable ennemi, et insistèrent pour qu'il fît la paix avec le comte. Donald, laissé seul et convaincu qu'il lui serait impossible de résister aux forces que lui opposerait un chef aussi puissant, essaya de captiver ses bonnes grâces, en se plaçant lui-même au pouvoir du comte.

Il dirigea ses pas, suivi d'un seul de ses gens, vers Inverary, château du comte d'Argyle; ce seigneur vint le joindre à quelque distance au milieu des champs. Donald du Marteau montra dans cette occasion que ce n'était pas la crainte qui lui avait fait prendre cette résolution. C'était un homme d'esprit et un poète, et le talent de la poésie était en grand honneur parmi les montagnards. Il ouvrit la conférence par cet impromptu, qui était plutôt le langage d'un homme craignant peu le sort qui semble l'attendre que celui d'une personne demandant grâce ou implorant l'oubli de ses offenses.

> Fils du sombre Colin, et comte redouté,
> Faible est le simple don que de tes mains j'implore.
> Affranchi du péril, permets qu'en liberté
> Aux foyers paternels je puisse vivre encore.

Le comte était trop généreux pour profiter de l'avantage que la confiance d'Invernahyle lui accordait, mais il ne put s'empêcher de continuer sur un ton railleur une conversation ainsi commencée. Donuil-nan-Ord avait des traits durs et une habitude qui tenait de l'éducation qu'il avait reçue et de la hauteur de son caractère, celle de jeter sa tête en arrière et de rire bruyamment en ouvrant la bouche de toute sa largeur. Pour se moquer de cette gaieté inconvenante, à laquelle Donald donnait carrière à chaque instant, Argyle ou un des gens de sa suite montra à une certaine distance un roc qui ressemblait à un visage humain dont la bouche était défigurée par un rire épouvantable. — Voyez-vous ce rocher qui est là-bas ? dit-on à Donald du Marteau ; on l'appelle *gaire granda*, ou le *vilain rire.* Donald sentit la plaisanterie, et comme la comtesse d'Argyle était une femme hautaine et peu jolie, il répondit sans hésiter :

>Le rire du rocher certes vous semble affreux,
>La nature elle-même en décora ces lieux ;
>Mais si vous voulez voir encor pire grimace,
>Vous pouvez regarder votre comtesse en face.

On rapporte qu'Argyle ne se fâcha pas de la raillerie un peu forte de Donald ; mais qu'il ne voulut pas conclure la paix avec lui, à moins qu'il ne consentît à faire deux *creags* ou invasions, une dans le Moidart, l'autre dans le district d'Athole. Il est probable que le dessein d'Argyle était de brouiller son incommode voisin avec d'autres clans qu'il n'aimait pas, car, quel qu'en eût été le résultat, Argyle n'aurait pu qu'y gagner. Donald accepta la paix avec les Campbells aux conditions qu'on lui imposa.

A son retour chez lui, le jeune chef communiqua à Mac-Donald de Moidart l'engagement qu'il avait contracté, et le chef, qui était le parent de Donald du Marteau, par sa mère, consentit qu'Invernahyle et ses gens pillassent certains villages dans le Moidart, dont les habitans l'avaient offensé, et sur lesquels il désirait exercer sa vengeance. L'invasion de Donald du Marteau dans les villages qu'on lui avait indiqués, parut aux habitans une punition de leur chef, et Invernahyle remplit ses engagemens avec Argyle sans se faire un ennemi de son parent. Avec les gens d'Athole, qui ne lui touchaient pas d'aussi près, Donald agit avec moins de cérémonie, et fit plus d'une invasion chez eux. Son nom fut bientôt connu pour celui d'un des plus formidables maraudeurs des Highlands, et une attaque sanglante qu'il soutint contre la famille des Grahams de Monteith le fit encore craindre davantage.

Les comtes de Monteith avaient un château situé sur

une île dans le lac du même nom ; mais, quoique cette résidence (qui occupait l'îlot presque tout entier sur lequel les ruines existent encore) fût une place forte, étroite, et, de cette manière, bien convenable dans ces temps de trouble, les écuries, les étables, les basses-cours et autres servitudes, étaient nécessairement séparées du château et situées sur le continent. Ces servitudes étaient construites sur les bords du lac, et n'avaient, pour ainsi dire, aucun moyen de défense.

Dans une occasion solennelle, il y eut une grande fête au château, et la plupart des Grahams y étaient invités. Cette occasion favorable était, dit-on, un mariage dans la famille. On amassa de nombreuses provisions pour cette fête, et on s'était particulièrement pourvu d'une grande quantité de volailles. Tandis qu'on préparait la fête, un malheureux hasard amena Donald du Marteau sur les rives du lac ; il revenait à la tête d'un cortége affamé, qu'il reconduisait dans les hautes-terre de l'ouest après quelques unes de ses excursions ordinaires dans le Stirling-Shire. En voyant un si bon repas presque prêt, et doués d'un excellent appétit, les montagnards de l'ouest, sans attendre une invitation et sans demander permission, se jetèrent sur les mets et dévorèrent toutes les provisions qui avaient été réunies pour les Grahams ; puis ils continuèrent joyeusement leur chemin à travers la route dangereuse et difficile qui conduit du lac de Monteith, en passant par les montagnes, jusqu'aux rives du lac Katrine.

Les Grahams ressentirent la plus vive indignation. Rien, dans ces temps de désordre, n'était plus méprisable qu'un individu qui se laissait piller sans en avoir satisfaction et vengeance ; la perte d'un dîner aggravait encore l'insulte. La société qui était assemblée au château de Monteith, dirigée par le comte lui-même, se jeta précipitamment dans des bateaux, débarqua sur la rive septentrionale du lac, et poursuivit les maraudeurs et leur chef. Les Grahams joignirent Donald et sa troupe dans une gorge de montagne près d'un rocher nommé *Craig-Vad* ou le Roc du Loup. Ils ordonnèrent aux gens d'Appin de s'arrêter, et leur prodiguèrent des injures ; un des Grahams, pour faire allusion à ce qui venait de se passer, s'écria :

> Que ces hommes d'Appin sont de braves cadets,
> S'il faut tordre le cou des coqs et des poulets!

Donald répliqua aussitôt :

> Si des hommes d'Appin nous méritons le nom,
> Nous te tordrons le cou, c'est celui d'un oison.

En disant ces mots, Donald renversa d'une flèche le malencontreux railleur. La bataille commença, et dura jusqu'à la nuit avec une grande fureur de part et d'autre. Le comte de Monteith périt, ainsi que plusieurs de ses nobles parens. Donald, favorisé par les ténèbres, s'échappa suivi d'un seul de ses gens. La cause de cette querelle fit donner aux Grahams le surnom de *Gramoch an garrigh*, ou Grahams des poules ; ils n'avaient cependant pas perdu leur honneur dans la bataille, et s'étaient plutôt conduits en vrais *coqs de combat*.

Donald du Marteau eut deux femmes. Son second mariage déplut beaucoup au fils aîné qu'il avait eu de sa première femme. Ce jeune homme, dont le nom était Duncan, semblait plutôt avoir hérité des dispositions de son grand-père Alister *Saoileach*, ou le Paisible, que du caractère inquiet et turbulent de son père Donald du Marteau. Mécontent de la maison paternelle, il la quitta, et se réfugia dans une ferme nommée Inverfalla, que Donald avait donnée à sa nourrice en reconnaissance de ses éminens services. Duncan vécut avec les premiers amis de son père, qui étaient parvenus à l'âge le plus avancé, et s'amusait en essayant d'améliorer la culture des terres, travail qui était regardé non seulement comme bien au-dessous de la dignité d'un montagnard, mais comme le dernier degré de dégradation. L'idée que son fils s'occupait d'agriculture remplissait le cœur de Donald de honte et de colère, et bientôt son ressentiment contre lui ne connut plus de bornes. Un jour, tandis qu'il se promenait sur le bord de l'eau, il regarda de l'autre côté de la rivière où se trouvait la ferme d'Inverfalla. Il vit avec un déplaisir extrême plusieurs hommes occupés à bêcher et à herser la terre pour y semer du grain. Quelques minutes après il éprouva une humiliation plus grande encore en voyant son propre fils venir se mêler aux travailleurs, leur donner des conseils, et enfin prendre lui-même la bêche des mains d'un garçon maladroit, et lui montrer comment il fallait s'en servir. Ce dernier acte de dégénération excita toute la colère de Donald du Marteau. Il saisit un curragh ou bateau couvert de peau, sauta dedans, et traversa le courant avec la pensée d'exterminer le fils qui, suivant son opinion, avait déshonoré sa famille. Le pauvre agriculteur, en voyant son père approcher avec une telle précipitation, devina la nature de ses intentions paternelles, et se sauva dans la maison, où il se cacha. Donald le suivit les armes à la main ; mais, aveuglé par la colère, et trompé par les ténèbres, il plongea son épée dans le corps d'une personne qu'il vit étendue sur un lit. Le coup qui était destiné pour son fils tomba sur la vieille nourrice à laquelle Donald devait la vie, et la tua sur-le-champ. Après ce malheur, Donald éprouva les plus cuisans remords, et donnant tous ses biens à ses enfans, il se retira dans l'abbaye de Saint-Colomba, dans l'île d'Iona, s'y fit moine, et y passa le reste de sa vie.

On doit aisément supposer qu'on trouvait bien peu de paix et de tranquillité dans une contrée féconde en hommes semblables à Donald du Marteau, qui pensaient que la pratique d'une honnête industrie, de la part d'un gentilhomme, était un acte de dégradation, qui ne méritait rien moins que la mort. Les troubles et les désordres qui remplissaient les montagnes étaient donc à peu près aussi déplorables que ceux des îles. Cependant quelques uns des principaux chefs se présentaient dans certaines occasions à la cour d'Écosse ; d'autres étaient quelquefois obligés d'y envoyer leurs fils pour y être élevés, et on les retenait comme garans de la conduite de leur clan, et de cette manière ils participaient par degrés aux progrès de la civilisation.

La puissance des grands seigneurs, dont les domaines se trouvaient auprès ou dans l'intérieur des montagnes, était un moyen qui, bien que sévère, soumettait, dans un certain degré, à l'influence des lois, le district sur lequel ces seigneurs exerçaient leur pouvoir. Il est vrai que les comtes de Huntly, Argyle, Sutherland et autres nobles n'introduisirent pas les institutions des habitans des plaines parmi leurs vassaux des hautes-terres, par zèle pour leur civilisation, mais plutôt parce qu'en mettant le pouvoir du souverain et les lois de leur côté, l'infraction à ces lois, par le chef le moins important, leur servait de prétexte pour détruire des clans entiers, ou pour les soumettre à leur propre autorité.

Je vais vous donner un exemple de la manière qu'employa une noble dame pour châtier un chef de montagnards sous le règne de Jacques VI. L'héritier de la maison de Gordon, alors marquis de Huntly, était sans contredit le plus puissant seigneur des contrées du nord ; il exerçait une grande influence sur les clans des hautes-terres, qui habitaient les montagnes de Badenoch, qui touchent à ces immenses domaines. Un des plus anciens de ces clans est celui de Mac-Intosh, mot qui signifie enfant du Thane, car il prétend descendre de Mac-Duff, le célèbre Thane de Fife. Cette tribu hautaine s'étant brouillée avec les Gordons, le chef, William Mac-Intosh, porta si loin son inimitié, qu'il brûla le château d'Auchindown, appartenant à la famille Gordon. Le marquis de Huntly jura de se venger ; il marcha contre les Mac-Intosh avec toute sa *chevalerie*, et il permit à tous les clans qui, suivant le vieil adage, *voudraient faire quelque chose pour son amour ou par sa crainte*, d'attaquer la tribu proscrite. Après quelques efforts pour se défendre, Mac-Intosh jugea qu'il ne pourrait soutenir long-temps cette lutte inégale, et vit qu'il faudrait sacrifier son clan tout entier, ou trouver quelques moyens d'apaiser le ressentiment d'Huntly. Pour empêcher son clan d'être exterminé, il résolut de se remettre lui-même entre les mains du marquis, et de porter ainsi lui seul la faute de l'offense qu'il avait commise. Pour accomplir cet acte de générosité avec autant de chance de salut que cela lui était possible, il choisit le temps où le marquis était absent, et se fit annoncer à la dame du château, qu'il supposait être moins inexorable que son mari. Il se présenta comme étant l'infortuné laird de Mac-Intosh, qui venait se rendre aux Gordons, et répondre pour l'incendie d'Auchindown, en demandant seulement qu'on épargnât son clan. La marquise, femme froide et altière, partageait le ressentiment de son mari; elle regarda Mac-Intosh d'un œil morne, comme l'épervier ou l'aigle contemple la proie qu'il tient dans ses serres; et, ayant parlé bas à la femme qui la suivait, elle répondit de cette manière au chef suppliant :

Mac-Intosh, vous avez si profondément offensé la famille des Gordons, que le marquis d'Huntly a juré, par l'âme de son père, qu'il ne vous pardonnerait pas avant que vous ayez placé votre tête sur le billot.

— Je me soumettrai même à cette humiliation, répondit Mac-Intosh.

Comme l'entrevue se passait dans la cuisine du château de Bog-de-Gicht, Mac-Intosh défit le collet de son pourpoint, et s'agenouillant devant l'immense billot qui, dans ces temps d'une sauvage hospitalité, servait à supporter la tête des bœufs et des moutons qui étaient tués pour la consommation du château, il y posa son cou, croyant fermement que la dame serait satisfaite de cette preuve de sa soumission ; mais l'inexorable marquise fit un signe au cuisinier, qui s'avança la hache levée et sépara la tête de MacIntosh de son corps.

Encore une autre anecdote, et je changerai de sujet. C'est encore la famille de Gordon qui nous la fournira, non pas parce qu'il s'y trouvait des hommes dont le cœur était plus dur que celui des autres barons écossais qui avaient des querelles avec les montagnards, mais parce que c'est la première qui se présente à ma mémoire. Les Farquharsons des bords du Dee, peuple hardi et guerrier qui habite les vallées de Brae-mar, s'étaient crus offensés par un gentilhomme distingué nommé Gordon de Brackley, et l'avaient assassiné. Le marquis d'Huntly rassembla toutes ses forces pour tirer une vengeance éclatante de la mort d'un Gordon ; et afin qu'aucun individu de la tribu coupable ne pût échapper, il associa à ses projets le laird de Grant, qui était son allié, et parent, je crois, du baron de Brackley qui avait été assassiné. Ils convinrent qu'un jour, qu'ils fixèrent d'avance, Grant, avec son clan sous les armes, occuperait la partie supérieure de la vallée de Dee, tandis que les Gordons suivraient le cours de la rivière ; chaque troupe séparée tuant, brûlant et détruisant sans pitié tout ce qui se trouvait sur son passage. Les Farquharsons, pris à l'improviste et placés entre deux ennemis, furent horriblement massacrés. Presque tous les hommes et toutes les femmes de cette race périrent, et lorsque cette boucherie fut terminée, Huntly se trouva embarrassé d'à peu près deux cents enfans orphelins, dont les parens avaient été tués ; nous allons apprendre ce qu'il en fit.

Environ un an après ce massacre, le laird de Grant dîna, par hasard, au château du marquis. Il fut reçu avec amitié et traité avec magnificence. Après le dîner, le marquis dit à son hôte qu'il allait lui procurer un divertissement assez rare. Il conduisit Grant sur un balcon qui, comme cela est fréquent dans les vieux châteaux, donnait dans la cuisine, apparemment afin que la dame de la maison pût observer de temps en temps ce qui s'y passait. Les nombreux domestiques du marquis et du laird avaient déjà dîné, et Grant remarqua tous les restes du repas jetés au hasard dans une grande auge semblable à celles qui sont à l'usage des cochons. Tandis que Grant essayait de deviner ce que tout cela signifiait, le chef de cuisine donna un signal avec son sifflet d'argent; alors on ouvrit une espèce de chenil, on entendit des cris, des hurlemens. Ce n'était pas une meute de chiens; quoique leur nombre, le bruit, le tumulte, auraient pu le faire croire, mais une foule d'enfans demi nus, d'un aspect sauvage, qui se jetèrent sur les alimens que contenait l'auge, et qui se battirent en même temps et se disputèrent la plus grosse portion. Grant, qui ne manquait pas d'humanité, ne trouva pas dans cette scène dégradante tout l'amusement que le noble comte avait l'intention de lui procurer.—Au nom du ciel, dit-il, quelles sont ces malheureuses créatures, nourries comme des pourceaux ? — Ce sont les enfans des Farquharsons que nous avons tués l'année dernière sur les rives de la Dee, répondit Huntly.

Le laird se sentit plus affecté qu'il n'eût été prudent ou poli de le montrer. Milord, dit-il, mon épée vous a aidé à rendre ces pauvres enfans orphelins, il n'est pas juste que votre seigneurie en ait tout le fardeau et supporte seule la dépense qu'ils occasionent. Vous les avez nourris un an et un jour, permettez-moi de les emmener à Castle-Grant, et de les entretenir à mes dépens pendant le même espace de temps. Huntly, qui commençait à être fatigué du divertissement de l'auge, consentit volontiers à se débarrasser de la troupe indisciplinée des enfans et ne s'en inquiéta plus. Le laird de Grant les emmena à son château, les dispersa parmi son clan, les fit élever décemment et leur donna son propre nom. Mais on dit que leurs descendans sont encore appelés les hommes de l'auge, pour les distinguer des familles du clan où ils furent adoptés.

Ces anecdotes sont des exemples de la sévérité que les grands seigneurs exerçaient sur leurs voisins ou vassaux montagnards. Cependant ce pouvoir leur apprit à respecter les lois, car ces lords puissans, quoique possédant une grande liberté dans leurs juridictions, n'affectaient pas eux-mêmes une entière indépendance, comme les anciens lords des îles, qui faisaient la paix ou la guerre avec l'Angleterre sans le consentement du roi d'Ecosse ; au lieu qu'Argyle, Huntly et d'autres seigneurs prenaient au moins le nom du roi pour prétexte, et d'ailleurs leurs habitudes et leur éducation les détournaient du pouvoir arbitraire dont s'emparaient les chefs des montagnards. Le pays se civilisa donc peu à peu, en proportion de l'influence qu'acquirent les nobles.

On ne doit pas oublier ici que l'augmentation du pouvoir du roi fut ressentie cruellement par un des plus grands seigneurs, qui exerçait la violence et l'oppression à l'extrémité du royaume. Le comte d'Orkney, descendant d'un fils naturel de Jacques V, et par conséquent cousin germain du monarque alors régnant, avait abusé de son pouvoir, jusqu'à un excès extravagant, dans les sauvages retraites des Orcades et des îles Shetland. On l'accusa aussi d'avoir ambitionné le pouvoir souverain, et d'avoir ordonné à son fils naturel de défendre le château de Kirkwall par la force des armes, contre les troupes du roi. Convaincu de ces crimes, le comte fut jugé et exécuté à Edimbourg. Cette sévérité jeta la terreur parmi l'aristocratie, et rendit les grands seigneurs, dont le pouvoir s'étendait dans les lieux les plus éloignés et les plus inaccessibles de l'Ecosse, soumis à l'autorité royale.

Ayant ainsi présenté les changemens qu'avait produits l'union des deux couronnes, sur les frontières, les montagnes et les îles, il nous reste à parler de son influence dans les plaines ou dans les parties les plus civilisées du royaume.

CHAPITRE VII.

La cour fait sa résidence à Londres, il en résulte de malheureux effets pour l'Écosse. — Un grand nombre d'Écossais quittent leur patrie, et prennent du service dans l'étranger. — D'autres parcourent l'Allemagne comme marchands ambulans. — Le clergé presbytérien tente de mettre un terme aux querelles de familles, et de perfectionner l'éducation. — Il établit les écoles paroissiales. — Jacques VI visite l'Écosse en 1617. — Sa mort, ses enfans.

Les Écossais s'aperçurent bientôt que si les courtisans de leur pays et leurs grands seigneurs faisaient leur fortune par la faveur du roi Jacques, la nation elle-même n'était pas enrichie par l'union des deux couronnes. Édimbourg n'était plus la résidence d'une cour dont les dépenses, quoique modérées, se répandaient parmi les marchands et les citoyens, et étaient pour eux d'une grande importance. Les fils des gentilshommes, dont l'unique occupation jusqu'alors avait été la guerre, n'avaient plus d'état, depuis la paix générale avec l'Angleterre, et la nation était sur le point de ressentir toute la misère qui résulte d'un excès de population. Les guerres du continent offrirent une ressource qui convenait particulièrement au caractère des Écossais, qui ont toujours eu du goût pour les voyages dans les pays étrangers. La célèbre guerre de trente ans, comme elle fut appelée, ravageait alors l'Allemagne, et une multitude d'Écossais s'étaient engagés au service de Gustave-Adolphe, roi de Suède, un des plus heureux généraux du siècle. Le nombre des soldats peut être deviné par celui des officiers supérieurs, qui montait à trente-quatre colonels et cinquante lieutenans-colonels. La similitude de religion des Écossais et des Suédois, quelque ressemblance entre les deux nations, et la gloire du grand Gustave, faisaient préférer à la plupart des

Écossais le service de Suède; il y en avait cependant quelques uns qui servaient l'empereur d'Autriche, le roi de France ou les états d'Italie. En somme, ils étaient dispersés comme soldats dans toutes les parties de l'Europe; il leur arriva plusieurs fois, lorsqu'ils montaient à l'assaut, d'entendre dire dans leur propre langage de l'autre côté de la brèche : Avancez, gentilshommes, il ne s'agit point ici de faire le galant à la croix d'Édimbourg. Ils apprenaient ainsi qu'ils allaient se battre contre des compatriotes qui s'étaient engagés du côté opposé. Ce goût pour le service étranger était si général, que des jeunes gens de famille, qui désiraient voir le monde, voyageaient sur le continent de ville en ville et d'états en états, et défrayaient leurs dépenses en s'engageant pendant quelques semaines ou quelques mois dans la garnison ou dans la garde des villes où ils faisaient une résidence momentanée. Il faut rendre justice aux Écossais, et dire que tandis qu'ils vendaient ainsi leurs services, ils acquirent une grande réputation de courage, de talens militaires et de fidélité à leurs engagemens. Les régimens écossais au service de Suède furent les premières troupes qui exécutèrent le feu de peloton, et par ce moyen contribuèrent puissamment au gain de la bataille décisive de Lutzen.

Outre les milliers d'émigrés écossais qui poursuivaient sur le continent la carrière des armes, il y en eut un grand nombre d'autres qui entreprirent le métier pénible et précaire de marchands ambulans, ou, pour parler plus juste, de colporteurs. Ils exportaient les médiocres productions de leurs manufactures, ce qui donnait aux habitans de l'Allemagne, de la Pologne et des autres parties du nord de l'Europe, l'occasion de se procurer des articles de ménage. Il y avait à cette époque peu de villes, et dans ces villes peu de boutiques régulièrement ouvertes. Quand un habitant de ces pays, n'importe quelle fût sa classe, voulait acheter des étoffes ou d'autres objets utiles qu'il ne pouvait tirer de son propre pays, il était obligé d'attendre la foire prochaine, où les marchands ambulans abondaient pour étaler aux yeux du public leur marchandise. Si l'acheteur ne voulait pas prendre la peine de se rendre à la foire, il fallait qu'il attendît jusqu'au moment où un colporteur qui conduisait ses marchandises sur un cheval, dans une petite charrette, ou qui peut-être les portait en ballot sur ses épaules, fît son voyage à travers le pays. On a tourné les Écossais en ridicule pour avoir entrepris un commerce qui demande de la patience, de la sobriété, de la prévoyance et une certaine éducation, qui, à cette époque, commençait à devenir générale parmi eux; mais nous ne pensons pas que l'occupation qui exigeait de telles qualités fût une carrière déshonorante pour ceux qui l'exerçaient, et nous croyons que ces Écossais qui, par une honnête industrie, fournissaient les étrangers des marchandises qui leur manquaient, employaient au moins aussi bien leur temps que ceux qui les aidaient à se tuer les uns les autres.

Tandis que les Écossais amélioraient leur situation par leur commerce à l'étranger, ils prenaient peu à peu dans leur pays des habitudes paisibles. Pendant les guerres du règne de la reine Marie, et celles de la minorité du roi Jacques, un grand jurisconsulte (le premier comte d'Haddington, généralement connu sous le nom de Tom de la Cowgate) nous apprend que le pays entier était en proie à de tels troubles, non seulement par la barbarie des montagnards et des habitans des frontières, mais aussi par les cruelles dissensions qui s'élevaient des factions publiques et des querelles particulières, que les hommes de tout rang portaient journellement une jaquette d'acier, une pièce de tête, ou knapscap, des brassières de métal, des pistolets et des poignards, toutes ces choses étant des parties aussi essentielles de leur habillement que les pourpoints et les hauts-de-chausses.

Le caractère de ces peuples était alors aussi belliqueux

que leur accoutrement, et la même autorité nous informe que, quelle que fût la cause de leurs rendez-vous ou de leurs assemblées, des querelles s'ensuivaient ordinairement, et ils ne se séparaient jamais avant de s'être battus non seulement dans le parlement, les *conventions* ou assemblées administratives, les marchés, etc., mais encore dans les cimetières, les églises et les lieux consâcrés aux exercices religieux.

Cet état général de désordre n'était pas causé par le manque de lois contre de tels crimes; la jurisprudence d'Écosse était même plus sévère que celle d'Angleterre; elle donnait à un homicide commis sans préméditation, dans une querelle subite, le nom de meurtre; tandis que les lois d'Angleterre lui avaient donné la dénomination de *manslaughter*. Cette sévérité avait été introduite pour imposer une contrainte au caractère violent de la nation écossaise. Ce n'étaient donc pas les lois qui manquaient pour prévenir les crimes, mais la juste et régulière application de celles qui existaient. Un ancien Écossais, homme d'état et juge, et qui était aussi poète, a fait allusion aux moyens employés pour éviter le châtiment aux coupables. On nous accorde quelque talent, dit-il, pour faire de bonnes lois, mais Dieu sait le pouvoir qu'elles ont et combien elles sont mal observées. Un homme accusé d'un crime se présente fréquemment à la cour de justice devant laquelle il est appelé, soutenu par une telle compagnie d'amis armés, qu'on dirait qu'il a le dessein de défier les juges et le jury. Les gens riches, surtout, offraient souvent des présens qui étaient acceptés par les juges, et sauvaient ainsi par la faveur un criminel que les lois auraient condamné.

Jacques opéra de grandes réformes dans ces abus, dès qu'il eut acquis par l'union des deux royaumes assez de pouvoir pour être sûr d'être obéi. Les lois, comme nous l'avons vu dans plus d'une occasion, furent exécutées avec une grande sévérité, et le secours d'amis puissans, l'intercession même des courtisans et des favoris, eurent moins d'influence auprès des juges pour obtenir la grâce des criminels. Ainsi une crainte salutaire de la justice imposa peu à peu des bornes à la violence et aux désordres qui avaient suivi en Écosse la guerre civile. Cependant, comme les barons avaient, dans leurs juridictions héréditaires, le droit exclusif de juger et de punir les crimes qui avaient été commis dans leurs propres domaines, et comme souvent ils n'éprouvaient aucun désir de punir, parce que le crime avait été commis par leur ordre ou parce que le malfaiteur était un partisan adroit, dont les services étaient utiles au seigneur, ou bien encore parce que le juge et le criminel avaient entre eux quelques relations ; dans tous les cas que nous venons de citer, le coupable échappait nécessairement à la justice. Néanmoins, en examinant l'Écosse sous un point de vue général, la justice avait acquis plus de pouvoir au commencement du dix-septième siècle, le cours des lois n'était plus aussi souvent interrompu, et les troubles de ce pays diminuaient en proportion.

Les lois et la terreur qu'elles inspirent prévenaient la multiplicité des crimes, mais il n'était point au pouvoir des lois humaines d'extirper du caractère national le penchant à la colère et la soif de la vengeance qui avaient été si long-temps les traits distinctifs du peuple écossais. La coutume païenne des querelles à mort, le droit qu'on pouvait avoir d'exiger sang pour sang, et l'habitude de perpétuer les haines en confiant le soin de sa vengeance à ses héritiers, ne pouvaient céder qu'à ces pures doctrines religieuses qui n'apprennent point aux hommes à venger leurs offenses, mais à oublier les injures, comme le seul moyen de gagner la faveur du ciel.

Les prédicateurs presbytériens avaient remplacé les pompes et les cérémonies du service divin par la plus stricte observation de la morale. On leur reprocha, il est vrai, que dans les institutions de son église, le clergé d'Écosse prétendait exercer une trop grande influence sur les affaires de l'état, que dans leurs opinions et leurs pratiques ils tendaient trop vers un système ascétique, dans lequel on attachait trop d'importance aux fautes légères; et enfin que la croyance des autres églises chrétiennes était traitée par eux avec trop peu de tolérance. Mais aucun de ceux qui connaissent leurs actions et leur histoire ne peuvent refuser à ces hommes respectables le mérite de pratiquer dans leur plus rigide étendue les doctrines de morale qu'ils enseignaient. Ils méprisaient la richesse, fuyaient jusqu'aux plaisirs innocens, et gagnaient l'affection de leur troupeau en soulageant les maux de leur corps aussi bien que ceux de leur âme. Ils enseignaient ce qu'ils croyaient de bonne foi; et ils étaient crus, parce qu'ils parlaient avec tout le zèle de la conviction. Ils n'épargnaient ni l'exemple ni le précepte pour convaincre les plus ignorans de leurs auditeurs, et souvent risquaient leur propre vie pour apaiser les querelles qui s'élevaient chaque jour dans leur juridiction. On rapporte qu'un digne ministre, dont la paroisse était à chaque instant troublée par les combats d'habitans turbulens, portait ordinairement une pièce de tête en acier, ce qui formait un singulier contraste avec ses habits ecclésiastiques. C'était dans le dessein de se jeter au milieu de la mêlée pour séparer les combattans, lorsque les épées étaient tirées dans les rues, ce qui arrivait presque journellement, et de courir moins de chance d'être tué par un coup qui ne lui était pas destiné. Ainsi, sa généreuse humanité mettait continuellement sa vie en péril.

A cette époque, le clergé était composé de personnes recommandables par leur naissance, leur liaison, souvent par leur savoir, toujours par leur caractère. Ces avantages leur permettaient d'intervenir même dans les querelles des barons et des gentilshommes, et souvent ils ramenèrent à des intentions pacifiques des hommes qui n'auraient point écouté d'autres conciliateurs. Il n'y a aucun doute que la morale qu'enseignaient ces bons ministres fût une des causes principales qui corrigèrent les habitudes cruelles des Écossais, aux yeux desquels la vengeance avait été jusqu'alors une vertu.

Outre les préceptes et les exemples de religion et de morale, le goût de l'instruction est un des meilleurs moyens pour adoucir les habitudes d'un peuple barbare et guerrier ; et les habitans des basses-terres d'Ecosse en sont encore redevables aux ministres presbytériens.

Le clergé catholique avait fondé trois universités en Ecosse, celle de Glascow, de Saint-André et d'Aberdeen ; mais ces maisons d'éducation, par la nature même de leur institution, étaient réservées aux étudians qui se consacraient à l'église, ou aux jeunes gens appartenant aux grandes familles, que leurs parens destinaient à devenir avocats ou hommes d'état. Le but plus noble de l'église réformée était d'étendre indistinctement le bienfait de la science à toutes les classes de la société.

Les prédicateurs de l'église réformée en avaient appelé à l'Ecriture, comme à la règle de leur doctrine, et ils éprouvaient le louable désir que les plus pauvres aussi bien que les plus riches pussent lire le livre sacré, et juger s'ils en avaient interprété fidèlement le texte. L'invention de l'imprimerie rendait les Ecritures accessibles à chacun, et le clergé souhaitait que le plus simple paysan eût la facilité de les lire. John Knox et d'autres chefs de la congrégation avaient, depuis le principe de la réformation, témoigné l'intention de réserver les revenus confisqués de l'église catholique aux besoins du nouveau clergé et à l'établissement de collèges et d'écoles pour l'éducation de la jeunesse ; mais leurs désirs furent long-temps trompés, par l'avidité de la noblesse et de la haute bourgeoisie, qui étaient déterminées à conserver pour leur propre usage les revenus de l'église catholique, et par les troubles de l'époque, qui ne donnaient la faculté de s'occuper que de ce qui appartenait à la politique et à la guerre.

Enfin la législature, inspirée surtout par l'influence du clergé, autorisa le noble projet qui avait été formé, d'introduire, dans chaque paroisse, une école dont le prix serait assez modique pour permettre aux pauvres pères de famille de procurer à leurs enfans le talent de lire et d'écrire, et qui fournissait les moyens à celui qui montrait un goût décidé pour les sciences, de faire les classes nécessaires pour se livrer ensuite aux études de collége. Il n'y a point de doute que l'instruction qu'on pouvait se procurer si aisément contribua, dans le cours d'une génération, à civiliser le caractère écossais. Il est également certain que cette facilité d'acquérir des connaissances utiles a non seulement donné naissance aux succès de plusieurs hommes de génie, qui sans elle n'auraient point quitté l'humble rang où ils étaient nés, mais a élevé le bas peuple d'Ecosse, par son savoir, son jugement et son intelligence, bien au-dessus des peuples de la plupart des autres contrées.

Les montagnes et les îles ne partagèrent pas avec les basses-terres le bienfait de la religion et de l'éducation. La différence de leur langage avec celui du reste de l'Ecosse en fut la cause, ainsi que la difficulté, ou plutôt, dans ce temps, l'impossibilité d'établir des églises ou des écoles, dans des pays aussi éloignés, et parmi des habitans aussi sauvages.

Nous devons seulement ajouter sur le règne de Jacques VI, qu'en 1617 ce prince visita son ancien royaume d'Ecosse, poussé par le même instinct, comme il le dit lui-même, que les saumons, qui, après avoir visité la mer, retournent dans la rivière qui les a vus naître.

Il fut reçu avec toute l'apparence d'une affection réelle par ses sujets écossais; et la seule cause de méfiance, de doute ou de querelle entre eux et le roi naquit de la partialité du monarque pour les formes et les rites de l'église d'Angleterre. Les vrais presbytériens murmurèrent hautement de voir des chantres et des enfans de chœur revêtus de surplis blancs, et de les entendre chanter le service divin. Ils furent plus désespérés encore lorsqu'ils virent la chapelle du roi ornée de tableaux représentant des sujets de l'Ecriture. Toute chose établie et prescrite dans la forme des prières, des habits et des ornemens, était dans leur opinion un hommage rendu aux pratiques de l'église de Rome. C'étaient, il est vrai, de purs préjugés, et des préjugés de peu d'importance en eux-mêmes, mais Jacques aurait plutôt dû respecter que combattre des sentimens qui étaient unis à des idées aussi morales que religieuses, et reconnaître les droits que ses sujets écossais pouvaient réclamer avec justice, d'adorer Dieu à leur manière, sans adopter les cérémonies d'un pays étranger. Son obstination sur ce point venait de son désir de voir adopter les cinq articles de Perth, déjà mentionnés, et qui furent enfin admis par le clergé, l'année qui suivit la visite de Jacques en Ecosse. Il laissa à son successeur la tâche d'amener les deux églises de la Grande-Bretagne à une conformité complète; et cet essai coûta cher à Charles Ier. Jacques mourut dans l'année 1625. De tous les princes de sa famille, il fut celui qui eut le moins de mérite, et qui fut le plus heureux. Robert II, le premier des Stuarts, mourut tranquillement, il est vrai; mais Robert III succomba sous le poids du chagrin que lui causèrent les pertes de famille qu'il éprouva. Jacques Ier fut assassiné. Jacques II tué par l'éclat d'un canon; Jacques III (qui était celui auquel Jacques VI ressemblait le plus) fut assassiné après la bataille de Sauchie-Burn; Jacques IV périt à Flodden-Field; Jacques V mourut de chagrin; Henry Darnley, père de Jacques VI, fut assassiné, et sa mère, la reine Marie, eut la tête tranchée par la tyrannie d'Elisabeth. Jacques seul, sans courage, sans jugement, dépourvu de ce sentiment de dignité qui retient un prince et l'empêche de se livrer à ses folies, devint le souverain d'une grande nation qui, pendant des siècles, menaçait de subjuguer celle dont il était né le monarque; et la fortune des Stuarts, qui semble n'avoir existé que dans sa personne, déclina et se détruisit entièrement dans celle de ses successeurs.

Jacques avait perdu un fils aîné, Henry, jeune prince qui avait fait concevoir les plus grandes espérances. Son second fils, Charles Ier, lui succéda. Il laissa aussi une fille, Elisabeth, mariée à Frédéric, électeur palatin de l'empire germanique. Ce fut un prince malheureux, qui, afin d'obtenir le royaume de Bohême, s'engagea dans une guerre ruineuse avec l'empereur et perdit ses états héréditaires. Mais la mauvaise fortune de l'électeur fut réparée par ses descendans, tige de la famille royale qui possède aujourd'hui le trône d'Angleterre, du droit de la princesse Elisabeth.

CHAPITRE VIII.

Le mécontentement excité pendant le règne de Jacques augmente sous celui de Charles. — Introduction de la liturgie anglaise dans l'église d'Écosse. — Covenant national. — L'armée d'Écosse entre en Angleterre. — Concession du roi au long parlement, d'après laquelle l'armée retourne en Écosse. — Charles visite l'Écosse, et gagne à la cause royale le marquis de Montrose. — Partis des cavaliers et des têtes-rondes. — Arrestation de cinq membres de la chambre des communes. — Guerre civile en Angleterre.

Charles Ier, qui succéda à Jacques son père, était un prince qui possédait personnellement d'excellentes qualités.

On a dit de lui avec justice que, considéré comme simple particulier, c'était l'homme le meilleur, le plus vertueux et le plus religieux de son royaume. Il était bon père, bon maître, mari peut-être trop tendre, car sa faiblesse pour la reine, la belle Henriette-Marie, fille de Henri IV, roi de France, accordait à cette princesse trop d'influence dans les affaires de l'état. Charles possédait aussi la dignité qui manquait à son père, et il est certain qu'un homme aussi équitable avait l'intention de gouverner son peuple avec autant de bonté que de justice, au lieu de lui imposer l'ancienne servitude féodale. Mais d'un autre côté, il nourrissait des idées extravagantes de la puissance royale, sentimens qui ne convenaient nullement à l'époque où il vivait, et qui occasionèrent tous ses malheurs, ainsi que pendant bien long-temps ceux de sa postérité.

Depuis plus d'un siècle, le peuple anglais était délivré du joug des nobles, et oubliait combien il avait pesé sur ses pères. Ce qui avait occasioné leurs plaintes sous le dernier règne, étaient les exactions du roi Jacques qui, pour fournir à ses prodigalités envers d'indignes favoris, avait extorqué des secours du parlement, et les ayant follement employés, essayait d'en obtenir d'autres, en garantissant à des individus, pour une somme d'argent, le droit exclusif de vendre certaines marchandises ; les monopoleurs élevaient aussitôt ces marchandises au plus haut prix, et amassaient de grandes fortunes, tandis que le roi gagnait peu par la somme qu'il avait reçue, et que ses sujets souffraient par le prix excessif d'une foule de denrées utiles et souvent absolument nécessaires. Cependant Jacques s'apercevant qu'un esprit d'opposition s'élevait dans la chambre des communes, et qu'il obtenait avec difficulté l'argent qu'il désirait, ne voulait pas renoncer aux moyens qu'il employait pour en obtenir de ses sujets, sans le consentement de leurs représentans au parlement. Il avait aussi le projet de donner aux prérogatives royales toute l'autorité qu'elles avaient acquise, par diverses usurpations durant le règne des Tudors ; il était disposé à parler hautement d'un pouvoir dont il prétendait n'être responsable qu'à Dieu, tandis que d'après les justes principes de la chambre des communes, le pouvoir du roi, ainsi que tous les autres pouvoirs, était limité par la constitution, et sujet à être légalement contesté lorsqu'il outre-passait ses bornes. Telles furent les altercations entre Jacques et ses sujets. Sa timidité l'empêcha d'exercer arbitrairement les droits qu'il croyait avoir, et quoique des théologiens courtisans et des hommes de loi ambitieux fussent prêts à lui prouver que ses droits à l'obéissance étaient absolus et incontestables, même lorsque ses ordres étaient opposés aux principes de la constitution, Jacques n'osa pas soutenir la lutte, et laissa en héritage à son fils le mécontentement que sa conduite avait excitée, mais il se passa quelque temps avant que ce mécontentement éclatât.

Charles avait la même opinion de ses droits de monarque, et ses entretiens avec son père avaient inculqué ces opinions dans son esprit; il était persévérant et obstiné dans les choses où Jacques avait montré de la faiblesse et de la timidité. Des cours de justice arbitraires, particulièrement celle qui était appelée *the starchamber*[1], procuraient au roi les moyens de punir ceux qui s'opposaient à la puissance royale, mais la violence augmentait encore le mal, et un mécontentement général contre la personne du roi commença à se manifester dans toute l'Angleterre.

Ces apparences menaçantes s'accrurent par des motifs religieux. L'église d'Angleterre depuis la réformation s'était peu à peu divisée en deux partis; l'un approuvé hautement par le roi Jacques et favorisé plus adroitement encore par son fils, était particulièrement attaché aux rites et aux cérémonies de l'église, à la stricte observance de certaines formules, et à l'usage de certains habits pontificaux dans la célébration du service divin. Un nombreux parti, appelé celui des puritains, quoiqu'il acquiesçât aux institutions de l'église d'Angleterre, considérait ces rites et ces formalités auxquels le haut clergé (comme on commençait à appeler le parti opposé) attachait tant d'importance, comme des restes du catholicisme qui devaient par conséquent être abolis.

L'archevêque de Cantorbéry, le docteur Laud, homme

---

(1) Chambre étoilée.

de talent et de savoir, était chaudement attaché aux intérêts du haut clergé ; et soutenu par Charles, il résolut d'employer tous les moyens civils et spirituels pour soumettre les puritains réfractaires, et les forcer à adopter les cérémonies qu'il jugeait si nécessaires à la dignité de l'église. Si les esprits eussent examiné ces différens avec calme et sang-froid, ils se seraient convaincus, avec le temps, qu'ayant choisi ce qui paraissait le plus convenable pour les règles de l'église nationale, il était plus sage et plus prudent de laisser à chacun de décider s'il s'y conformerait, ou s'il se choisirait d'autres assemblées pour y louer Dieu suivant ses propres idées ; mais des poursuites, des amendes, des emprisonnemens pour contraindre les opinions religieuses, ne servent qu'à les enraciner davantage encore ; et ceux qui souffraient avec patience plutôt que de renoncer aux doctrines qu'ils avaient choisies, étaient considérés comme des martyrs, et honorés en conséquence. Ces dissensions dans l'église et dans l'état agitèrent l'Angleterre pendant plusieurs années ; mais ce furent les troubles d'Écosse qui décidèrent la crise qui s'ensuivit.

Le roi ne perdait pas de vue le projet favori de son père, d'amener l'église d'Écosse aux mêmes institutions et aux mêmes cérémonies que celle d'Angleterre. Mais pour établir une église nationale avec différentes dignités dans le clergé, il fallait des fonds considérables que l'Écosse ne pouvait fournir. Dans cette position difficile, le roi et ses conseillers résolurent de réclamer, pour la couronne, toutes les dîmes et tous les bénéfices qui, à la réformation, avaient été conférés à des laïques, et d'obtenir ainsi les fonds nécessaires pour doter les évêchés qu'on désirait établir.

Je vais essayer de vous expliquer mon cher enfant, ce qu'on appelle dîme. Dans la loi des juifs, les dîmes, la dixième partie des produits annuels de la terre, soit en animaux nés sur le sol, ou en grains, fruits ou légumes, étaient destinées à l'entretien des prêtres. Le même usage fut adopté par les églises chrétiennes, et les dîmes étaient levées sur les propriétaires pour entretenir les établissemens ecclésiastiques. A l'époque de la réformation, les grands seigneurs et les gentilshommes d'Écosse obtinrent, de la couronne, le droit de lever ces dîmes, à la charge d'entretenir le clergé, qu'ils payaient aussi modiquement que possible. Les grands seigneurs et les gentilshommes qui avaient obtenu ces droits étaient appelés titulaires de dîmes, ce qui répondait au mot anglais d'*impropriators*. Ils usèrent avec une grande rigueur des priviléges qu'ils avaient acquis, ils ne permirent pas au fermier d'enlever une gerbe de blé de son champ avant que la dîme eût été choisie et emportée, et de cette manière ils exercèrent leurs droits avec une sévérité bien plus grande que celle du clergé catholique, qui, en général, acceptait une modique somme d'argent, et laissait le propriétaire s'arranger comme il l'entendait, au lieu d'exiger la dîme en nature. Mais les titulaires furent aussi ambitieux de conserver leurs droits, qu'ils étaient rigides à les exercer.

A l'assemblée du parlement, ou plutôt à la convention des états, les grands seigneurs qui possédaient le droit aux dîmes résolurent, plutôt que de céder aux propositions du comte de Nithisdale, qui était le commissaire du roi, d'assassiner ce seigneur et ses adhérens au milieu de l'assemblée. Ce dessein était si positif, que lord Belhaven, vieux et aveugle, se plaça près du comte de Dumfries, qui approuvait la révocation; et, saisissant son voisin d'une main, sous prétexte que sa vieillesse avait besoin d'appui, il tenait de l'autre la garde d'un poignard caché dans son sein, afin qu'à un signal convenu il pût jouer son rôle dans la tragédie, en le plongeant dans le cœur du comte de Dumfries. Nithisdale, ayant entendu parler de cette résolution désespérée, abandonna la révocation pour un temps, et retourna à la cour.

Le roi vint cependant à bout, par l'assistance d'une

assemblée du clergé, convoquée par l'ordre des évêques et par le mécontentement général des tenanciers, qui se plaignaient des exactions des titulaires, d'obtenir une concession partielle des dîmes au profit de la couronne. L'usage de les exiger en nature fut supprimé; les tenanciers eurent le droit de les payer en argent et d'acheter entièrement le droit du titulaire, s'ils en avaient les moyens, à un prix qui répondait à sept années de rentes.

Ces changemens furent, avec le temps, fort avantageux au pays; mais ils causèrent un grand mécontentement à l noblesse écossaise.

Charles tenta aussi d'annuler quelques proscriptions qui avaient eu lieu du temps de son père, particulièrement celle de Stuart, comte de Bothwell. La plupart des propriétés confisquées à ce seigneur étaient tombées en partage aux lords de Buccleuch et de Cessford, qui furent forcés de restituer une partie de ce qu'ils s'étaient approprié. Ces actes, aussi bien que la révocation du droit des dîmes, irritèrent à l'excès la noblesse écossaise, et quelques uns des seigeurs conçurent la criminelle pensée de détrôner Charles, pour donner sa couronne au marquis d'Hamilton.

La seule conséquence remarquable de ce complot fut un jugement à la cour (long-temps oubliée) de chevalerie, et le dernier, sans doute, qui aura jamais lieu. Donald lord Reay affirma que M. David Ramsay s'était servi en sa présence des expressions d'un traître à son roi; ils furent cités l'un et l'autre devant le grand connétable d'Angleterre, et comparurent, avec une grande pompe, suivis de leurs amis.

Lord Reay (dit un témoin oculaire) avait un habit de velours noir, brodé d'argent, et portait à son cou les signes de sa dignité de baron de la Nouvelle-Ecosse. C'était un homme de grande taille, d'un teint basané et d'une apparence vigoureuse. L'accusé se présenta ensuite; il avait un beau visage, et des cheveux roux si longs et si épais, qu'on l'appelait ordinairement Ramsay la tête rouge. Il portait un habit écarlate, si richement brodé d'or, que l'étoffe en était presque toute couverte, mais il n'avait point d'armes. Ils se regardèrent fixement d'un œil morne. L'accusation fut lue, affirmant que Ramsay, l'accusé, avait pressé lord Reay de s'engager dans une conspiration formée pour détrôner le roi, et donner la couronne au marquis d'Hamilton, ajoutant que si Ramsay niait ces accusations, lord Reay le déclarerait un vilain et un traître par les coups de son épée. Ramsay pour toute réponse appela Reay un menteur et un barbare, protestant qu'il paierait de sa vie un tel mensonge. Les gants furent échangés. Après plusieurs délais, la cour nomma un jour pour le combat, assignant pour les armes une lance, une épée longue et une épée courte et un poignard. Toutes les plus petites circonstances furent prévues, et l'on convint même de l'époque à laquelle les deux adversaires auraient l'assistance des armuriers et des tailleurs, avec des marteaux, des clous, des limes, des ciseaux, des poinçons, des aiguilles et du fil. Vous attendez peut-être avec curiosité le récit d'un combat sanglant, mais le roi défendit de poursuivre cette affaire, et l'on ne s'en occupa plus. Les temps étaient bien changés depuis l'époque où toute espèce d'accusation se terminait par un duel.

Charles visita son pays natal en 1633, dans le dessein d'être couronné. Il fut d'abord reçu par le peuple avec de grandes démonstrations d'affection, mais on éprouva du mécontentement en observant qu'il n'omettait aucune occasion de presser les évêques, qui jusqu'alors avaient porté de simples robes noires, de faire usage des vêtemens plus splendides du clergé anglais. Ce changement de costume offensa cruellement les presbytériens, qui voyaient chez les prélats une tendance aux habitudes de Rome, tandis que la noblesse, se souvenant qu'elle avait été privée en partie des dîmes, et qu'elle courait le danger de perdre ce qui lui restait des biens de l'église, voyait avec un grand plaisir les prélats pour lesquels la révocation avait été faite, encourir l'animadversion générale.

Ce fut l'archevêque Laud qui fit éclater le premier le mécontentement, en essayant d'introduire dans le service divin de l'église d'Ecosse une prière commune et une liturgie semblable à celle qu'on avait adoptée en Angleterre. Cette institution, raisonnable en elle-même, n'était point en harmonie avec le culte presbytérien, dans lequel le clergé adressait à la Divinité une prière d'inspiration au lieu de s'astreindre à une formule régulière de mots. Le roi Jacques lui-même, lorsqu'il ambitionnait la faveur du parti presbytérien, avait appelé le service de l'église d'Angleterre une messe mal dite; oubliant qu'on ne reprochait point à cette cérémonie les prières qui doivent être excellentes, puisqu'elles sont presque toutes tirées de l'Ecriture, mais la consécration que les protestans appellent une idolâtrie, et le service qui est prononcé dans une langue étrangère. Ces reproches ne peuvent être applicables aux formes de prières anglaises, mais on n'avait point oublié l'expression du roi.

Le moment était mal choisi pour changer la forme du culte public dans toute l'Ecosse, où l'on savait que la noblesse portait à l'excès son mécontentement. Que le peuple eût tort ou raison, il était, en général, prévenu contre ces innovations, et cependant elles furent accomplies par la seule autorité du roi et celle des évêques; tandis que le parlement et une assemblée de l'église d'Ecosse auraient eu le droit d'être consultés sur une matière aussi importante.

La fatale expérience fut faite, le 23 juillet 1637, dans l'église de Saint-Gilles à Édimbourg, où le doyen de la cité se prépara à lire le nouveau service devant un grand nombre de personnes mal disposées à l'écouter. Au moment où le lecteur annonçait la collecte du jour, une vieille femme nommée Jenny Geddes, qui tenait une petite boutique de fruits dans High-Street, s'écria : Que la colique du diable t'éreinte, vilain voleur ! Oses-tu me dire la messe aux oreilles? En prononçant ces mots, elle jeta à la tête du doyen la chaise sur laquelle elle était assise; un affreux tumulte commença aussitôt. Les femmes de la plus basse classe se précipitèrent sur le doyen, lui arrachèrent son surplis et le chassèrent hors de l'église. L'évêque d'Edimbourg monta en chaire, mais il fut assailli à son tour; les fenêtres furent brisées par des pierres jetées du dehors. Les prélats furent insultés dans les rues et hués par la populace. La vie de l'évêque d'Argyle fut sauvée avec beaucoup de difficulté, par lord Roxburgh, qui l'emmena chez lui dans sa voiture, escorté de ses gens l'épée à la main.

Ce tumulte, qui a maintenant quelque chose de burlesque dans ses détails, fut le signal d'une résistance générale, dans tout le pays, contre la liturgie que le roi voulait introduire. Le conseil privé d'Ecosse fut tiède et même froid dans cette cause. Il fit parvenir à Charles un récit détaillé du tumulte, en ajoutant que l'opposition ne cessait de faire des progrès.

Charles fut inflexible et montra son ressentiment jusque dans des bagatelles. Suivant une ancienne coutume, il y avait à la cour un fou, un bouffon, qui avait le privilége de dire au hasard toutes ses plaisanteries satiriques. Ce poste était alors occupé par un nommé Archie-Armstrong, qui ne put s'empêcher, lorsqu'il vit l'archevêque de Cantorbéry accourir promptement en conséquence des mortifiantes nouvelles d'Ecosse, de faire cette impertinente question : — Quel est le fou de nous deux maintenant, milord?

Le pauvre Archie fut d'abord sévèrement fouetté pour cette plaisanterie, puis disgracié et chassé de la cour, où il ne fut plus admis de fous, du moins à titre officiel.

Mais il était plus facile de punir Archie que les mécontens d'Ecosse. Ce fut en vain que Charles envoya plusieurs ordres sévères, blâmant le conseil privé; les magistrats, tous ceux qui ne punissaient pas les révoltés et ne les forçaient pas à lire la liturgie. Mais la révolte, qui d'abord avait été tumultueuse et l'ouvrage de la plus basse classe, prenait de l'ordre et de la consistance; plus de trente pairs, et une grande partie de la noblesse d'Ecosse, et la plupart des bourgs royaux étaient convenus, avant le mois de décembre, non seulement de s'opposer à la lecture de la liturgie imposée, mais de résister à l'introduction de la prélature. Ils étaient dirigés par des représentans élus par eux, et formant des comités séparés, ou, comme on les appelait, des tables ou bureaux de conseil.

Sous les auspices de ces tables ou comités, on fit une espèce d'engagement ou de déclaration, dont le principal objet était le rejet de la prélature dans toutes ses modifications, et l'établissement du presbytérianisme sur sa base la plus simple. Cet engagement fut appelé le Covenant national, parce qu'il ressemblait à ces traités que Dieu, suivant l'Ancien Testament, fit avec le peule d'Israël. Les conditions de cette mémorable ligue étaient de professer la religion réformée, d'abjurer les rites et les doctrines de l'église romaine, dans laquelle étaient classés la liturgie et les canons nouvellement imposés. Ce Covenant, dont le but était d'annuler toutes les innovations que la politique de Jacques et la violence de son fils avaient introduites dans l'église presbytérienne, fut accepté par plus de cent mille personnes de tout âge et de tout état, jurant, les mains élevées au ciel, et les yeux remplis de larmes, qu'avec l'assistance de Dieu, elles dévoueraient leur vie et leur fortune à maintenir le but d'un si solennel engagement.

Il est certain que la plupart de ceux qui signèrent le Covenant national n'éprouvaient aucune crainte sérieuse que la prélature introduisît le papisme, et ne pensaient pas que le livre des prières communes fût un abus auquel toute l'Écosse devait prudemment s'opposer, mais ils étaient convaincus qu'en imposant de force un cas de conscience à toute une nation, le roi oubliait les droits et les libertés de ses sujets ; et ils prévoyaient que si l'on ne montrait aucune opposition, il était probable qu'il se rendrait maître de leurs droits et priviléges civils, aussi bien que de leurs droits en matière de religion. Ils se joignirent donc à la résistance générale contre le pouvoir arbitraire que le roi Charles s'attribuait si imprudemment.

Tandis que le roi négociait et usait de délais, l'Écosse, tout en protestant de son attachement à sa personne, était presque dans un état de révolte ouverte. Les Covenantaires, nom qu'on commençait à leur donner, tinrent une assemblée générale du clergé, à laquelle le marquis d'Hamilton assista, comme lord commissaire du roi. Cette importante réunion eut lieu à Glascow. Là toutes les mesures prises par le Covenant eurent leur effet. L'épiscopat fut aboli, les évêques existans furent dépouillés de leur pouvoir, et huit d'entre eux furent excommuniés pour diverses irrégularités.

Les Covenantaires prirent les armes pour soutenir ces mesures hardies. Ils rappelèrent en Écosse les nombreux officiers qu'on avait envoyés combattre en Germanie, et donnèrent le commandement général à Alexandre Lesly, général habile et expérimenté, qui avait possédé l'amitié de Gustave-Adolphe. Il firent de rapides progrès ; car les châteaux d'Édimbourg, de Dalkeith, et d'autres forteresses nationales se rendirent aux Covenantaires, ou firent pris par eux.

Pendant ce temps, Charles se préparait à faire une invasion en Écosse, par mer et par terre, avec une armée formidable. La flotte était commandée par le marquis d'Hamilton, qui, ne désirant point commencer une guerre civile, ou bien, comme plusieurs personnes le supposent, ne mettant dans cette occasion aucun zèle à servir le roi, ne tenta pas de poursuivre l'entreprise. La flotte resta inactive dans le golfe de Forth, tandis que Charles en personne, à la tête d'une armée de trente-trois mille hommes équipés par la noblesse anglaise, semblait aussi déterminé à subjuguer son ancien royaume d'Écosse, que l'avaient jamais été les Édouards et les Henris d'Angleterre ; mais les Covenantaires écossais montraient un désir de résistance égal à celui qui, chez leurs ancêtres, avait déjoué de semblables invasions.

Une sévère discipline militaire avait été introduite dans leurs nouvelles levées, en considérant depuis combien de temps elles étaient formées. Elles étaient campées sur la montagne de Dunse, dont la pente douce est favorable aux évolutions militaires. Leur camp était défendu par quarante pièces de canon, et leurs forces consistaient en vingt-quatre ou vingt-cinq mille hommes. Les plus grands seigneurs d'Écosse, tels que Argyle, Rothes, Cassilis, Eglinton, Dalhousie, Lindsay, Loudon, Balcarras, et d'autres, servaient comme colonels. Leurs capitaines étaient des gentilshommes de haute naissance, et les grades inférieurs étaient principalement remplis par de vieux officiers qui avaient servi dans l'étranger. Le plus grand ordre était observé dans le camp, et la présence de plusieurs ecclésiastiques, qui soutenait l'enthousiasme général, semblait donner à cette guerre un caractère religieux.

Dans ce moment de crise on aurait pu supposer qu'une bataille décisive aurait été donnée ; une action de peu d'importance eut lieu. Un petit nombre de cavaliers anglais firent, en désordre, une retraite précipitée devant un moindre nombre d'Ecossais ; on eût dit que les assaillans ne combattaient pas de bon cœur. Le roi était entouré de conseillers qui n'avaient aucun intérêt à encourager ce projet, et la masse des puritains anglais regardait la résistance des Ecossais comme le triomphe de la bonne cause sur le papisme et la prélature. Le courage même du roi sembla fléchir à l'idée de se mesurer avec une armée si bien pourvue et aussi exaltée que l'était l'armée des Covenantaires, avec des troupes découragées, agissant sous l'influence d'un conseil divisé. On fit un traité, mais qui n'offrait aucune garantie. Le roi accorda une déclaration, par laquelle, sans confirmer les actes de l'assemblée de Glascow, qu'il ne voulait pas reconnaître comme valables, il promit que tout ce qui concernait les institutions religieuses serait examiné dans une nouvelle convocation du clergé.

Un pareil arrangement ne pouvait avoir de durée. Les lords Covenantaires dispersèrent leurs forces, et rendirent aux troupes du roi les places fortes qu'ils avaient occupées; mais ils se tinrent prêts à reprendre les armes, et à ressaisir ces places fortes aussitôt qu'ils le jugeraient à propos. Il fut impossible, même au roi, de désunir réellement cette redoutable ligue.

La convention générale du clergé assemblé, suivant le traité, ne manqua pas de confirmer tout ce qui avait été fait précédemment à Glascow; le Covenant national fut renouvelé, et toutes les conclusions de l'assemblée furent en faveur du pur presbytérianisme. D'un autre côté, le parlement d'Écosse demanda plusieurs priviléges nécessaires, disait-il, à la liberté des décisions, et que les états du royaume fussent assemblés au moins tous les trois ans. En recevant ces demandes, Charles pensa qu'elles avaient pour but de miner sourdement l'autorité royale, et se prépara à recommencer la guerre.

Cette détermination fit naître des conséquences plus importantes que la guerre d'Écosse. Le roi, par son économie sur les revenus et autres fonds de la couronne, avait pu fournir aux dépenses ordinaires de l'état, et même supporter celles de l'armée levée pour envahir l'Écosse, sans avoir recours à la chambre des communes. Mais ses trésors étaient épuisés, et il devenait indispensable de convoquer un parlement afin d'obtenir un secours d'argent pour soutenir la guerre. Le parlement fut assemblé ; mais, trop occupé de ses propres sujets de plaintes pour prendre un prompt intérêt à la guerre d'Écosse, il refusa le secours demandé. Le roi fut obligé de dissoudre la chambre, et d'avoir recours, à l'aide de l'Irlande, à la convocation de l'église, à des dons forcés, et d'autres moyens indirects de se procurer de l'argent, ce qui épuisa toutes ses ressources.

En apprenant que le roi se plaçait une seconde fois à la tête de son armée, le parlement d'Écosse rassembla ses forces, et cela se fit si promptement et avec tant de facilité, qu'on put s'apercevoir que, pendant la courte suspension d'armes, il s'était préparé à une nouvelle rupture. Les Écossais n'attendirent pas que le roi envahît leur pays, mais ils passèrent hardiment la Tweed, entrèrent en Angleterre, et, avançant sur les rives de la Tyne, trouvèrent lord Conway posté à Newburn, avec six mille hommes, ayant des batteries de canon sur son front de bataille, et se préparant à leur disputer le passage de la rivière. Le 28 août 1640, la bataille de Newburn eut lieu. Les Ecossais entrèrent dans le gué jusqu'à la ceinture, et, après avoir répondu à l'artillerie par un feu supérieur, traversèrent la rivière. Les Anglais prirent la fuite avec une promptitude et un désordre indignes de leur réputation militaire.

Le roi, surpris de cette défaite et soupçonnant avec raison la fidélité de plusieurs individus qui étaient dans son armée et près de sa personne, se retira avec toutes ses forces dans le York-Shire ; et là, voulant connaître ce qu'il devait espérer, il entama une négociation avec ses sujets révoltés. Dans le même temps, pour apaiser le mécontentement qui s'élevait dans la nation anglaise, il convoqua de nouveau le parlement. Il y avait, il est certain, dans le camp royal, bien des personnes auxquelles la présence de l'armée écossaise était agréable comme servant à contenir les plus violens royalistes; et les Écossais se laissèrent facilement persuader de prolonger leur séjour, quand on leur proposa de recevoir une paie et des rations de vivres aux dépens de l'Angleterre.

La réunion du parlement, appelée dans l'histoire d'Angleterre le *long parlement*, eut lieu le 3 novembre 1640. La majorité des membres étaient mécontens du gouvernement du roi, à cause de sa sévérité en matière de religion et de sa tendance au despotisme dans les affaires de l'état. Ces mécontens formaient un parti puissant, déterminé à mettre des bornes à l'autorité royale et à réduire la hiérarchie de l'église s'il ne la détruisait pas. Les négociations pour la paix ayant été transférées de Rippon à Londres, la présence des commissaires écossais fut agréable aux hommes d'état qui étaient opposés au roi, et les sermons des ecclésiatiques qui les accompagnaient ne plurent pas moins aux citoyens de Londres et à leurs femmes.

Dans cette situation favorable et triomphante de la volonté du roi (car Charles ne pouvait à la fois combattre le parlement anglais et l'armée d'Écosse), les Écossais présentèrent des demandes aussi ambitieuses que difficiles à satisfaire. Ils exigeaient que le roi confirmât tous les actes de la convention des états écossais, annulât les proclamations qu'il avait envoyées contre eux, remît les places fortes d'Écosse entre les mains d'officiers dont le choix serait approuvé par la convention, payât toutes les dépenses de la guerre, et enfin la dernière condition et la plus amère stipulait que ceux qui avaient conseillé au roi les dernières hostilités seraient punis comme incendiaires. Tandis que les Écossais présentaient d'aussi sévères conditions, ils restaient fort à leur aise dans leurs quartiers, en imposant au roi par leur présence et à ceux qui auraient voulu le soutenir, et procurant au parti de l'opposition dans le parlement anglais une occasion d'obtenir justice pour les abus dont ils se plaignaient à leur tour.

Le roi, placé dans de telles circonstances, fut obligé

de céder. Les cours oppressives d'où étaient émanées toutes les mesures arbitraires furent abolies, toutes les pratiques par lesquelles le roi s'était procuré de l'argent sans le consentement du parlement, sujet dont le peuple anglais était justement jaloux, fut déclaré contraire aux lois, et il fut convenu que le parlement s'assemblerait tous les trois ans.

Le pouvoir du roi fut ainsi resserré dans les limites de la constitution. Mais le parlement ne fut pas encore satisfait de cette réforme générale, quoique tous les sujets de plaintes y eussent été compris. Un parti puissant parmi ses membres semblait décidé à n'être content de rien, avant d'avoir obtenu l'abolition de l'épiscopat en Angleterre comme en Écosse. Plusieurs autres qui ne concouraient pas à ce projet favori, craignaient que si on laissait au roi le pouvoir que la constitution lui accordait, il ne trouvât les moyens de rétablir et perpétuer les abus qu'il avait momentanément consenti à réformer.

L'armée écossaise se retira enfin dans ses foyers, gratifiée d'une dotation de trois cent mille livres, appelée délicatement un secours fraternel, et laissa le roi et le parlement d'Angleterre terminer leurs propres différens. Les troupes étaient à peine arrivées en Écosse et dispersées, que le roi se proposa de visiter de nouveau le pays où il était né. Il n'y a aucun doute que les projets de Charles étaient de s'informer par lui-même des causes qui avaient rendu la nation écossaise, jusqu'alors divisée par des querelles et des factions, capable d'agir avec un tel accord, et de tenter s'il ne serait pas possible d'attacher à ses intérêts de roi et à sa personne quelques uns des principaux chefs, pour former ainsi un parti, qui non seulement garantirait ses états d'être de nouveau envahis par l'armée d'Écosse, mais serait encore disposé à le servir en cas qu'il en vînt à une rupture avec le parlement anglais. Dans ce dessein, il dispensa d'une main généreuse les dons et les dignités en Écosse. Il créa le général Lesly, comte de Leven; éleva au même rang les lords Loudon et Lindsay, et reçut dans son administration plusieurs gentilshommes qui avaient pris une part active dans la dernière invasion d'Angleterre.

Les bienfaits du roi produisirent peu d'effet sur la plupart de ces personnes; on pensait qu'il prodiguait ce qu'il aurait retenu s'il l'eût osé. Mais Charles se fit un partisan d'un gentilhomme qui, par son caractère et ses actions, est un personnage remarquable dans l'histoire d'Écosse: ce fut James Graham, comte de Montrose.

Le comte de Montrose était un homme d'un génie élevé, que son ambition ardente appelait aux grandes actions, et qui, confiant dans son courage et dans ses talens, entreprenait souvent de trop grandes choses avec de faibles moyens. Il était poète et savant, profond dans l'art de la guerre, et possédant une force de corps et une activité d'esprit qui le rendaient capable de supporter toutes les fatigues, et de trouver un remède à chaque revers de fortune. Le cardinal de Retz, dont les jugemens sont irrécusables, trouvait que le comte de Montrose rappelait plus qu'aucun homme de son siècle ces héros dont les noms nous ont été transmis par les historiens grecs et romains. Nous devons ajouter, pour rabattre quelque chose de ce brillant éloge, que le courage de Montrose approchait quelquefois de l'imprudence, et que quelques unes de ses actions furent dictées par des vengeances particulières qu'on aurait pu croire incompatibles avec son noble caractère.

Le jeune comte avait paru à la cour de Charles au retour de ses voyages, mais n'ayant point attiré l'attention ou les distinctions qu'il croyait mériter, il s'était retiré en Écosse, et avait pris une part active à former et à étendre le Covenant national. Un homme qui possédait des talens aussi éminens ne pouvait manquer d'être employé et distingué. Montrose fut envoyé par les lords confédérés du Covenant pour châtier la ville d'Aberdeen qui favorisait la prélature, et pour disperser les Gordons, qui prenaient les armes pour le roi, sous le commandement du marquis de Huntly. Il réussit dans ces deux missions. A la bataille de Newburn, il fut le premier homme qui traversa la Tyne; il passa seul sous le feu des Anglais, pour sonder la profondeur de la rivière, et revint sur ses pas se mettre à la tête du régiment qu'il commandait.

Malgré les services rendus à la cause du Covenant, Montrose eut la mortification de voir que le comte d'Argyle, l'ancien ennemi féodal de sa maison, lui était préféré par les chefs du parti, et principalement par le clergé. Il y avait quelque chose dans l'ardente ambition et les desseins inflexibles de Montrose qui effrayait les esprits inférieurs; tandis qu'Argyle, sombre, prudent et rusé, et qui avait les qualités nécessaires pour affecter un dévouement complet à la cause commune, lorsqu'au fond il ne s'occupait que de ses propres intérêts, s'abaissa davantage pour gagner la faveur du peuple, et réussit à l'obtenir.

Le roi observait depuis long-temps que Montrose était mécontent du parti qu'il servait, et n'éprouva point de difficulté à l'attacher à la cause royale. Le noble converti s'occupa si activement de persuader aux autres de suivre son exemple, que pendant l'espace de temps qu'on travaillait au traité à Rippon, il obtint de dix-neuf gentilshommes l'engagement par serment de soutenir la cause de Charles. Cette défection ayant été découverte par les Covenantaires, Montrose fut mis en prison; et le roi, à son arrivée en Ecosse, eut le chagrin de se voir privé des secours d'un adhérent aussi utile.

Montrose essaya cependant de communiquer avec le roi, de sa prison dans le château d'Edimbourg, et découvrit tant de particularités relatives aux desseins du marquis d'Hamilton et du comte d'Argyle, que Charles résolut de les arrêter tous les deux au même moment, et dans ce but il avait réuni des soldats ; mais ils s'échappèrent et se réfugièrent dans leurs maisons, où l'on n'aurait pu les saisir que par une violence ouverte et au risque d'exciter une guerre civile. Ces seigneurs furent rappelés à la cour, et pour prouver que le roi conservait en eux la même confiance, Argyle fut nommé marquis. Cette affaire obscure fut appelée l'*Incident*; elle ne fut jamais bien éclaircie, excita en Angleterre et en Ecosse de grands soupçons sur les desseins du roi, et augmenta le désir qu'éprouvait le parlement anglais de restreindre l'autorité royale.

On ne peut douter que les particularités que Montrose découvrit au roi eussent rapport à la correspondance qui existait entre les Covenantaires écossais et le parti de l'opposition dans le parlement d'Angleterre, et qui aurait pu devenir une accusation de haute trahison contre les coupables. Mais Charles sentait qu'il ne possédait pas en Ecosse un parti assez fort pour s'opposer à la grande majorité de la noblesse de ce pays, et jugea prudent d'oublier momentanément l'Incident, et de quitter l'Ecosse avec l'apparence d'un mutuel accord. Il fut complimenté formellement à son départ, comme le roi d'un peuple satisfait ; état de choses qui n'eut point de durée.

Il était impossible en effet que l'Ecosse restât long-temps tranquille, tandis que l'Angleterre, avec laquelle elle était maintenant si intimement unie, était en proie aux plus affreux désordre. Le roi ne fut pas plus tôt arrivé d'Ecosse, que sa querelle avec le parlement se renouvela avec plus de violence que jamais. Si chaque parti avait eu de la confiance dans la sincérité de l'autre, les concessions faites par le roi auraient dû satisfaire le parlement. Mais le puissant parti de l'opposition soupçonnait fortement Charles de considérer ce qu'il avait accordé comme lui ayant été extorqué par la violence, et de conserver le dessein de ressaisir le pouvoir arbitraire et criminel dont il avait été privé pour un temps, mais qu'il regardait comme une des prérogatives de ses droits royaux. Ils résolurent donc d'user de l'ascendant qu'ils avaient obtenu pour ôter au roi une grande partie du pouvoir qui lui restait, quoiqu'il lui eût été accordé par la constitution, afin de l'empêcher de recouvrer ces priviléges arbitraires qui avaient été usurpés par le trône durant le règne des Tudors.

Tandis que les meneurs s'expliquaient ainsi dans le parlement, le roi se plaignait de son côté qu'aucune concession, quelque avantageuse qu'elle fût, n'était capable de satisfaire les demandes ambitieuses de ses sujets. Il avait déjà, disait-il, cédé sur tous les points qui avaient été discutés entre eux, et ses partisans commençaient à craindre que le parlement n'eût l'intention de restreindre en même temps l'autorité royale, et de déposer le roi régnant.

Au retour de Charles à Londres, le parlement l'accueillit avec une remontrance dans laquelle on lui reprochait toutes les erreurs réelles ou supposées de son règne. Dans le même temps, une disposition générale à la révolte se montra dans toute la ville. Une foule d'apprentis et de citoyens, non pas toujours de la plus basse classe, vinrent en tumulte à Westminster, sous le prétexte de présenter des pétitions aux chambres; et, lorsqu'ils passèrent près de Whitehall, ils insultèrent, par des cris bruyans, les gardes et les serviteurs du roi. Les deux partis en vinrent promptement aux coups, et le sang fut répandu des deux côtés.

Deux dénominations différentes distinguèrent le parti du roi et celui qui favorisait le parlement. Le premier était particulièrement composé de jeunes gens, qui, suivant les modes de l'époque, portaient des habits éclatans et de longs cheveux bouclés qui tombaient sur leurs épaules. On les nomma les *Cavaliers*. Pour se distinguer, les partisans du parlement affectaient dans leur toilette et dans leurs manières une sévérité qui rejetait tout ornement : ils portaient leurs cheveux coupés très court autour de leur tête, et furent, par cette raison, appelés *Têtes-Rondes*.

Mais c'était la différence dans les idées sur la religion, ou plutôt sur les institutions de l'église, qui augmentait principalement l'animosité des deux partis. Le roi avait été élevé à considérer la conservation de l'église d'Angleterre et sa hiérarchie, comme un devoir sacré. Le système presbytérien au contraire était adopté par une partie du parlement, qui était encore secondée par une autre classe nombreuse d'opposans désirant la destruction de l'église d'Angleterre, sans vouloir plutôt des institutions presbytériennes que de toutes autres. Les ennemis de l'église d'Angleterre l'emportaient en nombre dans les chambres ; les évêques finirent par être entièrement chassés de la chambre des pairs, et ce changement fut célébré comme un triomphe par les citoyens de Londres.

Dans cet état de choses, le roi commit une grande imprudence. Ayant appris, par les révélations de Montrose ou par tout autre moyen, que cinq membres de la chambre des communes s'étaient rendus coupables de communications avec les Écossais lorsqu'ils étaient en armes, ce qui pouvait autoriser une accusation de haute trahison, le roi forma le téméraire et blâmable projet de se rendre en personne dans la chambre des communes, avec une suite de gens armés, et ordonna l'arrestation des membres accusés. Par cette mesure impolitique, Charles croyait sans doute inspirer la terreur au parti de l'opposition ; mais ce fut inutilement. Les cinq membres avaient reçu l'information secrète du coup qui devait leur être porté, et s'étaient sauvés dans la cité, où ils trouvèrent un grand nombre de partisans prêts à les cacher ou à les défendre. Le roi, par cette visite à la chambre des communes, montra seulement qu'il pouvait presque s'abaisser jusqu'à jouer le rôle d'un constable ou d'un sergent, et qu'il oubliait le respect dû aux représentans du peuple anglais en voulant faire une pareille arrestation au milieu d'une assemblée.

Cette démarche du roi détruisit toute chance de réconciliation. Les communes rejetèrent touse proposition amicale, à moins, disaient-elles, que le roi ne leur abandonnât le commandement des milices ; c'était lui demander de déposer sa couronne à leurs pieds. Le roi refusa de céder le commandement des milices, ne fût-ce que pour un instant, et les deux partis se préparèrent à prendre les armes. Charles quitta Londres, où le pouvoir du parlement l'emportait sur le sien, assembla à Nottingham les amis qu'il put réunir, et déploya dans cette ville, le 25 août 1642, l'étendard royal comme signal de la guerre civile.

Les hostilités qui s'ensuivirent presque dans toute l'Angleterre eurent un caractère particulier. Habitués à la paix, les Anglais avaient peu de connaissance dans l'art de la guerre. Les deux partis assemblaient leurs adhérens, marchaient l'un contre l'autre, sans s'occuper de choisir de fortes positions, ou tenter d'habiles manœuvres ; mais chacun, avec le simple dessein de rencontrer, de battre et de défaire, s'il était possible, le parti opposé. Ces batailles étaient disputées avec beaucoup de persévérance et de courage, mais avec peu de talent militaire ou de discipline. Il était fort commun de voir une aile ou division de l'une ou l'autre armée poursuivre le corps sur lequel elle venait de remporter un avantage momentané, et s'amuser à le chasser devant elle à plusieurs lieues du champ de bataille, où son absence décidait la victoire du côté opposé. Ce malheur fut souvent causé par la précipitation de la cavalerie du roi, composée de la fleur de la noblesse anglaise ; mais aussi indisciplinée qu'elle était brave, et commandée ordinairement par le prince Rupert, neveu du roi, jeune homme d'un courage bouillant, mais dont la prudence ne répondait pas à sa bravoure et à son activité.

Dans cette malheureuse guerre civile, l'ancienne noblesse et la haute bourgeoisie d'Angleterre étaient généralement disposées à servir le roi ; les fermiers et les cultivateurs les suivirent comme leurs chefs naturels. La cause du parlement était soutenue par Londres avec toute sa richesse et sa force, et par les autres grandes villes et ports de mer et les manufactures de tout le pays. Au commencement de la guerre, le parlement, en possession de la plupart des places fortes d'Angleterre et des dépôts d'armes et de munitions qu'elles contenaient, et ayant aussi un grand nombre d'hommes prêts à obéir à son commandement, avec le pouvoir de se procurer de fortes sommes d'argent pour payer ses troupes, paraissait posséder de grands avantages sur celui de Charles. Mais la bravoure de l'armée du roi pouvait rétablir l'équilibre de la balance. On fit des deux côtés des propositions de paix à conditions égales, et si chacun eût été aussi sincère que les modérés qui se trouvaient dans les deux partis, cette paix aurait pu être conclue à la satisfaction générale.

On s'occupa aussi d'un traité à Oxford, dans l'hiver et le printemps de 1643, et le parlement écossais envoya en Angleterre un comité d'individus désignés comme *conservateurs* de paix entre les deux royaumes, pour négocier, s'il était possible, une pacification entre le roi et son parlement, à des conditions honorables pour la couronne, satisfaisantes pour la liberté, et avantageuses aux deux partis. Mais le roi écouta des conseillers passionnés, qui lui persuadèrent que les Ecossais tenteraient de tout leur pouvoir de détruire la prélature dans toutes les conditions qui seraient présentées, et qu'ils aideraient à rédiger, et qu'ayant été en effet les premiers qui eussent donné l'exemple d'une résistance vigoureuse à la couronne, on ne pouvait croire à leur sincérité dans une négociation où les intérêts du roi étaient concernés. Il en résulta que les commissaires écossais, traités froidement par le roi, et menacés par les plus violens de ses partisans, quittèrent Oxford plus mécontens de la cause royale que lorsqu'ils y étaient arrivés.

CHAPITRE IX.

L'Écosse envoie une armée pour soutenir celle du parlement. — Montrose prend avantage de l'absence des troupes, et étant joint par un corps d'Irlandais, il arbore l'étendard royal en Écosse. — Bataille de Tippermuir, reddition de la ville de Perth. — Affaire du pont de Dee et sac de Perth. — Fin de la campagne.

En 1643, lorsque le retour du printemps permit le renouvellement des hostilités, le parti du roi se trouva supérieur à celui du parlement, et l'on supposa que la guerre se terminerait en faveur de la cause royale si elle pouvait obtenir l'assistance des Écossais. Le roi fit secrètement de grandes offres à la nation écossaise, pour lui persuader de se déclarer en sa faveur, ou du moins pour l'engager à rester neutre dans cette occasion. Il leur rappela qu'il avait satisfait tous ses désirs sans exception, et qu'il avait été stipulé dans la dernière paix entre l'Angleterre et l'Écosse, que ni l'une ni l'autre de ces deux nations ne pourraient se faire la guerre sans avoir été provoquée et sans le consentement du parlement. Mais la convention des états écossais sentit que si elle assistait le roi pour soumettre et réduire le parlement anglais, qui avait suivi son exemple d'insurrection, on punirait plus tard les Écossais eux-mêmes de l'exemple qu'ils avaient donné. Les membres de la convention craignirent pour le presbytérianisme; quelques uns sans doute craignirent pour eux-mêmes, et l'on n'écouta pas les propositions du roi.

De l'autre côté, une députation du parlement anglais rappelait à la convention écossaise une autre clause du traité de paix fait en 1641, disant que le parlement de chaque pays enverrait des secours à l'autre en cas d'invasion, ou pour réprimer des troubles de l'intérieur. En raison de cet article, les commissaires anglais désiraient un secours d'un corps d'auxiliaires. L'Écosse commençait à être remplie d'officiers dispersés et de soldats qui demandaient à être employés ; l'invitation était bien tentante pour eux, car ils se rappelaient les quartiers commodes et la bonne paie dont ils avaient joui en Angleterre. Néanmoins, les chefs de la convention des états étaient convaincus que d'embrasser la cause du parlement d'Angleterre, et d'envoyer à son secours un corps considérable de troupes auxiliaires, choisies, comme cela devait être, parmi les meilleures levées, ce serait exposer leur autorité en Écosse à un danger éminent ; car les amis du roi qui s'étaient engagés avec Montrose à défendre la cause royale, étaient puissans, possédaient de l'influence, et n'attendaient qu'une occasion pour se déclarer. Ils pouvaient susciter dans l'Écosse elle-même une formidable insurrection, lorsqu'ils n'auraient plus contre eux cette supériorité de forces qui pour le moment se trouvait du côté de la convention. Mais les commissaires anglais présentèrent une amorce à laquelle la convention ne put résister.

Le succès que le parti triomphant avait remporté, en posant en Écosse les fondemens d'une église presbytérienne, et la grande influence que le clergé de cette croyance avait acquise dans les conseils de la nation pendant le cours des derniers évènemens, avaient fait naître dans ce parti le désir ambitieux de détruire entièrement la hiérarchie dans l'église d'Angleterre, et d'introduire dans ce royaume des institutions basées sur le modèle presbytérien. Pour accomplir ce projet favori, les chefs du Covenant d'Écosse auraient consenti à courir tous les risques et à faire tous les sacrifices.

Les commissaires anglais participèrent bien volontiers au projet de détruire la prélature. Mais ils savaient que les membres du parlement étaient divisés sur la question de la remplacer par le système presbytérien. Le corps entier des sectaires ou indépendans était complètement opposé à l'introduction d'une église nationale de quelque sorte qu'elle fût, et rejetait particulièrement la presbytérienne. Le clergé écossais s'était montré, suivant l'opinion des indépendans, aussi absolu que les évêques, lorsqu'ils avaient le pouvoir en main. Mais la politique adroite des commissaires conduisit la négociation de manière à persuader à la convention écossaise qu'elle verrait le système pour lequel elle manifestait une si grande admiration, adopté en Angleterre, tandis qu'en effet ils n'avaient aucun ordre du parlement pour rien spécifier à ce sujet.

Les commissaires proposèrent de s'unir à la nation écossaise par un renouvellement du Covenant, qui avait été déjà un lien si heureux entre les Écossais eux-mêmes. Cette nouvelle association religieuse fut appelée la Ligue Solennelle et le Covenant : il y fut arrêté que le gouvernement de l'église d'Écosse serait maintenu sur le même pied ; mais, en ce qui concernait l'Angleterre, les conventions furent faites avec une ambiguité étudiée. Ces conventions portaient que ces institutions religieuses seraient réformées, « suivant la parole de Dieu, et l'exemple des meilleures églises réformées. » Les Écossais, en général plus circonspects dans leurs transactions, ne doutèrent pas un seul instant que les règles et l'exemple adoptés par cette clause, avaient rapport au système presbytérien, et d'après cette conviction, la noblesse et le clergé s'empressèrent avec ardeur, et même avec des larmes de joie, de souscrire à la ligue proposée. Mais la plupart des commissaires anglais se réservaient en secret le pouvoir d'interpréter différemment la clause, et d'expliquer la phrase dans un sens applicable à leurs propres idées sur l'émancipation du gouvernement de l'église, quelle que fût sa croyance.

La Ligue Solennelle et le Covenant furent jurés en Écosse avec acclamation, et reçus et adoptés par le parlement d'Angleterre avec le même enthousiasme, toute discussion sur l'article douteux ayant été prudemment écartée. Les Écossais disposèrent tout avec promptitude pour envoyer au secours du parlement anglais une armée bien disciplinée, et de plus de vingt mille hommes, sous le commandement d'Alexandre Lesly, comte de Leven. Un officier distingué, nommé Baillie, fut le lieutenant de Leven, et David Lesly, homme qui possédait plus que tout autre les talens militaires, fut son major-général. Leur présence contribua puissamment à une victoire décisive que les forces du parlement remportèrent à Marston-Moor; et cette armée, comme on devait l'espérer du nombre d'hommes qui la composaient et de sa discipline, donna au parti du parlement l'avantage pendant la campagne.

Mais dans le même temps que les auxiliaires écossais servaient avec ardeur la cause qui leur était commune avec le parlement d'Angleterre, l'entreprise courageuse et romanesque du comte de Montrose obtint une suite de succès qui menaça de faire tomber l'Écosse elle-même entre les mains du roi et de ses partisans. Le génie hardi de ce seigneur, au moment où le parti royaliste en Écosse semblait écrasé et dispersé, trouva moyen de le réunir, et de menacer la convention des états de la destruction de son pouvoir national, au moment où elle espérait établir l'église presbytérienne dans les deux royaumes, par les succès de l'armée qu'elle avait envoyée en Angleterre.

Après avoir obtenu son élargissement, Montrose avait paru en Angleterre, et conseillé au roi un plan d'opérations qui devait être exécuté par un corps d'Irlandais, envoyé par le comte d'Antrim du comté d'Ulster, et qu'on devait débarquer dans les hautes-terres de l'ouest. Il proposait de le réunir aux clans des hautes-terres qui n'aimaient pas le gouvernement presbytérien, qui étaient les plus grands ennemis du comte d'Argyle, et attachés à la cause royale, parce qu'ils regardaient le roi comme le chef d'un clan révolté, et qui réclamait l'assistance de tout fidèle montagnard. La promesse d'une paie, chose à laquelle ils n'avaient jamais été habitués, et la certitude du butin, devaient, comme le calculait judicieusement Montrose, amener promptement plusieurs chefs avec leurs clans sous l'étendard royal. La puissante famille des Gordons dans l'Aberdeen-Shire, outre l'autorité du prince qu'elle exerçait sur un grand nombre de gentilshommes qui portaient son nom, avait une influence étendue sur toutes les tribus des montagnards de leur voisinage. On pouvait compter sur elle avec assurance, car elle avait pris les armes plusieurs fois pour le roi, ne les avait jamais posées qu'après une vigoureuse résistance, et elle était encore toute disposée à servir la cause royale. Les secours des grands seigneurs et des gentilshommes du nord devaient aussi être regardés comme probables, si Montrose parvenait à réunir des forces considérables. L'établissement de l'épiscopat, si odieux aux barons et aux lords du sud et de l'ouest de l'Ecosse, était devenu populaire dans le nord. Les barons du nord étaient mécontens de l'extrême rigidité du clergé presbytérien, ainsi que du pouvoir qu'il s'était souvent arrogé, de s'interposer dans l'intérieur domestique des familles, sous prétexte de maintenir la discipline morale. Enfin, de tous côtés, en Ecosse, des hommes hardis et entreprenans, trompés dans leur désir d'obtenir de l'emploi ou des distinctions, sous le gouvernement existant, ne demandaient pas mieux que de se joindre à toute entreprise qui promettait un changement, quelque désespérée qu'elle fût.

Ces particularités étaient connues de la convention des états; mais elle n'avait pas assez calculé la grandeur du danger. On reconnaissait jusqu'à un certain point les talens personnels de Montrose : mais des hommes ordinaires étaient incapables d'apprécier un caractère tel que le sien. On le croyait en général un jeune homme vain, quoique capable, et que son ambition désordonnée pouvait conduire à entreprendre ce qui était impraticable. La puissance du comte d'Argyle était considérée comme une sauve-garde suffisante contre une invasion dans les hautes-terres de l'ouest, et son clan brave et nombreux tenait depuis long-temps toutes les tribus de cette contrée dans une espèce de crainte, sinon de soumission.

Mais le caractère des montagnards était jugé d'après un calcul que le temps avait rendu fort erroné. Dans les anciens temps de l'Ecosse, lorsque les basses-terres étaient habitées par des hommes aussi braves et mieux armés et disciplinés que les montagnards, les derniers s'étaient souvent montrés alertes comme des troupes légères, et infatigables dans des excursions où ils exerçaient le pillage ; mais en raison de leurs charges tumultueuses, ils avaient été généralement défaits, soit par un corps de lanciers qui recevait leur première attaque la lance baissée, soit par une charge de la cavalerie féodale des basses-terres, complètement armée et bien montée. A Harlaw, Corrichie, Glenlivat, et dans d'autres occasions, les troupes irrégulières des montagnards avaient été défaites par un nombre inférieur de leurs adversaires des basses-terres.

Ces souvenirs pouvaient engager les gouverneurs de l'Écosse pendant la guerre civile à accorder peu de confiance à une armée de montagnards. Mais ils ne songeaient pas que la moitié d'un siècle passé dans une paix non interrompue, avait rendu l'habitant des basses-terres moins propre à la guerre que le Highlander qui, constamment armé, devait être familiarisé avec l'usage des armes ; cette particularité, aussi bien que l'amour du combat, le rendait supérieur au paysan des basses-terres, arraché aux paisibles occupations de sa ferme, et préparé seulement par quelques jours d'exercice à affronter les dangers sur le champ de bataille. Les bourgeois, qui formaient une partie redoutable de l'armée écossaise dans les anciens temps,

étaient maintenant moins propres encore à la guerre que le paysan, n'ayant pas plus l'habitude du danger que l'adresse à manier les armes, et ne pouvant supporter la fatigue comme les gens de la campagne. Cette différence essentielle entre les montagnards et les habitans des basses-terres dans les temps modernes, pouvait à peine être appréciée dans le milieu du dix-septième siècle ; les causes qui l'avaient amenée étant encore récentes, et n'ayant point attiré l'attention.

Le premier plan de Montrose était de réunir un corps de cavalerie royaliste sur les frontières d'Angleterre, afin de se précipiter à sa tête dans le centre de l'Ecosse et de pénétrer jusqu'à Stirling, où un corps de cavalerie avait promis de se rassembler et de le rejoindre. L'expédition manqua par une espèce de sédition de la cavalerie anglaise qui s'était jointe à lui, et en conséquence de laquelle Montrose congédia ses compagnons qui étaient en petit nombre, et les exhorta à se frayer un chemin jusqu'au roi, ou à rejoindre le plus proche régiment en armes pour défendre la cause royale, tandis que lui-même adoptait un plan nouveau et plus dangereux encore que le premier. Il ne conserva près de lui que deux amis, se déguisa comme le laquais de l'un d'eux, le suivit mal habillé, monté sur un mauvais cheval et en conduisant un autre par la bride. Ils se dirent gentilshommes appartenant à l'armée de Leven ; car si Montrose avait été pris par le parti du Covenant, une rigoureuse captivité eût été la moindre peine qu'on lui eût infligée. Il fut une fois sur le point d'être découvert. Un soldat traîneur passa près des deux compagnons de Montrose, et venant droit à ce dernier, le salua respectueusement en prononçant son nom et son titre. Montrose essaya de lui persuader qu'il se trompait ; mais le soldat persista, quoique avec les manières les plus humbles et les plus respectueuses. — Est-ce que je ne connais pas, dit-il, le noble comte de Montrose ? Continuez votre chemin, et que Dieu soit avec vous. Cette circonstance alarma Montrose; mais le pauvre soldat fut fidèle, et ne trahit jamais son ancien chef.

Sous ce déguisement, Montrose gagna les hautes-terres, et resta caché dans la maison d'un de ses parens, Graham d'Inchbraco, puis ensuite, pour plus de sûreté, il se retira dans une misérable hutte sur les frontières des Highlands, tandis qu'il envoyait des espions dans chaque direction, avec ordre de lui rapporter des nouvelles sur l'état du parti royaliste. Il en vint de mauvaises de tout côté. Le marquis d'Huntly avait pris les armes précipitamment et sans prudence, il avait été défait et obligé de fuir. Gordon de Haddow, un des hommes les plus actifs et les plus braves de tous ceux qui portaient ce nom, fut fait prisonnier des Covenantaires, et pour répandre la terreur dans le reste du clan, il fut exécuté publiquement par ordre du parlement écossais.

Le courage de Montrose ne fut point abattu, même par ce dernier revers; tandis qu'il attendait avec impatience d'autres nouvelles, le bruit courait qu'un corps de soldats irlandais avait débarqué dans les hautes-terres de l'ouest, et qu'il errait dans les montagnes, suivi et surveillé par Argyle, avec une nombreuse partie de son clan. Peu de temps après, Montrose apprit par un messager qu'il avait envoyé à dessein, que c'était le corps d'auxiliaires qui lui était envoyé d'Ulster, par le comte d'Antrim. Leur commandant était Alaster de Mac-Donald, un Scoto-Irlandais, et je crois de la famille d'Antrim. On l'appelait Col-Kittoch, ou Colkitto, parce qu'il était gaucher. C'était un homme brave, hardi, mais vain, tenant trop à son opinion, et ne comprenant rien à une guerre régulière. Montrose lui envoya l'ordre de se rendre en toute hâte dans le district d'Athole, et dépêcha des émissaires pour soulever les gentilshommes de ce pays, qui étaient en général disposés en faveur de la cause royale. Il partit lui-même pour rejoindre cette petite troupe, revêtu des habits d'un simple montagnard, et accompagné seulement d'Inchbraco, qui lui servait de guide. Les Irlandais furent surpris et mécontens de voir leur général habillé d'une manière pauvre, et suivi seulement d'un homme. Montrose n'eut pas lieu non plus de se féliciter de l'apparence de son armée; ses forces n'excédaient pas quinze cents hommes, au lieu des milliers qui avaient été promis; ils étaient assez mal armés et mal équipés, et seulement un petit nombre de montagnards de Badenoch étaient arrivés au rendez-vous.

Ces actifs guerriers des hautes-terres s'étaient, peu de jours auparavant, battus avec les Covenantaires. Mac-Pherson de Cluny, chef du clan de son nom, avait envoyé une partie de ses gens à la recherche de Montrose, qui était attendu à chaque instant. Ils entendirent l'approche d'un corps détaché de cavalerie, qu'ils supposèrent être l'escorte du général qu'ils espéraient. En avançant, les Mac-Phersons trouvèrent différens détachemens de la cavalerie des Covenantaires, commandés par le colonel Herries, et en quartier à Glencairn pour tenir en bride les montagnards. La cavalerie s'avança avec une formidable supériorité de nombre, et Mac-Pherson de Invereshie, qui rangeait ces montagnards en ordre de bataille et se disposait à combattre, observa que l'un d'eux s'inclinait jusqu'à terre; il leva son bâton pour en frapper celui qui tenait une telle conduite en face de l'ennemi; le montagnard lui montra du doigt Mac-Pherson de Dalifour, un des hommes les plus téméraires du clan, et qui s'inclinait aussi; surpris à l'excès, Invereshie s'approcha de Dalifour, et lui demanda comment lui, moins que tout autre, pouvait songer à se courber devant l'ennemi. J'attachais un éperon au talon de mes brogues [1], répondit Dalifour sans se déconcerter.

— Un éperon? et dans quel dessein? dans ce lieu et au moment où nous sommes?

---

(1) Les brogues, espèce de brodequins en peau non tannée, étaient la chaussure des Highlanders. — Éd.

— J'ai l'intention d'avoir un bon cheval avant que la journée soit finie, répondit l'homme du clan avec le même sang-froid.

Dalifour tint parole, car la cavalerie des basses-terres ayant été défaite dès la première charge, il s'empara d'un cheval sur lequel il se mit à la poursuite des fuyards et ramena deux prisonniers.

Le récit de cette escarmouche donna à Montrose un échantillon favorable de la bravoure des montagnards, tandis que l'arrivée des gens d'Athole, au nombre de huit cents, remplit de confiance les cœurs facilement enthousiastes des Irlandais. Il marcha aussitôt sur Strathern et traversa le Tay. A peine était-il arrivé sur l'autre rive, qu'il découvrit sur la montagne de Buchanty un corps d'environ quatre cents hommes, et qu'il eut la satisfaction d'apprendre, par ses sentinelles avancées, que ce corps était commandé par des amis intimes, lord Kilpont et sir John Drummond. Ils avaient pris les armes en apprenant qu'un corps d'Irlandais traversait le pays, et sachant qu'il était sous le commandement de Montrose pour le service du roi, ils se placèrent immédiatement sous ses ordres, ainsi que leur suite.

Montrose reçut ces renforts bien à propos, car le comte d'Argyle le poursuivait avec de nombreux partisans qui avaient suivi les traces des Irlandais; et lord Elcho, le comte de Tullibardin et lord Drummond avaient formé une armée d'habitants des basses-terres, pour protéger la ville de Perth et pour s'opposer à Montrose en cas qu'il descendît des montagnes. Montrose était convaincu que l'entreprise dont il s'était chargé ne pouvait réussir qu'en y mettant autant de hardiesse que d'activité.

Il s'avança donc contre les forces des basses-terres commandées par Elcho, et le 1ᵉʳ septembre 1644 il les trouva rangées en bon ordre dans une large plaine nommée Tippermuir, à trois milles de Perth. Leur nombre surpassait presque du double l'armée de Montrose, et les

Covenantaires étaient encouragés par de nombreux ministres, qui les engageaient à combattre vaillamment, et leur promettaient la victoire. Ils avaient des canons et de la cavalerie, tandis que Montrose n'avait point d'artillerie, et possédait seulement trois chevaux dans son armée. Après une escarmouche avec la cavalerie des Covenantaires, qui furent battus, Montrose fit une charge avec les montagnards, tandis qu'il était protégé par le feu de la mousqueterie de ses Irlandais. Il se précipita dans les rangs ennemis avec une vivacité à laquelle il leur fut impossible de résister; ils furent obligés de fuir. Une fois les rangs rompus, la supériorité de nombre devint inutile, car les moyens de faire soutenir une armée par un corps de réserve n'étaient pas encore connus ou pratiqués. Les Covenantaires prirent la fuite avec autant de terreur que de confusion, et les agiles montagnards les poursuivirent avec un grand avantage. Maint honnête bourgeois, désespéré de la vitesse extraordinaire avec laquelle on le forçait de fuir, perdit haleine et mourut faute de respiration. Montrose ne perdit que peu de monde, s'il en perdit.

La ville de Perth se rendit, et l'on donna, pour cet acte nécessaire, une longue suite de raisons, qui sont assez plaisamment rapportées dans une lettre d'un des ministres de cette ville. Mais nous ne ferons mention que de quelques unes : premièrement, on allégua que des débris de l'armée défaite d'Elcho, il ne s'était offert au magistrat qu'une douzaine d'hommes du comté de File pour défendre la ville, et que la plupart d'entre eux avaient cette bravoure qui tient de l'ivresse. Secondement, les citoyens s'étaient cachés dans les celliers et les caves, où ils étaient étendus palpitans, et essayant en vain de recouvrer l'haleine qu'ils avaient perdue dans leur retraite, trouvant à peine la force de dire au prévôt, que le cœur s'en allait, et qu'on les tuerait plutôt que de les obliger à combattre davantage : troisièmement, la lettre assurait que si les citoyens avaient eu envie de se battre, la plupart en avaient perdu les moyens, ayant jeté leurs armes pendant le combat ; quatrièmement, on ajoutait que les ennemis étaient rangés comme des esprits infernaux devant les portes de la ville, les mains teintes du sang qu'ils avaient récemment versé, et demandant avec des cris affreux d'être de nouveau ramenés au carnage. Les magistrats ne méritent peut-être pas d'être blâmés d'avoir capitulé dans une telle circonstance, afin d'éviter les horreurs du pillage ; mais leur conduite montre en même temps combien le peuple des basses-terres avait dégénéré en fait de courage militaire.

Perth reçut donc les vainqueurs ; mais Argyle, dont l'armée du nord avait été augmentée par un corps considérable de cavalerie, approchait avec des forces contre lesquelles Montrose ne pouvait pas prétendre défendre une ville ouverte. Il abandonna Perth, et se dirigea vers l'Angus-Shire, espérant qu'il trouverait des partisans dans ce pays. Il y fut rejoint par le vieux comte d'Airlie et ses deux fils, qui ne l'abandonnèrent jamais, ni dans la bonne ni dans la mauvaise fortune.

Cette augmentation de forces fut contrebalancée par un affreux évènement. Il y avait dans le camp de Montrose un gentilhomme des hautes-terres, nommé James Stewart d'Ardvoirlich, dont la naissance avait été accompagnée de circonstances extraordinaires, que je ne puis m'empêcher de raconter, quoiqu'elles m'éloignent un peu de mon sujet. Lorsque la mère de ce gentilhomme était enceinte, il vint, à sa maison d'Ardvoirlich, une bande d'Outlaws ou proscrits, appelés les Enfans du Brouillard, des Mac-Gregors, suivant les uns, suivant les autres des Mac-Donalds d'Ardnamurchan. Ils demandèrent à manger ; la dame du lieu ordonna qu'on plaçât sur la table du pain et du fromage, et se rendit à la cuisine pour faire préparer un meilleur repas. Telles étaient les lois de l'hospitalité dans les hautes-terres. Quand la pauvre dame fut de retour, elle vit sur la table la tête sanglante de son frère, Drummond de Drummondernoch, dont la bouche était remplie d'alimens, et que les Outlaws avaient rencontré et assassiné dans les bois. La malheureuse femme jeta de grands cris, et, l'esprit égaré par la douleur et l'effroi, elle se sauva dans la forêt, où, après de vaines recherches, on ne put la retrouver qu'au bout de quelques semaines. Enfin on la ramena chez elle, mais dans un état de folie qui sans doute fut en partie communiqué à l'enfant dont elle accoucha peu de temps après. Cependant cet enfant grandit, mais il avait un caractère incertain et dangereux. Il se fit distinguer par sa force, qui était si grande, qu'en serrant la main de quelqu'un il faisait sortir le sang de dessous les ongles. Cet homme était aimé du lord de Kilpont, dont nous avons mentionné dernièrement le dévouement au service du roi; ce jeune seigneur l'admettait même à partager sa tente et son lit. Il paraît qu'Ardvoirlich désapprouva la démarche que son ami avait faite en suivant Montrose, et qu'il avait engagé le jeune lord à déserter avec lui la cause royale, et même, suivant quelques uns, à assassiner le général. Lord Kilpont rejeta ces propositions avec mépris. Soit qu'il fût offensé de l'expression dont lord Kilpont se servit, ou qu'il craignît de voir révéler ses perfides desseins, Ardvoirlich tira son poignard et frappa Kilpont d'un coup mortel. Il tua ensuite la sentinelle, et se sauva dans le camp d'Argyle, où il obtint de l'avancement. Montrose fut éveillé par le tumulte que ce triste évènement excita dans son camp, et se précipitant au milieu de la foule de soldats, il eut le chagrin de voir le corps sanglant de son noble ami aussi indignement assassiné. La mort de ce jeune gentilhomme fut une grande perte pour la cause royale.

Montrose, si inférieur en nombre à ses ennemis, ne pouvait former aucun plan régulier d'opérations. Il résolut d'y suppléer par la plus grande activité et en se transportant avec une célérité extraordinaire d'une partie du royaume à l'autre, afin de frapper un coup violent dans l'endroit où il était le moins attendu, et courir la chance de réveiller l'esprit endormi des royalistes. En conséquence il marcha subitement sur Aberdeen, pour essayer de faire prendre les armes aux Gordons, et battre tous les corps de Covenantaires qui intimidaient les amis du roi dans ce pays. Son armée avait cependant considérablement diminué; car les montagnards, qui n'avaient aucune idée de servir pendant toute une campagne, étaient retournés dans leurs propres districts, pour mettre leur butin en sûreté et faire leur récolte. Dans toutes les occasions, ce fut le plus grand inconvénient d'une armée de montagnards : après une bataille, qu'elle fût gagnée ou perdue, ils ne manquaient pas de quitter en grand nombre leur étendard, et croyaient en avoir le droit.

De cette manière, une victoire éclaircissait leurs rangs, comme une défaite l'eût fait dans les autres armées. Il est vrai qu'ils reparaissaient de nouveau avec une égale promptitude ; mais cette facilité de déserter suivant leur bon plaisir fut une des raisons pour lesquelles les brillans succès de Montrose ne produisirent aucun résultat décisif.

En approchant d'Aberdeen, Montrose se hâta de prendre possession du pont de Dee, la principale entrée de la ville. Ayant réussi dans cette entreprise importante, il se trouva en face d'une armée commandée par lord Burleigh. Il eut aussi le chagrin de s'apercevoir qu'une grande partie de la cavalerie dans l'armée des Covenantaires était des Gordons, qui avaient été décidés à prendre les armes pour cette cause par lord Lewis Gordon, le second fils du marquis d'Huntly, jeune homme impétueux et opiniâtre, dont l'opinion politique différait de celle de son père et du reste de sa famille.

Trouvant que le nombre de ses chevaux était inférieur, car il n'en avait pas cinquante, Montrose mêla parmi sa cavalerie quelques uns de ses fantassins armés de fusils, qui pour la vitesse et l'infatigable agilité pouvaient rivaliser avec tous les chevaux qu'il possédait. Les Gordons, qui peut-être ne servaient pas de bon cœur la cause du Covenant, attaquèrent la cavalerie de Montrose, et furent repoussés. Lorsque les fusiliers mêlés à la cavalerie avancèrent sur eux, les gens de lord Lewis prirent la fuite, en dépit des efforts personnels de ce jeune lord, et l'on assure que Montrose vint à bout de conduire son petit nombre de chevaux sur l'autre aile de son armée, et de défaire successivement la cavalerie des Covenantaires sur les deux flancs, avec les mêmes cavaliers déjà harassés. L'expédient de mêler des fantassins parmi la cavalerie frappa de terreur ses adversaires, et contribua grandement à ce succès extraordinaire. Tandis que la cavalerie était ainsi occupée, les deux corps d'infanterie se canonnaient l'un l'autre, car Montrose possédait les canons qu'il avait pris à Tippermuir. Les Covenantaires eurent d'abord l'avantage de ce côté, mais les royalistes n'en furent pas découragés. La gaieté d'un Irlandais dont la jambe venait d'être emportée donna un nouvel élan à tous ceux qui l'entouraient. — Allez toujours, s'écria-t-il, ceci me promet de l'avancement, car maintenant le général fera de moi un cavalier. Montrose ne donna point à ce nouvel accès de courage le temps de se refroidir ; il conduisit ses troupes jusque sur l'ennemi, enfonça les Covenantaires par une charge désespérée, et les poursuivit dans la ville et à travers les rues. Surpris par une armée en désordre, Aberdeen et ses habitans en subirent les conséquences. Un grand nombre furent tués dans les rues, et la cruauté des Irlandais en particulier fut si grande, qu'ils forcèrent les malheureux citoyens à se dépouiller de leurs habits avant de les tuer, afin que ces habits ne fussent pas tachés de sang. Montrose fut obligé de fermer les yeux sur ce pillage et ces cruautés, qu'il ne pouvait empêcher, car il n'avait pas d'argent pour payer ces soldats à demi barbares. Cependant il existait deux raisons pour lesquelles la ville d'Aberdeen devait espérer un meilleur traitement : premièrement, parce qu'elle avait toujours penché pour la cause du roi ; et secondement, parce que Montrose lui-même, lorsqu'il protégeait le Covenant, avait été l'agent dont on s'était servi pour opprimer, à cause de sa loyauté, la même ville, que ses troupes pillaient maintenant pour une autre cause.

Argyle suivait toujours Montrose avec des forces supérieures, mais il n'éprouvait pas, à ce qu'il paraît, un grand désir de le joindre.

Avec une célérité qui semblerait presque incroyable, Montrose marcha vers la Spey, espérant toujours de soulever les Gordons : mais ces gentilshommes se rappelaient son ancienne conduite envers eux lorsqu'il était général au service du Covenant ; outre le souvenir de leur récente déroute au pont de Dee ; ils refusèrent de se joindre à lui. Dans ce moment, les gens de Murray, qui mettaient beaucoup de zèle contre Montrose, parurent sur la rive septentrionale de la Spey pour s'opposer à son passage. Cernés de tous côtés, et chassés comme un cerf poursuivi par les chasseurs, de la route qu'il voulait tenir, Montrose et sa petite armée poussèrent le courage jusqu'à la témérité. Ils cachèrent leurs canons dans une fondrière, détruisirent leur bagage le plus lourd, entrèrent dans Badenoch, où le clan de Chattan s'était toujours montré ami des partisans du roi, et descendirent de là dans le district d'Athole, puis dans le comté d'Angus. Après plusieurs marches longues et rapides, Montrose retourna de nouveau dans Strathbogie, traversa encore une fois la grande chaîne des monts Grampians, et conservant toujours l'espérance de soulever ceux qui portaient le nom de Gordon, il reparut de nouveau dans l'Aberdeen-Shire.

Là, ce brave général fut assez habile pour échapper à un grand danger. Son armée était dispersée, et il se reposait au château de Fyvie lorsqu'il se trouva menacé et presque entouré par Argyle et Lothian, à la tête de forces supérieures. Une partie de l'ennemi occupait déjà l'entrée de sa position, au moyen de fossés et d'enclos au travers desquels ils avaient pénétré. Les royalistes commençaient à s'effrayer, lorsque Montrose, déguisant les craintes qu'il éprouvait lui-même, appela un jeune et brave officier irlandais, et lui parlant du même ton dont il aurait ordonné une bagatelle : — Que faites-vous donc, O'Kean? dit-il ; ne pouvez-vous chasser ces importuns coquins de ces fossés et de ces enclos? O'Kean obéit à ce commandement avec le même courage qu'il avait été donné, et, chassant l'ennemi devant lui, il s'empara d'une provision de poudre, ce dont on avait grand besoin dans l'armée de Montrose. La remarque d'un Irlandais qui se plaignait fortement de la négligence de l'ennemi, qui avait oublié de laisser des balles en même temps que de la poudre, prouva, dans cette occasion, la confiance que Montrose avait su inspirer à ses troupes.

Le comte de Lothian, d'un autre côté, vint avec quatre régimens de cavalerie attaquer Montrose, qui avait à peine cinquante chevaux. Mais, ainsi qu'au pont de Dee, il avait soutenu sa cavalerie en y mêlant des fantassins, et les gens du comte de Lothian reçurent un feu incommode et inattendu ; ils firent volte-face, et l'on ne put les faire avancer de nouveau. Plusieurs heures se passèrent en escarmouches, l'avantage était du côté de Montrose, lorsqu'enfin ce dernier crut plus prudent de se retirer de Fyvie sur Strathbogie.

Pendant la route, il fut abandonné par plusieurs gentilshommes des basses-terres, qui voyaient que ses victoires n'avaient d'autres résultats que des marches fatigantes au milieu des déserts, où il était presque impossible de pourvoir à la subsistance des hommes et des chevaux, et que l'approche de l'hiver allait rendre pires encore. Ils quittèrent l'armée, promettant de revenir au printemps, et, de tous les partisans des basses-terres, il ne resta que le vieux comte d'Airlie et ses fils. Leur attachement à la cause royale leur avait coûté cher, Argyle ayant pillé leurs domaines et brûlé leur principale habitation, la bonne maison d'Airlie, située sur la rivière Isla. Le souvenir de cet incendie est conservé dans une chanson écossaise. Mais les mêmes circonstances qui avaient fatigué la patience des habitans des basses-terres à la suite de Montrose, rendirent impossible à Argyle de tenir la campagne ; il envoya son armée dans des quartiers d'hiver, pensant avec confiance que son ennemi était enfermé pour la saison dans l'étroit et mal approvisionné comté d'Athole, où on pourrait le souffrir, sans inconvénient pour le reste de l'Écosse, jusqu'au commencement du printemps, époque à laquelle les Covenantaires l'attaqueraient avec des forces supérieures. Dans le même temps, le marquis d'Argyle retourna aussi dans ses propres domaines.

CHAPITRE X.

Invasion du comté d'Argyle par Montrose. — Batailles d'Inverlochy, Aulderne, Alford et Kilsyth, gagnées par Montrose, qui devient, par la victoire remportée à Kilsyth, maître de toute l'Écosse. — Il est nommé capitaine-général, et lieutenant-gouverneur d'Écosse. — Il marche sur les frontières. — Il est défait par Lesly, à Philiphaugh. — Il se retire dans les montagnes et quitte l'Écosse.

C'était vers le milieu de décembre qu'Argyle résidait dans son château d'Inverary, bien convaincu que l'ennemi ne pourrait l'approcher ; car il avait l'habitude de dire qu'il ne voudrait pas pour cent mille couronnes que personne connût le chemin de l'est dans le comté d'Argyle. Tandis que le puissant marquis jouissait de la sûreté imaginaire de ses domaines féodaux, quelle fut son alarme lorsqu'on lui apprit que Montrose, avec une armée de montagnards, pénétrant à travers les neiges et les glaces, escaladant les précipices, et traversant les montagnes par des sentiers connus seulement du berger solitaire et du chasseur, avait forcé son comté, qu'il dévastait avec toutes les rigueurs des anciennes querelles à mort! On n'avait ni le temps ni le pouvoir de se défendre. Les corps de troupes étaient massacrés, les bestiaux chassés, les maisons brûlées; les assaillans s'étaient divisés en trois bandes, afin que la dévastation fût plus complète. Effrayé de cette invasion terrible et inattendue, Argyle s'embarqua dans un bateau de pêcheur, et abandonna son comté à son malheureux sort. Montrose continua cette œuvre de vengeance pendant près d'un mois, et supposant avoir détruit l'influence qu'Argyle possédait sur l'esprit des montagnards, par l'étendue de son pouvoir et de ses domaines, jusque là inaccessibles, il se retira sur Inverness, dans le dessein d'organiser une association générale des clans. Mais il y était à peine rendu, qu'il apprit que son rival Argyle était retourné dans les montagnes de l'est avec quelques troupes des basses-terres, et qu'il avait réuni autour de soi son nombreux clan, brûlant, ainsi que lui, de se venger des injures qu'il avait reçues; enfin qu'il était posté avec des forces supérieures près du vieux château d'Inverlochy, situé à l'extrémité orientale de la chaîne de lacs traversés maintenant par le canal Calédonien.

Ces nouvelles changèrent les plans de Montrose.

Il retourna vers Argyle par une suite de chemins difficiles, sur des montagnes couvertes de neige, et l'avant-garde des Campbells se vit tout-à-coup attaquée par celle de leur implacable ennemi. Les deux partis restèrent toute la nuit sous les armes; mais à la pointe du jour, Argyle se rendit sur sa galère, et s'éloignant de la terre, resta spectateur du combat, lorsque, par devoir et par reconnaissance, il aurait dû se mettre à la tête de ses dévoués serviteurs. Les membres infortunés de son clan défendirent l'honneur de leur nom avec le plus grand courage, et plusieurs des plus braves tombèrent sur le champ de bataille. Montrose remporta une victoire complète, qui augmenta son influence sur les montagnards, et diminua en proportion celle de son rival vaincu.

Ayant rassemblé toutes les forces qu'il put rencontrer, Montrose marcha triomphant vers le nord-est, et l'heureux succès de son parti engagea enfin les Gordons à se joindre à lui avec son corps de cavalerie commandé par leur jeune chef, lord Gordon. La convention des états était alors sérieusement alarmée. Tant que Montrose avait erré dans les montagnes, se retirant devant un ennemi supérieur, et, en apparence, sur le point d'être à chaque instant détruit, ses progrès n'étaient pas regardés comme dangereux. Mais il menaçait maintenant les basses-terres, et les chefs du parti covenantaire n'avaient pas assez de confiance dans leurs forces pour défier un si hardi aventurier. Ils rappelèrent de l'armée d'Angleterre le général Baillie, officier distingué par son caractère et ses talens, et sir John Urry, ou, comme les Anglais l'appelaient, Hurry, brave et bon partisan; mais simple soldat de fortune, et qui avait plus d'une fois changé de parti pendant la guerre civile.

Ces généraux commandaient un corps de vétérans avec lequel ils manœuvraient pour fermer à Montrose l'entrée des districts du sud, et l'empêcher de traverser le Tay ou le Forth. A cette époque, l'ordre du marquis d'Huntly, ou les intrigues de lord Lewis Gordon, engagèrent la plupart des Gordons à quitter l'étendard de Montrose, dont la cavalerie fut réduite à cent cinquante hommes. Il fut obligé de nouveau de se retirer dans les montagnes; mais, désirant signaler sa retraite par quelque action d'éclat, il résolut de punir la ville de Dundee de son dévouement à la cause du Covenant.

En conséquence, il parut subitement devant cette ville

avec un corps de troupes choisies et attaqua la place sur trois points différens.

Les montagnards et les Irlandais, avec une ardeur incroyable, brisèrent les portes et forcèrent l'entrée; ils se dispersèrent aussitôt pour chercher des liqueurs et du butin. Dans le même instant Montrose menaçait de mettre le feu à la ville, lorsqu'il apprit que Baillie et Urry, à la tête de quatre mille hommes, étaient à environ un mille de là.

Ce moment critique exigea toute l'activité de Montrose; mais il eut le temps de rappeler ses gens de la débauche et du pillage, de remettre de l'ordre dans son armée et d'effectuer sa retraite dans les montagnes, ce qu'il accomplit en face de ses nombreux ennemis et avec un talent qui consolida sa réputation militaire autant qu'aucune de ses victoires.

Dans cette manœuvre difficile, Montrose fut parfaitement secondé par la persévérance et la résolution de ses troupes; on dit qu'elles marchèrent l'espace de soixante milles, et qu'elles manœuvrèrent et combattirent pendant trois jours et trois nuits sans prendre aucune nourriture. De cette manière leur chef trompa constamment les forces nombreuses et les habiles généraux qui le poursuivaient; la plus grande difficulté de son entreprise était causée par l'impatience inquiète des montagnards et le caprice des gentilshommes qui formaient sa cavalerie, et qui allaient et venaient suivant leur bon plaisir.

Nous avons dit que les Gordons avaient été enlevés à l'étendard de Montrose contre leur propre inclination, par le commandement d'Huntly où l'adresse de lord Lewis Gordon. En employant ses soldats dans des entreprises où le pillage était certain et le danger peu redoutable, ce jeune seigneur réunit sous sa bannière tous ceux qui redoutaient de partager les marches fatigantes et les combats sanglans où l'on était conduit sous celle de Montrose; de là ces vers qu'on n'a point encore oubliés dans l'Aberdeen-Shire :

> Si vous marchez avec milord Gordon,
> Vous aurez mainte bonne chose ;
> Si vous suivez l'étendard de Montrose,
> Vous recevrez plutôt maint horion.

Mais le frère aîné de lord Lewis Gordon, qui restait attaché fidèlement au parti de Montrose, fut envoyé pour assembler les gentilshommes de cette famille guerrière, et par son influence il réunit bientôt des forces considérables. Le général Baillie, en ayant eu connaissance, détacha Urry, son collègue, avec une force qu'il croyait suffisante pour détruire lord Gordon, tandis qu'il se proposait, pendant ce temps, d'engager l'attention de Montrose jusqu'à ce que ce projet fût exécuté.

Mais Montrose pénétrant l'intention des généraux covenantaires, évita de s'engager avec Baillie, et traversa les montagnes du nord, avec la rapidité de l'ouragan, pour soutenir Gordon et écraser Urry. Il accomplit son premier dessein ; mais Urry avait été joint par les Covenantaires de Murray, avec les comtes de Seaforth, Sutherland, et d'autres qui défendaient la même cause, et avait ainsi réuni une armée plus nombreuse que celle de Montrose, même lorsqu'il se fut joint à lord Gordon.

Montrose se prépara à leur livrer bataille, dans le village d'Aulderne, et rangea ses troupes de manière à cacher l'inégalité de ses forces. Le village, situé sur une hauteur, avait par-derrière de hautes éminences de terre, et de chaque côté et en face il était entouré de clôtures. Montrose porta sur la droite du village Alexandre Mac-Donald avec quatre cents Irlandais et montagnards, leur ordonnant de se tenir seulement sur la défensive, et surtout de ne point sortir des parcs de bestiaux et des enclos qui présentaient l'avantage d'une position fortifiée.

Comme il désirait attirer vers ce point l'attention de

l'ennemi, il confia à son aile droite la garde de l'étendard royal, qui était ordinairement déployé dans les lieux où il commandait en personne. Plaçant sur le côté gauche du village d'Aulderne la plus grande partie de ses troupes, il commanda l'infanterie, et lord Gordon la cavalerie. Ses deux ailes étant ainsi formées, Montrose n'avait en effet aucun centre. Mais quelques hommes résolus postés en face du village, et ses canons placés sur la même ligne, pouvaient faire supposer que les maisons couvraient un corps d'infanterie.

Urry, trompé par ces dispositions, attaqua avec un corps nombreux de ses troupes la position de Mac-Donald: Colkitto les battit et les repoussa, avec la mousqueterie irlandaise, et les arcs et les flèches des montagnards qui continuaient à se servir de ces anciennes armes. Mais lorsque l'ennemi renouvela l'attaque, raillant Mac-Donald sur la poltronnerie avec laquelle il se tenait à l'abri des parcs de bestiaux, ce chef, dont la bravoure excédait la prudence, oublia les ordres positifs de Montrose, et sortit de son espèce de forteresse, pour prouver qu'il ne redoutait pas de combattre sur un terrain égal. La supériorité du nombre, et particulièrement la cavalerie, qui lui fut aussitôt opposée, jetèrent sa petite troupe dans un grand désordre, elle ne put être ralliée qu'avec difficulté par les efforts prodigieux de Colkitto, qui voulut réparer son erreur en montrant le plus grand courage.

Un officier de confiance fut dépêché vers Montrose, pour lui faire connaître la position de Mac-Donald.

Le messager le trouva sur le point d'en venir aux mains, et lui dit bas à l'oreille que Colkitto était défait. Cette nouvelle détermina Montrose à poursuivre avec la plus grande audace le plan de bataille qu'il avait adopté.

— Que faisons-nous? s'écria-t-il en s'adressant à lord Gordon; Mac-Donald est victorieux sur la gauche, et si nous ne nous hâtons pas, il remportera les honneurs de la journée. Lord Gordon chargea aussitôt à la tête des gentilshommes de son nom, et força la cavalerie des Covenantaires à abandonner le champ de bataille ; mais l'infanterie tenait bon, elle était composée de vieux soldats ; enfin elle fut enfoncée sur tous les points, et obligée de fuir avec une grande perte.

Montrose alla aussitôt porter secours à son aile gauche, qui se trouvait dans le plus grand péril. Colkitto était rentré dans les enclos avec ses gens, et lui-même en défendait l'entrée, l'épée d'une main, et le bouclier sur son bras gauche. Les piquiers l'approchaient de si près, que deux ou trois fixèrent leurs lances dans son bouclier, mais il s'en dégageait en coupant la tête des flèches avec la bonne lame de sa claymore.

Montrose parut au moment de ce pressant péril, et sa présence ainsi que celle de ses troupes victorieuses changèrent subitement la face des affaires. La cavalerie d'Urry prit la fuite ; mais l'infanterie, qui était la force principale de son armée, combattit bravement, et tomba dans les rangs qu'elle occupait. Deux mille hommes, environ le tiers de l'armée d'Urry, furent tués dans la bataille d'Aulderne ; et ce commandant fut obligé de réunir les troupes qui lui restaient à celles du général Baillie.

Après plusieurs marches et contre-marches, les deux armées ennemies se trouvèrent de nouveau dans le voisinage l'une de l'autre, près du village d'Alford.

Montrose occupait une forte position sur une montagne, et l'on dit que le prudent Baillie eût évité la rencontre, si ce n'eût été qu'ayant traversé la rivière Don, dans la croyance que Montrose était en pleine retraite, il ne découvrit son désir de livrer bataille que lorsqu'il fut trop tard pour éviter le combat. L'infanterie était environ de deux mille hommes de chaque côté ; mais la cavalerie de Baillie était de moitié plus nombreuse que celle de son adversaire. Il est vrai que celle de Montrose était composée de gentilshommes sur lesquels on pouvait compter davantage un jour de bataille, que sur des mercenaires. Dès le premier choc les Gordons dispersèrent la cavalerie des Covenantaires, et les fantassins jetant leurs mousquets et se mêlant en tumulte parmi les chevaux, l'épée haute, empêchèrent la cavalerie de se rallier; mais lord Gordon, en se jetant pour la seconde fois au milieu de la mêlée, tomba de cheval mortellement blessé par un coup de feu que lui tira un des fuyards. Cet accident causa le plus vif chagrin à Montrose, suspendit les mouvemens de sa cavalerie, composée en partie par les amis, les parens et les vassaux du défunt, qui se précipitaient autour de lui en déplorant cette perte générale; mais les vétérans de Montrose, chargeant en colonnes profondes de six et de dix hommes, sur une ligne de trois hommes seulement, enfoncèrent celles des Covenantaires sur divers points, et détruisirent entièrement les restes de l'armée de Baillie, quoiqu'elle se défendît bravement.

Ces victoires répétées donnèrent une telle réputation aux armes de Montrose qu'un grand nombre de clans montagnards se réunirent à lui, ainsi que plusieurs anti-Covenantaires qui ne s'étaient pas montrés d'abord, doutant de ses succès dans une lutte si inégale.

D'un autre côté, la convention des états, aidée de l'avis d'Argyle qui était hardi dans le conseil, quoique timide dans les combats, persévérait à lever de nouvelles troupes, malgré les défaites répétées et les malheurs de cette guerre. Il semblait en effet que dans ces temps de désastres le ciel eût épuisé sa colère sur le royaume d'Écosse. Aux efforts nécessaires pour fournir et entretenir une armée d'auxiliaires en Angleterre, se joignait la désolation d'une guerre civile, maintenue dans le nord avec une furie égale à ses succès, et n'apportant de tout côté que la plus affreuse dévastation. A ces maux, comme s'ils n'étaient pas suffisans pour épuiser les ressources d'un pays pauvre, il faut ajouter encore une peste horrible qui ravageait tout le royaume, mais particulièrement Édimbourg, la métropole. La convention des états avait été chassée de la capitale par ce fléau contagieux, et s'était retirée à Perth, où elle assembla de nouvelles forces sous les ordres du général Baillie, et ordonna une levée de dix mille hommes dans tout le royaume. Tandis que Lanark, Cassilis, Eglington et d'autres lords des comtés de l'ouest retournèrent dans leurs domaines pour exécuter ces mesures, Montrose avec son activité ordinaire descendit des montagnes à la tête d'une armée dont le nombre venait d'augmenter et qui était exaltée par les succès.

Il s'avança d'abord vers les terres du Forth, et occupa le comté de Kinross. Je ne puis m'empêcher de faire ici mention de la destruction d'un magnifique château appartenant à la maison d'Argyle. Ses ruines majestueuses sont situées sur une éminence qui occupe un étroit vallon au pied de la chaîne des monts Ochil. Dans les anciens temps il était appelé, peut-être à cause de sa situation, le château de l'Obscurité; et le nom de la paroisse et du fleuve qui baignait ses bords avait aussi quelque chose de sinistre. Le château de Gloom était situé sur le ruisseau du Chagrin ou Gryfe; et dans la paroisse de Dollar ou Douleur. Dans le seizième siècle, le comte d'Argyle obtint un acte du parlement pour appeler cette résidence Castle-Campbell. La haine féodale de Montrose et des clans qui composaient son armée, le vindicatif ressentiment des Ogilvies pour la destruction de la bonne maison d'Airlie, et les Cavaliers du Stirling-Shire pour celle de Menstrie, condamnèrent aux flammes ce magnifique édifice. La destruction de beaucoup d'autres habitations moins importantes est depuis long-temps oubliée, mais les ruines imposantes de Castle-Campbell inspirent encore à celui qui les contemple de tristes réflexions sur la guerre civile.

Après plusieurs actes semblables de vengeance, qui ne peuvent être justifiés, quoiqu'ils eussent été provoqués, Montrose marcha vers l'ouest, le long des bords occidentaux du Forth, insultant Perth, où l'armée des Covenantaires restait dans ses retranchemens, et menaçant même le château de Stirling, dont la garnison nombreuse et la forte position défiaient ses moyens d'attaque. A peu près à six milles au-dessus de Stirling il traversa le Forth, dans le gué profond et difficile qu'offre la rivière, avant sa jonction avec le Teith. Ayant atteint les rives du sud, il dirigea sa marche vers l'ouest, dans le dessein de disperser les levées que les seigneurs de ce pays avaient réunies, et, sans aucun doute, dans l'intention de piller la contrée, qui s'était attachée principalement à la cause du Covenant. Montrose avait à peine atteint Kilsyth, qu'il reçut la nouvelle que l'armée de Baillie avait quitté Perth, traversé le Forth sur le pont de Stirling, et qu'elle était à deux pas de lui. Avec son ardeur habituelle, Montrose se prépara au combat, que Baillie, s'il en avait été le maître, aurait évité; car ce général habile, quoique malheureux, connaissait par expérience les talens de Montrose; il savait que l'esprit qui guidait ses troupes était admirable un jour de combat, mais qu'une armée ainsi composée pourrait être harassée par des opérations prudentes, et que peut-être les montagnards et les Cavaliers des basses-terres déserteraient la bannière de leur chef dans le cours d'une campagne longue et indécise. Mais Baillie n'était plus le seul commandant de l'armée des Covenantaires. Un comité des états, composé d'Argyle, Lanark et Crawfort-Lindsay, avait été nommé pour surveiller son armée et contrôler ses opérations. Le comte de Lindsay insista particulièrement pour que le vieux général risquât la seule armée régulière que les Covenantaires possédassent en Écosse, dans les périls d'une bataille décisive. Le général Baillie marcha donc contre Montrose au point du jour, le 15 août 1645.

Lorsque Montrose le vit avancer, il s'écria que c'était ce qu'il désirait le plus ardemment. Il ordonna à ses gens de se dépouiller jusqu'à la chemise, en signe de leur résolution de combattre jusqu'à la mort. Pendant ce temps, les Covenantaires approchèrent. Leur avant-garde attaqua un poste avancé de Montrose qui occupait une forte position parmi des chaumières et des enclos; ils furent repoussés avec perte, un millier d'habitans des hautes-terres, avec leur impétuosité naturelle, se précipitèrent sans aucun ordre à la poursuite des fugitifs, et assaillirent les troupes qui s'avançaient pour les soutenir. Deux régimens de cavalerie, contre lesquels ce torrent des montagnes dirigea sa fureur, furent renversés. Montrose vit le moment décisif, et ordonna à son armée entière d'attaquer l'ennemi, qui n'était point encore en ligne, l'arrière-garde et le centre arrivant lentement pour appuyer l'avant-garde. Le cri horrible que les montagnards poussaient en chargeant, leur apparence sauvage, la vitesse extraordinaire avec laquelle ils avançaient, presque nus, avec de larges claymores à la main, excitèrent une terreur panique dans l'âme de leurs adversaires, qui se dispersèrent sans faire aucun effort courageux pour se ranger en ligne de bataille, ou pour conserver leur terrain. Les Covenantaires furent chassés du champ de bataille, poursuivis et massacrés impitoyablement pendant plus de dix milles. Quatre ou cinq mille hommes furent tués sur la place et dans leur fuite, et pour le moment les forces de la Convention furent entièrement détruites.

Montrose se trouva maître pendant un certain temps du royaume d'Écosse. Édimbourg se rendit; Glascow paya une forte contribution; les gentilshommes ou autres personnages de distinction qui avaient été emprisonnés à Édimbourg comme royalistes, furent mis en liberté; et un si grand nombre de gens de qualité se déclara pour Montrose, soit par un attachement pour la cause royale qu'ils avaient caché jusqu'alors, soit dans la persuasion que cette cause était à jamais triomphante, que Montrose se vit à la tête de forces suffisantes pour convoquer à Glascow un parlement au nom du roi.

Cependant les succès de ce héros ne l'avaient mis en possession que du pays ouvert ; toutes les forteresses étaient encore au pouvoir des Covenantaires, et il eût fallu un laps de temps considérable, des troupes régulières et bien disciplinées, pour réduire le château d'Edimbourg, Stirling, Dumbarton et d'autres places bien fortifiées. Mais si Montrose avait eu des forces nécessaires pour accomplir une telle entreprise, il n'avait ni le temps ni le désir de l'exécuter. Depuis le commencement de cette carrière si brillante de succès, il conservait intérieurement l'audacieuse espérance de conduire en Angleterre une armée victorieuse, et de rendre au roi Charles son autoriré disputée. C'était un plan hardi ; cependant si les affaires du roi d'Angleterre n'eussent point été si déplorables, surtout s'il y avait eu une armée considérable dans le nord de l'Angleterre pour joindre Montrose, ou coopérer avec lui, on ne peut calculer ce que les talens et le génie d'un général aussi entreprenant auraient pu faire en faveur de la cause royale.

Mais le roi, comme je vais vous l'expliquer maintenant plus en détail, avait éprouvé des pertes si nombreuses et si fatales, qu'on peut douter qu'avec l'assistance de Montrose lui-même, à moins que ce général ne se fût trouvé à la tête de forces beaucoup plus considérables qu'on ne pouvait espérer d'en rassembler, eût remporté quelques avantages décisifs contre l'armée nombreuse et bien disciplinée du parlement. Les résultats d'une lutte qui ne fut jamais essayée, peuvent seulement être devinés. Les espérances et la confiance de Montrose étaient aussi élevées que son ambition ; et il ne se permit pas de douter de la vérité des prédictions de ceux qui l'assuraient qu'il était destiné à soutenir le trône chancelant, et à y replacer le monarque auquel il échappait.

Rempli de ces orgueilleuses pensées, Montrose écrivit au roi, le pressant de s'avancer vers les frontières du nord, et de former une jonction avec son armée victorieuse ; il termina sa demande par les mots dont, suivant l'Écriture, Joab, lieutenant du roi David, se servit en parlant au roi d'Israël :

« J'ai combattu contre Rabba, et j'ai pris la cité des » Eaux. Maintenant rassemblez le reste du peuple, cam- » pez autour de la ville, et prenez-la, de peur que » je ne m'en empare moi-même et qu'on lui donne mon » nom. »

Au moment où Montrose pressait le roi, par ces brillantes espérances, de se mettre sous sa protection, sa propre armée se réduisit et se dispersa plus encore qu'au temps de ses moindres succès. Les montagnards retournèrent chez eux pour serrer leur récolte, et placer leur butin en sûreté. Il était inutile de leur refuser un congé qu'ils étaient déterminés à prendre. Les gentilshommes du nord, fatigués des embarras de la campagne, le quittèrent aussi en grand nombre, et lorsque Montrose reçut des mains de sir Robert Spottiswood, une commission du roi, avec le grand sceau de l'état, qui le nommait capitaine général, et lieutenant gouverneur d'Écosse, il ne commandait pas des troupes beaucoup plus considérables que lorsqu'il errait dans les districts d'Athole et de Badnoch. Néanmoins les ordres du roi, et ce courage entreprenant que rien ne pouvait abattre, le déterminèrent à marcher vers les frontières.

Cinquante ans auparavant ces districts lui auraient fourni, aux premières lueurs des feux allumés sur les montagnes[1], dix mille hommes de cavalerie, aussi avides de combats et de pillage qu'aucun montagnard de son armée. Mais ce temps, comme je vous l'ai dit, n'était plus. Les habitans des frontières étaient devenus paisibles, et les chefs et les lords, dont l'influence aurait pu les décider à prendre les armes, étaient hos-

(1) C'est en allumant des signaux qui se répétaient d'une montagne à l'autre, que les divers comtés des frontières d'Écosse se communiquaient rapidement la nouvelle d'un danger commun. — Éd.

tiles à la couronne, ou du moins tièdes dans sa cause.
Le comte de Buccleuch et ses amis du nom de Scott,
qui n'avaient point encore oublié la révocation des donations que Jacques avait faites à leur chef, étaient
de violens covenantaires, et avaient envoyé un fort
régiment tiré du clan, avec le comte de Leven et les
auxiliaires écossais. Traquair, Roxburg et Hume, éprouvaient ou affectaient de l'intérêt pour le roi, mais ne
faisaient aucun effort réel pour l'aider. Le nom autrefois
si formidable de Douglas, et toutes les peines que se
donna le comte d'Annandale, ne purent rassembler qu'une
faible cavalerie, que l'historien et évêque Guthrie nous
peint comme les bandes les plus indisciplinées.

Montrose espérait rencontrer un corps de cavalerie
plus régulière, secours qui devait lui être envoyé d'Angleterre; mais les malheurs continuels du roi l'empêchèrent de diviser ainsi ses forces.

A cette époque l'armée écossaise en Angleterre reçut
des détails sur le désespoir auquel la bataille de Kilsyth
avait réduit la convention des états, et apprit que la plupart de ses membres les plus distingués s'étaient déjà
exilés, ayant fui à Berwick ou autres places fortes sur les
frontières, qui étaient protégées par les troupes du parlement. On sentit toute l'importance de ce moment de
crise, et David Lesly fut dépêché à la tête d'un corps de
cinq ou six mille hommes, principalement composé
de cavalerie et de la fleur de l'armée auxiliaire d'Écosse,
avec ordre de mettre un terme aux succès de Montrose.

Lesly traversa les frontières de Berwick, et continua sa
marche comme s'il avait l'intention de se placer entre
Montrose et les hautes-terres, afin de l'empêcher de recevoir de nouveau l'assistance de ses fidèles montagnards.
Mais les projets de ce général rempli de sagacité étaient
d'un caractère plus décisif; car, apprenant que Montrose
s'était logé avec sa petite armée près de Selkirk, et dans
la plus profonde sécurité, il changea subitement de mar-

che, quitta la route d'Édimbourg lorsqu'il fut arrivé à Edgebeuckling-Bra, traversa le comté de Middleton, et, tournant vers le sud, descendit la vallée du Gala à Melrose ; et ce fut dans ce lieu, ainsi que dans les hameaux environnans, qu'il campa son armée pour la nuit.

Pendant ce temps, l'infanterie de Montrose était campée sur un lieu élevé appelé Philiphaugh, sur la rive gauche de l'Ettrick, tandis que sa cavalerie, qu'il commandait en personne, était postée dans la ville de Selkirk. Une large rivière séparait les deux parties de son armée, qui avait été ainsi divisée afin qu'elles pussent se soutenir l'une et l'autre en cas d'une alarme subite. Mais Montrose n'était point informé du voisinage de Lesly, quoique les Covenantaires eussent passé la nuit à cinq milles de son camp. Ceci prouve qu'il fut mal servi par ses propres patrouilles, et que la cause qu'il défendait était impopulaire dans cette partie de l'Écosse, puisqu'un seul cavalier, après avoir galopé pendant une demi-heure, aurait pu l'avertir de se tenir sur ses gardes.

Dans la matinée du 13 septembre 1645, Lesly, protégé par un épais brouillard, approcha du camp de Montrose, et eut le mérite, par son activité et sa vigilance, de surprendre celui que ses ennemis n'avaient jamais trouvé hors de ses gardes. Le général covenantaire partagea ses troupes en deux divisions, et attaqua en même temps les deux flancs de son ennemi. Ceux du flanc gauche se défendirent en désordre et n'opposèrent qu'une faible résistance ; l'aile droite, protégée par un bois, combattit d'une manière digne de la gloire de son général. Montrose lui-même, éveillé par le feu et le bruit de l'action, assembla précipitamment sa cavalerie, traversa l'Ettrick, et fit d'incroyables efforts pour ressaisir la victoire, n'omettant rien de ce que son courage ou son habileté pouvait lui suggérer pour rallier ses gens. Mais enfin, n'ayant plus que trente chevaux autour de lui, il fut forcé de fuir ; et faisant retraite vers le Yarrow, traversa la vallée de la Tweed, et atteignit Peebles où quelques uns de ses gens vinrent le rejoindre.

L'armée défaite fit de grandes pertes ; les prisonniers pris par les Covenantaires furent massacrés sans pitié et de sang-froid ; ils furent tués dans la cour de Newark-Castle, sur Yarraw, et furent enterrés dans une place appelée depuis ce moment *Slain-Men's-Lee* [1]. La terre ayant été creusée il y a environ trente ans pour poser les fondemens d'une école, les os et les crânes qu'on en retira en grande quantité prouvèrent la vérité de cette tradition du pays. Plusieurs cavaliers, officiers distingués par leur conduite autant que par leur naissance, et les compagnons des triomphes de Montrose, tombèrent entre les mains des vainqueurs, et subirent, comme nous le verrons plus tard, une mort ignominieuse.

Les prisonniers, tant soldats qu'officiers, auraient été plus nombreux sans le voisinage du bois d'Harehead où les fugitifs se sauvèrent. Telles furent les conséquences immédiates de cette bataille sur laquelle les gens du pays citèrent souvent les vers qui suivent :

A Philiphaugh commença la bataille.
Harehead la vit finir.
Les Scotts, frappant et d'estoc et de taille,
Ont forcé les Grahams à fuir.

Montrose, après cette désastreuse journée, se retira de nouveau dans les hautes-terres, où il assembla encore une fois une armée de montagnards ; mais ses mouvemens cessèrent d'avoir la même importance qu'ils avaient acquise avant sa défaite.

Le général Middleton, homme qui possédait des talens militaires, mais qui était un officier de fortune, fut envoyé contre Montrose par la convention des états, qui était ambitieuse de regagner dans les montagnes le pouvoir

---

(1) La plaine des hommes tués. — Éd.

que la victoire de David Lesly lui avait acquis dans toutes les basses-terres.

Le roi, voyant Montrose engagé dans une guerre obscure au milieu des montagnes, et vivement inquiet pour la vie de ce général, lui envoya l'ordre de dissoudre son armée et de songer à sa sûreté personnelle en quittant le royaume : Montrose ne voulut point obéir à ce premier ordre, supposant qu'il avait été arraché au monarque. Il fut obligé de céder à une injonction plus positive et congédia son armée. Il s'embarqua sur un brick qui faisait voile pour Bergen en Norwège, avec quelques partisans qui étaient trop redoutés des Covenantaires pour qu'il leur fût permis de rester en Écosse. Dans la crainte que son petit navire ne fût pris par un vaisseau de guerre anglais, Montrose porta les habits d'un laquais, et passa pour le domestique de son chapelain et biographe le docteur George Wishart. On doit se souvenir qu'il portait un semblable déguisement en entrant en Écosse avant de commencer sa courageuse entreprise.

Ce chapitre et le précédent offrent un récit du court et brillant période des succès de Montrose. Un des chapitres suivans contiendra la triste conclusion de ses exploits et de sa vie.

CHAPITRE XI.

Le clergé presbytérien s'interpose dans l'exécution des prisonniers faits à la bataille de Philiphaugh. — Réflexions sur les malheureux effets des persécutions religieuses. — Vues respectives des Indépendans et des Presbytériens. — Succès de Cromwell. — Le roi Charles se rend à l'armée écossaise. — Les Écossais le livrent au parlement.

Il faut que je vous apprenne maintenant le sort des malheureux Cavaliers qui avaient été faits prisonniers à la bataille de Philiphaugh. Vous êtes déjà instruit du barbare traitement dont on s'était rendu coupable à l'égard des soldats.

Argyle, le chef de la convention des états, avait toujours présentes à la mémoire la dévastation de son comté et la destruction de ses châteaux; le désir de la vengeance était si commun dans ce siècle, qu'il eût été accusé de manquer à ce qu'il devait à ses parens assassinés et à son clan détruit, s'il eût laissé échapper l'occasion d'exiger sang pour sang. D'autres seigneurs de la convention avaient de semblables motifs; outre ces raisons, ils avaient tous été grandement alarmés des succès de Montrose, et rien n'étouffe la pitié des hommes comme le souvenir de craintes récentes. Ces sentimens vindicatifs auraient dû être atténués par la pensée que les ravages de Montrose furent moins encouragés par les officiers, qu'ils ne prirent leur source dans la licence indomptable d'une soldatesque sans paie. Les prisonniers avaient jusqu'alors été traités honorablement et avec humanité, et souvent mis en liberté sur leur parole. Il est possible que si le sort des compagnons de Montrose avait dépendu de la convention seule, ils eussent obtenu leur liberté à des conditions modérées; mais malheureusement le clergé presbytérien trouva convenable de se mêler hardiment de cette affaire, et de ne point approuver la grâce que peut-être on était sur le point d'accorder.

Ici nous devons avouer que les ministres presbytériens de cette époque étaient, sous quelques rapports, des hommes différens de leurs prédécesseurs sous le règne de Jacques VI. La méchanceté ne peut pas les accuser d'avoir abusé du pouvoir qu'ils avaient acquis par leurs succès en 1640, dans le dessein d'accroître leur revenu particulier ou celui de l'église. La moralité rigide qui les distingua jusqu'alors n'avait non plus éprouvé aucun changement. Ils restèrent dans le triomphe ce qu'ils avaient été dans les persécutions, pauvres et vertueux. Cependant, quoique inaccessible aux tentations de l'avarice ou à celles des plaisirs mondains, le clergé presbytérien de cette époque ne peut mériter l'éloge d'avoir été supérieur à l'ambition, et vaincu le désir de commander ; et, comme il pensait naturellement que la religion avait une plus grande garantie par l'influence de l'église, le clergé était disposé à étendre cette influence par l'exécution la plus sévère de la discipline. On se permettait des recherches sur la conduite des particuliers, et l'on en présentait les résultats devant une cour ecclésiastique avec la plus indécente aigreur ; des fautes et des folies, faites pour être réprimandées en secret, étaient rapportées publiquement au milieu de la congrégation. On ordonnait, tous les jours de sabbat, que chaque individu communiquât à l'assemblée (cour ecclésiastique de l'église, composée de gens du clergé et de certains laïques choisis dans la paroisse) toute matière de scandale ou offenses contre la religion et la morale dont il aurait connaissance : ainsi une espèce d'inquisition était exercée par une moitié de la paroisse sur l'autre moitié. L'intention était louable, mais les conséquences devinrent mauvaises ; chaque bagatelle étant le sujet d'une curieuse investigation, le bonheur intérieur des familles fut troublé, et la discorde et les soupçons furent jetés là où la confiance mutuelle est le plus nécessaire.

Cette ardeur d'exercer une autorité arbitraire au sein des familles était naturellement unie au désir de maintenir la haute influence dans l'état, que l'église presbytérienne avait acquise depuis la chute de la prélature. Le clergé avait pris l'habitude de considérer les institutions du gouvernement de son église, institutions qui sont certainement excellentes, comme aussi essentielles que la religion elle-même ; et de là il y avait peu de chemin à faire pour censurer celui qui manifestait un dessein de détruire le système, ou de limiter le pouvoir de la discipline presbytérienne, comme un ennemi de la religion en général et même de la Divinité ; ces opinions étaient surtout adoptées par les membres du clergé qui avaient suivi les armées sur le champ de bataille, qui les avaient encouragées de la chaire, ou aidées en prenant eux-mêmes les armes. L'ardeur de ces hommes acquérait plus d'enthousiasme, en proportion de l'opposition qu'ils rencontraient et des dangers qu'ils couraient. Ce qu'on voit et ce qu'on éprouve, lorsqu'on partage les dangers d'une guerre civile, est de nature à endurcir le cœur le plus sensible et le plus généreux, et à l'habituer à un langage sévère et à des actions cruelles. Nous ne devons donc pas être surpris si quelques membres du clergé oubliaient qu'un Malveillant, c'est ainsi qu'ils appelaient un royaliste, était cependant un compatriote, un frère comme chrétien, né sous le même gouvernement, espérant être sauvé par les principes de la croyance qu'il partageait avec eux ; ou peut-être ils appliquaient à ces individus ces textes de l'Ecriture dans lesquels les juifs avaient reçu l'ordre d'extirper les païens de la terre promise.

Un de ces prédicateurs empiéta sur ses droits prétendus après la victoire de Lesly, et choisit pour son texte le quinzième chapitre du premier livre de Samuel, où le prophète réprimande Saül pour avoir épargné le roi des Amalécites, et sauvé les troupeaux de ce peuple, que le ciel avait condamnés à une entière destruction. — « Que veut dire le bêlement des moutons qui frappe mon oreille? » Dans son sermon, il dit que le ciel demandait le sang des prisonniers qui avaient été faits à la bataille de Philiphaugh, comme dévoués à la destruction par les commandemens divins, sinon que les péchés du peuple ne seraient pas pardonnés, ni la colère du ciel éloignée du royaume. Il est probable que le prédicateur était lui-même convaincu de la doctrine qu'il enseignait ; car il est inconcevable combien le jugement est aveuglé par les passions, et combien nous sommes prêts à trouver des raisons plausibles et satisfaisantes pour faire ce que nous recommandent nos intérêts, ou le parti que nous avons embrassé.

Le parlement, composé entièrement de Covenantaires, vaincu par l'importunité du clergé, condamna huit des plus distingués d'entre les Cavaliers à être exécutés. Quatre d'entre eux furent destinés à périr à Saint-André, afin, dit-on, que leur sang pût être une expiation pour le nombre d'hommes (et il excédait cinq mille) que le comté de Fife avait perdu pendant les guerres de Montrose. Lord Ogilvy était le premier de ces quatre, mais il échappa à la prison et à la mort sous les habits de sa sœur. Le colonel Nathaniel Gordon, l'un des hommes les plus braves, et un des meilleurs soldats de l'Europe, fut exécuté avec six autres Cavaliers de distinction.

Nous devons mentionner particulièrement le sort de sir Robert Spottiswood, qui était président de la cour des sessions lorsque la guerre se déclara, et qui possédait, comme juge, de grands talens et beaucoup de savoir. Il n'avait jamais porté les armes; mais le crime d'avoir apporté à Montrose sa commission de capitaine-général d'Écosse fut jugé digne de mort, sans que ce seigneur fût coupable d'aucune autre trahison contre les états. Lorsqu'il fut sur l'échafaud, il justifia sa conduite avec la dignité d'un juge et les talens d'un avocat. Le prevôt de Saint-André, qui avait été autrefois domestique du père de sir Robert lorsqu'il était prélat de cette ville, lui imposa silence. La victime se soumit avec calme à cette indignité, et commença ses actes de dévotion. Il fut encore interrompu dans cette tâche par le ministre presbytérien qui l'assistait, et qui lui demanda s'il désirait le concours de ses prières et celles du peuple. Sir Robert répondit qu'il désirait ardemment les prières du peuple, mais qu'il rejetait celles du ministre. Car, dans son opinion, Dieu avait montré sa colère contre l'Écosse, en plaçant un esprit de mensonge dans la bouche des prophètes: malédiction plus grande, ajoutait-il, que celle de l'épée, du feu et de la peste. Un vieux serviteur de la famille prit soin du corps de sir Robert, et l'enterra secrètement. On assure que ce fidèle domestique, passant, deux ou trois jours plus tard, dans la place du marché, et voyant l'échafaud, instrument du supplice de son maître, encore teint de son sang, fut si vivement affecté, qu'il tomba évanoui, et mourut comme on le transportait chez lui. Telles sont les scènes terribles auxquelles les dissensions civiles donnent occasion, et vous auriez tort, mon cher enfant, de supposer qu'elles étaient plus particulières à un parti qu'à un autre. Vous apprendrez bientôt que la même disposition d'abuser de la puissance, disposition qui est commune, je le crains, à tous ceux qui possèdent un pouvoir illimité, fut exercée de même par les épiscopaux sur les presbytériens, quand le pouvoir leur fut rendu.

Il faut maintenant tourner nos pensées vers l'Angleterre, le théâtre sur lequel les scènes les plus importantes étaient représentées, car celles qui se passaient en Ecosse n'offraient qu'un intérêt secondaire. Je dois remarquer ici à l'honneur de la nation anglaise, et ce qui est peut-être dû à sa générosité naturelle, à l'humeur moins sombre de son peuple, ou à l'influence d'une civilisation plus avancée, que la guerre civile, soutenue avec furie sur le champ de bataille, ne fut marquée d'aucun crime approchant des horribles atrocités des Irlandais, ou des impitoyables ravages exercés par les soldats écossais. Le temps des querelles à mort était passé en Angleterre depuis longues années, si les Anglais connurent jamais cette coutume horrible; et l'esprit de haine et de cruauté qu'elles nourrissent n'existait pas dans ce pays. Les deux partis ennemis se battaient courageusement, mais, excepté dans le sac des villes, lorsque toutes les passions sont excitées, ils ont été rarement coupables de cruautés et de dévastation. Ils combattaient comme des hommes dont les opinions sont opposées, mais qui, n'ayant rien eu à se reprocher auparavant, avaient résolu d'agir loyalement. Au contraire, la cause de l'épiscopat ou du presbytérianisme, du roi ou du parlement, était souvent la chose à laquelle pensaient le moins les barons écossais, qui se servaient de ces noms pour en faire le prétexte de la guerre, mais qui ne songeaient en effet qu'à satisfaire, aux dépens de quelque famille rivale, la vengeance amassée pendant des siècles; mais quoique le caractère anglais ne donnât pas à la guerre civile cet aspect sauvage des querelles de l'Ecosse, l'Angleterre souffrait cependant des dissensions religieuses qui formaient une des calamités du siècle. J'ai déjà dit que le parti qui était opposé au roi et à l'église d'Angleterre était, avec les partisans du parlement et le parlement lui-même, divisé en deux factions, celle des Presbytériens, et celle des Indépendans. J'ai aussi mentionné généralement les points sur lesquels ces deux partis différaient. Je vais l'expliquer maintenant avec plus de détail.

L'établissement presbytérien, comme je l'ai déjà dit plusieurs fois, diffère de l'église d'Angleterre de la même manière dont une république où tous les membres sont égaux diffère d'une constitution monarchique. Dans l'église d'Ecosse, tous les ministres peuvent prétendre à l'égalité; dans l'église d'Angleterre, il y a une hiérarchie de grades, depuis le rang le plus bas du clergé, jusqu'à celui d'évêque. Mais chaque système est fondé de même sur l'institution d'un corps composé d'hommes capables, par des études d'une nature particulière, de prêcher l'évangile, et obligés de prouver qu'ils en sont réellement capables, en subissant des examens sur leur science et capacité, avant de pouvoir prendre les saints ordres, c'est-à-dire devenir ecclésiastiques. C'est aussi la règle des presbytériens et des épiscopaux, que les cours de justice de l'église nationale ont le pouvoir de réprimander, de suspendre de leurs fonctions, et de déposer de leur caractère ecclésiastique et de leur charge, ceux de ses membres qui, soit par une conduite immorale et vicieuse, soit en prêchant ou en enseignant des doctrines contraires à la croyance publique, se rendent indignes de la confiance qu'ils inspiraient. Bien plus encore, ces deux églises nationales prétendent que de telles cours peuvent exercer leur pouvoir sur les fidèles qui vivent dans la même communion, et réprimander les coupables de toute condition, leur conseiller la pénitence ; et si ces avis sont négligés, les chasser de la congrégation par sentence d'excommunication.

Jusqu'à ce point, la plupart des églises sont d'accord, et jusqu'à ce point aussi, les réclamations et les droits d'une église nationale sont grandement favorables à l'existence d'un gouvernement régulier, puisque la raison, ainsi que l'usage général du monde religieux, considère le clergé comme un corps séparé du reste de la société, afin qu'il donne des exemples de régularité dans la vie par la pureté de sa morale. Ainsi, mis à part du reste de la communauté, le clergé est soutenu aux dépens de l'état, afin que le respect qui lui est dû ne soit point altéré par l'obligation de pourvoir lui-même à sa subsistance, de se mêler aux affaires ordinaires de la vie, et de partager les soins et les inquiétudes de ceux qui sont forcés de travailler pour se procurer journellement du pain.

Les magistrats civils peuvent-ils sans danger appuyer de leur autorité les censures spirituelles, ou seconder les efforts de l'église pour obtenir une conformité générale d'opinions en infligeant les amendes, les emprisonnemens, les châtimens corporels, et la mort même, à ceux qui diffèrent sur quelques points de doctrine de la religion établie ? C'est une question tout-à-fait différente. Il est évident que des sectes extravagantes se sont quelquefois élevées ; et que leurs doctrines pouvaient être dangereuses à l'état. Mais de tels coupables doivent être punis, non pas pour avoir transgressé contre l'église, mais contre les lois du royaume. Tant que leurs opinions restent simplement spéculatives, ils peuvent être chassés de l'église, avec laquelle ils ne désirent en effet point de communion ;

mais tant que ces opinions ne portent point à des actes qui pourraient être contraires à la tranquillité du gouvernement, elles n'exigent pas que les magistrats les punissent ; et si le zèle inconsidéré des sectaires les conduisait à des actions qui mériteraient un châtiment, la peine ne leur serait point infligée pour croire à des doctrines anti-chrétiennes, mais pour avoir manqué aux lois civiles du pays. Cette distinction était à peine comprise dans les temps sur lesquels nous écrivons, et ni l'église d'Angleterre, ni celle d'Écosse, ne peuvent se justifier de la faute d'avoir voulu forcer la conscience des hommes par des persécutions criminelles pour des actes de *non-conformité*, quoique ces actes ne fussent point accompagnés de délits civils.

L'expérience et le progrès des lumières ont enseigné à la génération présente que de semblables sévérités ont toujours augmenté le mal qu'elles prétendaient guérir, et que la douceur dans les conseils, la patience dans les instructions, et le bon exemple, gagnent à la religion établie des cœurs que la persécution et la violence auraient confirmés dans leurs opinions. Vous avez lu la fable du voyageur qui s'enveloppe plus fortement dans son manteau lorsque la tempête souffle autour de lui, et qui l'entr'ouvre pour jouir des doux rayons du soleil. Cette fable peut se rapporter au sujet que je viens de traiter ; elle indique les avantages de la douceur et de la persuasion dans la vie sociale.

Je reviens à la distinction qui existait entre les Indépendans et les Presbytériens pendant le règne de Charles Ier. Les derniers, comme vous le savez déjà, demandaient à grands cris l'établissement d'une église nationale et d'un clergé qui possédât le plein pouvoir de lier et de délier, et qui fût soutenu par le gouvernement civil.

Ce vœu était accompli en Ecosse, et les membres du clergé désiraient ardemment que le même système fût adopté par les Anglais.

Ce fut dans l'espérance d'atteindre ce but que la convention écossaise consentit à envoyer une armée d'auxiliaires en Angleterre, et elle pensa même que l'acceptation du système presbytérien était assurée dans ce pays par les termes employés dans la Ligue Solennelle et le Covenant. Mais les Indépendans avaient dès le commencement pris la résolution secrète de s'opposer à l'établissement d'une église nationale en Angleterre, quelle qu'elle fût.

Telles étaient les opinions de ces sectaires sur les matières religieuses. Chacun, disaient-ils, avait le droit de lire les Ecritures et d'en extraire, par rapport aux doctrines qu'elles enseignaient, les conclusions que son jugement particulier lui présentait comme les plus convenables et les plus consolantes; ils allèrent plus loin, en disant bientôt que chaque homme qui se sentait appelé à communiquer aux autres les conclusions qu'il avait tirées de la lecture de la Bible et de ses méditations sur ce qu'elle contenait, avait le droit, par la voie du ciel, de prêcher et d'enseigner la croyance particulière qu'il avait ainsi adoptée. Il importait peu que la condition de l'individu fût basse ou élevée, on ne recherchait pas quelle était son éducation; il avait, dans leur opinion, les mêmes titres à agir comme ministre que s'il eût étudié pendant vingt ans, et reçu les ordres d'un conseil ecclésiastique ou des mains d'un évêque. S'il pouvait persuader à six personnes d'adopter sa croyance, ces six personnes formaient une congrégation chrétienne, et, en ce qui concernait les instructions religieuses, il devenait leur chef spirituel et leur instituteur; que les auditeurs fussent nombreux ou en petit nombre, ils devenaient dès ce moment ses ouailles, et lui leur pasteur. Mais pour le reste du monde, excepté à l'égard de sa propre congrégation, les Indépendans prétendaient que chaque prédicateur était un homme ordinaire, un laïque, n'ayant aucun droit sur l'état, pour ses revenus ou sa subsistance. C'était un bonheur pour lui, s'il pouvait persuader à sa congrégation de le soutenir; sinon il vivait par son commerce ordinaire soit de boulanger, de tailleur ou de cordonnier, se consolant en songeant qu'il ressemblait à saint Paul, qui se nourrissait par le travail de ses mains.

Il y avait en Angleterre des centaines, peut-être des milliers de congrégations ainsi formées, l'une désapprouvant les opinions de l'autre, et unies seulement par la croyance qui leur était commune, que chaque chrétien avait le droit d'enseigner ou de suivre les doctrines qui lui semblaient les plus convenables; prétendant qu'il ne devait exister aucune cour spirituelle, que le caractère d'un ministre devait seulement être reconnu de ceux auxquels il enseignait; que sous le point de vue le plus étendu, il ne devait point y avoir un corps de prêtres par profession, aucun gouvernement spirituel ou d'autres méthodes d'imposer des doctrines religieuses, que celle de les enseigner dans la chaire, et de punir le pécheur en le chassant de la congrégation. Cette dernière peine ne pouvait être une grande punition pour le pécheur, qui trouvait une multitude d'églises prêtes à le recevoir, et qui pouvait d'ailleurs en créer une lui-même si tel était son bon plaisir.

Les sectaires, comme on appela les Indépendans, propageaient, comme on le doit supposer, des doctrines absurdes. Des hommes d'une imagination enthousiaste, quelquefois d'un esprit faible, et aussi opiniâtres qu'ils étaient ignorans, et la plupart ignorans comme la dernière classe du peuple, faisaient naître une foule de scènes, les unes scandaleuses, d'autres blasphématoires, presques toutes extrêmement ridicules, excepté par rapport aux sujets sérieux d'où elles dérivaient.

Mais les prédicateurs et les auditeurs de ces étranges doctrines ne se composaient pas seulement d'ignorans et de gens vulgaires; trop de savoir fit extravaguer quelques hommes. Sir Henry Vane, un des plus subtils politiques de l'Angleterre, et Milton, un des plus grands poètes qui aient jamais existé, payèrent leur tribut à l'esprit du temps, et devinrent Indépendans. Enfin, Olivier Cromwell, destiné à s'emparer du pouvoir suprême en Angleterre, appartenait à cette espèce de religion.

Cromwell, ce personnage remarquable, était d'une famille honorable, mais ayant hérité d'une fortune médiocre, il exerça pendant un temps l'état de brasseur. Après une jeunesse dissipée et licencieuse, son esprit se pénétra fortement de l'enthousiasme de l'époque ; il se fit distinguer par son aversion pour l'épiscopat et son opposition zélée contre les mesures arbitraires du roi. Il devint membre du parlement, mais il parlait sans éloquence ; il ne se fit pas remarquer dans cette assemblée.

Cependant lorsque le parlement leva des troupes, les talens militaires de Cromwell lui procurèrent promptement des distinctions : on remarqua qu'il fut constamment victorieux dans tous les combats qu'il livrait personnellement, et qu'il fut le premier officier qui put discipliner et conduire sur le champ de bataille un corps de cavalerie capable de soutenir le choc des Cavaliers, malgré leur haute naissance, leur noble constance et leur bravoure chevaleresque. Son régiment des Côtes-de-fer, comme on l'appelait à cause de la cuirasse que portaient les hommes dont il était composé, était exercé avec soin, accoutumé à la plus sévère discipline, tandis que son courage était exalté par l'enthousiasme que son commandant essayait de lui inspirer. Il prêchait lui-même ses soldats, priait pour eux et avec eux ; puis il écoutait avec un air édifié ceux qui voulaient prêcher ou prier à leur tour. L'attention de ces militaires fanatiques était tellement fixée sur les mystères de l'autre monde, que la mort ne leur inspirait aucune terreur, et que la valeur impétueuse des Cavaliers ne surpassait pas celle de ces hommes qui combattaient pour leurs propres idées de religion avec autant d'ardeur que leurs ennemis combattaient pour l'honneur et la loyauté. L'esprit des sectaires indépendans s'étendit bientôt dans toute l'armée, et le parlement ne posséda jamais de meilleures troupes que celles qui suivaient les nouvelles doctrines.

La grande différence entre les Presbytériens et les Indépendans consistait, comme je vous l'ai dit, dans le désir qu'éprouvaient les premiers d'établir leur forme de religion et de faire adopter par la force leurs articles de foi. A cet effet, une convention des plus savans et des plus habiles théologiens fut assemblée à Westminster, pour fixer la croyance religieuse de l'église suivant toute la sévérité de l'église presbytérienne. La prétention d'un pouvoir exclusif sur la conscience alarma les Indépendans, et, dans la contestation qui s'ensuivit, la conviction que leurs intérêts étaient d'accord avec celui de l'armée leur donna un nouveau courage et de nouvelles prétentions.

D'abord, les sectaires indépendans avaient consenti à laisser les Presbytériens d'Angleterre, corps nombreux et puissant, prendre le maniement des affaires publiques; mais, à mesure que leur propre nombre augmenta et que leurs chefs devinrent formidables par leur influence sur l'armée, ils résistèrent au désir que témoignaient les Presbytériens d'établir leur croyance en Angleterre aussi bien qu'en Écosse. Sir Henri Vane leur persuada de temporiser encore, puisque résister aux Presbytériens serait déplaire aux auxiliaires écossais, enchantés, comme chacun le serait, de leur système national. Nous ne pouvons nous passer des Écossais, dit-il, les fils de Zeruiah sont encore trop nombreux pour nous. Mais les progrès de la guerre diminuèrent peu à peu la force du parti presbytérien et augmentèrent celui des Indépendans. Les comtes d'Essex et de Manchester, généraux choisis par le premier parti, avaient essuyé plusieurs pertes dont on accusait leur incapacité; on leur reprochait de n'avoir pas profité des avantages qui s'étaient offerts, et cela faisait supposer qu'ils avaient l'intention de ménager le roi. Le peuple commença à se plaindre que les places supérieures dans l'armée et dans l'état ne fussent occupés que par des membres du parlement presque tous presbytériens, et la prolongation des hostilités fut imputée au désir qu'éprouvaient les chefs de conserver le plus long-temps possible l'autorité que la guerre leur donnait.

Le parlement s'aperçut qu'il courait le danger de perdre la popularité qu'il avait acquise, et avisa aux moyens de la recouvrer. Tandis qu'il était tourmenté par ces inquiétudes, Cromwell suggéra une proposition artificieuse. Pour recouvrer la confiance du peuple, dit-il, les membres du parlement doivent se démettre de toutes les places qu'ils possèdent, et s'en tenir exclusivement aux devoirs de leur charge législative. Le parlement tomba dans le piége; il fit un acte nommé l'ordonnance du *renoncement à soi-même* [1]. Afin de prouver leur patriotisme désintéressé, les membres du parlement donnèrent la démission de leurs emplois civils et militaires. Cette ordonnance leur ôtait aussi les moyens de les reprendre. Cet acte de renoncement à soi-même frappa d'un coup mortel la puissance des Presbytériens. Les places qui étaient si candidement abandonnées furent aussitôt remplies par les hommes les plus distingués du parti des Indépendans.

Néanmoins deux membres du parlement eurent la permission de garder le commandement : sir Thomas Fairfax, presbytérien dont les talens militaires avaient été distingués pendant la guerre, mais sur lequel Olivier Cromwell possédait une grande influence, l'autre était Olivier Cromwell lui-même, qui n'avait que le simple titre de lieutenant-général, mais qui, par son pouvoir sur l'esprit du soldat, jouissait de tous les avantages du commandement suprême.

Les succès de Cromwell dans cette mesure importante le conduisirent à recomposer l'armée d'après son propre plan; il prit soin que le nombre en fût recruté, la discipline améliorée, et, par-dessus tout, que les rangs fussent formés d'Indépendans. L'influence de ces changemens fut bientôt sentie dans le cours de la guerre. Les troupes du roi éprouvèrent de grands revers, et enfin une défaite complète dans la bataille de Naseby, dont les affaires de Charles ne purent jamais se relever. Des pertes succédèrent aux pertes. Les places fortes que les royalistes possédaient furent prises les unes après les autres, et la cause du roi à jamais anéantie. Les succès de Montrose avaient fait luire un rayon d'espérance qui s'évanouit après sa défaite à Philiphaugh. Enfin le roi se vit renfermé dans Oxford, qui s'était dévoué à sa cause avec la plus sincère loyauté. Sa dernière armée venait d'être détruite, et il n'avait d'autre alternative que de rester à Oxford jusqu'au moment où il serait fait prisonnier, de se rendre à ses ennemis, ou de se sauver dans l'étranger.

Dans des circonstances si désespérées il était difficile de faire un choix. Se rendre franchement au parlement, ou passer dans l'étranger, eût peut-être été le meilleur. Mais le parlement, et son armée d'Indépendans, étaient sur le point d'en venir à une rupture ouverte. L'établissement d'une église presbytérienne avait été résolu, quoique seulement pour un temps, et dans une forme mitigée; et les deux partis étaient également mécontens, les Presbytériens zélés, parce que cette institution donnait aux cours spirituelles peu de pouvoir, les Indépendans parce que cette église avait une autorité de censure sur tous les individus d'une différente communion. Au milieu des disputes de ses adversaires, le roi espéra de reconquérir son trône.

Dans ce dessein, et pour se placer dans une position où il pût négocier en sûreté, Charles résolut de se rendre à l'armée écossaise, qui avait été envoyée en Angleterre sous les ordres du comte de Leven, comme auxiliaire du parlement anglais. Le roi supposa qu'il pouvait espérer une protection personnelle, sinon des secours, dans une armée composée de ses propres compatriotes. Outre ces raisons, l'armée écossaise était depuis quelque temps assez mal avec l'Angleterre. Les troupes des Indépendans, qui maintenant égalaient et même surpassaient cette armée en discipline, et qui de plus étaient sous l'influence d'un enthousiasme que les Écossais ne possédaient pas, regardaient d'un mauvais œil une armée composée d'étrangers et de Presbytériens.

En général tous les Anglais, aussitôt que l'assistance des auxiliaires ne fut plus nécessaire, commencèrent à considérer leurs frères d'Écosse comme un embarras ; et tandis que le parlement fournissait libéralement aux Indépendans de l'argent et des provisions, il négligea les Écossais dans ces deux points essentiels, ce qui blessait également leur honneur et leurs intérêts. Charles connaissait tout le mécontentement de l'armée d'Écosse, et ce fut ce qui le détermina dans son malheur à se mettre sous sa protection.

Il quitta Oxford, déguisé, le 27 avril, accompagné seulement de deux personnes de sa suite. Neuf jours après, il remplit d'étonnement le vieux comte de Leven et l'armée écossaise, qui faisaient le siége de Newark, en se livrant entre leurs mains. Les Écossais reçurent l'infortuné monarque avec de grandes démonstrations de respect, mais gardèrent sa personne avec une extrême vigilance. Ils abandonnèrent le siége immédiatement, et marchèrent en hâte vers le nord, traînant le roi à leur suite, et observant pendant leur retraite la plus sévère discipline. Lorsqu'ils arrivèrent à Newcastle, ville forte qu'ils avaient déjà prise, et dans laquelle ils avaient laissé une garnison, ils firent halte pour attendre les résultats d'une négociation dans cette crise singulière.

En se rendant à l'armée écossaise, le roi Charles avait dépêché un message au parlement, déclarant qu'il avait agi ainsi parce qu'il désirait que le parlement lui envoyât les articles de pacification dont ils conviendraient ensemble, offrant de rendre Oxford, Newark, et les autres garnisons ou places fortes qu'il possédait encore, et d'ordonner aux troupes qu'il avait sur pied de poser les armes. Des conditions honorables ayant été accordées, les places fortes furent rendues; et l'armée de Montrose dans les Highlands, ainsi que les troupes que les royalistes entretenaient encore dans toute l'Angleterre, furent congédiées par ordre du roi, comme je vous l'ai déjà raconté.

Le parlement montra une grande modération, et la guerre civile parut terminée. Les articles de pacification qu'il offrait n'étaient pas plus rigoureux que la situation désespérée du roi n'avait dû le lui faire espérer. Mais des questions religieuses furent agitées, et empêchèrent la conclusion du traité.

Charles était zélé pour l'épiscopat autant que la majeure partie des membres du parlement étaient attachés au presbytérianisme. Il se croyait lié par le serment proféré à son couronnement, de soutenir l'église d'Angleterre, et il n'eût pas voulu le violer même pour reconquérir son trône. La négociation entre le roi et le parlement fut donc rompue; mais il s'en ouvrit une autre entre le parlement anglais et l'armée écossaise sur ce qui concernait la personne du monarque.

Si Charles avait pu consentir à adopter la Ligue Solennelle et le Covenant, il est probable qu'il aurait eu toute l'Écosse pour lui. Mais, par cette conduite, il eût accordé à l'Écosse ce qu'il avait refusé au parlement; car le principal but de l'invasion des Écossais était de soutenir le presbytérianisme. D'un autre côté, on pouvait difficilement espérer que la convention des états d'Écosse pût renoncer à la chose pour laquelle elle avait commencé et continué la guerre. L'église d'Écosse envoya l'avertissement solennel que tout arrangement pris avec le roi serait illégal. Il restait à savoir ce qu'on ferait de la personne de Charles.

La générosité indiquait de permettre au roi de quitter l'armée écossaise aussi librement qu'il y était venu. Dans ce cas, il aurait pu s'embarquer à Tynemouth, et cher

cher un refuge dans les pays étrangers, ou bien si les Écossais jugeaient que les circonstances, la nécessité de conserver la paix entre l'Angleterre et l'Écosse, ainsi que leurs engagemens avec le parlement anglais, leur faisaient une loi d'abandonner à ce corps la personne du roi, l'honneur de l'Écosse exigeait expressément que la transaction se fît de manière à prouver que ce n'était point par de sordides avantages que les Écossais avaient été guidés. J'ai presque honte d'écrire que ces considérations honorables n'eurent aucun poids.

Il était dû à l'armée écossaise de longs arrérages sur sa paie, par le parlement d'Angleterre, qui refusait ou du moins différait sans cesse de solder. Un traité pour le règlement de ces arrérages eut lieu, et l'on convint que l'armée écossaise rentrerait dans ses propres foyers, en recevant le paiement de deux cent mille livres sterling, ce qui était la moitié de la dette qui avait enfin été reconnue. Il est vrai que les deux traités, concernant l'abandon de la personne du roi à l'Angleterre et le paiement des arrérages, furent faits séparément, par un reste de pudeur ; mais il est certain que non seulement ils coïncidèrent ensemble, mais qu'ils s'influencèrent l'un et l'autre. Aucun historien sincère ne peut croire que le parlement d'Angleterre eût jamais payé une somme aussi considérable, à moins que ce ne fût pour faciliter l'abandon de la personne du roi, et cette transaction basse et sordide, quoique seulement l'ouvrage d'une armée mercenaire, couvrit la nation entière d'infamie. Dans les pays étrangers, on reprocha aux Écossais la honte d'avoir fait de leur monarque confiant et malheureux un otage dont la liberté ou l'esclavage dépendait d'une vile somme d'argent ; les Anglais eux-mêmes leur reprochèrent leur avarice et leur trahison, dans ce refrain populaire :

> L'Écossais traître à sa foi,
> Pour un liard vendit son roi.

L'armée écossaise rendit la personne de Charles aux

commissaires du parlement anglais, en recevant la garantie des arrérages qui lui étaient dus; les troupes évacuèrent en même temps Newcastle, et se dirigèrent vers l'Écosse.

CHAPITRE XII.

Le roi est fait prisonnier par l'armée anglaise, il est enfermé dans le palais d'Hampton-Court. — Il s'évade et se réfugie dans l'Ile-de Wight; on l'emprisonne dans le château de Carisbrook. — Traité avec les Ecossais, connu sous le nom de l'Engagement. — Les Engagistes entrent en Angleterre avec une armée, et sont défaits. — Cour de haute justice convoquée pour juger le roi. — Le jugement. — Exécution de Charles Ier.

Notre dernier chapitre se terminait à l'action déshonorante par laquelle l'armée écossaise remit Charles Ier entre les mains du parlement d'Angleterre, en recevant une garantie pour la somme des arrérages qui lui étaient dus.

Les commissaires du parlement conduisirent le roi comme prisonnier d'état à Holdenby-House, dans le Northampton-Shire, qui avait été désigné pour sa résidence temporaire; mais un autre pouvoir que le leur devait bientôt l'en retirer.

Les Indépendans, comme je l'ai déjà dit, appelaient tyrannie l'établissement du presbytérianisme, même provisoire et modifié sous la forme d'une église nationale; ils n'étaient pas moins mécontens que l'armée, dont les rangs étaient remplis de saints militaires, suivant leur expression, et menacée, en cas que la paix eût lieu, comme cela semblait probable, d'être envoyée en Irlande ou licenciée. Le mécontentement devint général parmi les soldats anglais. Ils virent que la récompense des victoires auxquelles ils avaient contribué serait d'être réduits et désarmés, ou bien qu'on enverrait hors du royaume ceux qui auraient la permission de conserver leurs armes et leur profession, outre la perte de leur paie, de leur état et de leur importance. Les sectaires appréhendaient encore le joug presbytérien, comme ils appelaient la discipline de l'église presbytérienne.

Ces dispositions à la révolte étaient secrètement encouragées par Cromwell, Ireton et Fleetwood, officiers supérieurs et possédant une grande influence, et auxquels le parlement avait confié la tâche de les pacifier. Bientôt l'armée forma un corps séparé de l'état, dont les affaires étaient conduites par un conseil d'officiers supérieurs, assistés d'un comité de membres appelés agitateurs, et dont chaque compagnie fournissait deux; ces hommes hardis et sans scrupule résolurent de s'emparer de la personne du roi, et de l'arracher au pouvoir du parlement.

Pour accomplir cette résolution, Joice, ancien tailleur, alors cornette et avocat furieux de la cause de l'armée, parut tout-à-coup, le 4 juin 1647, à minuit, devant Holdenby-House. Les troupes auxquelles les commissaires avaient confié la garde du roi étant infectées du même esprit de révolte que l'armée, n'offrirent aucune résistance. Joice s'introduisit, sans beaucoup de cérémonie et armé de ses pistolets, dans la chambre à coucher du monarque, et lui apprit qu'il devait avoir la bonté de le suivre. Où sont vos ordres? demanda le malheureux Charles. — Là-bas, répondit le grossier soldat, montrant sa compagnie de cavalerie, qu'on voyait à la lumière de l'aurore dans la cour du palais. — Ils sont écrits en caractères intelligibles, reprit Charles; et sans faire d'autre réflexion il se prépara à suivre l'escorte.

Le roi fut conduit à New-Market, et de là au palais d'Hampton-Court, et quoique dans les mains d'un corps de troupes qui n'avait ni autorité légale, ni responsabilité, il fut d'abord traité avec plus de respect et même de douceur qu'il n'en avait obtenu de l'armée écossaise ou des commissaires anglais. Les officiers craignirent peut-être le peu de durée de leur propre pouvoir, car ils offrirent une pacification à des conditions peu sévères. Ils demandèrent une égale représentation nationale, librement élue, stipulèrent que les deux chambres jouiraient du commandement des milices pendant l'espace de quatorze ans, et consentirent même que l'ordre des évêques fût rétabli, mais sans aucun pouvoir temporel ou juridiction coërcitive. Ces conditions étaient plus modérées que le roi ne pouvait l'espérer de pareils hommes et dans un semblable moment. Mais sur un point, le conseil des officiers se montra intraitable, il exigea que sept d'entre les partisans de Charles, choisis parmi ceux qui, avec le plus de prudence et de valeur, avaient soutenu la cause chancelante de la royauté, seraient déclarés hors la loi. Charles montra la même fermeté à refuser cette demande; sa conscience avait trop profondément souffert à l'époque de l'exécution de Strafford, à laquelle il avait consenti au commencement des troubles, pour lui permettre d'être jamais tenté d'abandonner encore un ami.

Dans le même temps le parlement se préparait à exercer son autorité en s'opposant au pouvoir inconstitutionnel que l'armée s'était arrogé, et la ville de Londres, principalement composée de Presbytériens, montrait une disposition générale à soutenir les deux chambres; mais, lorsque cette armée formidable approcha de la capitale, le parlement et les citoyens furent intimidés, le parlement chassa de leurs siéges les membres presbytériens, et souffrit que les Indépendans dictassent toutes les mesures qui leur semblaient nécessaires. Au milieu de ce concours de circonstances, la prudence recommandait à Charles de s'arranger avec l'armée. Mais les Presbytériens d'Angleterre n'avaient pas perdu l'espérance; car tout le royaume d'Ecosse, irrité du triomphe des sectaires et du mépris que la chambre des communes avait manifesté pour la Ligue Solennelle et le Covenant si souvent offerts, et qu'on traitait comme un vieil almanach qui n'indique plus les dates, faisait secrètement par ses commissaires des offres libérales pour rétablir le roi par la force des armes. En écoutant ces propositions, Charles se flatta qu'il serait capable de tenir la balance entre les Presbytériens et les Indépendans; mais il méconnut l'esprit du dernier parti, pour lequel cette négociation secrète ne resta pas long-temps un secret, et qui fut profondément offensé de cette découverte.

Les Presbytériens avaient entrepris cette guerre en professant un grand respect envers la personne et la dignité du roi. Ils protestaient sans cesse qu'ils faisaient la guerre aux mauvais conseillers du monarque, et non pas au monarque lui-même; et leurs ordonnances dirigées contre les *malignans*, comme ils appelaient les royalistes, étaient faites au nom du roi, aussi bien qu'au nom des deux chambres, qui cependant étaient les seules qui les dirigeaient. Les Indépendans au contraire se déclarèrent hardiment en guerre avec l'*homme* Charles, comme ayant abusé du pouvoir royal et opprimé les saints. Cromwell lui-même soutint de semblables doctrines au milieu du parlement; il dit que c'était un enfantillage de prétendre ne point être en guerre avec le roi, lorsque Charles paraissait couvert d'une armure et à la tête de ses troupes sur le champ de bataille, et que, pour lui, il se sentait si peu de scrupule sur ce sujet, qu'il tirerait un coup de pistolet au roi aussi promptement qu'à aucun de ses partisans, s'il le rencontrait au milieu du combat.

Après la découverte du traité de Charles avec les commissaires écossais, Cromwell, admettant que le roi avait le pouvoir d'agir, le dénonça comme un homme coupable de la plus profonde dissimulation, qui avait manqué à ses sermens en professant une entière confiance dans la sagesse du parlement, tandis que, par une négociation secrète avec les commissaires écossais, il essayait de rallumer le foyer de la guerre civile entre les deux royaumes; il exigea et il obtint, par l'influence irrésistible des Indépendans, une déclaration de la chambre, qui statuait que le parlement ne recevrait plus aucune demande de Charles, et ne lui ferait plus d'adresse à l'avenir.

Tandis que l'infortuné monarque se trouvait entre les mains de cette puissante faction, par laquelle son autorité semblait suspendue, sinon abolie, il aurait dû être convaincu que pour réussir dans une négociation avec elle, il fallait accepter sans délai et sans hésitation les conditions qu'elle était disposée à lui accorder. S'il avait pu parvenir à séduire leurs principaux officiers, en leur promettant des richesses, un rang, des distinctions libéralement offertes, il est probable que leur influence aurait pu persuader aux troupes de concourir à sa restauration, surtout en la leur faisant entrevoir comme le moyen de renverser les plans des Presbytériens. Mais Charles aurait dû réfléchir en même temps que de sa part l'apparence d'un délai donnait lieu à soupçonner sa sincérité, et que les Indépendans ayant une fois adopté l'idée qu'il se jouait d'eux et les trompait, n'avait plus ce respect sacré pour sa personne qui aurait pu prévenir la plus cruelle rigueur.

Les Indépendans et leur conseil militaire, doutant de la sincérité de Charles, et convaincus que leur propre pouvoir augmentait chaque jour, commencèrent à songer d'établir ce pouvoir sur des bases entièrement différentes de celles d'une monarchie. Ils retirèrent au roi ces marques solennelles de respect qu'on lui avait accordées jusqu'alors, le traitèrent avec négligence et incivilité, l'enfermèrent plus étroitement, et ne permirent à aucun individu de l'approcher, excepté ceux qui avaient leur confiance.

Alarmé de cette sévérité de mauvais présage, Charles résolut de prendre la fuite, et quitta Hampton-Court. Malheureusement, abusé par les personnes de sa suite ou par sa propre imprudence, il se réfugia dans l'île de Wigh; mais le gouverneur de Carisbrook-Castle était l'ami de Cromwell, et un Indépendant furieux. Là l'infortuné Charles tomba dans une nouvelle captivité plus sévère et plus solitaire que les autres. Il montra lui-même à sir Philip Warwick, un vieux domestique à cheveux blancs, qui apportait du bois pour le feu, et lui fit observer que la conversation de ce serviteur était la plus agréable dont il eût joui pendant plusieurs mois. On a des raisons de penser que déjà on en voulait à sa vie, et qu'il fut encouragé à s'échapper par une fenêtre du château, près de laquelle une personne était apostée pour le tuer s'il cédait à cette tentation.

Le conseil de guerre refusa de communiquer plus long-temps avec Charles. Le parlement, entièrement sous le joug des Indépendans, envoya des commissaires pour traiter, mais à des conditions plus dures que celles qui lui avaient jamais été offertes. Deux ressources restaient à Charles : les services des troupes dispersées, et que ses fidèles partisans pourraient de nouveau appeler aux armes; mais elles étaient loin, désarmées et découragées : ou l'assistance des Écossais ; ils étaient plus loin encore et désunis. Cependant Charles résolut de confier sa fortune à ce périlleux hasard, plutôt que de traiter avec le parlement, influencé comme il était par l'armée.

La présence des deux commissaires écossais qui l'avaient suivi à Carisbrook, avec ceux du parlement, lui procura les moyens de faire un traité avec eux, par lequel il s'engageait à reconnaître la Ligue Solennelle et le Covenant, à établir le presbytérianisme, du moins pour un temps, et à concourir à extirper les sectaires. Ces articles, s'ils avaient été accordés lorsque Charles était à Newcastle, auraient peut-être été suffisans pour empêcher l'armée écossaise de le rendre au parlement. Mais, dans toutes les occasions, le sort malheureux du roi fut de céder lorsqu'il fut trop tard.

Lorsque ce traité (qu'on appelait *engagement*, parce que les commissaires *s'engageaient* à rétablir le roi par la force des armes) fut présenté au parlement écossais, il fut approuvé par la partie la plus modérée des presbytériens, guidée par le duc d'Hamilton et son frère le comte de Lanarck, le lord chancelier Loudon et le comte de Lauderdale; ce dernier était destiné à jouer un rôle remarquable dans le règne suivant. Mais la majorité du clergé presbytérien, soutenu par les plus zélés de leurs disciples, déclara que les concessions du roi étaient insuffisantes pour engager l'Écosse dans une guerre nouvelle, comme ne fournissant aucune cause plausible pour se brouiller avec l'Angleterre. Ce parti était conduit par le marquis d'Argyle.

Je dois mentionner ici que ce seigneur, lorsque l'armée de Montrose fut congédiée, tira une vengeance éclatante des Mac-Donalds et autres clans qui avaient aidé à dévaster l'Argyle-Shire. Soutenu par David Lesly, avec un corps de troupes régulières, il s'empara successivement de plusieurs forts dans lesquels Alaster Mac-Donald (Colkitto) avait mis garnison, et fit passer les prisonniers au fil de l'épée. Les Mac-Donalds furent presque tous exterminés dans un effroyable massacre, et les Lamonts furent mis à mort dans un autre carnage. Sir James Turner, officier qui servait sous Lesly, attribue tout le blâme de ces inhumanités à un ecclésiastique d'un cœur dur, nommé Neaves. David Lesly en fut dégoûté, et un jour, après une de ces horribles exécutions, voyant son chapelain dont les souliers étaient pleins de sang, il lui dit d'un ton de reproche : En avez-vous assez maintenant, maître John?

Ces atrocités, quels que soient ceux qui les commirent, ne furent exercées que pour venger Argyle et son clan. Nous devons y ajouter la mort du vieux Colkitto, qui, fait prisonnier dans un des forts des hautes-terres, fut jugé par un jury assemblé par les ordres de George Campbell, le sherif-substitut d'Argyle, aux sentences duquel on nous assure que bien peu échappaient. Mac-Donald fut exécuté.

Toutes ces cruautés à l'égard des royalistes s'étant passées dans une partie du royaume où la vengeance était considérée comme un devoir et une vertu, il n'est pas étonnant qu'Argyle se fût opposé fortement à l'Engagement, entreprise par laquelle les intérêts du roi devaient être défendus avec moins de précaution contre les royalistes qu'il ne semblait convenable à la sûreté de ceux qui venaient de les offenser si mortellement. La plupart des meilleurs officiers de l'ancienne armée refusèrent de servir avec les nouvelles levées, jusqu'à ce que l'église approuvât le renouvellement des hostilités. Cependant le parlement, touché de compassion pour un monarque né en Écosse, et désirant couvrir la honte de l'action infâme commise à Newcastle, ordonna qu'une armée serait levée. Le royaume fut bouleversé par les différentes factions des Engagistes et de leurs adversaires. Les magistrats civils, obéissant aux ordres du parlement, commandèrent aux Écossais de prendre les armes sous peine de punitions temporelles, tandis que le clergé, du haut de la chaire, dénonçait à la vengeance du ciel ceux qui cèderaient à ces ordres.

Les Engagistes réussirent à lever une armée tumultueuse et mal disciplinée, d'environ quinze mille hommes, et commandés par le duc d'Hamilton. Ce malheureux seigneur méritait l'éloge d'avoir été modéré pendant tous les désordres qui avaient eu lieu précédemment; et, quoiqu'il aimât le roi, il avait toujours essayé de concilier son administration avec les droits de ses compatriotes; mais il avait peu de fermeté dans le caractère, et moins encore de talens militaires. Tandis que les Écossais préparaient seulement leurs secours, les Cavaliers anglais, inquiets des périls et de la captivité du roi, prirent les armes; mais leur insurrection fut si mal concertée, qu'ils furent écrasés successivement, excepté dans deux occasions où les insurgés se rendirent maîtres de Colchester et de Pembroke, villes dans lesquelles ils furent aussitôt assiégés.

Hamilton aurait dû avancer avec promptitude, pour faire lever le siége de ces places. Mais au lieu d'agir, il s'amusa dans le Lancashire pendant plus de quarante jours, jusqu'au moment où Cromwell vint le joindre près de Warrington. Le duc d'Hamilton sembla perdre à la fois le courage et la tête; sans tenter de résister, il abandonna son entreprise, fit une retraite en désordre et en laissant son artillerie et ses bagages. Baillie, avec son infanterie, étant abandonné par le général en chef, se rendit à l'ennemi à Uttoxeter; Hamilton lui-même prit ce parti déplorable avec la cavalerie. Nul n'échappa, excepté un corps d'hommes résolus, commandés par le comte de Calender, qui se fit jour à travers l'ennemi, et retourna avec eux dans leur propre pays.

La nouvelle de ce désastre parvint promptement en Écosse. Le clergé réfractaire se fit un mérite d'avoir prophétisé la chute des Engagistes, et excita les plus zélés Presbytériens à saisir les rênes du gouvernement. Argyle prit les armes dans les hautes-terres, tandis que les paysans de l'ouest s'assemblèrent, et, conduits par leurs ministres, se rendirent à Édimbourg. Cette insurrection fut appelée l'*excursion* ou *raid* des Whigamores, du mot *whig, whig*, c'est-à-dire *avance, avance*, dont les paysans de l'ouest font usage en conduisant leurs chevaux; nom destiné à devenir la distinction d'un parti puissant dans l'histoire de la Grande-Bretagne.

Le comte de Lanark était à la tête de quelques troupes du parti de l'Engagement; mais, craignant de mécontenter les Anglais entre les mains desquels son frère le duc d'Hamilton était prisonnier, il ne fit pas une forte opposition. Argyle devint une seconde fois le chef du gouvernement. Ce fut d'après cette résolution que Cromwell s'avança vers les frontières; mais au lieu de trouver des ennemis prêts à le combattre, il fut reçu par les Whigamores victorieux comme un ami et un frère. Leur horreur pour une armée de sectaires était surpassée par leur répugnance plus violente encore de s'unir avec les Cavaliers et les *Malignans*. Dans cette occasion, Cromwell entretint une correspondance intime avec Argyle; ce qui fait croire généralement que le marquis acquiesça aux violentes mesures qui devaient être adoptées par le général victorieux contre le roi captif, dont le sort était alors décidé.

Durant ces transactions militaires, Charles était engagé dans un nouveau traité avec le parlement, et dont la négociation se conduisait à Newport. Il fut commencé en conséquence de l'absence de Cromwell et de son armée, ce qui donnait au parlement un peu plus de liberté dans ses débats, et rendait aux membres presbytériens une partie de leur influence. Si quelque chose avait pu sauver le prince infortuné, c'était un arrangement avec la chambre des communes, tandis que l'armée d'Hamilton n'avait point encore été entamée, et avant que l'insurrection des royalistes eût été apaisée. Mais il attendit pour terminer le traité le moment où l'armée revint exaltée par sa victoire sur les Cavaliers anglais et les Engagistes d'Écosse, en appelant la vengeance sur la tête du roi, qu'ils accusaient d'être l'unique auteur de la guerre civile, et méritant d'en être puni. Tel devint le langage de tout le parti. La chaire résonnait des exhortations des prédicateurs militaires, demandant que le roi fût soumis comme ennemi public à un jugement public.

Ce fut en vain que Charles, toujours avec répugnance, consentit enfin à toutes les demandes que le parlement lui avait faites. Ce fut en vain aussi que le parlement déclara publiquement que les concessions accordées par le roi étaient suffisantes pour former les bases d'une paix satisfaisante. L'armée, excitée par des officiers ambitieux et des prédicateurs fanatiques, avait résolu que Charles subirait une mort ignominieuse, et des troupes nombreuses furent postées dans les environs de Londres, afin de rendre la résistance impossible, soit de la part des royalistes, soit de celle des presbytériens.

Afin d'assurer la majorité dans la chambre des communes, le colonel Pride, ancien brasseur, rangea son régiment à la porte du parlement et dans les rues adjacentes, et arrêta environ cent cinquante membres qu'on supposait être favorables à une réconciliation avec le roi, et qui furent jetés en prison. Cet acte de violence fut appelé *Prid's purge*[1]. Au même moment la chambre des pairs fut fermée. Les membres qui restaient dans la chambre des communes eurent seuls la permission de siéger et de voter; ils appartenaient tous au parti indépendant, et tous étaient prêts à faire ce qu'exigeraient les soldats. Cette ombre de parlement, sous l'influence du sabre de ses propres troupes, nomma ce qui fut appelé une cour de haute justice, pour juger le roi Charles, accusé de trahison contre le peuple anglais. La cour était composée de cent trente personnes, choisies dans l'armée, le parlement, et parmi les citoyens de Londres qui approuvaient les changemens qui étaient proposés. La plupart des juges ainsi nommés refusèrent cependant d'agir en vertu de tels ordres. Dans le même temps la majeure partie de la nation anglaise contemplait ces étranges préparatifs avec chagrin et terreur.

Mais l'armée écossaise, détruite par la défaite d'Hamilton et les succès des Whigamores, ne laissait plus aucune espérance de secours. Ceux qui se chargèrent de cette procédure étaient de différentes classes, et conduits par des motifs différens.

Les officiers supérieurs de l'armée, Cromwell, Ireton et autres, voyant qu'ils ne pourraient s'élever en traitant avec Charles, avaient résolu de le détrôner et de le mettre à mort, afin d'établir un gouvernement militaire dont ils seraient les chefs. Ces hommes avaient un but distinct, et ils l'atteignirent en quelque sorte. Il y en avait d'autres, dans le parti indépendant, qui pensaient que leurs offenses envers le roi étaient du nombre de celles qu'on ne peut pardonner, et que la déposition ou la mort de Charles était nécessaire à leur propre sûreté. Mais parmi les membres indépendans, il y avait aussi des hommes

---

(1) L'épuration de Pride.

d'un noble caractère. C'étaient des hommes d'état qui s'étaient égarés par des théories toutes spéculatives, jusqu'à s'imaginer qu'ils pouvaient créer un système de gouvernement républicain sur les bases de l'ancienne monarchie d'Angleterre. Ces hommes éblouis par un rêve brillant, mais impossible à réaliser, pensaient que la violence dont l'armée usait envers le parlement, et la mort du roi lorsqu'elle aurait lieu, étaient nécessaires pour l'établissement de leur gouvernement illusoire, comme la démolition d'un vieil édifice est nécessaire pour faire place à de nouveaux bâtimens. Après cette classe de politiques en théorie, venaient des enthousiastes d'une espèce plus grossière, influencés par les harangues incohérentes de leurs prédicateurs à cerveau exalté, qui voyaient en Charles non seulement le chef des ennemis contre lesquels ils avaient combattu quatre ans avec des succès divers, mais un mauvais roi des Amalécites qui leur était abandonné pour être mis en pièces au nom du ciel. Tels furent les différens motifs qui firent agir les acteurs dans cette scène extraordinaire.

Ils colorèrent cette action infâme du prétexte que le roi avait fait la guerre à son peuple pour étendre une illégale autorité. Si ce fait eût été vrai, il n'y eût point eu matière à un jugement, car la constitution d'Angleterre déclare que *le roi ne peut mal faire (the king can't do wrong)*; c'est-à-dire qu'il n'est pas responsable du mal qu'il fait.

La vengeance des lois, lorsque le mal est commis, est dirigée avec justice contre les mauvais ministres, qui présentent des mesures coupables, et contre les agens qui les exécutent. La constitution d'Angleterre est fondée sur la sage croyance que, si les conseillers ou instrumens des volontés du prince sont asservis à la terreur salutaire des lois, il n'est point à craindre que le monarque dépasse, du consentement de ses ministres, les limites de son autorité.

Mais, dans le fait, le roi n'avait pas pris les armes

contre le parlement pour gagner aucune étendue de pouvoir extraordinaire. Il est certain que le parlement, lorsqu'il fut assemblé, avait de justes sujets de plaintes. Mais ce n'était point des innovations de Charles dont on pouvait se plaindre ; l'abus du pouvoir était dégénéré en coutume depuis les quatre derniers règnes, au moment où la couronne d'Angleterre avait été dégagée de la contrainte que lui imposaient les barons, sans être soumise assez suffisamment au contrôle de la chambre des communes, représentant le peuple en général. C'étaient cependant de mauvais précédens, et puisque le roi semblait porté à suivre l'exemple de ses prédécesseurs, le parlement avait le droit de résister à ces vieilles usurpations sur la liberté du peuple. Mais avant le commencement de la guerre, le roi avait acquiescé en faveur des communes à tout ce qui lui avait été demandé. Le dernier sujet de querelle entre les deux partis était le commandement des milices ou forces publiques du royaume, que l'un et l'autre se disputaient. C'était une des prérogatives constitutionnelles du roi; car le pouvoir exécutif ne peut exister, s'il n'est uni au pouvoir militaire. De chaque côté la violence détruisit la confiance. Le parlement, comme on l'a déjà vu, mit garnison dans la ville de Hull, qu'il défendit contre Charles, et le roi viola le privilége des communes en venant avec la force armée arrêter cinq de leurs membres pendant qu'ils siégeaient au parlement. Ainsi la guerre peut être justement imputée à de longues querelles, dans lesquelles ni l'un ni l'autre parti n'avait entièrement raison, et moins encore entièrement tort, mais qui firent éclore tant de jalousies des deux côtés, qu'elles pouvaient difficilement se terminer autrement que par la guerre civile.

Cependant la haute-cour de justice fut ouverte, et le roi amené à la barre le 19 janvier 1649. Les soldats, qui encombraient les avenues, avaient l'ordre de demander justice du royal prisonnier. Un spectateur affecté par le contraste qu'offrait la situation présente du roi avec sa grandeur passée, ne put s'empêcher de s'écrier : Que Dieu protège votre majesté! Il fut maltraité par les gardes qui l'entouraient. Sévère châtiment, dit le roi, pour une si légère offense! Pendant tout le jugement Charles se conduisit avec la plus grande dignité. Il supporta sans se plaindre les reproches d'assassin et de tyran qui lui étaient prodigués par une soldatesque en débauche, et lorsqu'un misérable lui cracha au visage, le monarque captif s'essuya avec son mouchoir et dit seulement : Pauvres créatures! pour une demi-couronne elles insulteraient leur propre père! Quand on lut l'acte d'accusation, au nom du peuple anglais, on entendit une voix des galeries qui s'écriait : Non pas de la dixième partie. Lorsque le nom des juges fut appelé, et qu'on prononça celui du général Fairfax, la même voix répliqua : Il a trop de bon sens pour être ici. L'officier qui commandait la garde donna l'ordre aux soldats de faire feu dans la galerie d'où venaient les interruptions; on découvrit que la voix était celle de lady Fairfax, la femme de sir Thomas, général de la force armée, et une des filles de la noble maison de Vere, qui déclarait ainsi le ressentiment que lui causait cette scène extraordinaire.

Lorsque le roi fut placé à la barre, il regarda autour de lui, contemplant les tristes préparatifs du jugement et les bancs remplis d'ennemis avoués, parmi lesquels il éprouva le chagrin plus pénible de distinguer quelques amis ingrats. Lorsque l'accusateur public voulut parler, il le toucha avec sa canne, et, d'un air triste, il le pria de s'arrêter; ensuite il déploya autant de talent que de hardiesse dans sa propre défense. Il désavoua l'autorité de la cour nouvelle et incompétente devant laquelle il était placé, et rappela à ceux qui siégeaient comme ses juges, qu'il était leur légitime souverain, responsable devant Dieu, sans doute, de l'usage de son pouvoir, mais déclaré par la constitution du royaume *incapable d'avoir tort;* et même si l'autorité du peuple était nécessaire pour l'amener devant une cour de justice, il niait que cette autorité eût été obtenue. Cet acte de violence, comme il le remarqua justement, était l'ouvrage de quelques hommes audacieux qui avaient violé, par la force militaire, la liberté de la chambre des communes et détruit la chambre des pairs. Il déclara qu'il ne parlait pas pour lui-même, mais par égard pour les lois et les libertés de l'Angleterre.

Quoique interrompu à chaque instant par Bradshaw, avocat, président de la prétendue haute-cour de justice, Charles prononça sa défense avec autant de fermeté que de modération. Etant interpellé trois fois pour répondre aux accusations intentées contre lui, il récusa trois fois la juridiction de la cour. La sentence de mort fut alors prononcée, comme devant être exécutée en face du palais dont il était jadis possesseur.

Le 30 janvier 1649, Charles Ier fut amené par l'une des fenêtres de la salle dite des banquets, faisant partie de Whitehall, sur un immense échafaud tendu de noir et entouré de gardes. Deux exécuteurs masqués, dont l'un portait une longue barbe grise, étaient placés à côté d'un billot et d'un coussin. Juxon, évêque d'Angleterre, assistait le roi dans ses dévotions. Au moment où Charles posa sa tête sur le billot, il s'adressa à l'évêque, lui dit d'un ton solennel, *Souvenez-vous*, et donna lui-même le signal du coup fatal. Un des exécuteurs détacha la tête des épaules d'un seul coup; l'autre l'éleva aux yeux du peuple en proclamant que c'était la tête d'un traître. Les soldats firent entendre une acclamation de triomphe, mais en général la multitude versa des larmes et se répandit en lamentations.

Ce spectacle tragique était loin d'accomplir le but de ceux qui l'avaient ordonné. Au contraire, la conduite calme et religieuse du roi, pendant son jugement et à son exécution, excita les regrets et la douleur de ceux qui avaient été ses ennemis lorsqu'il était au faîte des grandeurs. Les injustices et les grossièretés qu'il supporta avec tant de dignité l'emportèrent sur le souvenir des erreurs dont il s'était rendu coupable, et la conviction presque universelle de l'iniquité de son jugement fut une des causes principales de la restauration de sa famille.

CHAPITRE XIII.

Montrose descend dans les hautes-terres, il est fait prisonnier et exécuté. — Charles II étant déclaré roi, arrive en Ecosse. — Invasion de Cromwell en Écosse. — Bataille de Dunbar. — Couronnement de Charles II. — Il prend le commandement de l'armée, marche en Angleterre, est défait à Worcester et se sauve dans l'étranger. — Guerre en Écosse sous le général Monk. — Cromwell se fait déclarer Lord-Protecteur des républiques de la Grande-Bretagne et de l'Irlande. — Soulèvement de Glencairn. — Exploits d'Évan Dhu de Lochiel, chef des Camérons.

La mort de Charles Ier ne causa nulle part un plus profond chagrin qu'en Ecosse son pays natal. La fierté nationale des Écossais fut d'autant plus blessée qu'il leur était impossible de ne pas s'avouer que leur abandon de la personne du roi à Newcastle avait contribué plus que toute autre circonstance à le faire tomber entre les mains de ses ennemis.

Le gouvernement d'Écosse, depuis le soulèvement des Whigamores, était resté dans les mains d'Argyle et des plus rigides Presbytériens; mais eux-mêmes, qui n'étaient point amis de la maison des Stuarts, se trouvaient forcés par le Covenant, qui était leur règle dans tout ce qu'ils entreprenaient, de reconnaître les descendans héréditaires de leurs anciens rois; ils appelèrent au trône Charles, fils aîné du défunt monarque, à condition qu'il se joindrait à ses sujets en adoptant la Ligue Solennelle et le Covenant, pour le soutien du presbytérianisme, à l'exclusion d'aucune autre religion. Le parlement d'Ecosse s'assembla et résolut de proclamer Charles II souverain légitime, mais en même temps de ne point lui confier le pouvoir royal avant qu'il n'eût donné des garanties pour la religion, l'union et la paix des deux royaumes. On envoya des commissaires à Charles, qui s'était réfugié sur le continent, afin de lui offrir le trône aux conditions mentionnées.

Le jeune prince avait déjà autour de lui des conseillers d'un caractère différent. Le célèbre marquis de Montrose et d'autres nobles écossais en petit nombre, mais animés par le zèle et le courage de leur chef, lui conseillèrent de rejeter les propositions des Presbytériens qui l'appelaient à la dignité royale à de telles conditions, et lui offrirent leurs épées et leurs vies pour le replacer sur le trône par la force des armes.

Il paraît que Charles II, qui n'eut jamais une intégrité bien scrupuleuse, désirait traiter en même temps avec chaque parti, et qu'il donna des ordres au marquis de Montrose pour tenter une descente en Ecosse, afin de courir les chances de ce qui pourrait être accompli par la hardiesse de cette entreprise et la réputation du général, tandis qu'il entretenait une négociation avec les commissaires presbytériens, en cas que Montrose échouât.

Cet intrépide et téméraire enthousiaste s'embarqua à Hambourg avec quelques armes et de l'argent qui lui avaient été fournis par les cours du nord. Sa réputation réunit autour de lui plusieurs émigrés royalistes, presque tous écossais, et il recruta environ six cents mercenaires allemands. Il descendit d'abord dans les Orcades, où il força quelques centaines de pauvres pêcheurs à prendre les armes. Il débarqua ensuite sur le continent, mais les naturels du pays s'enfuirent à son approche, se rappelant les anciens excès commis par son armée. Strachan, officier qui servait sous Lesly, surprit le marquis de Montrose près d'un chemin nommé Invercharron, sur les confins du Ross-Shire. Les habitans des Orcades firent peu de résistance : les Allemands se réfugièrent dans un bois et se rendirent : le petit nombre d'Écossais compagnons de Montrose le défendirent vaillamment, mais ce fut en vain. Un grand nombre de braves Cavaliers furent faits prisonniers. Montrose, lorsque la bataille fut irrévocablement perdue, jeta son manteau qui portait la croix de Saint-André, et changea ses habits contre ceux d'un paysan montagnard, afin de pouvoir se sauver plus aisément. Épuisé par la faim et par la fatigue, il finit par tomber entre les mains d'un chef du Ross-Shire, MacLeod d'Assint, qui par hasard était sorti avec quelques uns de ses gens armés. Le marquis se découvrit à cet homme, se croyant en sûreté ; car Assint avait servi sous lui : mais, tenté par une récompense de quatre cents mesures de farine, le misérable laird livra son ancien commandant à son ennemi David Lesly.

Les Covenantaires, lorsqu'ils eurent entre les mains celui qui les avait fait trembler si souvent, célébrèrent leur victoire avec toute l'exaltation et l'arrogance des esprits petits et timides qui sont tout-à-coup délivrés de la crainte d'un grand danger. Le comte de Montrose fut traîné de ville en ville comme en triomphe, sous les pauvres vêtemens dont il s'était couvert avant sa fuite. On doit dire à l'honneur de la ville de Dundee, qui avait été en partie pillée et en partie brûlée par les troupes de Montrose, que ce furent les citoyens de cette ville qui les premiers procurèrent à leur ennemi vaincu des habits convenables à son rang, de l'argent, et tout ce qui lui était nécessaire. Cette généreuse conduite doit avoir été pour le marquis un sévère reproche de ses dévastations. Mais c'était un reproche plus énergique encore adressé aux indignes vainqueurs, qui triomphaient d'un héroïque ennemi comme ils l'auraient fait d'un vil criminel.

Montrose fut enfermé dans la maison du laird de Grange ; il fut sur le point de recouvrer sa liberté par le hardi stratagème de la femme du laird, qui desendait de la maison de Somerville. Cette dame était parvenue à enivrer les gardes avec des liqueurs fortes, et le marquis, déguisé sous des habits de femme qu'elle lui avait procurés, avait déjà passé devant les sentinelles endormies, quand il fut arrêté par un soldat à moitié ivre, qui errait dans la maison, sans message et sans but. L'alarme étant donnée, Montrose fut de nouveau renfermé. La femme du laird ne fut pas punie, grâce aux liaisons de son mari avec les chefs du parti triomphant.

Avant que Montrose eût atteint Edimbourg, il était déjà condamné à la mort des traîtres. La sentence fut prononcée sans de plus amples informations, sur un *act of attainder* [1], passé tandis qu'il pillait le comté d'Argyle en 1644. L'on ajouta à la condamnation toutes les humiliations qu'on put imaginer. Le marquis, suivant l'ordre spécial du parlement, fut reçu aux portes de la ville par les magistrats, accompagnés du bourreau, qui portait ce jour-là sa propre livrée; il fut condamné à être pendu à un gibet de trente pieds de hauteur, mode d'exécution le plus infamant. Sa tête devait être exposée sur le Tolbooth ou prison d'Edimbourg, son corps écartelé, et ses membres placés aux portes des principales villes d'Ecosse. Suivant la sentence, il fut conduit au cachot dans une charrette, lié et la tête découverte, le cheval conduit par le bourreau portant le chapeau du marquis, et le noble prisonnier exposé au mépris du peuple, qui devait, suivant l'espoir des Covenantaires, huer et insulter le malheureux. Mais la foule qui se précipita sur ses pas dans le dessein de l'accabler d'injures, s'apaisa lorsqu'elle vit la dignité du marquis de Montrose; et le silence ou les soupirs et les larmes accompagnèrent le cortége, qui devait en apparence exciter des sensations si différentes. La seule observation que fit Montrose fut

---

[1] Acte par lequel un homme est déclaré convaincu de haute trahison sur de fortes présomptions. — Éd.

que « le cérémonial de son entrée avait été passablement fatigant et ennuyeux. »

Il parut devant le parlement, pour entendre la lecture de sa sentence, avec une indifférence pleine de fermeté. Il regarda ses ennemis assemblés autour de lui avec le même sang-froid que s'il eût été un spectateur désintéressé; il écouta Loudon, le chancelier, lui reprocher, dans une longue et violente déclamation, d'avoir violé le premier et le second Covenant. Loudon cita ses guerres cruelles, à la tête des sauvages irlandais et des montagnards, et les meurtres, les trahisons, les incendies qu'elles avaient occasionés. Quand le chancelier eut terminé sa lecture, Montrose obtint avec difficulté la permission de parler. Il dit au parlement avec sa hardiesse ordinaire, que s'il paraissait devant lui la tête découverte, et s'il s'exprimait en sa présence avec respect, c'était seulement parce que le roi avait reconnu ses assemblées en traitant avec lui. Il convint qu'il avait approuvé le premier Covenant ou Covenant National, et qu'il agit en conséquence aussi long-temps qu'on se renferma dans ses vrais principes; mais qu'il s'était opposé à ceux qui s'en servirent pour attaquer l'autorité royale. Il n'était jamais entré, ajouta-t-il, dans le second Covenant ou Ligue Solennelle, par conséquent il ne se croyait pas lié par lui. Il avait fait la guerre pour obéir aux ordres spéciaux du roi ; et quoiqu'il fût impossible, dans le cours des hostilités, de prévenir tous les actes de violence, il les avait toujours arrêtés et punis. Jamais, dit-il, il ne versa le sang d'un prisonnier, même en représailles d'un assassinat commis sur la personne de ses officiers et de ses amis; il avait même souvent épargné la vie de bien des milliers d'hommes pendant le feu du combat. Sa dernière entreprise, ajouta-t-il, avait été commandée par Charles II lui-même, qu'ils avaient proclamé leur souverain et avec lequel ils traitaient comme tel. Ainsi il espérait qu'on se conduirait avec lui comme avec un homme et un chrétien, auquel un grand nombre de ceux qui l'écoutaient devaient la vie et la conservation de leurs biens, que les chances de la guerre avaient placés jadis en son pouvoir. Il termina en demandant qu'on agît avec lui suivant les lois de la nature et celles des nations, mais particulièrement suivant celles de l'Écosse, et avec la justice que ses juges espéraient eux-mêmes lorsqu'ils paraîtraient devant le tribunal du Tout-Puissant.

La sentence déjà mentionnée fut alors lue devant l'intrépide prisonnier ; il observa qu'en considérant la cause pour laquelle il mourait, il se croyait plus honoré de savoir que sa tête serait placée sur le haut de la prison que d'avoir son portrait dans la chambre à coucher du roi ; par rapport à la distribution de ses membres, il ajouta qu'il désirerait avoir assez de chair pour en envoyer un morceau à chaque ville d'Europe, en mémoire de la cause pour laquelle il mourait. Il passa la nuit à exprimer ses pensées en vers.

De bonne heure dans la matinée du jour suivant, Montrose fut éveillé par le son des tambours et des trompettes qui appelaient, par ordre du parlement, les gardes qui devaient surveiller l'exécution. — Hélas! dit-il, j'ai donné à ces braves gens bien de l'embarras pendant ma vie, suis-je encore un objet de terreur pour eux le jour où je vais mourir?

Le clergé l'importuna de ses exhortations au repentir, et lui offrant, s'il en exprimait sa componction, de le relever de la sentence d'excommunication qui avait été lancée contre lui, il répondit avec calme que, quoique l'excommunication eût été prononcée avec trop de précipitation, cependant elle le chagrinait; qu'il désirait en être relevé si l'absolution pouvait être obtenue en exprimant un sincère regret de ses fautes comme homme ; mais qu'il n'en avait commis aucune contre sa patrie en remplissant ses devoirs envers son prince ; ainsi qu'il ne pouvait ni les reconnaître ni s'en repentir.

Johnston de Wariston, un éminent Covenantaire, s'introduisit près du noble prisonnier, au moment où il peignait les longs cheveux bouclés qu'il portait comme Cavalier. Wariston, sombre fanatique, laissa entrevoir que c'était une occupation bien futile dans un moment si solennel. Aujourd'hui, répondit Montrose, tandis que ma tête est encore à moi, je l'arrange comme il me plaît ; demain elle vous appartiendra, et vous en ferez ce que vous voudrez.

Le marquis se rendit à pied de la prison à la place de Grassmarket, lieu d'exécution pour les plus vils criminels, où un gibet d'une hauteur prodigieuse était élevé avec un échafaud tendu de drap noir. Là il fut encore pressé d'avouer ses crimes par les membres du clergé presbytérien. Leur importunité officieuse et cruelle ne put détruire la sérénité de son maintien. Pour augmenter l'infamie de son supplice, ou plutôt comme preuve de la haine et de la jalousie de ses ennemis, un livre contenant l'histoire imprimée de ses exploits fut attaché autour de son cou par le bourreau. Il reçut cette dernière insulte avec dédain, disant qu'il regardait cette récompense de ses services envers son prince comme une décoration aussi honorable pour lui que l'ordre de la Jarretière que le roi lui avait accordé. Dans toutes les autres particularités qui précédèrent sa mort, il se comporta avec le même calme et la même dignité, et se soumit enfin à son sort avec un si noble courage, que plusieurs de ses ennemis les plus acharnés ne purent s'empêcher de verser des larmes. Le marquis de Montrose fut exécuté le 21 mai 1650.

Argyle, l'ennemi mortel de Montrose, triompha en secret lors de la condamnation du marquis, mais il s'abstint de paraître au parlement le jour où la sentence fut prononcée, et ne fut pas témoin de l'exécution ; on dit même qu'il versa des pleurs lorsqu'on lui fit le récit de la mort de Montrose. Son fils, lord Lorn, eut moins de scrupule ;

il contempla les derniers momens de l'ancien ennemi de sa maison, et il guettait avec impatience le coup de la hache du bourreau à l'instant où elle séparait la tête du corps. Cette cruauté eut sa punition dans le règne suivant.

Le ciel prit soin de rendre manifestes la folie aussi bien que le crime qui coûtèrent la vie à ce célèbre général dans un temps où les approches de la guerre auraient rendu ses talens inappréciables et d'un grand secours à sa patrie.

Dans le même temps le sang d'autres nobles écossais fut versé, tant dans leur pays qu'en Angleterre. Le marquis d'Huntly, qui avait toujours été partisan de la cause du roi, quoiqu'il eût nui à ses affaires en hésitant de se joindre à Montrose, eut la tête tranchée à Édimbourg. Urry, qui avait été alternativement l'ennemi et le compagnon de Montrose, fut exécuté avec d'autres nobles qui appartenaient à la suite du marquis.

Le malheureux duc d'Hamilton, homme d'un caractère doux mais indécis, fut pris, comme je l'ai dit, en tentant de faire une invasion en Angleterre pour délivrer le roi, qu'il semble avoir toujours servi avec fidélité, quoiqu'il encourut les soupçons de Charles, et même fut retenu long-temps en prison par ses ordres. Tandis qu'il était enfermé à Windsor, Charles, immédiatement avant son jugement, y fut amené par les soldats. Le roi détrôné obtint la permission d'avoir une entrevue avec son sujet, qui avait perdu dans sa cause sa fortune et sa liberté. Hamilton fondit en larmes, et se précipita aux pieds du roi en s'écriant : — Mon cher maître ! — En effet, répondit Charles en le relevant avec bonté, je fus pour vous un maître *bien cher*. Après la mort du roi, Hamilton, le comte de Holland, lord Capel, et d'autres qui avaient causé le soulèvement des royalistes sur plusieurs points du royaume, furent condamnés à avoir la tête tranchée. Un vieux et robuste Cavalier, sir John Owen, était du nombre. Quand la sentence fut prononcée, il s'écria que c'était un grand honneur pour un pauvre chevalier gallois d'avoir la tête tranchée avec de si grands seigneurs; ajoutant avec un serment : — Je pensais qu'ils m'auraient pendu. La vie de ce brave vieillard fut épargnée, lorsque ses compagnons furent exécutés.

Pendant que ces scènes sanglantes avaient lieu, les commissaires écossais continuaient de traiter avec le roi Charles. Il fut sur le point de tout rompre lorsqu'on lui apprit la mort de Montrose; mais le souvenir de sa propre duplicité, en entretenant une négociation avec le parlement, en même temps qu'il donnait à Montrose l'ordre de lui faire la guerre, adoucit ses plaintes sur ce sujet. Enfin, ne voyant point d'autre ressource, Charles consentit à accepter la couronne d'Écosse aux conditions offertes, celles d'un assentiment absolu aux volontés du parlement dans les affaires civiles, et de l'assemblée générale de l'église dans les matières religieuses. Par-dessus tout, le jeune roi promit de se soumettre aux obligations de la Ligue Solennelle du Covenant, et de les propager par tous les moyens qui seraient en son pouvoir. A ces conditions, le traité fut conclu; Charles s'embarqua en Hollande, arriva sur les côtes d'Écosse, débarqua près de l'embouchure de la rivière de Spey, et s'avança vers Stirling.

A cette époque, l'Écosse était divisée en trois partis, ouvertement opposés les uns aux autres. Premièrement, celui des rigides Presbytériens, dont Argyle était le chef. Cette faction, depuis le soulèvement des Whigamores, était en possession du suprême pouvoir dans le gouvernement, et ce fut avec ses chefs que le roi traita lorsqu'il était en Hollande. Secondement, les Presbytériens modérés, appelés les Engagistes, qui se joignirent à Hamilton, dans son excursion en Angleterre. Ce parti était conduit par le comte Lanark, qui succéda au duché d'Hamilton après l'exécution de son frère; par Lauderdale, homme d'un talent supérieur, Dunfermline, et autres. Troisièmement, les Loyalistes absolus, amis et compagnons de Montrose, comme le marquis d'Huntly, lord

Ogilvy, et quelques autres seigneurs et gentilshommes, et peut-être encore quelques chefs montagnards, trop ignorans et trop éloignés pour avoir quelque influence dans les affaires de l'état.

Comme ces trois factions reconnurent avec plus ou moins de chaleur la souveraineté du roi Charles, il semblerait qu'il n'eût pas été difficile de les réunir dans le dessein patriotique de maintenir l'indépendance du royaume. Mais résister avec succès à l'Angleterre était une tâche dont le parti tout-puissant se croyait suffisamment capable, dans sa confiance présomptueuse en ses propres forces, et le clergé lui assurait que l'assistance des Engagistes et des Malignans, loin d'être profitable à la défense commune, attirerait la malédiction du ciel sur une cause qui, soutenue seulement par les vrais Covenantaires, ne pouvait manquer de prospérer.

Argyle et ses amis reçurent le jeune roi avec toute l'apparence d'un profond respect ; mais ils prirent soin de mettre des entraves à toutes ses volontés. Ils exclurent tous les Anglais attachés à sa personne, soupçonnant leur attachement à l'épiscopat et aux opinions des Malignans. Les ministres presbytériens l'accablèrent d'exhortations et de sermons d'une longueur démesurée, qu'ils plaçaient dans toutes les occasions, fatiguant l'attention d'un jeune prince qui, par son aptitude à saisir le ridicule, et l'impatience que lui causait tout ce qui était sérieux, était porté à recevoir avec mépris et dégoût la grossière éloquence des zélés orateurs. Les prédicateurs le blessaient souvent aussi, en choisissant pour texte les fautes de son père, l'idolâtrie de sa mère, qui était catholique, et ses propres dispositions mal déguisées à la *Malignité*. Ils rappelaient les malheurs que ces fautes avaient amenés dans la maison de son père, et priaient pour que de semblables punitions ne retombassent pas sur Charles II lui-même. Ces réprimandes inconvenantes étaient si souvent répétées et les occasions si mal choisies, qu'elles laissèrent dans l'esprit du jeune prince une impression de mécontentement et de dégoût qui accompagnèrent pendant toute sa vie le souvenir des prédicateurs presbytériens.

Quelquefois le fanatisme et le manque de jugement conduisent à des scènes ridicules. On dit qu'un jour une dame dévote, qui demeurait en face des appartemens du roi, vit par sa fenêtre le jeune Charles occupé à jouer aux cartes, ou à quelques autres amusemens frivoles, que la rigueur du Covenant condamnait. La dame communiqua cette importante découverte à son ministre, et elle parvint jusqu'à la commission de l'église, qui nomma un de ses membres vénérables pour réprimander personnellement le monarque de cet acte d'apostasie. L'ecclésiastique auquel cette commission délicate fut confiée était un adroit vieillard, qui ne voyait pas une grande sagesse dans le procédé de ses confrères; il exécuta leurs ordres avec l'habileté d'un courtisan, et termina sa réprimande spirituelle en demandant à sa majesté que lorsqu'elle se permettrait de semblables récréations, elle prît la précaution de fermer la fenêtre. Le roi rit beaucoup, et fut enchanté d'avoir échappé si heureusement à un nouveau sermon. Mais des évènemens plus sérieux étaient sur le point d'avoir lieu.

L'Angleterre, vers laquelle vous devez maintenant tourner votre attention, avait entièrement changé les formes de sa constitution, depuis la mort du roi. Cromwell, qui s'était servi de l'armée victorieuse comme d'un instrument utile, possédait en réalité le pouvoir suprême; mais il lui restait encore plus d'une tâche à remplir avant d'oser en prendre les marques extérieures; il souffrit donc que la chambre mutilée des communes existât pendant un temps, et les philosophes républicains du parti déclarèrent que la monarchie ne serait jamais rétablie en Angleterre, que le pouvoir du gouvernement exécutif serait entre les mains d'un conseil d'état, et que la chambre des pairs serait abolie.

A cette époque, Cromwell conduisit en personne une partie de son armée victorieuse en Irlande, qui avait été le théâtre de désordres plus affreux que l'Angleterre et même l'Écosse. Les troubles avaient commencé par le soulèvement des catholiques contre les protestans ; plusieurs de ces derniers furent massacrés, c'est ce qu'on appelle le Massacre Irlandais. Une guerre générale entre les partisans de ces deux religions avait suivi ; mais enfin l'adresse du duc d'Ormond, aussi dévoué royaliste que Montrose, essaya d'attirer une grande partie des catholiques du côté de Charles ; et l'Irlande devint le lieu de refuge de tous les Cavaliers, et les restes du parti royaliste commencèrent à prendre une formidable apparence. L'arrivée de Cromwell changea bientôt ce rayon de fortune en nuages et en tempêtes. Partout où paraissait ce général favori du sort, il était victorieux. En Irlande, peut-être pour répandre la terreur parmi ce peuple belliqueux, Olivier Cromwell, qui n'était pas sanguinaire par caractère, fit un carnage affreux parmi les vaincus, particulièrement à la prise de Drogheda, où ses troupes n'épargnèrent ni l'âge ni le sexe. Cromwell retourna en Angleterre avec un nom plus formidable que jamais.

Le peuple anglais ne pouvait consentir que le fils du roi qu'il avait mis à mort s'établît paisiblement dans le royaume voisin d'Ecosse, conservât le pouvoir d'appeler aux armes, lorsque l'occasion s'en présenterait, ses nombreux partisans d'Angleterre, et troublât ou peut-être détruisît leur nouvelle république. Le peuple donc prit la résolution, pour prévenir ce danger, de porter la guerre en Ecosse, tandis que ce royaume était affaibli par ses dissensions intestines, et de le forcer d'adopter la constitution d'une république confédérée avec la leur. Cette proposition fut hautement rejetée par les Ecossais, puisqu'elle exigeait en même temps une renonciation au roi et à l'église, et une altération totale des institutions écossaises, comme dans le gouvernement civil et ecclésiastique. Les partis puissans des deux nations se préparèrent donc à la guerre.

Les rigides Presbytériens d'Ecosse se montrèrent alors doublement jaloux d'exclure de leur armée tous ceux dont ils soupçonnaient les principes religieux, quoique capables par leurs talens de les assister dans une telle crise, tant les Malignans absolus, que ceux qui ne professaient qu'un attachement tolérant et modéré pour le presbytérianisme.

Cependant, sans l'assistance des partis exclus, la convention des états assembla une armée nombreuse, remplie d'hommes enthousiastes pour la cause qu'ils allaient défendre les armes à la main, et ressentant toutes les impulsions qui pouvaient leur être données par l'austère éloquence de leurs ministres favoris. Malheureusement les prédicateurs n'étaient pas disposés à s'imposer seulement la tâche d'animer le courage des soldats, mais ils avaient encore la présomption de contrôler les plans du général et les mouvemens de l'armée.

Les troupes d'Angleterre étaient presque entièrement composées d'Indépendans, parmi lesquels le premier homme qui le désirait pouvait exercer les fonctions de ministre. Ces troupes avaient un point de ressemblance avec celles d'Ecosse, en ce que les deux armées en appelaient au ciel de la justice de leur cause, et que toutes les deux faisaient entendre des psaumes, des prières, des exhortations, et pratiquaient des exercices religieux, pour confirmer leur foi et animer le zèle des soldats. Toutes les deux se servaient du même langage dans leurs proclamations l'une contre l'autre, et donnaient plutôt l'idée d'une guerre de religion que d'une lutte pour des intérêts temporels. Les proclamations écossaises dénonçaient l'armée commandée par Cromwell, comme la réunion des sectes hérétiques les plus perverses, de différente croyance, d'accord entre elles seulement dans le désir de détruire l'unité et la discipline de l'église chrétienne, et le Covenant auquel plusieurs de ses chefs avaient juré fidélité. L'armée de Cromwell répliquait dans le même style. Elle déclarait qu'elle estimait les églises chrétiennes dix mille fois plus que sa propre vie. Elle protestait qu'elle n'était pas seulement une verge de fer pour frapper les ennemis communs, mais une barrière de défense, quoique indigne, pour protéger la vigne du seigneur. Quant à ce qui regardait le Covenant, les soldats de Cromwell juraient, si ce n'était point en faire un objet d'idolâtrie, de consentir, en se mesurant avec les Écossais, à placer le Covenant sur la pointe de leurs piques, et de laisser Dieu juger qui d'eux ou de leurs adversaires avaient mieux rempli les obligations de cet engagement national.

Quoique les deux nations en guerre se ressemblassent dans leurs idées et dans leur langage, il y avait entre les soldats anglais et les soldats écossais une différence qui devint importante. Dans l'armée anglaise, les officiers insistaient pour être prédicateurs; mais, bien que leurs doctrines fussent étranges, leur ignorance en théologie n'eut point d'influence sur les évènemens militaires. Parmi les Écossais, les membres du clergé furent saisis de la rage opposée, et voulurent agir comme officiers et généraux, et leur habileté dans leur profession sacrée ne pouvait racheter les fautes qu'ils commettaient dans l'art de la guerre.

Fairfax ayant refusé le commandement de l'armée anglaise, sa conscience (car il était presbytérien) ne lui permettant pas d'entreprendre cette guerre, Cromwell accepta avec joie la suprême autorité militaire, et se prépara à faire une invasion en Écosse.

La guerre entre les royaumes voisins était donc sur le point d'être rallumée après un intervalle de deux tiers de siècle; et malgré le pouvoir supérieur de l'Angleterre, ce pays ne pouvait placer une confiance absolue dans ses derniers succès. Les Écossais, quoique divisés en deux partis, en tout ce qui concernait la religion, reconnaissaient unanimement les droits du roi Charles, tandis que les Anglais étaient loin de faire cause commune avec lui. Au contraire, si la sombre armée des sectaires, sur le point d'ouvrir la campagne, éprouvait quelque grand désastre, les Cavaliers d'Angleterre, avec une grande partie des Presbytériens de ce pays, étaient également disposés à replacer le roi à la tête du gouvernement. De cette manière, non seulement le sort de l'Angleterre, mais celui de l'Écosse, étaient soumis aux chances de cette guerre.

Les armées et les généraux opposés les uns aux autres n'étaient pas indignes de se mesurer ensemble. Si l'armée de Cromwell consistait en vieux soldats, habitués à la victoire, l'armée d'Écosse était nouvelle, nombreuse et maîtresse du pays qui devait être le théâtre de l'action. Si Cromwell avait défait les généraux les plus célèbres des Cavaliers, David Lesly, le commandant en chef de l'armée d'Écosse, avait vaincu Montrose, plus renommé peut-être qu'aucun d'eux. Si Cromwell était un général du caractère le plus hardi, célèbre par les victoires qu'il avait remportées, Lesly, par son éducation première, était un soldat expérimenté, plus habile que son antagoniste à choisir une position, défendre un défilé, et former le plan d'une campagne : avec ces avantages des deux côtés différens, la lutte hasardeuse commença enfin.

Dans les premiers mois de l'été de 1650, Cromwell s'avança en Écosse, à la tête de ses vétérans ; mais en traversant le Berwick-Shire et le Lothian de l'est, il trouva que le pays était abandonné et dépourvu de tout ce qui était nécessaire à son armée. On ne voyait aucune créature humaine, excepté quelques vieilles femmes couvertes de flanelle blanche et ressemblant à des spectres, qui apprirent aux officiers anglais que tous les hommes avaient pris les armes, sous le commandement des barons. Les troupes anglaises subsistèrent principalement sur les provisions d'une flotte qui faisait voile le long des côtes et accompagnait ses mouvemens, et Cromwell approcha de la capitale, où Lesly avait campé son quartier-général. L'aile droite de l'armée écossaise était postée sur une hauteur au penchant d'Arthur's Seat, et l'aile gauche était placée à Leith, où la chaussée appelée autrefois l'allée de Leith formait une partie de ses retranchemens, défendus par une artillerie considérable qui protégeait entièrement la métropole. Il y eut une escarmouche entre Cromwell et les avant-postes écossais près de Restalrig; mais les cuirassiers anglais furent reçus avec tant de vigueur, qu'ils ne gagnèrent aucun avantage, et leur général fut obligé de se retirer à Musselburgh. Il tourna alors ses vues vers l'occident.

L'armée anglaise fit un circuit à Collinton, Redhall et autres lieux, près de l'extrémité orientale des montagnes de Pentland, d'où Cromwell espérait arriver à Edimbourg; mais Lesly était sur ses gardes. Il quitta sa position entre Edimbourg et Leith, et en prit une autre qui couvrait la ville du côté de l'occident, et qui était protégée par le ruisseau de Leith et par les fossés, tranchées et canaux d'écluse de Saughton, Coltbridge, ainsi que par les maisons et villages de ces environs. Cromwell trouva de nouveau les Ecossais en ordre de bataille, et fut encore obligé de s'éloigner après les avoir canonnés de loin.

La nécessité de retourner dans le voisinage de sa flotte obligea Cromwell à se rendre à son camp de Musselburgh. Il ne lui fut pas permis d'y rester tranquille. A la fin de la nuit, une troupe nombreuse de cavalerie, appelée le régiment de l'église, bien armé et bien équipé, se précipita sur les lignes anglaises en s'écriant avec bruit : « Dieu et l'église, tout est à nous! » Ce fut avec quelque difficulté que Cromwell rallia ses soldats après cette brusque alarme, qui lui fit éprouver une perte considérable, quoique les assaillans fussent à la fin obligés de se retirer.

La situation de l'armée anglaise devint critique; ses provisions étaient sur le point d'être épuisées; les communications avec la flotte devenaient de jour en jour plus difficiles, tandis que Lesly, avec la prudence qui avait déjà guidé sa défense, confondait tous les plans du chef anglais, sans exposer son armée aux chances d'une action générale. Cromwell enfin, complètement vaincu par l'adresse de son ennemi, fut obligé de se replier vers l'Angleterre.

De son côté Lesly quitta ses lignes sans délai, afin d'intercepter la retraite des Anglais. Marchant sur un front plus étroit, il prit possession avec son armée des collines de Lammermoor, dont la chaîne se termine au bord de la mer, près la ville de Dunbar, et qui sont remplies de défilés dangereux dont il s'empara. Là, il se proposa d'attendre l'attaque des Anglais et de courir les chances d'une bataille, avec la certitude de remporter une victoire décisive.

Cromwell était réduit à une grande perplexité. Pour continuer son chemin, il était obligé de forcer un défilé terrible, appelé le Pas de Cockburn, où, suivant la propre description du général anglais, un homme pouvait plutôt se défendre que dix essayer de passer. S'il s'engageait dans cette entreprise désespérée, il s'exposait à être attaqué par les forces nombreuses de Lesly sur son flanc et ses derrières. Il vit tout le danger, et conçut le projet d'embarquer son infanterie sur ses vaisseaux, et de se frayer un chemin comme il le pourrait à la tête de sa cavalerie.

A cette époque, l'entremise des prédicateurs presbytériens et l'influence qu'ils possédaient sur l'armée écossaise et sur le général, détruisirent son espérance de succès. En dépit des prudentes remontrances de Lesly, ils insistèrent pour que l'armée écossaise quittât sa forte position, et combattît les Anglais sur un terrain égal. Ils appelaient cela, dans le langage de l'Écriture, descendre contre les Philistins à Gilgal.

Cromwell avait couché dans la maison du duc de Roxburgh, appelée Broxmouth, et son armée était stationnée dans le parc, lorsqu'il apprit que les Écossais quittaient leur forteresse pour hasarder une bataille. Il s'écria que Dieu les avait livrés entre ses mains, et, demandant son cheval, il se mit à la tête de ses troupes. Arrivant près d'un régiment du Lancashire, il trouva un des officiers qui, pendant qu'on marchait, saisi d'un soudain enthousiasme, prêchait les soldats. Cromwell l'écouta et parut touché de son sermon. Au même moment, le soleil montra son large disque sur la surface unie de la mer, non loin du lieu du combat. Que le Seigneur se lève, dit-il, et que ses ennemis soient écrasés ! Puis un moment après, regardant le lieu où la bataille était commencée, il ajouta : — Je proteste qu'ils fuient.

Les espérances de Cromwell ne furent point trompées ; les troupes d'Écosse levées à la hâte ne purent soutenir le choc des vieux soldats anglais. Deux régimens combattirent avec bravoure, et furent presque taillés en pièces, mais la plus grande partie de l'armée de Lesly fut mise en désordre sans faire beaucoup de résistance. Un horrible massacre suivit, et on fit plusieurs prisonniers auxquels la cruauté du gouvernement anglais réservait un sort jusqu'alors inconnu dans les guerres des chrétiens ; il fit transporter dans les établissemens anglais, en Amérique, ces infortunés captifs, sujets d'un royaume indépendant, et qui portaient les armes par ordre légal de leur gouvernement, et là il les vendit comme esclaves.

La victoire décisive de Dunbar ouvrit tout le sud de l'Écosse à Cromwell. Les Indépendans trouvèrent parmi la bourgeoisie quelques amis et frères en religion, qui jusqu'alors n'avaient pas osé avouer publiquement leurs opinions, dans la crainte que leur inspiraient les Presbytériens.

Presque toutes les places fortes, sur la rive méridionale du Forth, furent conquises par les armes de Cromwell, ou rendues par la timidité de leurs défenseurs. Le château d'Édimbourg se soumit, mais non pas sans qu'on soupçonnât qu'il avait été rendu par la trahison. Tantallon, Hume, Roslin, Borthwich, et autres forteresses tombèrent entre les mains de Cromwell.

Des dissensions intestines ajoutaient aux malheurs de l'Écosse. Le comité des états, le roi, et les restes de l'armée de Lesly, se retirèrent à Stirling, où ils espéraient tenir, en défendant les défilés du Forth. Un parlement assemblé à Perth était disposé, dans cette extrémité, à se relâcher de son excessive rigueur, et à admettre dans l'armée qu'il travaillait à réorganiser, les Presbytériens modérés, les Engagistes, et même les Royalistes et Malignans qui seraient disposés à renoncer formellement à leurs anciennes erreurs. Les Royalistes acquiescèrent promptement à cette demande; mais leur prétendu repentir fut regardé en général comme une plaisanterie, faite à dessein d'obtenir la permission de porter les armes pour le roi; les plus stricts Presbytériens considérèrent cette transaction avec les Malignans comme un crime : c'était, suivant leur expression, aller chercher des secours en Égypte. Les Presbytériens des contrées de l'ouest, en particulier, portèrent cette opinion si loin, qu'ils pensèrent que cette époque de détresse nationale était un moment heureux pour désavouer les intérêts du roi et ses droits; refusant de reconnaître que la victoire de Dunbar était due à l'habileté de Cromwell et à la valeur disciplinée de ses troupes, ils prétendirent qu'elle était une punition justement infligée à la nation écossaise, pour avoir embrassé la cause du roi. Une armée d'environ quatre mille hommes se rassembla sous cette nouvelle bannière; elle était commandée par Kerr et Strachan. Ils étaient résolus de s'opposer en même temps à l'invasion des Anglais, de combattre contre les troupes du roi, et d'accabler ainsi le royaume d'une triple guerre. Ces chefs d'un troisième parti, qui furent appelés les *Remonstrators*, attaquèrent vigoureusement un fort détachement de cavalerie anglaise, qui était stationné dans Hamilton et commandé par le général Lambert; ils eurent d'abord quelque avantage ; mais le succès même fut cause de leur désordre, et ils finirent par être entièrement défaits. Kerr, un de leurs chefs, fut blessé et fait prisonnier; et bientôt après, Strachan se révolta, et se joignit à l'armée anglaise.

Pendant ce temps, Cromwell fit les plus belles promesses à tous ceux qui voulurent l'écouter, et travailla, non pas tout-à-fait en vain, à persuader le rigide parti presbytérien, qu'il lui serait plus avantageux de se joindre aux Indépendans, quoique différant dans leurs opinions religieuses, et obtenir ainsi la paix et une étroite union avec l'Angleterre, que d'adhérer à la cause du roi, qui, avec la famille de son père, avaient été si long-temps les perturbateurs d'Israël. Je puis interrompre ici le cours des évènemens publics, pour raconter une anecdote qui n'est pas généralement connue, mais qui ne manque pas d'intérêt, et qui fait honneur au caractère de Cromwell.

Peu de temps après la victoire de Dunbar, Cromwell visita Glascow, et le dimanche assista au service presbytérien dans la principale église de cette ville. Le prédicateur, rigide presbytérien, ne fut nullement intimidé par la présence du général anglais ; mais parlant franchement de l'état des affaires, qui étaient alors le texte ordinaire de la chaire, il prêcha hardiment sur les erreurs et les hérésies des sectaires indépendans, insista sur le devoir de résister à leurs doctrines, et traita même avec peu de respect la personne de Cromwell. Un officier qui était assis derrière le général, lui parla plusieurs fois bas à l'oreille, et Cromwell chaque fois sembla lui imposer silence. La curiosité de la congrégation était vivement excitée. Enfin le service finit, et Cromwell allait quitter l'église, lorsqu'il jeta les yeux sur un nommé Wilson, un ouvrier, qui demeurait depuis long-temps à Glascow, et l'appela par son nom. Cet homme s'enfuit aussitôt qu'il s'aperçut que le général faisait attention à lui. Cromwell ordonna qu'on le suivît, et qu'on le lui amenât, mais sans lui faire insulte. En même temps il fit faire ses complimens à l'ecclésiastique qui avait prêché, témoignant le désir de le voir au quartier-général. Cette circonstance augmenta la curiosité du peuple, et lorsqu'on vit Wilson conduit comme prisonnier dans les appartemens de Cromwell, plusieurs habitans de Glascow restèrent à la porte pour attendre les résultats. Wilson reparut bientôt et montra à ses amis de l'argent que le général anglais lui avait donné pour boire à sa santé. Ses relations avec Cromwell furent facilement expliquées. Cet homme était le fils d'un laquais qui avait suivi Jacques VI en Angleterre. Par hasard Wilson avait été en apprentissage chez un cordonnier dans la même ville où vivait le père de Cromwell, et avait souvent joué avec maître Olivier, lorsqu'ils étaient enfans l'un et l'autre ; il l'avait même obligé en faisant pour lui des balles et autres joujoux. Lorsque Wilson s'était aperçu que cet ancien compagnon le reconnaissait, il prit la fuite, parce que, se rappelant que son père ayant été domestique dans la famille royale, il pensait que Cromwell, qui avait conduit le dernier roi à l'échafaud, persécutait peut-être tous ceux qui lui avaient été attachés. Mais Cromwell le reçut avec bonté, lui parla de leur liaison d'enfance, et lui donna de l'argent. La familiarité avec laquelle le général traita Wilson engagea ce dernier à demander à son ancien ami ce qui s'était passé entre lui et l'officier tandis que le prédicateur tonnait contre les sectaires et leur général : Cet officier appelait le ministre un insolent coquin, répondit Cromwell qui n'était peut-être pas fâché que son indulgente patience fût connue du public ; il me demandait la permission d'arracher le ministre de sa chaire par les oreilles ; mais je lui ai commandé de se tenir tranquille, ajoutant que le ministre était un sot et lui aussi. Cette anecdote sert à montrer le souvenir que Cromwell conservait des personnes et des visages. Il donna audience au prédicateur, et les argumens dont il se servit avec lui ne sont point parvenus à la connaissance du public; mais ils étaient si convaincans, que le soir même le prédicateur prononça un second discours, et ses expressions étaient bien adoucies à l'égard des Indépendans et de leur chef.

Quoique le sud de l'Écosse fût subjugué, et les *remonstrators* de l'ouest dispersés par Cromwell, le parlement écossais, bien que retiré au-delà du Forth, montrait une opposition décidée. Il résolut de couronner Charles II, cérémonie qui jusqu'alors avait été différée, mais qu'il se détermina à accomplir comme pour donner un gage solennel de sa volonté à soutenir la cause de la religion et de la constitution jusqu'au dernier moment.

Mais cette triste cérémonie fut sur le point de manquer par l'absence du principal personnage. Charles, dégoûté des invectives du clergé presbytérien, et peut-être se rappelant le sort de son père à Newcastle, forma une résolution précipitée de s'échapper du camp presbytérien. Il ne connaissait pas toute la faiblesse des royalistes qui lui conseillaient cette démarche imprudente, et il se sauva dans les montagnes. Mais il ne trouva qu'un petit nombre de montagnards à Clora, et qui n'avaient pas l'apparence de l'armée qu'il espérait rencontrer; il se laissa facilement persuader de retourner au camp avec les gens qu'on avait envoyés à sa poursuite.

Cette excursion, qu'on appela le *start*, ne tendit pas à augmenter la confiance entre le jeune roi et ses conseillers presbytériens. La cérémonie du couronnement s'accomplit avec autant de solennité que les circonstances le permettaient, mais elle fut mêlée d'incidens qui dûrent accroître les dégoûts de Charles. La confirmation du Covenant fut présentée comme une partie essentielle de la cérémonie, et le couronnement fut précédé d'un jeûne national et d'une humiliation, ordonnés principalement en expiation des péchés de la famille royale. Une main suspecte, celle du marquis d'Argyle, plaça une couronne peu solide sur la tête du fils d'un roi qu'il avait puissamment contribué à détrôner.

C'était sans doute un mauvais présage; mais, d'un autre côté, le roi jouit d'une plus grande liberté qu'auparavant; la plupart des Engagistes reprirent leur siége au parlement, et plusieurs officiers royalistes furent reçus dans l'armée.

Déterminé à ne point tenter les chances d'une bataille décisive, le roi, qui commandait l'armée en personne, disposa ses troupes devant Stirling, ayant sur son front la rivière de Carron. Cromwell approcha; mais il ne pouvait prudemment ni attaquer les Écossais dans leurs retranchemens, ni trouver les moyens de les forcer au combat, à moins de leur présenter de grands avantages. Les armées ennemies restèrent en présence pendant plus d'un mois, et Cromwell dépêcha le colonel Overton dans le comté de Fife, pour tourner le flanc gauche de l'armée écossaise, et lui intercepter les vivres. Il fut joint, près de la ville d'Inverkeithing, par les Écossais, commandés par Holborn et Brown. Le premier de ces officiers se conduisit avec lâcheté, peut-être même avec perfidie. Brown combattit vaillamment; mais il finit par être entièrement défait, fut fait prisonnier, et quelque temps après mourut de chagrin.

La situation de la principale armée d'Écosse sous Charles en personne devint hasardeuse après cette défaite, et fut rendue précaire par les positions que les Anglais obtinrent dans les comtés de Fife et de Kinross, ce qui leur procurait les moyens de couper les vivres à l'armée du roi, et d'intercepter ses communications avec le nord. Dans cette détresse, Charles adopta un plan hardi et décisif. Il résolut de changer le théâtre de la guerre et de le porter en Angleterre. Il décampa subitement, se dirigea, à marches forcées vers le sud-ouest, espérant que ses amis d'Angleterre auraient eu le temps de prendre les armes avant que Cromwell ne l'atteignît. Mais les Cavaliers d'Angleterre étaient détruits en partie, abattus par les revers, et par-dessus tout peu préparés à cette brusque invasion, qui semblait plutôt l'effet du désespoir que le résultat d'une mûre délibération. Les Presbytériens anglais, quoique disposés favorablement pour la cause royale, étaient cependant moins enclins que les Cavaliers à se joindre au parti du roi, avant qu'un accommodement mutuel eût été réglé. Ils étaient divisés et incertains, tandis que les républicains étaient actifs et résolus.

Les milices anglaises s'assemblèrent sous Lambert pour s'opposer à l'armée de Charles, tandis que Cromwell le suivait de près par-derrière afin de profiter des avantages qui pourraient s'offrir. Les Ecossais atteignirent, sans beaucoup de difficulté, la ville de Worcester, où, le 3 septembre 1651, la milice commandée par Lambert et les forces régulières de Cromwell, attaquèrent les royalistes avec des forces moitié plus nombreuses que celles de ces derniers.

Clarendon et d'autres auteurs anglais prétendent que l'armée écossaise fit peu de résistance. Cromwell au contraire, parlant de la bataille de Worcester dans son style particulier, dit « que c'était une rude affaire, une glorieuse merci du ciel, le plus rude combat qu'il eût jamais soutenu. » Mais bien ou mal disputée, la journée fut entièrement perdue pour les Ecossais; trois mille hommes restèrent sur le champ de bataille; dix mille furent pris, et ceux qui survécurent à leurs blessures et aux horreurs des prisons où ils étaient entassés, furent embarqués et vendus comme esclaves dans les plantations.

Charles échappa du champ de bataille, se cacha dans d'obscures retraites sous différens déguisemens. Un jour il fut obligé de chercher un refuge parmi les rameaux touffus d'un chêne, qu'on appela depuis ce moment *le chêne royal*. Une autre fois il galopa devant la voiture d'une dame, Mrs. Lane, comme son valet, et passa ainsi déguisé à travers une partie des forces du parlement. Après des fatigues sans nombre, beaucoup d'aventures romanesques, et le continuel danger d'être découvert, Charles se sauva enfin par mer, et, pendant huit ans, erra d'une cour étrangère dans une autre, négligé, insulté quelquefois comme un pauvre aventurier, et réclamant un royaume qu'il semblait destiné à ne jamais posséder.

La défaite de Worcester fut un coup mortel pour le parti du roi en Ecosse. Le parlement, chassé de Stirling dans les montagnes, essaya en vain d'assembler de nouvelles forces. Les troupes anglaises, après le départ de Cromwell, furent placées sous le commandement du général Monk, qui commençait à se faire connaître d'une manière distinguée. C'était un gentilhomme de bonne naissance; il avait servi le roi, mais ayant été fait prisonnier, il embrassa la cause du parlement, et combattit pour lui en Irlande. Il était brave et habile commandant, entièrement dépourvu de ce fanatisme général dans l'armée de Cromwell; c'était un homme dont la sagacité était profonde, et le caractère froid et réservé. Les armes de Monk, secondées par Overton, Alured et autres officiers du parlement, parvinrent à réduire les uns après les autres, les villes, les châteaux et les forteresses d'Écosse. La résistance partielle du riche port de Dundee fut punie par le feu et l'épée, et les autres villes, frappées d'épouvante, se rendirent sans opposition.

Le château de Dunottar, dans le Kincardine-Shire, forteresse héréditaire des comtes-maréchaux d'Écosse, fit une honorable résistance, sous les ordres de John Ogilvy de Barras. Dunottar est situé sur un roc, presque séparé du sol par un profond ravin, et de l'autre côté suspendu sur l'océan. C'était dans cette forte citadelle que les *honneurs de l'Écosse*, comme on les appelait, avaient été déposés après la bataille de Dunbar, c'est-à-dire la couronne, le sceptre, l'épée de l'état, symbole de la royauté écossaise, qui étaient en grande vénération parmi la nation. On redoutait que ces gages si intimement liés à l'honneur national ne tombassent entre les mains d'étrangers schismatiques et républicains. D'un autre côté, les Anglais, qui désiraient ardemment posséder ces trophées (surtout parce qu'ils se formaient une fausse idée de leur valeur intrinsèque), assiégèrent le château, et le bloquèrent par terre et par mer. Comme les provisions commençaient à manquer, le gouverneur prévoyant qu'une plus longue défense allait devenir impossible, avec le secours de M. Granger, ministre de Kinneff, conçut un stratagème pour sauver les anciens et vénérables *regalia* du déshonneur qui les menaçait. La première précaution fut de faire courir le bruit que ces trésors nationaux avaient été conduits dans l'étranger par sir John Keith, le plus jeune fils du comte-maréchal, tige de la famille de Kintore. Mistress Granger, la femme du ministre, fut le principal agent dans ce qui suivit. Ayant obtenu du général anglais la permission d'emporter hors du château quelques *hards* ou paquets de lin, qui, disait-elle, étaient sa propriété, elle eut le courage et l'adresse de cacher les *regalia* dans les paquets de lin, et de les porter hardiment à travers le camp anglais, au risque de tout ce qui aurait pu lui arriver s'il avait été découvert qu'elle arrachait aux soldats la proie dont ils étaient avides. Elle joua son rôle avec tant de fermeté qu'elle trompa le général lui-même, qui la salua avec politesse, l'aida à monter à cheval, ne se doutant pas qu'elle emportait la partie la plus précieuse de son butin. Arrivée à Kinneff, le ministre enterra ces reliques de la royauté sous la chaire de l'église, et il les visitait de temps en temps afin de les envelopper de nouveau et de les empêcher de se gâter. On soupçonna le gouverneur de Dunottar, et lorsque le château finit par se rendre, faute de provisions, on le traita rigoureusement. Il fut emprisonné, et même appliqué à la torture, pour lui faire avouer où les *regalia* étaient cachés. La femme du gouverneur, qui avait pris part à ce stratagème, fut soumise à de semblables rigueurs, ainsi que le ministre de Kinneff et sa courageuse moitié. Ils persistèrent tous à garder leur secret. Des récompenses furent distribuées après la restauration à ceux qui avaient concouru à sauver les *honneurs*, mais il ne paraît pas qu'elles aient été réparties suivant le mérite. Sir John Keith, du nom duquel on s'était simplement servi, fut créé comte de Kintore, et Ogilvy fut fait baronnet. Le courageux ministre et sa femme ne reçurent qu'une pension.

Les villes et châteaux d'Écosse s'étant rendus, la résistance des Écossais se borna à une guerre de peu d'importance, continuée par de petites bandes cachées dans les montagnes et les marais, qui saisissaient toutes les occasions de harceler les troupes anglaises et de détruire les bandes de soldats traîneurs. On les appela les moss-Troopers ou Soldats des Marais, d'un mot qui désignait autrefois les maraudeurs des frontières. Mais les Anglais, qui observaient la plus stricte discipline, ne souffraient pas beaucoup de ces efforts passagers; et comme ils épargnaient rarement les prisonniers faits dans des escarmouches, les Écossais se trouvèrent obligés de se soumettre, pour la première fois, à un usurpateur plus heureux que ne l'avaient été jusqu'alors tous les souverains d'Angleterre. Leur résistance cessa, mais leur haine guettait une plus sûre occasion de vengeance. Les montagnards cependant, forts de la position de leur pays et du caractère des habitans, continuèrent à narguer l'autorité anglaise, et si les soldats s'aventuraient seuls ou en petit nombre à travers les montagnes, ils étaient certains d'être surpris et tués sans qu'on pût découvrir les auteurs de leur mort. Les officiers anglais essayèrent d'obtenir des chefs voisins, qui prétendaient ignorer entièrement ce qui se passait près d'eux, de punir ces actions comme elles le méritaient, mais cette commission fut en général ingénieusement éludée.

Par exemple, une garnison anglaise avait perdu des

bestiaux, des chevaux et même des hommes par l'invasion d'un clan des hautes-terres, qui habitait dans les montagnes voisines. Le gouverneur, offensé, demanda que les auteurs de ces déprédations lui fussent livrés pour être punis. Le chef n'était point en position de résister, mais il n'en avait pas davantage l'intention de livrer les hommes complices du *creagh*, qui étaient probablement les plus hardis, ou, comme on le disait alors, les plus *jolis hommes* de son nom. Pour sortir facilement de cet embarras, on dit qu'il ramassa deux ou trois vieillards qui n'étaient plus bons à rien, et qu'il les envoya au commandant anglais, comme s'ils eussent été les *caterans* ou pillards qu'il demandait. L'officier anglais ordonna qu'on les pendît aussitôt, *in terrorem*, ce qui fut exécuté, sans faire attention à leurs protestations d'innocence et même sans les comprendre. Il faut espérer que les autres chefs réfractaires trouvèrent des moyens plus honorables de conserver leur autorité.

Dans le même temps, Olivier Cromwell accomplissait en Angleterre une résolution extraordinaire, que je ne ferai qu'indiquer ici. Aidé de son conseil d'officiers, qui avait si souvent porté la violence dans le parlement, en empêchant de siéger les membres qu'il craignait, il résolut de détruire les restes de ce corps. Dans ce dessein, Cromwell vint à la chambre des communes au moment où elle était assemblée; il dit aux membres d'un ton insolent qu'ils ne composaient plus un parlement, et en insulta plusieurs en leur donnant des noms injurieux. Il appela ensuite un corps de soldats, et leur commanda d'emporter ce hochet, désignant la masse d'argent qui est l'emblème de l'autorité des chambres. Et chassant de force les membres hors de la salle, il ferma la porte à clef, et cassa ainsi le corps mémorable qui avait fait la guerre au roi, avait détruit son armée, l'avait détrôné et condamné à mort, et qui cependant tombait sous l'autorité d'un de ses propres membres. L'un des officiers de son propre choix, qui dans le commencement des troubles était regardé comme un homme de peu de considération, Olivier Cromwell, saisit d'une main ferme le suprême pouvoir, et se donna le titre de Protecteur des républiques de la Grande-Bretagne et de l'Irlande, titre sous lequel il gouverna ces îles jusqu'à sa mort avec une autorité plus étendue que celle que possédèrent jamais ses monarques légitimes.

La pensée que l'usurpation de Cromwell occasionerait des troubles en Angleterre, détermina les royalistes à tenter un soulèvement général, dans lequel ils espéraient être soutenus par une partie des chefs des hautes-terres. On se rappelait les succès de Montrose, quoiqu'on semblât oublier que c'était plutôt son propre génie que ses ressources qui les avait obtenus. Le comte de Glencairn fut placé par une commission du roi à la tête de l'insurrection ; il fut joint par le comte d'Athole, par le fils de l'héroïque Montrose, par lord Lorn, le fils du marquis d'Argyle et d'autres seigneurs. Un jeune et romanesque Cavalier anglais, nommé Wogan, rejoignit l'armée des insurgés, à la tête d'un corps de quatre-vingts chevaux, qu'il amena par une marche fatigante et dangereuse à travers l'Angleterre et les basses-terres d'Ecosse. Cette brave troupe combattit souvent contre les forces de la république, et particulièrement contre un régiment de cavalerie appelé le Mur-d'airain, parce qu'il n'avait jamais été enfoncé. Wogan défit cependant une partie de ces invincibles, mais reçut plusieurs blessures qui, n'étant pas mortelles, le devinrent faute des soins d'un bon chirurgien ; c'est ainsi que dans une obscure escarmouche se termina la carrière d'un royaliste enthousiaste.

L'armée commandée par Glencairn s'augmenta de cinq mille hommes ; c'était un nombre beaucoup plus considérable que celui dont Montrose disposait ordinairement. Mais Glencairn, quoique brave, et gentilhomme accompli, semble avoir manqué de talens militaires, ou plutôt de l'art de s'assurer la bonne volonté et l'obéissance des différens chefs et nobles qui commandaient sous lui. Ce fut en vain que pour les réconcilier et terminer leurs querelles, Charles nomma pour commandant en chef le général Middleton, qui, après avoir combattu contre Montrose pour la cause du Covenent, était enfin devenu tout-à-fait royaliste, et comme tel possédait la confiance de Charles. Mais ses talens militaires n'étaient pas assez brillans pour faire taire les réflexions qu'on se permettait sur son obscure origine, et pour surmonter les difficultés de sa position.

Le général Middleton n'eut pas sujet de se féliciter de sa réception dans l'armée des hautes-terres ; la sène suivante eut lieu à la fête qu'il donna lorsqu'il prit le commandement. Glencairn parlait avec éloge des hommes qu'il avait rassemblés pour le service du roi, et particulièrement des montagnards. Sir George Munro, qui avait servi dans les guerres d'Allemagne, et qui méprisait toutes les troupes irrégulières, répliqua vivement, et jura que les hommes dont le comte faisait l'éloge étaient un amas de bandits et de voleurs, qu'il espérait remplacer par des soldats entièrement différens. Glengarry, chef montagnard qui était présent, se leva pour punir cet insolent langage ; mais Glencairn le prévint, et dit à Munro : — Vous êtes un vil menteur ! Ces hommes ne sont ni des bandits ni des voleurs, mais de vaillans gentilshommes et de braves soldats.

En dépit des efforts de Middleton pour ramener la paix, cette altercation fut suivie d'un duel ; et les deux adversaires combattirent à cheval, d'abord avec des pistolets, puis ensuite avec des sabres. Sir George Munro ayant reçu une blessure à la main qui tenait la bride, dit au comte qu'il lui devenait impossible de conduire son cheval et qu'il désirait continuer le combat à pied. — Vil paysan, répondit Glencairn, je puis me mesurer avec toi aussi bien à pied qu'à cheval. Tous les deux descendirent et s'attaquèrent fièrement avec leurs sabres ; Munro reçut une blessure qui lui traversa le front, le sang coulait avec tant d'abondance dans ses yeux qu'il n'y voyait plus pour continuer le combat. Glencairn allait passer son sabre à travers le corps de son ennemi, lorsque son domestique détourna la pointe de son sabre en disant : Vous avez assez de lui, milord, la victoire est à vous. Glencairn toujours en colère, frappa sur les épaules l'importun pacificateur, retourna à ses quartiers, et peu de temps après fut mis aux arrêts par l'ordre de son général.

Avant que cette querelle fût apaisée, un capitaine Livingstone, ami de Munro, discuta si chaudement sur cette affaire avec un gentilhomme nommé Lindsay, que la contestation finit par un duel. Lindsay tua Livingstone sur la place. Le général Middleton, malgré l'intercession de Glencairn, ordonna que Lindsay fût exécuté en vertu de la loi martiale; alors Glencairn quitta l'armée avec sa suite, et quelque temps après, retournant dans les basses-terres, fit sa paix avec les Anglais. Son exemple fut suivi de presque tous les nobles des plaines, qui commençaient à être las des longues marches, des quartiers des hautes-terres, et des obscures escarmouches sans résultat important.

Middleton essaya de continuer la guerre, quoique Cromwell envoyât de nouvelles forces dans les montagnes. Enfin il fut défait à Loch-Gary le 26 juillet 1654; après quoi son armée fut dispersée, et lui-même obligé de se retirer dans l'étranger. Les troupes anglaises marchèrent alors à travers les hautes-terres, et forcèrent les principaux clans à se soumettre à l'autorité du protecteur. Je vais vous parler ici d'un chef fort célèbre à cette époque, car vous connaîtrez mieux cette race d'hommes sans culture par des anecdotes personnelles, que par des détails de combats qui se passèrent dans des lieux dont on peut à peine prononcer le nom.

Evan Cameron de Lochiel, chef du clan puissant de Cameron, était né en 1629. Il fut appelé Mac-Connuill Dhu (le fils de Donald le Noir), du nom de famille qui indiquait son extraction, et Evan Dhu, ou Evan le Noir, à cause de son teint basané. Le jeune Lochiel fut élevé par les soins du marquis d'Argyle, et faisait partie de la suite de ce seigneur, qui le gardait comme otage ou comme garantie de la paisible conduite de son clan. On dit que dans la guerre civile, le jeune chef fut entraîné dans la cause du roi par les exhortations de sir Robert Spottiswood, alors en prison à Saint-André, et qui fut peu de temps après exécuté, comme nous l'avons déjà dit.

Evan Dhu, ayant embrassé ces principes, fut un des premiers à se joindre à l'insurrection de 1652, dont je viens de faire un court récit. Pendant près de deux ans, il fut toujours en avant, et se conduisit avec une grande bravoure dans les différentes escarmouches qui eurent lieu. Il fut cependant une fois forcé de quitter le corps d'armée, apprenant que les Anglais s'approchaient du Lochaber dans le dessein de dévaster le pays de Lochiel; il se hâta donc d'aller protéger ses propres possessions et celles de son clan.

En revenant dans ses domaines, Lochiel eut la mortification de trouver que les Anglais avaient mis garnison à Inverlochy, dans le but de forcer à la soumission les clans royalistes du voisinage, particulièrement le sien, et les Mac-Donalds de Glengarry et Kippoch. Il prit la résolution de surveiller de près leur conduite, et renvoyant le reste de sa suite, qu'il n'aurait pu garder sans attirer l'attention sur ses actions, il se cacha dans les bois avec environ cinquante hommes choisis, à quelques milles d'Inverlochy.

C'était la politique constante de Cromwell et de ses officiers, tant en Irlande qu'en Écosse, d'abattre et de détruire les forêts, dans lesquelles les naturels du pays trouvaient un refuge et des moyens de le défendre. Conformément à cette règle générale, le commandant d'Inverlochy fit embarquer trois cents hommes sur de légers vaisseaux, avec ordre de prendre terre dans un lieu nommé

Achdalew, et de détruire Lochiel-Castle ainsi que ses bois. Lochiel, qui surveillait leurs mouvemens, vit débarquer les soldats anglais ; la moitié de la troupe portait des haches et d'autres outils comme une compagnie d'ouvriers, l'autre moitié était sous les armes pour protéger les travailleurs. Malgré la différence du nombre, le chef jura que les soldats rouges (on appelait ainsi les Anglais à cause de leur uniforme) paieraient cher pour chaque bullock ou arbre qu'ils détruiraient sur la propriété du soldat noir (faisant allusion à la couleur de son tartan , ou peut-être à son teint). Il demanda ensuite à ceux des gens de sa suite qui avaient servi sous Montrose, s'ils avaient jamais vu le grand marquis affronter un nombre si supérieur ; ils répondirent qu'ils ne pouvaient se rappeler aucun exemple d'une telle témérité. — Nous combattrons néanmoins, dit Evan Dhu, et si chacun de nous tue un homme, ce qui n'est pas une grande affaire, je réponds de l'évènement. Afin que sa famille ne fût pas détruite dans une entreprise aussi douteuse, il ordonna que son frère Allan fût attaché à un arbre, pour empêcher qu'il ne se joignît aux combattans. Mais Allan gagna un petit garçon, qui avait été laissé pour le servir, et qui délia la corde, et bientôt il fut au milieu de la mêlée, se battant aussi vaillamment qu'Evan lui-même.

Les Camerons, cachés par les arbres, avancèrent assez près de l'ennemi pour lui envoyer une grêle inattendue de balles et de flèches, qui tua trente hommes. Avant que les Anglais pussent revenir de leur surprise, les montagnards étaient au milieu d'eux, renversant tout avec une inconcevable furie, aidés de leurs pesantes épées et de leurs haches. Après une brave résistance, la masse des Anglais se retira vers les vaisseaux. Evan Dhu commanda à un joueur de cornemuse et quelques hommes de pénétrer entre les ennemis et leurs barques, et de faire entendre le pibroch et le cri de guerre, jusqu'à ce que le bruit fît présumer qu'il y avait un autre corps de montagnards en embuscade pour leur couper la retraite. Les Anglais, furieux et réduits au désespoir par cette nouvelle alarme, retournèrent sur leurs pas comme de braves gens, et se jetèrent de nouveau sur les premiers assaillans. Si les ouvriers avaient eu des armes, peut-être Lochiel n'aurait guère eu raison de se féliciter des résultats de cet audacieux stratagème.

Evan Dhu soutint lui-même un combat singulier qui nous semble bien caractériser la férocité de l'époque. Ce chef fut attaqué par un officier anglais de forces athlétiques; comme ils étaient séparés de la mêlée, ils se mesurèrent seuls pendant quelque temps. Lochiel fut assez adroit pour désarmer l'Anglais, mais son adversaire gigantesque l'étreignit étroitement avec ses bras, et dans les efforts qui s'ensuivirent tous les deux tombèrent par terre, mais l'Anglais avait le dessus. Il allait saisir son épée, qui n'était qu'à la distance de sa main, et il tendait naturellement le cou dans la même direction, lorsque le chef montagnard saisit son ennemi par la nuque, et enfonçant ses dents aussi profondément qu'un chat sauvage aurait pu le faire, dans le cou découvert de l'Anglais, il lui arracha la trachée-artère; l'officier mourut de cette étrange manière. Lochiel était si loin de désavouer cette singulière défense ou d'en éprouver quelque honte, qu'on l'entendit souvent dire depuis que c'était le meilleur morceau qu'il eût goûté de sa vie.

Lorsque Lochiel se fut ainsi tiré du danger, et qu'il lui fut possible de rejoindre ses gens, il s'aperçut qu'ils n'avaient pas seulement poursuivi les Anglais jusque sur le rivage, mais jusque dans la mer, taillant en pièces tous ceux qu'ils pouvaient atteindre. Il avança lui-même dans l'eau jusques au cou, et observant qu'un homme sur un des vaisseaux le couchait en joue avec son mousquet, il plongea sous l'eau, et la balle rasa sa tête. Un autre adroit tireur fut trompé dans son but par l'affection du frère de lait du chef, qui se jeta entre l'Anglais et l'objet qu'il visait, et fut tué par la balle qui était destinée à son chef.

Ayant détruit une seconde troupe qui s'était hasardée à sortir du fort, et châtié suffisamment, suivant son opinion, la garnison d'Inverlochy, Lochiel rejoignit Middleton, mais fut promptement rappelé dans le Lochaber par de nouvelles dévastations. Laissant la plupart de ses gens au général royaliste, Evan Dhu revint avec une telle hâte et un tel mystère, qu'il surprit de nouveau une forte troupe qui s'occupait à abattre ses bois, et se précipitant sur elle tout-à-coup, il tua sur la place une centaine d'hommes et tous les officiers, chassant les autres jusque sous les murs de la garnison.

L'armée de Middleton étant détruite, il se passa bien du temps avant que Lochiel pût se décider à accepter la paix que les Anglais lui offraient. Il continua de les harceler en attaquant les corps détachés qui s'écartaient de la garnison ainsi que les officiers qui allaient à la chasse dans les bois, ou les ingénieurs envoyés pour surveiller les hautes-terres, et dont il fit un grand nombre prisonniers; il enferma ces derniers dans une île désolée, sur un petit lac nommé Loch Ortuig. Par de tels exploits il se rendit si importun aux Anglais, qu'ils lui offrirent la paix à des conditions modérées. Ces offres furent d'abord repoussées; Evan Dhu répondit qu'il n'abjurerait jamais l'obéissance qu'il devait au roi, surtout avec l'alternative d'être exilé ou mis hors la loi; mais lorsqu'on lui fit entendre qu'on exigerait seulement qu'il vécût en paix sous le gouvernement reconnu, il fit sa soumission au pouvoir existant avec une grande solennité.

Lochiel vint à la tête de son clan sous les armes à la garnison d'Inverlochy. Les troupes anglaises étaient rangées sur une ligne en face des Camerons; ces derniers posèrent leurs armes au nom de Charles II, et les reprirent de nouveau au nom des états, sans mentionner Cromwell, et par ce traité honorable, le dernier Écossais qui soutenait la cause de Charles Stuart se soumit à l'autorité de la république.

On rapporte que ce fut ce chef célèbre qui tua de sa propre main le dernier loup qui parut jamais dans les montagnes d'Ecosse. La tradition nous transmet une autre anecdote sur son compte. Étant surpris par la nuit en revenant soit d'un combat, soit d'une partie de chasse, il se coucha par terre, ainsi que ses gens, pour dormir sur la neige. Comme il s'apprêtait à reposer, il aperçut un de ses fils ou un de ses neveux qui avait roulé une grosse boule de neige sur laquelle il posait sa tête. Indigné de ce qu'il regardait comme une recherche efféminée, il se leva, donna un coup de pied à la boule de neige qui était sous la tête du dormeur, et s'écria : —Êtes-vous devenu si mou, que vous ne puissiez plus dormir sans oreiller?

Après l'avènement de Jacques II, Lochiel vint à la cour pour obtenir la grâce de quelques hommes de son clan qui par méprise avaient fait feu sur des gens d'Athole, et en avaient tué plusieurs. Il fut reçu avec la plus honorable distinction, et sa demande lui fut accordée. Le roi voulant le faire chevalier, demanda au chef sa propre épée afin de donner à la cérémonie un caractère plus particulier. Lochiel était venu d'Ecosse à cheval, c'était alors la seule manière de voyager; une pluie continuelle avait rouillé sa fidèle épée, et dans ce moment personne n'aurait pu venir à bout de la tirer. Lochiel, humilié de l'idée que les courtisans pouvaient penser qu'il n'était pas capable de tirer sa propre épée, se mit à fondre en larmes.

— Ne faites point attention à ce petit accident, mon fidèle ami, dit le roi Jacques avec autant de bonté que de courtoisie, votre épée eût quitté d'elle-même le fourreau si la cause royale l'eût exigée. Après avoir prononcé ces mots, il conféra à Lochiel l'honneur de la chevalerie en se servant de sa propre épée, qu'il présenta au nouveau chevalier aussitôt que la cérémonie fut accomplie.

Sir Evan Dhu défendit pour la dernière fois la cause des Stuarts à la bataille de Killiecrankie. Lorsque la guerre civile fut terminée, il vieillit dans la paix, et vécut jusqu'en 1719. Il était alors âgé d'environ quatre-vingt-dix ans, et tellement dépourvu de force et de facultés, que ce guerrier si formidable était nourri et bercé comme un enfant dans son berceau.

CHAPITRE XIV.

Administration de la justice en Écosse sous Cromwell. — Impôts établis par lui. — Affaires de l'église. — Résolutionistes et Remonstrators. — Procès en sorcellerie.

Maintenant nous jetterons un coup d'œil général sur l'Ecosse, réduite à une soumission momentanée sous Cromwell, dont le pouvoir, dans ce pays et partout ailleurs, n'était fondé que sur l'usurpation militaire. Il fit construire de fortes citadelles à Leith ; Ayr, Inverness et Glascow. Dix-huit garnisons furent maintenues dans le royaume, et une armée permanente de dix mille hommes assura la soumission des Ecossais. Monk, dont on a parlé si souvent, commandait cette armée ; il était en outre membre du conseil d'état, auquel le pouvoir exécutif était confié. Lord Broghill était président de ce corps ; et des neuf membres qui le composaient, il y en avait seulement deux, Swington et Lockhar, qui étaient natifs d'Ecosse.

Pour régulariser l'administration de la justice publique, quatre juges anglais et trois juges écossais furent nommés afin d'entendre les causes, et rendre la justice dans les circuits[1]. Les juges anglais, on peut le supposer, étaient d'assez mauvais jurisconsultes, mais ils administraient la

(1) La Grande-Bretagne fut de temps immémorial divisée en *circuits* ou *circonscriptions judiciaires.*— Éd..

justice avec une impartialité à laquelle la nation écossaise n'avait point été habituée, et qui cessa lorsque les juges écossais furent rétablis, après la restauration.

On parlait un jour, dans le commencement du siècle suivant, à un juge instruit, de l'impartialité des hommes employés par Cromwell ; sa seigneurie répondit avec calme : — Que le diable les remercie de leur impartialité : c'était une bande de coquins sans parens ! pour ma part, je ne puis jamais donner tort à un cousin ou à un ami.

La honteuse partialité des cours de justice d'Ecosse reparut, comme nous l'avons dit, avec la restauration. Alors les juges n'étaient pas seulement gagnés par les sollicitations d'amis particuliers, et l'influence des parens, mais par l'intervention des personnes puissantes, et par la séduction des présens.

Sous le rapport des taxes, le gouvernement d'Olivier Cromwell, en Ecosse, était oppressif à l'excès, puisqu'il paraît qu'il tira de ce pays une contribution de cent mille livres par mois ; et quoiqu'elle fût même graduellement diminuée et ne se montât plus qu'à soixante-douze mille livres par an, on ne la paya jamais qu'avec la plus grande difficulté. Il est vrai que quelque soulagement fut produit par la circulation de l'argent que l'Angleterre payait à ses soldats et à ses établissemens civils, qui fut pendant un temps évalué à un demi-million par an, et ne fut jamais au-dessous de la moitié de cette somme.

A l'égard de l'église, Cromwell prévit prudemment que l'importance des prédicateurs diminuerait peu à peu, en les laissant s'insulter les uns les autres, mais en leur défendant d'appeler leurs congrégations aux armes. Ils continuèrent de rester séparés par les discordes qui s'étaient élevées après la mort du roi. La majorité était Résolutioniste ; les Résolutionistes reconnaissaient les droits du roi, et ne voulaient pas renoncer à prier pour lui, malgré le danger de ces prières. Les Remonstrators, qui n'avaient jamais reconnu de raisons suffisantes pour embrasser la cause et reconnaître les droits de Charles II, rendaient obéissance au gouvernement anglais, et ne faisaient aucune mention du roi dans leurs dévotions publiques. Les Indépendans traitaient ces deux partis avec une dédaigneuse indifférence, et leur imposaient seulement la loi d'être tolérans l'un envers l'autre.

Cependant, quoique divisé en différentes classes, le presbytérianisme continuait à être la religion dominante. Le caractère de la nation écossaise ne semblait pas propre à admettre les diverses sectes qui avaient été si fertiles en Angleterre. Les paisibles et innocens Quakers furent les seuls sectaires qui gagnèrent quelques prosélytes de distinction. Les Indépendans portant une autre qualification, firent peu de progrès, vu la vigilance avec laquelle le clergé presbytérien maintint l'unité de l'église. Cromwell lui-même fut obligé de montrer de la déférence aux opinions dominantes. Il nomma une commission d'environ trente ministres de la classe des Remonstrators, et déclara que, sans un certificat de trois ou quatre de ces membres choisis, aucun ministre, quoiqu'il pût être appelé à l'église, ne jouirait d'un salaire. Cette décision remit les clefs de l'église (du moins en ce qui concernait les émolumens) entièrement entre les mains des Presbytériens. On doit supposer que ceux qui se chargèrent des fonctions de commissaires (car beaucoup refusèrent d'en faire partie, pensant que les devoirs de cette commission ecclésiastique ressemblaient trop à l'épiscopat), prirent soin de n'admettre aucun ministre dont les opinions ne fussent en harmonie avec les leurs. Les sectaires qui étaient employés dans les affaires civiles étaient méprisés et souvent traversés dans leurs desseins. En général, malgré les victoires des Indépendans sur le champ de bataille, leur doctrine fit peu de prosélytes en Écosse.

Pendant les quatre années qui succédèrent à la guerre civile, lorsque la tranquillité fut rétablie, au moment où l'armée royaliste fut détruite, et qui précédèrent la restauration de la monarchie, il n'arriva aucun évènement digne d'attention. Le courage de la nation était abattu et comprimé. Les nobles, qui jadis n'avaient été soumis qu'imparfaitement à leurs monarques légitimes, rampaient alors sous la verge de fer d'un usurpateur anglais. La plupart se retirèrent dans leurs domaines ou châteaux, et vécurent dans l'obscurité, jouissant sur leurs vassaux d'un pouvoir limité que les garnisons du voisinage leur permettaient de conserver. Ces garnisons empêchaient, comme de raison, que le peuple ne fût appelé aux armes, et que les barons ne se fissent la guerre les uns aux autres.

Jusque là l'assujettissement du pays était à l'avantage des tenanciers et de la classe du peuple qui jouissait de plus de paix et de tranquillité que pendant les guerres civiles. Mais le poids des impôts, recueillis par des soldats étrangers, et l'humiliation qu'il y avait à rester soumis à une puissance rivale, contre-balançaient l'absence de l'oppression féodale.

A défaut d'autre matière, je puis mentionner un sujet qui est fort intéressant, parce qu'il caractérise particulièrement les usages d'Écosse, je veux dire les fréquentes accusations de sorcellerie qui distinguent cette époque.

L'écriture fait allusion plusieurs fois à l'existence des sorciers; et, quoique les théologiens aient eu des doutes sur leur espèce et leur nature, cependant la plupart des nations européennes ont des lois fondées sur ce texte de l'Exode : Tu ne souffriras pas qu'un sorcier vive. Les réformés, quoique rejetant les miracles des catholiques, conservèrent avec ténacité la croyance à l'existence des sorciers, et punirent avec toute la sévérité des lois les malheureuses créatures accusées de sorcellerie.

Les progrès de la civilisation et du bon sens ont plus tard aboli ces lois cruelles dans presque toute l'Europe. On a pensé judicieusement que depuis que Dieu a cessé de manifester son propre pouvoir par la suspension directe et miraculeuse des lois ordinaires de la nature, il est déraisonnable de supposer que des esprits de ténèbres auraient la puissance de former une ligue avec de misérables mortels, et de leur donner un pouvoir surnaturel pour tourmenter leurs semblables. La vérité de ce raisonnement a été prouvée par un fait général, c'est que, lorsque les lois contre la sorcellerie ont été abolies, on a rarement entendu parler de sorciers, même parmi les classes du peuple.

Mais, dans le dix-septième siècle, la croyance de ce crime imaginaire était générale, et les poursuites, particulièrement en Écosse, étaient fréquentes. Jacques VI, qui souvent fit un usage bien ridicule du savoir qu'il avait acquis, se donna la peine d'écrire un traité contre la sorcellerie, comme il en composa un contre l'usage de fumer du tabac; et le clergé presbytérien, dont les sentimens furent souvent en opposition avec ceux de ce monarque, partagea cette fois entièrement son opinion sur ce point de doctrine, et bien des malheureux furent mis à mort comme coupables du crime de sorcellerie.

Je dois faire observer cependant que quelques uns de ceux qui furent exécutés pour cause de sorcellerie méritaient leur sort. C'étaient souvent des imposteurs des deux sexes, qui trompaient les personnes crédules en prétendant correspondre avec des puissances surnaturelles, et qui leur procuraient des philtres pour se venger de leurs ennemis. Ces philtres étaient pour l'ordinaire des compositions empoisonnées qui devenaient fatales à ceux qui les prenaient. Parmi plusieurs faits, je puis citer une anecdote sur une dame de haut rang, la seconde femme d'un comte écossais, qui, désirant faire mourir le fils aîné que son mari avait eu d'un premier mariage, afin que son propre fils succédât au domaine et au titre de son père, se procura des drogues d'une femme des Highlands, qui prétendait avoir des connaissances surnaturelles. Les funestes ingrédiens furent mis à part par la méchante comtesse, pour être présentés à sa victime à la première occasion.

Mais le ciel trompa ses desseins, et lui infligea en même temps une horrible punition. Son propre fils, à l'avantage duquel elle méditait ce crime, revenant de la chasse, fatigué et altéré, aperçut par hasard la fatale coupe, but sans hésiter, et mourut empoisonné.

Le coupable auteur de ce crime fut jugé et exécuté; et, quoique personne ne pût être fâché que celle qui avait servi d'agent dans cette affaire fût punie, il est cependant clair qu'elle ne méritait pas la mort comme sorcière, mais comme complice d'un assassinat par le poison.

La plupart des pauvres créatures qui furent condamnées à mort pour sorcellerie étaient des personnes âgées, des femmes en général, vivant seules, dans la misère, et disposées, par l'aigreur que donnent quelquefois la vieillesse et les infirmités, à prédire et à désirer du mal aux voisins par lesquels elles étaient souvent insultées et méprisées. Lorsqu'une de ces femmes avait imprudemment donné carrière à une colère impuissante, exprimée par des mauvais souhaits et des imprécations, si par hasard un enfant tombait malade, si un cheval devenait boiteux, si un bœuf mourait, ou enfin qu'il arrivât tout autre malheur à la famille contre laquelle les imprécations avaient été proférées, la pauvre vieille femme était aussitôt accusée, et les juges et le jury la supposaient coupable des malheurs qu'on lui imputait. Et de plus, si la misérable créature, par la singularité de ses manières, l'aigreur de son caractère, l'habitude de se parler à elle-même, ou autres signes de radotage qui sont souvent le partage de la vieillesse solitaire et de la pauvreté, les soupçons de ses crédules voisins étaient confirmés, elle était réputée sorcière et rarement échappait-elle au poteau.

Il était également dangereux pour une personne du peuple de prétendre posséder des recettes particulières pour guérir des maladies, soit par l'application de remèdes dont cette personne avait acquis le secret, ou en faisant usage de charmes auxquels la superstition du temps supposait la vertu de guérir des maux sur lesquels le talent des médecins n'avait point de puissance.

Une telle personne était appelée sorcière *blanche*, c'est-à-dire une sorcière qui emploie son art à faire du bien à l'humanité. Mais cependant elle était sorcière, et, comme telle, exposée à être brûlée vive; le docteur femelle encourait assez ordinairement cette peine, soit que son malade mourût ou recouvrât la santé ; et suivant les circonstances, elle était condamnée comme s'étant servie de sortiléges pour guérir ou pour tuer. On ne recevait point pour excuse l'allégation d'avoir eu le secret de guérir par une tradition de famille ou de n'importe quelle autre source, et la sorcière était condamnée à mort avec aussi peu d'hésitation, pour avoir tenté de guérir par des moyens mystérieux et illégaux, que si elle était accusée, comme dans l'exemple que nous venons de citer, d'avoir aidé à commettre un meurtre.

L'anecdote suivante, sur un pareil fait, est digne d'attention. Nous devons cette anecdote à la tradition, mais il est probable qu'elle est vraie. Un Anglais, juge distingué, était en tournée dans son circuit ; une vieille femme fut amenée devant lui ; elle était accusée de se servir d'un charme pour guérir le mal d'yeux; le charme consistait à pendre un peloton de laine autour du cou du malade. Les témoins racontaient des cures merveilleuses qui avaient été opérées par ce charme sur des patiens que la médecine avait abandonnés. La pauvre femme, pour toute défense, protestait qu'elle ignorait s'il y avait quelque sortilége dans le peloton de laine ; elle ajouta qu'il lui avait été donné trente ans avant cette époque, par un jeune étudiant d'Oxford, pour l'usage de sa propre famille, et que s'en étant servie avec avantage, elle ne voyait point de mal à le prêter à ceux qui souffraient de l'infirmité que le peloton de laine pouvait guérir, ni à recevoir une petite rétribution pour agir ainsi. Le jury fit peu d'attention à cette défense, mais le juge parut très agité. Il demanda à cette femme où elle résidait lorsqu'elle obtint la possession de cette précieuse relique. Elle donna le nom du village dans lequel elle avait tenu long-temps auparavant un petit cabaret. Le juge regarda le peloton très attentivement, et s'adressa ensuite au jury. — Messieurs, dit-il, nous sommes sur le point de commettre une grande injustice envers cette pauvre femme, et pour la prévenir, je dois confesser une folie de ma première jeunesse qui ne me fait pas beaucoup d'honneur. A l'époque dont parle cette pauvre femme, j'étais au collége, menant une vie oisive et inutile, et si le ciel ne m'avait pas accordé la grâce de me corriger, je n'occuperais pas la place que je remplis aujourd'hui. Je passai par hasard un jour et une nuit dans le cabaret de cette femme, sans argent pour payer ma dépense. Ne sachant que faire, et la voyant fort occupée d'un enfant dont la vue était faible, j'eus la bassesse de prétendre que je pourrais écrire un charme qui aurait la puissance de rendre la vue à sa fille, si elle voulait l'accepter en paiement de ce que je lui devais. La pauvre ignorante y consentit promptement; je griffonnai quelques figures sur un morceau de parchemin, et j'y ajoutai deux mauvais vers, pour me moquer de sa crédulité; je lui ordonnai de les renfermer dans ce peloton, qui a été sur le point de lui coûter la vie. Pour prouver la vérité de ce que j'avance, dévidez le peloton, et vous pourrez juger de l'efficacité du charme. Le peloton fut dévidé, et on trouva ces vers *harmonieux* sur le morceau de parchemin :

> Que la griffe du diable arrache tes deux yeux,
> Et que de sa salive il les frotte tous deux.

Il est évident que ceux qui furent guéris par un tel charme furent redevables à la nature, aidée peut-être un peu par l'imagination. Mais ceux qui se servaient de semblables sortiléges n'étaient pas toujours assez heureux pour retrouver ainsi à propos ceux qui les avaient composés, et plus d'une pauvre créature fut exécutée comme la vieille cabaretière l'eût été, si elle n'avait pas rencontré dans son juge son ancienne pratique.

Une autre vieille femme guérissait les bestiaux en répétant certains vers. Elle exigeait pour salaire un pain et un sou d'argent; et lorsqu'on lui commanda de révéler les vers magiques par lesquels elle produisait de telles merveilles, on trouva que c'était la plaisanterie suivante, par laquelle elle se jouait de la crédulité publique :

> Mon pain dans mon jupon, mon sol en tirelire,
> Tu n'es pas mieux, et je ne suis pas pire.

On ne croyait pas que la sorcellerie se mêlait seulement de la médecine, mais une habileté remarquable dans un art ou dans un métier, soit qu'elle fût obtenue par l'adresse ou par l'industrie, exposait à des soupçons ceux qui la possédaient. Il était aussi fort dangereux d'avoir des vaches dans un état plus prospère que celles du voisinage, quoique leur supériorité fût due aux soins dont elles étaient l'objet, à une meilleure nourriture et à la propreté. Souvent une femme était soupçonnée de sorcellerie parce qu'elle avait filé plus de fil que ses voisines, moins industrieuses, ne pensaient qu'il pût en être filé par une activité ordinaire; et pour compléter ces absurdités, nous raconterons qu'un paysan de la ville de Malling, dans le comté de Kent, fut accusé, devant un juge de paix, comme sorcier, parce qu'il atteignait plus fréquemment le but qu'il visait. Cette adresse, et une histoire insignifiante sur l'archer, qui s'était amusé à laisser une mouche voler et bourdonner autour de lui, convainquirent le juge que le talent du pauvre homme était dû à l'assistance d'un émissaire de Satan. Il punit sévèrement le bon tireur; c'était donner un singulier encouragement à l'art de tirer de l'arc, et un sage exemple à tous les juges de paix!

D'autres accusations plus ridicules et plus improbables encore furent portées contre ceux qui étaient soupçonnés de sorcellerie. On supposait qu'ils avaient le pouvoir, par quelque cérémonie absurde et impie, de convoquer en leur présence l'auteur du mal, qui apparaissait sous quelque forme ridicule, et qui, en retour de leur renonciation à leur salut, leur donnait le pouvoir de se venger de leurs ennemis. Le privilége de tourmenter leurs semblables était presque tout l'avantage qui résultait pour les sorciers de leur pacte avec leur nouveau maître ; quelquefois cependant ils obtenaient le pouvoir de voler sur un manche à balai lorsque l'ennemi du genre humain tenait ses assemblées publiques. Les détails qu'on donne des cérémonies pratiquées dans de semblables occasions sont également dégoûtans et vulgaires, et totalement étrangers aux idées que nous nous sommes créées d'une nature spirituelle. Ils sont faits pour être crus et semblent avoir été inventés par les hommes les plus ignorans et les plus grossiers de l'espèce humaine.

On supposait encore que les esprits de ténèbres pouvaient paraître lorsqu'on les évoquait par certaines cérémonies profanes, comme de lire l'oraison dominicale à rebours ou quelque chose de semblable ; et alors qu'ils dévoilaient l'avenir à ceux qui les avaient appelés, ou qu'ils les instruisaient de ce qu'étaient devenus des objets perdus ou volés. De graves auteurs ont raconté de pareilles merveilles, qui sont aussi ridicules et peut-être davantage que ce qu'on lit dans les contes de fées inventés pour l'amusement des enfans ; et, pour toutes ces folies inconcevables, de malheureuses créatures étaient emprisonnées, appliquées à la torture, et enfin brûlées vives par la sentence de leurs juges !

Il est étonnant que la plupart des personnes accusées de ces crimes imaginaires aient travaillé elles-mêmes à leur propre condamnation, en confessant et en admettant toutes les absurdités monstrueuses dont elles étaient chargées par leurs accusateurs. Ceci peut vous surprendre, et cependant on peut en comprendre la raison.

La plupart de ces misérables créatures étaient vieilles, et infirmes d'esprit aussi bien que de corps ; s'entendant accuser d'aussi énormes folies par ceux qu'elles avaient l'habitude de considérer comme sages et instruits, elles devenaient à moitié persuadées de leurs torts, et acquiesçaient à toutes les questions extravagantes qui leur étaient adressées. Ce n'est pas tout encore ; beaucoup firent ces confessions, tourmentées par la question à laquelle elles étaient appliquées avec une grande sévérité. Il est vrai que les cours de justice en Écosse n'avaient pas le pouvoir d'interroger les criminels qui étaient sous l'influence de la torture, le conseil privé en avait seul le droit ; mais c'était une faible protection, car les sorciers étaient rarement jugés par les cours criminelles ordinaires. Les légistes, quoiqu'ils ne pussent nier l'existence d'un crime pour lequel la loi avait établi un châtiment, montraient cependant une certaine incrédulité sur la sorcellerie, et l'on supposa qu'ils favorisèrent fréquemment l'évasion des accusés, surtout lorsque leur crime avait rapport à la profession qu'ils exerçaient. Pour éviter la juridiction du justicier et autres juridictions criminelles régulières, les accusations de sorcellerie dans les provinces étaient ordinairement portées devant des commissaires nommés par le conseil privé. Ces commissaires étaient en général des gentilshommes campagnards et des ecclésiastiques, qui, par ignorance d'un côté, savoir mal dirigé de l'autre, et généralement par bigoterie, étaient aussi ardens dans la procédure que le peuple pouvait le désirer ; leur commission leur donnait le droit d'appliquer les accusés à la torture, ce qu'ils faisaient sans scrupule, se servant souvent de l'assistance d'un *trouveur de sorciers* (*witch-finder*), c'est-à-dire d'un homme qui se faisait un état de son prétendu talent à découvrir les sorciers, et qui quelquefois entreprenait de débarrasser une paroisse ou une ville de ces sorciers à tant par tête, comme s'il se fût agi de renards, de chats sauvages et d'autres animaux. Ces détestables imposteurs dirigeaient le procès de la torture, qui consistait ordinairement à empêcher les accusés de dormir, à les forcer de marcher en long et en large dans leur prison, lorsqu'ils commençaient à fermer les yeux; à leur enfoncer des aiguilles dans les chairs, sous prétexte de découvrir les marques que le *witch-finder* affirmait avoir été imprimées sur leur peau par le diable en signe de ce qu'ils étaient devenus ses sujets. Il n'est pas étonnant si ces infortunés, rendus fous par le besoin de sommeil et par la souffrance, confessaient tout ce qu'on désirait pour obtenir un moment de repos, quoique ces aveux dussent leur causer la mort.

Mais outre l'état de faiblesse de ces victimes et la torture à laquelle elles étaient assujetties, la honte et l'ennui de leur vie étaient souvent la cause pour laquelle elles s'avouaient coupables de fautes, d'ailleurs absurdes et impossibles. Vous devez considérer que les personnes accusées de sorcellerie étaient presque toujours reconnues coupables par le public et leurs voisins, et si la justice se faisait scrupule de les condamner, la populace se chargeait ordinairement elle-même de l'exécution : elle les plongeait dans l'eau jusqu'à ce que la mort s'ensuivît, ou trouvait d'autres moyens de les sacrifier à sa fureur. La crainte d'un pareil sort pouvait déterminer les accusés, quoiqu'ils fussent dans leur bon sens, à avouer leur crime et à sacrifier leur misérable vie à une sentence injuste, plutôt que de s'exposer à la perdre par la furie de la multitude. On raconte à ce sujet une singulière anecdote :

Une vieille femme et sa fille furent jugées comme sorcières à Haddington. On donnait pour preuve de leur crime, que, bien que très pauvres, elles étaient restées fraîches et bien portantes pendant le cours d'une terrible famine, qui avait réduit même les plus hautes classes à la gêne, et mis les indigens à la veille de mourir de faim. Pendant ce temps ces deux femmes, sans se plaindre et sans mendier, continuaient leur manière de vivre habituelle, et ne semblaient pas souffrir de la calamité générale. Le jury fut convaincu qu'elles avaient employé des moyens surnaturels ; et comme une des accusées, en ressentant les coups de la discipline d'un *witch-finder*, confessa tout ce qu'on lui demande sur ses communications avec le diable, le jury les condamna sans hésiter.

L'avocat du roi, à cette époque, s'appelait, je crois, sir George Mackenzie, et il était incrédule en fait de sorcellerie. Il se rendit en secret près des pauvres femmes, et les pressa de lui avouer la vérité. Elles continuèrent d'abord à raconter l'histoire qu'elles avaient donnée comme leur confession ; mais l'avocat, s'apercevant qu'elles étaient des femmes supérieures à celles de leur classe, leur représenta le crime de travailler elles-mêmes à leur propre mort en persistant à s'accuser de fautes impossibles ; il leur promit la vie et sa protection si elles voulaient lui révéler le secret qu'elles avaient employé pour pourvoir à leur subsistance. Les pauvres femmes se regardèrent avec anxiété l'une et l'autre. Enfin la mère dit :— Vous êtes bien bon, milord, et je sais que votre pouvoir est grand, mais vous ne pouvez rien pour ma fille et pour moi. Si vous nous renvoyez en liberté, vous ne nous empêcherez pas de passer pour sorcières. Aussitôt que nous retournerons dans notre cabane, nous serons exposées aux violences et aux injures de tous nos voisins, qui, s'ils ne nous cassent pas la tête ou ne nous noient à l'instant, nous accableront d'une haine qui se montrera dans toutes les occasions, et rendra notre vie si misérable, que nous préférons mourir tout d'un coup.

— N'ayez point peur de vos voisins, dit l'avocat ; si vous voulez me confier votre secret, je prendrai soin de vous pendant le reste de votre vie, je vous enverrai dans une de mes terres dans le nord, où personne ne pourra connaître votre histoire, et où d'ailleurs les idées des peuples sont telles, que si l'on vous croyait sorcières, on aurait pour vous plus de crainte que de haine.

Ces femmes, touchées par les promesses de l'avocat, lui dirent que, s'il ordonnait de déranger un vieux coffre vide, qui était dans un coin de leur cabane, et de creuser la terre dans un endroit où l'on s'apercevrait qu'elle avait été remuée, il connaîtrait le secret par le moyen duquel elles ne s'étaient pas ressenties de la famine; en même temps elles attestèrent le ciel qu'elles étaient entièrement innocentes de l'acte criminel dont on les accusait. Sir Georges Mackenzie se hâta d'examiner le lieu; il trouva, cachés dans la terre, deux quartauts de limaçons salés, dont un était presque vide. Les pauvres femmes s'étaient nourries de cet étrange aliment pendant la famine. L'avocat tint sa parole. Et l'anecdote prouve combien peu l'on doit attacher d'importance aux fréquentes confessions des accusés.

Comme cette histoire est basée seulement sur la tradition, j'en raconterai deux autres du même genre, dans lesquelles je puis préciser les dates.

La première concerne une dame d'un rang bien supérieur à celui de ces femmes qui étaient ordinairement accusées de sorcellerie; elle était sœur de sir John Henderson de Fordel, et femme du laird de Pittardo, dans le comté de Fife : malgré sa naissance distinguée, cette malheureuse dame, dans l'année 1649, fut enfermée dans la prison commune d'Édimbourg, depuis le mois de juillet jusqu'au mois de décembre; à cette époque on la trouva morte, et, suivant tous les symptômes, elle s'était empoisonnée. Sans doute l'infamie de son accusation, et la certitude que sa réputation était perdue et sa famille déshonorée, était la cause qui l'avait portée à commettre un suicide.

Le même sentiment qui décida cette pauvre dame à se donner la mort, fut exprimé par une femme, jeune et belle, exécutée à Paisley, en 1697, dans cette réponse laconique qu'elle fit à des amis, qui la blâmaient parce que pendant son procès elle se défendait avec trop de négligence. Ils ont détruit ma réputation, dit-elle, et ma vie ne vaut pas la peine d'être sauvée.

Il est remarquable que le nombre des sorciers supposés sembla accroître en proportion de la sévérité du châtiment. Le 22 mai 1650, le parlement écossais nomma un comité pour examiner les dépositions qui s'élevaient contre cinquante-quatre sorciers, avec les pouvoirs que nous avons déjà mentionnés, c'est-à-dire de procéder au jugement, à la condamnation et à l'exécution. En supposant que ces êtres si redoutés existassent en un aussi grand nombre, et qu'ils possédassent le pouvoir de faire le mal qui leur était imputé, on aurait pu craindre, comme le dit Reginald Scott [1], qu'il n'y eût ni beurre dans la baratte, ni vache dans le clos, ni blé dans le champ, ni beau temps en pleine campagne, ni santé dans l'intérieur des maisons. En effet, l'extension que le peuple donnait à ses craintes et à ses soupçons était la plus grande preuve de leur invraisemblance. Si dans une petite province, et même dans une ville médiocre, il existait une multitude de gens doués de pouvoirs surnaturels, il en résulterait que les lois de la nature seraient assujetties à une constante interruption.

Les juges anglais nommés en Écosse du temps de Cromwell virent la cruauté et l'absurdité des jugemens rendus contre la sorcellerie, et tentèrent d'y mettre un terme; mais le remerciement qu'ils en reçurent fut d'être blâmés sur leurs principes tolérans, dont la douceur, suivant l'opinion des Écossais, ne s'étendait pas seulement sur les hérétiques de toute espèce, mais également sur ceux qui adoraient le diable. Quelques uns allèrent plus loin, et accusèrent les sectaires de correspondre eux-mêmes avec les malins esprits dans leurs dévotions. On le crut parti-

---

[1] Auteur d'un ouvrage curieux sur la *Sorcellerie*. — Éd.

culièrement des Quakers, les sectaires les plus simples et les plus moraux parmi les non-conformistes.

A la fin du dix-septième siècle, des vues plus sages commencèrent à prévaloir sur ce sujet, et les poursuites solennelles sur ce crime imaginaire devinrent plus rares. Le dernier exemple d'une exécution pour sorcellerie eut lieu dans la province éloignée de Sutherland, en 1727, sous la direction d'un ignorant juge de province, qui fut blâmé de sa conduite. La victime était une vieille femme avec toute la faiblesse d'esprit que donne un âge avancé, et si simple qu'on la vit se réjouir en chauffant ses mains ridées au feu qui devait la consumer. Tandis qu'on préparait tout pour son exécution, elle dit souvent qu'une si belle flamme et tant de voisins assemblés à l'entour présentaient le coup d'œil le plus gai qu'elle eût vu depuis bien des années.

Les lois contre les sorciers furent abolies, tant en Angleterre qu'en Écosse; et les personnes qui prétendent connaître l'avenir, celles qui font usage de charmes ou de quelque art mystérieux, sont maintenant punies comme les fripons ordinaires et les imposteurs. Depuis cette nouvelle manière d'agir, on n'a plus entendu parler de sorciers et de sorcellerie, même parmi les classes les plus ignorantes; le crime doit donc avoir été imaginaire, puisqu'il cessa d'exister aussitôt que les hommes cessèrent de le rechercher pour le punir.

CHAPITRE XV.

Système de Cromwell en fait de gouvernement. — Sa mort. — Avènement de Richard Cromwell au Protectorat. — Il abdique. — Anecdotes. — Le général Monk s'approche de Londres. — Dissolution du Long-Parlement. — Entrevue de sir John Grenville avec Monk. — On propose de rappeler la famille des Stuarts. — La restauration. — Arrivée de Charles II à Douvres.

Olivier Cromwell, qui s'éleva d'une manière si étrange à la souveraineté suprême de l'Angleterre, de l'Écosse et de l'Irlande, était un homme de grands talens, et dont le caractère, comme nous l'avons déjà dit, n'était pas naturellement sévère ni vindicatif. Il rendit son pays formidable aux autres nations, et peut-être aucun gouvernement ne fut jamais plus respecté dans l'étranger que celui du lord-protecteur.

En Angleterre il eut une tâche bien difficile à remplir, pour maintenir son autorité usurpée. Il fut obligé constamment, comme l'ont toujours fait avec succès les usurpateurs de sa classe, de convoquer une espèce de sénat ou de parlement, composé de ses créatures, qui partageaient avec lui le pouvoir, du moins en apparence, et lui sauvaient l'odieux de gouverner par sa seule autorité. Mais tel était le caractère de la nation anglaise, que, dès que Cromwell convoquait un parlement, quoiqu'il fût composé en grande partie de ses partisans, et quoique le reste fût choisi avec soin parmi les personnes ignorantes et de peu de moyens, aussitôt que ce parlement était assemblé il commençait à contester les droits du Protecteur à l'autorité suprême, et à proposer des mesures qui tendaient à détruire cette même autorité.

Les différentes factions qui divisaient l'Angleterre étaient toutes d'accord pour haïr l'autorité usurpée du Protecteur, et formaient toutes aussi des conspirations contre lui. Ces conspirations étaient conçues non seulement par les Cavaliers et les Presbytériens ; mais par des républicains, et même par les propres soldats de Cromwell. Ainsi pressé de tout côté, le Protecteur montrait la plus grande sagacité dans sa manière de se défendre. Il est vrai que dans deux ou trois occasions il tint ce qu'il appelait une haute-cour de justice, par les arrêts de laquelle des Cavaliers et des Presbytériens furent condamnés à la peine capitale, pour avoir formé des complots contre son gouvernement. Mais c'était avec répugnance que Cromwell avait recours à ces mesures sévères. Son système était de contre-balancer un parti par le poids d'un autre, et de leur faire désirer à tous la prolongation de son autorité, plutôt que de courir les risques de la voir changer en faveur d'un autre parti. Par de grandes dépenses et une surveillance continuelle il entretint des espions dans chaque faction de l'état, et souvent les moins suspectés et les plus véhémens en apparence parmi les mécontens, étaient en secret les instrumens mercenaires de Cromwell.

Dans la cour errante de Charles II, un des Cavaliers les plus remarquables, sir Richard Willis, qui avait combattu bravement, et beaucoup souffert dans la cause de Charles Ier et de son fils, était un espion de Cromwell. Il n'y avait aucun gentilhomme parmi les royalistes attachés à la personne de Charles, qui fût plus honoré, et dans lequel on plaçât une plus entière confiance. Cependant sir Richard recevait une pension considérable de Cromwell, et lui révélait tous les plans qui étaient formés pour la restauration du monarque exilé. Par cette correspondance secrète, et d'autres semblables, le Protecteur possédait les moyens de déjouer dans leurs principes les nombreuses conspirations dont il était l'objet, et de s'opposer aux machinations d'un parti mécontent, en lui opposant un autre parti.

On suppose cependant que, malgré tout son art, le Protecteur n'aurait pas été capable de maintenir encore son autorité pendant plusieurs années. Un peuple habitué long-temps à un gouvernement libre devait se trouver offensé d'être soumis au pouvoir illimité d'un seul homme, et le mécontentement devenait universel. Il semblerait que vers la fin de sa vie, Cromwell se trouvait aussi au terme de ses ruses; il est du moins certain que sa propre conduite dévoile une appréhension du danger, que jusqu'alors il n'avait jamais montrée. Il devint morose et mélancolique; il portait secrètement une armure sous ses vêtemens ordinaires, et changeait continuellement de chambre à coucher pour prévenir un assassinat. Sa santé succomba sous le poids de ses craintes sinistres, et il mourut le 3 septembre 1658, à l'âge de soixante ans. Sa mort fut accompagnée d'une effroyable tempête, et l'on remarqua, par une circonstance également frappante dans ces temps de superstition, qu'il mourut le même jour et le même mois où il gagna les victoires décisives de Dunbar et de Worcester.

Le sceptre qu'Olivier Cromwell avait porté d'une main si ferme fut transmis à son fils Richard, pendant que les funérailles du défunt Protecteur étaient célébrées avec plus de pompe et de dépense que l'Angleterre n'en avait jamais vu aux obsèques d'aucun de ses rois. Mais cette transmission apparente de l'autorité d'Olivier à son fils se borna à la nomination de Richard. Le parlement, que le fils de Cromwell assembla pour lui voter des subsides, commença par discuter la nature des droits du nouveau Protecteur; un conseil d'officiers qu'il convoqua devint réfractaire, et s'arrogea une autorité que Richard n'osa lui disputer. Ces despotes militaires obligèrent Richard à dissoudre le parlement, puis ensuite le forcèrent lui-même à abdiquer le Protectorat. Il descendit paisiblement dans la vie privée, accablé de ses dettes personnelles, ainsi que des demandes de ceux qui avaient pourvu aux dépenses exhorbitantes des funérailles de son père, dont l'état avait l'indignité de le laisser chargé.

Richard Cromwell, arraché aux dangers et aux fautes du pouvoir, mena une vie longue et paisible, et mourut en 1712, à l'âge de quatre-vingt-six ans. Il y a sur lui deux anecdotes qui sont dignes d'être racontées.

Lorsque Richard Cromwell fut forcé par ses dettes de se retirer dans l'étranger, la curiosité le conduisit à visiter Pézénas, jolie ville du Languedoc. Le prince de Conti s'y trouvait : apprenant qu'un voyageur anglais était arrivé, il éprouva le désir de le recevoir afin d'apprendre les dernières nouvelles de l'Angleterre, pays qui depuis quelque temps étonnait l'Europe par ses changemens fréquens de gouvernement. Le prince français parla d'Olivier

Cromwell comme d'un méchant homme et d'un usurpateur déloyal, mais il rendit justice à sa profonde sagacité, à ses talens éminens, à son courage dans le danger; il admira l'adresse et la force avec laquelle il avait soumis les trois royaumes à son autorité personnelle. « Il savait commander, ajouta le prince, et méritait d'être obéi. Mais qu'est devenu le pauvre poltron de Richard, le lâche qui abandonna sans le défendre ce que son père avait gagné? Peut-on concevoir un pareil fou, un homme aussi faible?» Le pauvre Richard désirant rester inconnu devant quelqu'un qui l'estimait si peu, répliqua seulement « que le Protecteur déchu avait été trompé par ceux dans lesquels il plaçait le plus de confiance, et auxquels son père avait montré le plus de bonté. » Alors il prit congé du prince, qui ne sut que deux jours plus tard qu'il avait prononcé un jugement aussi sévère de Richard en s'adressant à Richard lui-même.

L'autre anecdote est d'une date plus récente, étant postérieure à 1705. Quelques procès importans exigèrent que Richard Cromwell comparût au banc du roi. Le juge qui présidait montra une généreuse déférence à la grandeur déchue et aux vicissitudes de la fortune. Il reçut avec respect l'homme qui avait été jadis souverain de l'Angleterre, ordonna qu'on lui donnât une chaise en-deçà de la barre, et le pria de se couvrir. Lorsque l'avocat de la partie adverse commença son discours et fit allusion au père de Richard, le criminel Olivier, le juge l'interrompit avec une généreuse hardiesse : — Je n'entendrai rien sur ce sujet, monsieur, dit-il : parlez de la cause sur laquelle nous devons décider. Après avoir comparu au banc du roi, la curiosité de Richard Cromwell le conduisit à la chambre des pairs, où il se plaça au-dessous de la barre, regardant autour de lui, et faisant des observations sur les changemens dont il s'apercevait. Une personne qui était près de lui, voyant un vieillard d'une honnête apparence faire ses observations, dit à Richard avec politesse :

— Il y a probablement long-temps, monsieur, que vous n'avez vu cette salle? — Pas depuis que j'occupai ce siége, répondit le vieux gentilhomme en montrant le trône sur lequel en effet il s'était placé comme souverain, lorsque, cinquante ans auparavant, il reçut les félicitations des deux chambres, en succédant au suprême pouvoir de son père.

Pour revenir aux affaires de Londres, où les changemens se succédaient en laissant aussi peu de traces que la réflexion des objets présentés dans un miroir, la tentative des officiers de l'armée, pour obtenir un gouvernement purement militaire, fut combattue par le retour des membres républicains au parlement, qu'Olivier Cromwell en avait exclus, et auxquels le bas peuple avait donné un surnom expressif, quoique vulgaire, en l'appelant le *Croupion* (*Rump Parliament*). Cette assemblée, ainsi nommée parce que c'était le fondement ou la base de celle qui avait commencé la guerre civile, fut encore violée par la force militaire, et dissoute par le général Lambert, homme qui se croyait sans doute destiné à jouer le rôle de Cromwell, quoiqu'il n'eût ni les talens ni la haute réputation du Protecteur. Mais une révolution avait eu lieu dans les sentimens de la nation.

Le peuple avait été patient, jusqu'à un certain degré, sous le gouvernement d'Olivier, auquel il est impossible de refuser tous les éloges que méritent la fermeté et l'énergie : mais il ne pouvait voir sans dégoût ces faibles usurpateurs intriguer entre eux, et s'arracher le gouvernail de l'état sans consulter le peuple. Se rappelant la tranquillité et la paix du royaume avant la guerre civile, quand leurs rois succédaient, par droit héréditaire, à un pouvoir limité, et lorsque les branches populaires et monarchiques de la constitution formaient un juste équilibre, tout le peuple anglais pensait à ce temps, comme à une époque de liberté, de paix et d'ordre. Comparant cet état heureux au moment présent, où chaque faction saisissait successivement le pouvoir, lorsqu'elle pouvait l'atteindre, et le laissait tomber ensuite entre les mains d'un parti plus puissant, le même peuple ne pouvait contenir son mécontentement.

En général, les pensées de toutes les personnes judicieuses se tournaient vers le prince exilé ; il existait un désir universel de le rappeler à la tête du gouvernement ; une armée fanatique comprimait seule ce désir. Il était nécessaire de lever quelques troupes, pour tenir tête à ces *saints* guerriers, surnom qu'ils se donnaient eux-mêmes, et afin que le vœu général du royaume eût la liberté de s'exprimer.

Ce furent les troubles d'Écosse qui ébranlèrent d'abord le trône de Charles Ier, ce fut de la même contrée que naquit la révolution qui replaça sur le trône son fils et son successeur. Nous avons déjà dit que le royaume d'Écosse fut enfin entièrement subjugué par les efforts du général Monk, et qu'il le gouverna pendant le Protectorat de Cromwell, conformément aux ordres du Protecteur.

Monk était un homme rempli de sagacité, et d'un caractère grave et réservé, qui obtint une estime générale par la manière dont il conduisit les affaires d'Écosse. Il avait pris soin, dans ce royaume, d'habituer les vieux soldats à se soumettre à son autorité indépendante, et de retirer le commandement aux officiers qui étaient ou trop violens enthousiastes, ou particulièrement attachés à Lambert et à son conseil militaire. Ayant ainsi sous son commandement immédiat une force disponible de sept à huit mille hommes, outre ceux qui étaient nécessaires pour les garnisons d'Écosse, Monk surveillait avec attention les querelles des factions de Londres, afin de saisir une occasion favorable pour agir.

Cette occasion sembla se montrer, lorsque l'armée sous les ordres de Lambert chassa de nouveau le *Rump Parliament*, et commença un nouveau gouvernement militaire, par le moyen d'un comité d'officiers, appelé le conseil de sûreté. Monk alors se dépouilla d'une indifférence affectée depuis si long-temps, assembla ses forces sur les frontières, et se déclara pour la liberté du parlement, contre les factions militaires qui l'avaient supprimé. On supposait partout dans la Grande-Bretagne que Monk, en s'exprimant d'une façon aussi générale, tramait quelque chose de plus efficace que de rétablir l'autorité du Parlement-Croupion, qui était tombé dans le mépris, en se soumettant toujours à une violence si souvent exercée contre lui ; mais le général Monk, laissant tous les différens partis supposer ce qu'il leur semblait le plus probable, continua de faire ses préparatifs pour marcher avec la plus grande promptitude, sans permettre que la plus légère indiscrétion laissât deviner l'objet précis de son expédition. Il assembla la convention des états écossais, il leur demanda et obtint une avance de six mois de paie, pour l'entretien de ses troupes. La confiance des états écossais dans les intentions de Monk était telle, qu'ils lui offrirent le secours d'une armée écossaise de vingt-quatre mille hommes ; mais Monk refusa une assistance qu'on aurait blâmée en Angleterre. Il continua à réorganiser son armée sur un nouveau plan et avec plus de hardiesse que jamais, congédia plusieurs officiers Indépendans, et les remplaça par des Presbytériens et même par des officiers qui étaient royalistes en secret.

La nouvelle de cette manière d'agir se répandit en Angleterre et y fut en général reçue avec joie. On refusa ouvertement de payer les impôts ; car le Parlement-Croupion avait, la veille de son expulsion par Lambert, déclaré que c'était un crime de haute trahison de lever des taxes sans le consentement du parlement, et les provinces où Lambert et son conseil militaire n'avaient pas la puissance d'exécuter leurs exactions illégales, refusèrent d'obéir. Le conseil de sûreté ayant besoin d'argent et ne pouvant en obtenir, se trouvait dans une extrême perplexité.

Lambert lui-même, homme brave et bon officier, vit la nécessité d'agir avec promptitude ; il se plaça à la tête de forces considérables, composées de vieux soldats, et marcha vers l'Écosse. Ses forces étaient exagérées par les rapports des différens espions et agens qui parcouraient l'armée de Monk sous la forme d'envoyés. — Que voulez-vous faire? dit un de ces espions, en s'adressant à une bande de soldats de Monk ; Lambert marche contre vous avec des forces si nombreuses, que votre armée ne sera pour lui qu'un déjeuner. — Il faut que le nord ait donné un bon appétit à Lambert, répondit un des vétérans, s'il consent à mâcher des balles et à se nourrir de piques et de canons de mousquets.

Se défiant ainsi, les deux armées marchèrent l'une contre l'autre. Lambert établit son quartier-général à Newcastle. Monk plaça le sien à Coldstream, sur la Tweed, place qui commandait le meilleur passage sur cette rivière, après celui de Berwick, qui était déjà entre ses mains. Coldstream, aujourd'hui ville florissante, était alors si misérable, que Monk ne put y trouver à souper, même pour sa propre table, et qu'il fut obligé de mâcher du tabac pour apaiser sa faim. Le jour suivant on envoya des provisions de Berwick. On conserve encore la mémoire du camp de Coldstream dans l'armée anglaise, et le premier régiment des gardes, un de ceux qui composaient l'avant-garde de Monk, est appelé aujourd'hui le régiment de Coldstream.

Les généraux rivaux entrèrent d'abord dans une négociation, que Monk prolongea pendant quelque temps, parce qu'il s'apercevait que les forces de Lambert étaient plus considérables que les siennes ; mais il était convaincu que le besoin de paie et des commodités de la vie, auxquelles les troupes de son rival étaient habituées à Londres, les porterait promptement à déserter ses drapeaux.

En effet, les fatigues et le mécontentement diminuèrent bientôt les forces de Lambert, et les nouvelles que cette armée reçut de Londres achevèrent d'abattre son courage. Pendant l'absence de Lambert, la présidence du comité militaire et le commandement du peu de troupes qui restaient dans Londres pour contenir cette ville, étaient échus au général Fleetwood, homme faible, et qui était réellement dominé par l'esprit de fanatisme que les autres affectaient. Incapable de la moindre fermeté, ce général souffrit que ces troupes abandonnassent ses intérêts pour embrasser ceux du *Rump-Parliament*, qui ressaisit de nouveau le pouvoir, mais pour la dernière fois. Ces nouvelles n'arrivèrent pas seules à Newcastle, on en reçut d'autres en même temps d'une nature presque aussi alarmante. Le célèbre général Fairfax avait pris les armes dans le York-Shire, et se trouvait à la tête d'une force considérable, tant de Cavaliers que de Presbytériens, qui voulaient former un parlement libre, afin d'y consulter le vœu national, de la manière la plus constitutionnelle, pour obtenir de nouveau le bonheur d'un gouvernement stable. Les soldats de Lambert, déconcertés par ces évènemens, et ne recevant point de paie, commencèrent à déserter, et lorsque Lambert lui-même tenta de les reconduire à Londres, il fut abandonné par un si grand nombre de soldats, que l'armée de ce général semblait se dissoudre tout exprès pour laisser la route de la capitale ouverte à Monk et aux forces écossaises.

Le général Monk marcha donc sans opposition, cachant soigneusement ses desseins, et recevant favorablement toutes les demandes qui lui étaient faites d'appeler un parlement libre, afin de régénérer la constitution nationale, mais ne donnant aucune réponse qui pût faire former des conjectures sur ses intentions. Monk observa ce mystère, afin peut-être de se réserver la faculté de se laisser guider par les circonstances. Dans tous les cas, il savait bien qu'en se déclarant en faveur d'un parti, ou en partageant les principes d'une des diverses factions qui divisaient l'état, les autres se réuniraient pour s'opposer à lui, ce qu'elles n'entreprendraient qu'à regret tant qu'il maintiendrait chacune d'elles dans l'espérance qu'il se déclarerait en sa faveur.

Toute la nation avait les yeux fixés sur Monk : il s'avança jusqu'à Barnet, à dix milles de Londres, et de là il fit entendre au parlement qu'il agirait prudemment en renvoyant hors de la ville le reste de l'armée de Fleetwood, de crainte que la discorde ne se mît entre ses troupes et celles qui occupaient la capitale. Le *Rump* n'avait d'autre alternative que d'obéir à cette insinuation, à moins de se résoudre à courir les chances d'une bataille contre les vétérans des guerres de l'Écosse, à la tête de ces troupes insubordonnées qui avaient changé de parti plus d'une fois entre Lambert et Fleetwood d'un côté, et le parlement de l'autre. L'ancienne armée de Fleetwood, excepté deux régimens commandés par des hommes auxquels Monk pouvait entièrement se fier, eut l'ordre de quitter la ville, et le général écossais entra dans Londres à la tête de ses troupes, qui, fatiguées par une marche pénible, et portant d'autres marques d'un aussi rude service, avaient une apparence moins brillante mais plus martiale que celles qui pendant si long-temps avaient maîtrisé le peuple de Londres.

Le général Monk et les membres du parlement s'abordèrent avec une apparence de politesse, mais avec une grande méfiance des deux côtés. On proposa au général le serment de l'abjuration, comme on l'appelait, par lequel on renonçait à toute obéissance à la maison des Stuarts, et à toute tentative pour replacer Charles II sur le trône. Mais le général refusa de prêter ce serment. — Trop de sermens, dit-il, ont été imposés au peuple, c'est pourquoi ils ont été si mal tenus. Cette circonstance jeta une certaine lumière sur les intentions de Monk, et les citoyens de Londres, qui désiraient avec autant d'anxiété la restauration du roi Charles qu'ils avaient mis d'ardeur à rejeter son père, passèrent un vote dans le conseil municipal, par lequel ils déclaraient qu'ils ne paieraient ni taxes ni contributions à cette ombre de parlement, jusqu'au moment où les siéges vacans seraient remplis, et où les membres présenteraient le nombre exigé dans une véritable chambre des communes.

Le *Rump* crut avoir alors une occasion de s'assurer des véritables desseins de Monk, et de le forcer à une mesure décisive. Il donna au général l'ordre exprès de marcher sur la cité, de s'emparer des grilles, d'abattre les herses, de détruire les portes, les chaînes et les autres moyens employés pour défendre les rues, et enfin d'enlever aux citoyens rebelles la faculté de protéger à l'avenir l'entrée de la capitale.

Monk, au grand étonnement de la plupart de ses propres officiers, obéit aux ordres qui lui étaient intimés. Il désirait probablement connaître les sentimens de ses soldats, et savoir s'ils considéraient cette tâche comme indigne d'eux. En effet, aussitôt qu'il entendit ses troupes se plaindre de la honte de devenir les instrumens de la vengeance du *Rump* contre la cité de Londres, il parut partager leurs sentimens et leur colère, et, comme eux, il se plaignit, et se plaignit tout haut, d'avoir été employé dans une œuvre aussi injuste qu'impopulaire, et qui lui avait été prescrite dans le dessein de le rendre odieux aux citoyens.

Dans ce moment de crise, la témérité de la junte, car il serait absurde de l'appeler un parlement, donna au général, qu'elle aurait dû tâcher de s'attacher si cela eût été possible, de nouveaux sujets de plaintes. Elle encouragea un parti des plus fanatiques sectaires, conduit par un ridicule personnage, appelé Louange-à-Dieu Barebones, à présenter une violente pétition à la chambre demandant que personne ne fût admis dans aucune charge qui nécessitait la confiance publique, même à celle de maître d'école, avant d'avoir prêté le serment d'abjuration, et proposant que toute ouverture faite dans le parlement pour la restauration du roi fût punie comme crime de haute trahison.

Le contenu de cette pétition, et la manière favorable dont la pétition elle-même fut reçue, donnèrent à Monk une nouvelle occasion de se plaindre du Rump, occasion que peut-être il avait recherchée. Il refusa de retourner à White-Hall, où jusqu'alors il avait demeuré, et prit un logement dans la cité. Il lui fut aisé d'excuser les violences qu'il avait exercées sur les moyens de défense des citoyens, et de les expier en se déclarant le protecteur et l'allié du peuple. De son quartier-général dans le cœur de Londres, Monk écrivit au parlement une épître remplie de plaintes, l'accusant du dessein d'armer les fanatiques les plus violens, et d'appeler l'assistance de Fleetwood et de Lambert contre l'armée d'Ecosse. Il lui commanda d'un ton d'autorité de se dissoudre lui-même et de convoquer un nouveau parlement ouvert à tous les partis. Le *Rump*, grandement alarmé de cette intimation, envoya deux de ses membres pour s'entendre avec le général; il leur dit simplement que le parlement ferait bien d'envoyer immédiatement une lettre circulaire pour les nouvelles élections, sinon qu'il se brouillerait probablement avec lui.

L'assurance que le général Monk était en dispute ouverte avec les chefs, et qu'il était disposé à insister pour avoir un parlement libre et compétent, fut rendue publique par l'impression de la lettre du général, qui fut aussitôt répandue. Cette nouvelle occasiona dans la cité les plus extravagantes réjouissances. La populace sonna toutes les cloches, alluma d'immenses feux de joie dans toutes les rues, et sauta alentour, en buvant à la santé du général, à celle des membres qui avaient été exclus du parlement, et même à celle du roi. Mais le principal amusement des gens du peuple fut de faire rôtir des croupions de volailles, ou des fragmens de viande de boucherie coupés en forme de groupions, pour ridiculiser ceux qui les gouvernaient et dont ils prévoyaient que l'autorité allait cesser aussitôt qu'un nouveau parlement serait convoqué. Cette débauche dura toute la nuit du 11 février 1660.

Monk, soutenu en même temps par la force militaire et la conscience de sa popularité, n'attendit pas que le nouveau parlement fût convoqué et l'ancien dissous, pour détruire autant qu'il était en son pouvoir l'influence de la junte siégeant à Westminster. Il lui ordonna d'ouvrir les portes, et d'admettre aux délibérations et aux votes les membres qui avaient été exclus et chassés de leurs siéges par la violence militaire, comme cela fut d'abord pratiqué par ordre de Cromwell, évènement qu'on appela *la purgation du colonel Pride.* Conformément à cet ordre, les membres exclus reparurent au parlement, et leur nombre établit une telle majorité dans la chambre, que les cinquante ou soixante personnes qui étaient à la tête du gouvernement furent aussitôt réduites à la nullité comme parti, nullité dont elles n'étaient sorties que par la force qu'elles avaient exercée contre les membres qui venaient d'être rétablis dans leur charge.

Les premiers actes de cette chambre ainsi renouvelée furent de congédier les réfractaires de l'armée, de renvoyer les officiers malintentionnés, dont le nombre était considérable, et de rendre au pays le calme et la tranquillité. Après quoi la chambre fut dissoute, ayant d'abord publié une lettre circulaire pour convoquer un nouveau parlement, qui devait s'assembler le 25 d'avril. Ainsi finit le Long-Parlement, comme on l'avait nommé; il avait siégé pendant près de vingt ans, et à l'époque qui est peut-être la plus fertile en évènemens dans l'histoire de la Grande-Bretagne.

Tandis qu'une importante révolution était sur le point d'avoir lieu, les affaires de Charles II semblaient presque plus déplorables qu'elles ne l'avaient jamais été auparavant. Une insurrection générale des Cavaliers avait été réprimée quelques mois auparavant par Lambert, et les mesures sévères qui furent prises continrent pour le moment et anéantirent presque le parti royaliste. C'était en vain que Charles avait fait des avances à Monk, tandis que ce général était en Écosse, tant par le propre frère de Monk, que par sir John Grenville, un de ses plus proches parens et un de ses plus chers amis. Si Monk avait arrêté sa pensée sur le rôle qu'il voulait jouer, il était sans doute déterminé à garder ses desseins secrets renfermés dans son cœur, et il refusa, quoique avec une grande politesse, d'écouter aucune proposition de la part de la famille exilée. Les détails que la petite cour errante recevait sur l'arrivée de Monk en Angleterre étaient également désolans : toute correspondance avec les Cavaliers avait été soigneusement évitée par le discret et mystérieux soldat dans les mains duquel la fortune semblait avoir placé le sort des royaumes de la Grande-Bretagne. La croyance général était que Monk voulait renouveler dans sa personne la tentative dans laquelle Cromwell avait réussi et Lambert échoué, et qu'il placerait encore un commandant militaire à la tête du gouvernement. Cette croyance semblait confirmée par sa conduite sévère dans la cité.

Tandis que Charles et ses courtisans étaient dans cet état d'abattement, ils furent étonnés par l'arrivée d'un partisan nommé Baillie, royaliste irlandais, qui avait voyagé avec une rapidité excessive, pour apporter au prince la nouvelle de la rupture décidée de Monk et du Long-Parlement, et de la joie qui avait été montrée par la cité de Londres, lorsque cette nouvelle était devenue publique. Charles et ses courtisans écoutaient le messager comme s'ils étaient le jouet d'un songe. Accablé par la fatigue du voyage, et l'imagination exaltée par l'importance des nouvelles qu'il apportait, l'officier semblait lui-même plutôt un homme sous l'influence d'une folie momentanée, ou d'un transport au cerveau, que le messager de nouvelles si importantes. Il était heureusement connu pour un gentilhomme d'un caractère ferme et fidèle, et l'on entendit avec étonnement que Londres brillait de feux de joie, que le vœu de toute la nation, exprimé hardiment et librement, demandait la restauration du roi, et que Monk avait insisté sur la nomination d'un parlement libre, auquel la junte ne pouvait pas s'opposer plus long-temps. Il produisit aussi une copie de la lettre de Monk au parlement, pour montrer que le général avait entièrement rompu avec ce corps.

D'autres messagers confirmèrent bientôt ces heureuses nouvelles, et sir John Grenville fut dépêché à Londres en toute hâte, avec plein pouvoir d'offrir au général tout ce qui peut satisfaire l'ambition ou l'amour des richesses, si dans ce moment de crise il voulait se déclarer en faveur de Charles.

Ce royaliste actif et fidèle atteignit la capitale, et refusant prudemment de confier son message à qui que ce fût, il obtint une entrevue du général discret. Il lui communiqua hardiment ses lettres de créance, et resta stupéfait lorsque Monk, reculant avec surprise, demanda à sir John avec émotion comment il osait être le porteur de telles propositions. Sir John répliqua avec fermeté que tous les dangers qu'il pouvait courir pour son souverain lui étaient devenus familiers par une longue habitude, et que le roi, d'après la conduite que Monk avait tenue, plaçait autant de confiance que d'espoir dans son loyal service. Alors le général Monk jeta de côté le masque qu'il avait porté jusqu'alors, ou bien il forma tout-à-coup une détermination sur ce qui, jusqu'à ce moment, avait été indécis dans sa pensée. Il accepta les offres qui lui étaient faites par le jeune prince, et depuis cet instant, s'il n'y avait pas songé jusque là, il fit des intérêts de Charles le principal objet de ses desseins. On a dit qu'il avait exprimé son désir de servir Charles avant de quitter l'Écosse, mais quelles qu'aient été ses secrètes intentions, il ne semble pas probable qu'il ait fait quelques confidences à qui que ce fût.

Lorsque le nouveau parlement s'assembla, la chambre des pairs, qui regagna dans ce nouvel ordre de choses les priviléges que Cromwell avait suspendus, reprit son rang comme une branche de la magistrature. Cependant les royalistes et les Presbytériens concouraient au même but, celui de rétablir le roi, et comme ils possédaient la plus imposante majorité, sinon la totalité des votes, dans la nouvelle chambre des communes, aussitôt que le parlement fut informé que lord Grenville était à Londres, et porteur de lettres du roi Charles, il fut reçu dans les deux chambres avec les plus grandes démonstrations de joie ; et la constitution d'Angleterre, avec son roi, ses lords et ses communes, qui avait été suspendue pendant vingt ans, fut restaurée tout d'un coup par acclamation.

Charles Stuart, au lieu d'être un prétendant banni, dont le nom était dangereux à prononcer, dont on ne pouvait embrasser la cause sans courir le risque de perdre la vie, devint à la fois un prince légitime, aimé, presque adoré, dont l'absence était déplorée par le peuple comme aurait pu l'être celle du soleil. Un nombre considérable de grands et d'ambitieux se rendirent précipitamment en Hollande, où était Charles, quelques uns pour faire valoir d'anciens services, d'autres pour excuser d'anciens délits, d'autres enfin pour rappeler qu'ils avaient exposé leur vie dans la cause du roi, ou pour enrichir le monarque en partageant avec lui le butin qu'ils avaient amassé en combattant dans des rangs opposés à sa cause. Quelques historiens ont dit que, par cette précipitation générale à replacer Charles II sur le trône sans aucune condition pour l'avenir, on perdait tous les avantages qu'on aurait pu retirer de la guerre civile, et qu'il eût bien mieux valu rétablir le roi par un traité solennel, qui eût stipulé les prérogatives de la couronne et les droits des sujets, et résoudre ainsi pour jamais ces grandes questions nationales qui avaient été discutées entre Charles Ier et son parlement. Ces réflexions sont belles en théorie, mais en pratique il y a bien des choses (et peut-être la restauration en était une) qui peuvent être exécutées aisément et sûrement si l'ouvrage est commencé et achevé dans l'enthousiasme d'un mouvement favorable, mais qui réussissent rarement lorsqu'elles se prolongent au-delà de cet heureux moment qu'il faut savoir saisir. L'ardeur en faveur de la monarchie, dont la nation anglaise était agitée, se serait probablement ralentie pendant les longueurs d'un traité, et peut-être toutes les questions délicates sur les institutions de l'église et de l'état auraient renouvelé toutes les discussions qui avaient occasioné la guerre civile. En supposant que l'incendie des anciennes discordes ne se fût pas rallumé en fouillant parmi ses cendres, on devait cependant se souvenir qu'une grande partie de l'armée de Cromwell existait encore, et qu'on ne pouvait pas même se fier entièrement aux troupes de Monk. Ainsi la moindre apparence de désunion, telle que les discussions qu'un traité propose auraient pu faire naître, aurait peut-être donné à ces guerriers enthousiastes un prétexte pour s'assembler de nouveau, et pour rétablir le despotisme militaire, qu'il leur plaisait d'appeler *le règne des saints*.

Une circonstance montra combien le danger était pressant, et combien il y aurait eu peu de sagesse à faire dépendre la restauration d'un gouvernement légal des chances d'un traité. Lambert, qu'on avait logé dans la Tour, comme une personne dangereuse, s'échappa de cette prison d'état, courut à Daventry, et rassembla des troupes. L'activité du colonel Ingoldsby, qui avait, comme Lambert, servi sous Cromwell, mais qui alors était sincèrement attaché à Monck, étouffa une étincelle qui aurait pu produire un grand incendie. Il réussit à persuader et à disperser les troupes qui s'étaient réunies sous Lambert, et faisant prisonnier de sa propre main son ancien commandant, il le ramena en sûreté à ses *quartiers* de la Tour de

Londres. Mais comme la route était couverte de soldats de la vieille armée de Cromwell se hâtant de rejoindre Lambert, il était clair que *le licenciement* immédiat de ces troupes et la capture de la personne de Lambert prévenaient le renouvellement général des hostilités.

Dans des circonstances aussi délicates, il était important que la restauration, qui était une mesure à laquelle tous les hommes sages devaient s'arrêter, comme le seul remède radical aux misères et aux désordres du royaume, fût exécutée promptement, laissant à l'avenir ou à la prudence mutuelle du roi et de ses sujets le soin d'éviter ces points de querelle qui avaient donné naissance à la guerre civile de 1641. Depuis ce temps, les royalistes ainsi que les parlementaires avaient souffert des maux assez violens pour que l'expérience ait enseigné aux uns combien il était imprudent de faire d'injustes tentatives pour étendre le pouvoir de la couronne, et aux autres à ne pas résister à ce pouvoir lorsqu'il ne dépasse pas ses limites constitutionnelles.

Le roi débarqua à Douvres, le 29 mai 1660, et fut reçu par le général Monk, alors gratifié du duché d'Albemarle, de l'ordre de la Jarretière et du commandement de l'armée. Le roi amena avec lui ses deux frères, Jacques, duc d'York, dont nous aurons beaucoup à parler, et le duc de Glocester, qui mourut jeune. Ils furent reçus avec des transports de joie si extravagans, que le roi dit à ceux qui l'entouraient : — Il faut certainement que ce soit notre propre faute, si nous avons été aussi long-temps absens d'un pays où l'on semble si joyeux de nous voir.

CHAPITRE XVI.

Caractère de Charles II. — Middleton envoyé comme grand-commissaire en Écosse. — Mesures du parlement écossais pour l'introduction de l'épiscopat. — Procès et exécution du marquis d'Argyle. — Procès du juge Swinton et autres. — Acte d'uniformité. — Renvoi du clergé non-conformiste. — Le comte de Lauderdale succède au pouvoir de Middleton.

Je ne puis vous parler très avantageusement de Charles II, qui, inopinément, et presque comme par miracle, fut replacé sur le trône de son père, en dépit des obstacles qui peu de jours avant sa restauration semblaient la rendre impossible. Ce prince avait un excellent jugement dont il fit peu d'usage, un extérieur gracieux, beaucoup d'esprit, et il ne manquait pas de courage. Malheureusement il était passionné pour le plaisir, et dans son ardeur à le poursuivre, il négligeait les intérêts de son royaume. Il avait beaucoup d'égoïsme, comme tous ceux qui ne pensent qu'à satisfaire leurs goûts; il semblait s'inquiéter fort peu de ses amis et de ses ennemis, pourvu qu'il pût se maintenir sur le trône, obtenir de l'argent pour fournir au luxe d'une cour dispendieuse et dissolue, et jouir de plaisirs faciles et dégradans. Il était naturellement bon, mais la moindre inquiétude pour sa sûreté personnelle le portait aisément à devenir sévère et même cruel; car son amour de lui-même l'emportait sur ses idées de justice et sur ses dispositions à la clémence. Il était toujours prêt à sacrifier la sincérité à ses intérêts, et peut-être l'épitaphe satirique composée d'après son propre désir, par son spirituel favori le comte de Rochester, n'est pas plus sévère que juste :

> Ci-gît notre bon roi Charlot,
> Dont la promesse était un pauvre gage :
> Quand il parlait c'était un sage ;
> Quand il agissait, un vrai sot.

Après cette esquisse du caractère du roi, il faut retourner en Écosse, d'où nous sommes absens depuis l'instant où Monk quitta Coldstream pour accomplir l'œuvre de la restauration.

Ce grand évènement y fut célébré avec les mêmes acclamations de joie que dans le royaume voisin. On peut dire avec vérité que les Écossais, pendant la guerre civile, n'avaient jamais renoncé entièrement à leurs sentimens en faveur de la monarchie. Ils combattirent contre Charles Ier, d'abord pour établir le presbytérianisme dans leur propre pays, puis pour l'étendre jusqu'en Angleterre; mais plus tard, les plus rigides Presbytériens même s'étaient unis à la résistance contre l'Angleterre, et avaient reconnu les droits de Charles II. Ils le prouvèrent, et soutinrent ses droits à la triste journée de Dunbar, qui leur fut si fatale. Depuis cette mémorable bataille, l'influence du clergé écossais sur le peuple en général diminua considérablement par les disputes que les ministres avaient entre eux, soit qu'ils adoptassent des doctrines plus rigides ou plus modérées, soit par les différens moyens dont la politique de Cromwell s'était servie pour avilir leur dignité et pour renverser leur pouvoir. Mais le parti presbytérien était toujours très fort en Écosse. Il dominait entièrement dans les contrées de l'ouest, avait un grand crédit dans le midi et dans les provinces du milieu; ce n'était que dans les comtés du nord que la cause des épiscopaux l'emportait.

L'église presbytérienne veillait avec soin à ses intérêts, car elle avait envoyé un agent ou commissaire à l'armée de Monk, avant qu'il eût atteint Londres, pour prendre soin des affaires de l'église d'Écosse, dans la révolution qui pourrait avoir lieu en conséquence de l'expédition du général.

Cet agent était James Sharpe, dont la vie fut célèbre et la mort encore plus déplorable. A cette époque, c'était un homme d'un assez grand savoir, hardi, actif et ambitieux, montrant beaucoup de zèle pour les intérêts de l'église, et ne négligeant nullement les siens. Ce maître James Sharpe s'aperçut facilement, tandis qu'il était à Londres, qu'il y avait peu de probabilité d'établir la religion presbytérienne en Écosse. Il est vrai que le roi Charles, dans sa dernière expédition dans ce royaume, avait accepté la Ligue Solennelle et le Covenant, et même avait prêté serment de les soutenir. Le principal objet de cette ligue était l'établissement du presbytérianisme le plus sévère.

Il était vrai aussi que le comte de Lauderdale, tant par ses talens distingués que par le long emprisonnement qu'il avait subi depuis la bataille de Worcester, avait le droit incontestable d'être consulté sur les affaires d'Ecosse, et qu'il conseilla fortement au roi de permettre que ses sujets du nord conservassent la forme de religion qui leur était si chère. Il essaya de donner cet avis de la manière la plus agréable au roi, se moquant amèrement de la pédanterie des ministres, et de l'usage qu'on faisait du Covenant; mais tout en désirant plaire au roi et l'amuser, il persévérait à soutenir que le Covenant et la discipline presbytérienne ne devaient point être abolis en Ecosse tant que le peuple leur conserverait une aussi grande partialité. On devait traiter les Écossais, disait-il, comme des enfans opiniâtres que leurs gouverneurs craignent d'exaspérer en leur arrachant un jouet qui ne leur convient pas, mais qui attendent avec patience le moment de leur sommeil, ou celui où la satiété le leur rend indifférent.

Cependant le respect que le roi devait à ses engagemens personnels, aussi bien qu'aux sages avis du comte de Lauderdale était fortement balancé par l'opinion des Cavaliers, qui professaient un dévouement absolu au roi, et affectaient de baser leur politique sur celle de Montrose. Ils faisaient retomber sur l'église presbytérienne tout le blâme de la dernière rébellion, et prétendaient que l'infâme transaction par laquelle on avait livré

Charles Ier à l'Angleterre était l'acte d'une armée guidée par les conseils des Presbytériens.

En somme, ils imputaient au clergé d'Écosse les torts primitifs qui avaient causé la guerre, et quoiqu'il fût certain que le clergé avait fini par se joindre à la cause royale, on assurait que ce changement n'avait eu lieu que lorsque les ministres presbytériens craignirent d'être privés de leur influence sur la conscience de leurs compatriotes par Cromwell et ses Indépendans schismatiques. On rappelait aussi au roi qu'il avait été reçu par les Presbytériens moins comme leur prince que comme un instrument passif auquel ils ne voulaient rien permettre, sinon de s'appeler leur souverain, et que, lorsqu'il s'engagea dans le Covenant, il était tenu dans un degré de contrainte morale qui le déliait de cet engagement, autant que s'il lui avait été imposé par une violence personnelle. Enfin on lui représentait que le peuple d'Écosse montrant une joie extrême de son heureuse restauration, le moment était on ne peut plus favorable pour toute innovation, soit dans l'église, soit dans l'état, qui pourrait assurer la couronne sur sa tête. On ajoutait qu'aucun changement ne pouvait être plus important que celui de substituer l'épiscopat au presbytérianisme; et qu'une fois l'occasion perdue, elle ne se retrouverait peut-être jamais.

Le roi lui-même avait des raisons personnelles, quoiqu'elles n'eussent pas dû entrer dans une telle détermination, pour se ressouvenir avec dégoût des affronts et des traitemens rigoureux qu'il avait reçus des chefs presbytériens avant que la bataille de Dunbar n'eût aboli leur pouvoir. Il avait alors conçu l'idée que le presbytérianisme n'était point une religion faite pour un gentilhomme, et il transmit à lord Middleton, qui devait être son grand-commissaire et représentant au parlement écossais, des pleins pouvoirs pour substituer l'épiscopat à la religion nationale d'Écosse aussitôt qu'il le jugerait à propos.

Cette détermination était l'arrêt mortel du presbytérianisme autant qu'il était au pouvoir de Charles de le prononcer, car Middleton, quoique jadis au service du parlement covenantaire, et comme tel opposé à Montrose, par lequel il fut battu au pont de la Dee, avait ensuite été major-général dans l'armée malheureuse du duc d'Hamilton, qui fut détruite à Uttoxeter en 1648; et depuis cette époque, il avait combattu bravement, quoique sans succès, pour la cause de Charles. Middleton, disons-nous, professait les principes du plus extravagant royalisme. C'était un bon soldat ; mais, sous d'autres rapports, un homme de talens inférieurs, qui avait mené la vie d'un aventurier, et qui, au faîte de la fortune où il était parvenu, était déterminé à donner pleine carrière à ses penchans favoris. Ces penchans étaient malheureusement grossiers et scandaleux. Les Covenantaires avaient, du moins en apparence, une conduite aussi morale que sévère, et les Cavaliers, afin de leur être opposés en tout, s'abandonnaient aux excès du vin et de la débauche, et pensaient qu'en se conduisant ainsi, ils montraient leur fidélité au roi et leur mépris pour ce qu'ils appelaient l'hypocrisie étudiée de ses ennemis. Lorsque leur parlement s'assemblait, il y avait en général un grand nombre de Cavaliers pris de vin ; et plus d'une fois on fut obligé d'ajourner la séance, parce que le commissaire royal était trop ivre pour se tenir décemment sur son siége.

Lorsque le parlement était dans cette joyeuse humeur, il ne manquait pas d'approuver les plans du commissaire Middleton et des plus violens royalistes, avec un zèle qui était également imprudent et impolitique. Par un coup d'état violent, il détruisit et abolit les statuts et les ordonnances qui avaient été décrétés par ceux qui jouissaient en Écosse du suprême pouvoir depuis le commencement de la guerre civile. En agissant ainsi, les royalistes renversèrent plusieurs lois utiles, plusieurs qui avaient reçu la sanction du souverain, et quelques unes qui furent créées absolument pour sa défense, et pour reconnaître et protéger ses droits. Par un acte qui suivit, le gouvernement de l'église presbytérienne fut entièrement détruit; et les institutions de l'épiscopat, pour lesquelles la nation avait manifesté tant d'aversion, furent établies avec autant de précipitation que de témérité. M. James Sharpe, qui avait cédé aux tentations brillantes qui lui étaient offertes, fut nommé lord évêque de Saint-André et primat d'Ecosse. D'autres personnages, soit des anciens membres de l'église épiscopale, soit de nouveaux convertis aux doctrines qui semblaient une route sûre pour l'avancement, furent nommés prélats et obtinrent un siége au parlement, ainsi qu'une grande influence dans les conseils de la nation.

Il peut sembler étonnant que de si grands changemens, et dans une matière si importante, aient pu s'opérer sans une plus violente opposition : mais la joie générale qu'éprouvaient les Écossais d'être délivrés du joug de l'Angleterre; la retraite des troupes qui abandonnaient les citadelles dont Cromwell s'était servi pour les contenir par la force, comme un conquérant étranger gouverne un pays subjugué; le plaisir de voir un parlement national agissant sous l'autorité d'un prince qui était leur compatriote, étaient d'un grand poids dans les premiers transports, pour réconcilier les esprits même au changement des formes de la religion, lorsque ces changemens étaient présentés comme la conséquence (prétendait-on) de la restauration du pouvoir royal.

La noblesse écossaise, principalement parmi les jeunes gens, était depuis long-temps offensée de la liberté des prédicateurs presbytériens qui poursuivaient les faiblesses et les fautes jusque dans le sein des familles; et ce droit, que le clergé réclamait et exerçait, devenait de plus en plus intolérable à ceux qui se sentaient disposés à adopter les mœurs libres et dissolues qui distinguaient les Cavaliers d'Angleterre, et qui recevaient avec ressentiment les réprimandes dont le clergé presbytérien prétendait avoir le droit d'user pour entraver leur carrière de plaisir.

La populace des villes était amusée par les processions, les largesses et les distributions gratuites de liqueurs, et de semblables marques de réjouissances publiques par lesquelles elle est généralement séduite; et je ne puis m'empêcher de citer comme un fait remarquable, que le 20 avril 1661, Jenny Geddes, la même femme qui avait donné le premier élan à la guerre civile, en jetant son tabouret à la tête du doyen d'Edimbourg lorsqu'il lisait le livre de la liturgie, le jour mémorable du 23 juillet 1637, montra sa conversion au royalisme en donnant les matériaux qui formaient sa petite boutique de légumes, ses paniers, ses tablettes, ses bancs et même sa propre chaise d'osier pour augmenter un feu de joie allumé en honneur du couronnement de Sa Majesté et des arrêts de son parlement.

Cependant il y avait bien des gens en Écosse qui étaient différemment affectés des brusques procédés de Middleton et de son joyeux parlement sur les sentimens duquel j'aurai beaucoup à dire.

Le plus grand mal qu'on pouvait appréhender du retour du roi, était la probabilité qu'il ne serait pas disposé à pardonner à ses plus grands ennemis ainsi qu'à ceux de son père, et qu'il perpétuerait ainsi le souvenir des anciens torts et des anciennes querelles en se vengeant. Il avait publié, il est vrai, une promesse d'oubli et d'amnistie pour toutes les offenses contre lui et contre son père qui s'étaient commises pendant la guerre civile. Mais cette proclamation portait une exception des personnes que le parlement désignerait particulièrement comme méritant punition. En conséquence, ceux qui avaient puissamment contribué à la mort, ou, comme on peut le dire, à l'assassinat de Charles Ier, furent, avec une ou deux autres personnes dont la conduite avait été d'une extrême violence dans les derniers temps, exceptées du pardon général; et quoiqu'il n'y eut qu'un petit nombre de gens condamnés à mort, il eût peut-être mieux valu encore en épargner plusieurs, même parmi les plus coupables. Mais cette question appartient à l'histoire d'Angleterre, et afin que l'Écosse pût être témoin de semblables exemples de sévérité, on résolut de faire le procès aux grands coupables de ce pays.

Parmi eux, le marquis d'Argyle, dont nous avons souvent parlé, était incontestablement le plus remarquable. Il avait paru à Londres au moment de la restauration, espérant s'arranger avec le roi; mais il fut aussitôt arrêté, enfermé dans la Tour, et plus tard renvoyé en Écosse pour y être jugé suivant les lois de ce pays. Dans le parti des Cavaliers, on désirait avec ardeur qu'Argyle fût mis à mort, en représailles de l'exécution de Montrose, dont on doit se rappeler qu'il avait été le plus persévérant et le plus mortel ennemi. Il avait sans doute été coupable de grandes cruautés en détruisant le parti royaliste dans les hautes-terres, il avait aussi probablement contribué au sort tragique de Montrose, quoiqu'il se fût toujours éloigné des conseils qui se tinrent à ce sujet. Mais cependant ce n'était plus le moment de le condamner pour ses crimes. Le roi, lorsqu'il vint en Écosse après l'exécution de Montrose, approuva tout ce qui avait été fait contre lui, comme si on eût agi pour le mieux; il était entré par la porte d'Édimbourg, sur laquelle les traits de son fidèle général étaient noircis par le soleil. Dans ces circonstances, il avait reçu les soins et les services du marquis d'Argyle comme sujet fidèle. En outre, les offenses du marquis étaient effacées, et il se trouvait protégé par un acte de *rémission* générale, accordé par Charles en 1651, pour tous les crimes d'état commis avant cette époque.

Convaincus du poids que cette dernière circonstance pourrait avoir dans la défense d'Argyle, le conseil de la couronne et les juges recherchèrent avec ardeur si le marquis d'Argyle avait eu des communications avec l'armée anglaise depuis 1651. Le procès se prolongea, et l'accusé était sur le point d'être acquitté, par défaut de témoignages pour des faits d'une plus grande importance que cette soumission forcée que les Anglais victorieux avaient exigée de tous, et que personne n'avait eu la faculté de leur refuser. Mais au moment où le marquis d'Argyle allait être mis en liberté, on entendit frapper à la porte du tribunal, et une dépêche qu'on venait d'apporter de Londres fut remise au lord-avocat. Lorsqu'on sut que le nom du messager était Campbell, on supposa qu'il apportait le pardon du marquis accusé; mais la dépêche était bien différente, elle contenait plusieurs lettres qui avaient été écrites par le marquis d'Argyle au général Monk, lorsque ce dernier combattait sous Cromwell, et dans lesquelles il essayait naturellement de gagner les bonnes grâces du général, en exprimant l'intérêt qu'il portait aux affaires d'Angleterre, alors conduites en partie par son correspondant. Il semblerait que Monk n'aurait point eu l'intention de produire ces lettres, si l'on avait trouvé d'autres témoignages pour assurer la condamnation d'Argyle, désirant sans doute éviter l'ignominie dont le couvrirait une action aussi perfide; cependant il se décida à les envoyer, afin qu'elles fussent produites au tribunal plutôt que de laisser acquitter l'accusé. Cette action laisse une grande tache sur le caractère du restaurateur de la monarchie anglaise.

Ces lettres, dont le secret était dévoilé avec tant de perfidie, furent reçues comme une preuve convaincante de l'intelligence du marquis avec l'ennemi anglais. Étant trouvé coupable d'une action à laquelle aucun homme en Ecosse n'aurait pu se refuser à cette époque, il fut condamné à avoir la tête tranchée.

Au moment où Argyle se releva, car il avait reçu sa sentence à genoux, il dit : Ceci me rappelle que je fus le premier à parer la tête de Sa Majesté d'une couronne royale (faisant allusion au couronnement à Scone), en voici la récompense. Mais que Dieu lui donne une couronne de gloire.

Argyle affronta la mort avec un courage qu'on n'aurait pas attendu de lui, si on l'avait jugé par quelques actions de sa vie, car on le croyait généralement d'un caractère timide. Sur l'échafaud il dit à un de ses amis qu'il se sentait capable de braver la mort comme un Romain, mais qu'il préférait s'y soumettre avec la patience d'un chrétien. Sa conduite jusqu'à ses derniers momens prouva la vérité de ces paroles. Ainsi mourut le célèbre marquis d'Argyle, qui joua un rôle si important pendant cette époque mémorable. Il était appelé par les habitans des hautes-terres Gillespie Grumach, ou Argyle le Sombre, parce qu'une obliquité dans ses yeux donnait quelque chose de sinistre à sa physionomie. La tête du marquis d'Argyle remplaça sur la tour de la prison celle de Montrose, son ennemi formidable, dont les membres dispersés étaient alors réunis, et avaient été transportés avec une grande pompe dans un honorable tombeau.

John Swinton de Swinton, représentant d'une famille dont il est sans cesse fait mention dans la première série de cet ouvrage, était destiné à partager le sort d'Argyle. Il avait embrassé la cause de Cromwell peu de temps après la bataille de Dunbar, et c'était par ses conseils et ceux de Lockart de Lee que l'usurpateur dirigea principalement les affaires d'Ecosse. Il était ainsi bien plus profondément engagé dans les intérêts de Cromwell que le marquis d'Argyle, quoique moins coupable sous d'autres rapports. Swinton était un homme d'un jugement fin et pénétrant, et dont l'esprit avait une grande activité. Se voyant menacé de tout côté et envoyé en Ecosse sur le même vaisseau qu'Argyle, il lui prit la fantaisie, soit par conviction, soit pour éviter le danger qui le poursuivait, de se faire Quaker. Comme il avait résolu que toute sa famille embrasserait la même religion, son fils aîné fut fort surpris en s'éveillant un matin de voir son habit écarlate galonné, sa rapière et les autres parties à la mode de l'habillement d'un jeune gentilhomme de cette époque, changés contre un simple vêtement de drap gris, avec un chapeau rabattu, sans ganse ni boutons, et qui se trouvaient placés à côté de son lit. Ce fut avec bien de la peine qu'on put le déterminer à se vêtir de ces simples habits.

Son père, au contraire, semblait entièrement habitué à l'humble condition qu'il avait adoptée, et lorsqu'il parut à la barre dans le simple costume de sa nouvelle secte, il refusa de se servir pour sa défense des excuses légales accordées par l'acte d'amnistie, ou d'aucune autre excuse : mais il répondit suivant les principes de *non-résistance* de sa nouvelle religion ; disant qu'il était vrai qu'il avait été coupable des crimes dont on l'accusait et de bien d'autres encore, mais qu'il était alors dans le fiel de la méchanceté et dans les liens de l'iniquité ; que maintenant, rappelé à la lumière, il reconnaissait ses erreurs passées, et ne refusait pas de les racheter par le sacrifice de sa vie. Sa manière de se défendre était à la fois si digne et si modeste, et la vue d'une personne qui avait joui d'un grand pouvoir, placée dans des circonstances si différentes, parut affecter à un tel point le parlement devant lequel Swinton comparaissait, que la vie de cet accusé fut épargnée, mais il fut réduit à la pauvreté par des amendes et par la confiscation de ses biens. Les habitans du pays de *Swinton* disaient que s'il n'eût pas *tremblé* il ne fût pas devenu *trembleur* [1]. Mais, malgré ce jeu de mots, sa conversion paraît avoir été parfaitement sincère. On rapporte que ce fut principalement lui qui contribua à convertir aux opinions des *Amis*, le célèbre Robert Barclay ; ce dernier défendit plus tard leur cause, dans l'*Apologie en faveur des gens appelés Quakers par mépris*. Swinton resta jusqu'à sa mort membre de cette congrégation, et il s'y fit généralement estimer.

(1) Allusion au mot de *Quaker*, qui signifie littéralement *Trembleur*. — Éd.

La délivrance du juge Swinton peut être presque regardée comme miraculeuse, puisque ceux qui suivirent la même conduite que lui pendant les troubles, quoique inférieurs à lui et moins dignes d'attention, ne purent obtenir leur grâce ; Johnston de Wariston, exécuté pour crime de haute trahison, était, il est vrai, un homme bien né, et un avocat qui avait trempé dans toutes les mesures de Cromwell et celles qui furent prises dans les temps qui suivirent ; mais ce fut une puérile vengeance que celle qui choisit comme méritant un châtiment capital, M. Guthrie, ecclésiastique qui avait écrit un livre où il attribuait la colère du ciel contre l'Ecosse aux fautes de Charles Ier et de sa maison, et un homme nommé Govan, principalement parce qu'il avait été le premier à apporter en Ecosse la nouvelle de la mort de Charles, et en avait parlé avec approbation.

Un *acte d'oubli* fut enfin publié, mais il contenait une clause fatale : ceux qui par leur conduite passée avaient le droit de s'en prévaloir, étaient assujettis à des amendes en proportion de leur fortune. L'imposition de ces amendes était confiée à un comité composé de membres du parlement, qui acceptaient secrètement des présens considérables de ceux qui étaient les plus coupables, et infligeaient souvent les peines les plus sévères à ceux qui étaient les plus innocens.

Une transaction plus hardie encore montre sous leur plus grand jour la rapacité et l'effronterie du commissaire Middleton.

Le marquis d'Argyle, comme je l'ai déjà dit, fut exécuté, et son fils hérita seulement de son titre de comte. Il s'était rendu à Londres, afin de se faire quelques protections à la cour. On lui persuada que les mignons de lord Clarendon, alors à la tête des affaires, s'engageraient pour mille livres sterling à lui procurer le patronage et la faveur de ce ministre. En conséquence, Argyle écrivit une lettre confidentielle à lord Duffus, dans laquelle il disait que s'il pouvait lever mille livres sterling il lui serait facile d'obtenir la protection du ministre anglais ; et qu'en pareil cas, il espérait que les difficultés de sa position présente ne seraient qu'une tempête de gowk [1] ; puis après quelques expressions méprisantes sur le parti qui l'emportait dans le parlement écossais, il ajoutait « que le roi verrait de ses tours. »

Cette lettre tomba entre les mains de Middleton, qui décida, sur des expressions faibles et innocentes, assez naturelles à un courtisan jaloux, qu'Argyle serait arrêté et jugé pour *Leasing Making*, crime qui consistait à répandre des rapports mensongers, tendans à semer la dissension entre le roi et le peuple. Par cette loi tyrannique, qu'on avait remise en vigueur à dessein, mais qui dans son origine ne pouvait être applicable au secret d'une lettre, Argyle fut dépouillé de ses domaines et condamné à perdre la tête. Mais les détails d'un semblable procès et d'une telle sentence pour une vague expression de mauvaise humeur, frappèrent Charles d'étonnement ainsi que son conseil privé, lorsque ces détails parvinrent en Angleterre. Le chancelier Clarendon s'écria le premier en la présence du roi, que s'il pensait vivre dans un pays où une oppression si tyrannique était permise, il s'enfuirait des états de Sa Majesté aussi vite que sa goutte le lui permettrait. Un ordre fut envoyé pour arrêter l'exécution d'Argyle, qui fut néanmoins retenu prisonnier tant que Middleton conserva son pouvoir : châtiment sévère pour avoir imputé une petite fraude au ministère du roi. On lui rendit dans la suite ses domaines et sa liberté, qu'il perdit encore plus tard par une semblable persécution.

Middleton espérait regagner dans la faveur de Charles et dans l'opinion de Clarendon la confiance qu'il avait perdue par son excessive sévérité, en pressant les changemens du gouvernement de l'église en Écosse. — Un acte

---

(1) Une courte tempête comme il en vient dans le printemps, la saison du coucou, que les Écossais appellent *gowk*.

général d'uniformité fut publié pour assujettir aux observances de l'église épiscopale, et cet acte fut suivi d'un ordre du conseil, de la plus grande violence, et qui, dit-on, avait été tracé à Glascow pendant la chaleur de l'ivresse et de la débauche. Cet ordre, d'une sévérité outrée, portait que tous les ministres qui n'auraient point été présentés comme candidats par leurs patrons laïques, et qui n'auraient pas pris possession de leur bénéfice devant les prélats, seraient chassés par la force militaire si cela devenait nécessaire ; il était défendu à tous les paroissiens de reconnaître le ministère de ces non-conformistes, et de les considérer comme ecclésiastiques. C'était d'un seul coup chasser tous les ministres presbytériens qui se feraient scrupule de devenir épiscopaux.

Il semblerait, par cet acte téméraire, que Middleton supposait que les ministres, tout attachés qu'ils étaient au presbytérianisme, se soumettraient à l'épiscopat plutôt que de perdre leurs émolumens, qui chez la plupart étaient les seuls moyens d'existence pour eux et leur famille. Mais, à la grande surprise des commissaires, environ trois cent cinquante ministres quittèrent leur cure sans hésiter un instant, déterminés à se soumettre aux dernières extrémités de la misère, plutôt que de jouir d'une aisance qui serait le prix de leur apostasie aux dogmes de leur église. Dans les parties du nord de l'Écosse, dans les contrées du centre, et le long des frontières du côté de l'est, la plupart des ecclésiastiques se soumirent ; mais les comtés de l'ouest, où le presbytérianisme avait toujours été le plus florissant, furent presque tous privés de leurs pasteurs. Il en résulta qu'environ un tiers des ministres des paroisses en Écosse furent tout d'un coup chassés de leurs bénéfices, et le peuple sevré de leurs instructions.

Les congrégations des prédicateurs exilés furent vivement affectées par ce brusque changement et par le sort de leurs pasteurs ; plusieurs de ces derniers avaient par leur naissance et par leur mariage, des relations et des liaisons dans la paroisse dont ils étaient bannis avec tant de précipitation, et ils avaient tous été les instituteurs zélés du peuple dans les matières de religion, et souvent leurs conseillers dans les affaires temporelles. Il n'eût donc pas été naturel que les paroissiens eussent vu avec indifférence leurs ministres descendre d'une aisance décente à la pauvreté, et se soumettant avec patience, plutôt que de sacrifier les scrupules de leur conscience à leurs intérêts. Ils montrèrent dans toutes les circonstances la plus touchante sympathie pour leur détresse.

La cause pour laquelle on persécutait le clergé n'était pas non plus indifférente aux laïques. Il est vrai que les conséquences de la Ligue Solennelle et du Covenant avaient été si fatales, qu'à l'époque de la restauration, il n'y aurait eu que quelques Presbytériens rigides et hyperboliques qui eussent pu désirer la réorganisation de cet engagement célèbre. La cour, avec de la douceur et de la modération, aurait pu réduire ce qui avait été une fois l'idole de tout vrai Presbytérien à l'insignifiance d'un vieil almanach, suivant l'expression des Indépendans. Mais il y avait une grande différence entre souffrir que le Covenant tombât en désuétude, comme contenant des doctrines trop élevées et trop faciles à être mal comprises et mal interprétées, ou être d'accord avec le gouvernement pour ridiculiser comme absurde, et abandonner comme odieux, un document qui avait été pendant un temps si hautement respecté.

Cependant le parlement ordonna que la Ligue Solennelle et le Covenant fussent brûlés à la croix d'Édimbourg et dans d'autres lieux, avec tous les signes du déshonneur; tandis que des figures arrangées de manière à offrir la ressemblance des Whigamores de l'ouest, comme on les nommait, étaient aussi jetées aux flammes, pour représenter le presbytérianisme brûlé en effigie. Mais comme les témoins de ces mesures ne pouvaient s'empêcher de se souvenir en même temps qu'à sa première formation le Covenant avait été accueilli par l'Écosse presque tout entière avec des yeux en pleurs et des mains élevées au ciel ; que le roi lui-même lui avait prêté un serment solennel, ainsi qu'une grande partie de la noblesse, dans laquelle on pouvait comprendre les ministres actuels, il était naturel que ces personnes ressentissent un respect involontaire pour ce qui jadis avait paru sacré à eux ou à leurs pères, et pensassent que les insultes inutiles dirigées contre le Covenant étaient une espèce de sacrilége.

Les sermens qui imposaient à chaque personne remplissant une charge publique le devoir de renoncer au Covenant comme à un engagement contraire aux lois, coûtaient à la conscience de plusieurs, particulièrement dans les classes les moins élevées. En général, les efforts pour rendre le Covenant odieux et méprisable ranimèrent parmi le peuple écossais une passion qui commençait à s'éteindre.

Il y eut une autre conséquence fâcheuse de l'expulsion du clergé presbytérien. Tant de bénéfices devinrent vacans tout d'un coup, qu'il fut impossible aux prélats de trouver un assez grand nombre de personnes convenables dont les talens et les mérites auraient pu remplacer ceux des prédicateurs exilés. Une multitude de jeunes gens dont l'éducation était à moitié achevée furent envoyés précipitamment des districts du nord, pour devenir *Curates*[1], c'est le terme employé dans l'église épiscopale d'Écosse pour un prêtre de paroisse, quoiqu'on s'en serve ordinairement en Angleterre pour désigner un ecclésiastique payé pour remplir la charge d'un autre. Par cette précipitation inévitable à remplir les places vacantes dans le clergé, ces jeunes étudians, placés avec tant de hâte dans la vigne spirituelle, avaient, suivant les historiens de l'époque, aussi peu de morale que de science, et encore moins de religion que de science et de morale. Un gentil-

---

(1) Généralement les *Curates* sont des desservans. — Éd.

homme campagnard du nord maudissait, à ce qu'on prétend, les scrupules des membres du clergé presbytérien, parce que, disait-il, depuis qu'ils avaient abandonné leurs bénéfices, il était impossible de trouver un garçon pour mener paître les vaches. Ils étaient tous partis pour être curés dans les comtés de l'ouest.

Les congrégations presbytériennes quittèrent en grand nombre les églises de paroisse, et c'était une conséquence naturelle des malheureuses circonstances. Les Presbytériens négligeaient les nouveaux curés, les traitaient sans respect, cherchaient leurs anciens prédicateurs dans l'obscurité où ils s'étaient retirés, et demandaient et recevaient les instructions religieuses. Les ecclésiastiques renvoyés croyaient qu'il était encore de leur devoir d'instruire ceux qui en avaient besoin et qui le désiraient, malgré les nouvelles sévérités dont cette conduite les rendait l'objet de la part du gouvernement.

Les cours spirituelles, ou cours par commission, comme on les appelait, tentèrent de trouver un remède contre la défection occasionée par les scrupules du peuple. Neuf prélats et trente-cinq commissaires, parmi les laïques, dont un évêque avec quatre assistans, formant un comité, eurent le pouvoir de faire exécuter les lois créées pour la conservation de l'église épiscopale. Ces cours ecclésiastiques oppressives étaient tenues dans tous les lieux où il y avait des plaintes de non-conformité, et elles employaient toutes les rigueurs des emprisonnemens, des amendes et châtimens corporels contre ceux qui abandonnaient le service de leurs propres paroisses, pour aller écouter les doctrines des ministres presbytériens ; ces assemblées religieuses et secrètes furent appelées *conventicules*.

Ces conventicules se tinrent d'abord dans des maisons particulières, dans des granges et d'autres bâtimens, comme c'était le cas en Angleterre, où (quoique dans un degré plus modéré) la conformité générale de l'église était aussi forcée. Mais comme ces assemblées, surtout lorsqu'elles furent nombreuses, étaient sujettes à être découvertes et interrompues par les juges de paix (*peace officers*) et les soldats qui les dispersaient avec grossièreté, quelquefois volant aux hommes leur bourse, et aux femmes leurs manteaux et leur plaid, les Presbytériens écossais eurent recours, pour leur sûreté, à un expédient qui leur fut suggéré par le caractère sauvage de leur pays. Ils tenaient ces assemblées défendues en plein air, loin de tous les yeux, et loin des distractions, dans des lieux montagneux et solitaires, où il n'était ni facile de les découvrir, ni prudent de les troubler, à moins que la force qui les attaquait ne fût considérable.

Du côté opposé, le conseil privé redoublait d'efforts pour réprimer ou plutôt détruire les non-conformistes. Mais la violence de ses poursuites avait attiré l'attention des ministres anglais. Middleton commençait à tomber dans la disgrâce de Charles, et fut envoyé comme gouverneur à Tanger. C'était une espèce de bannissement honorable; il y perdit la vie qu'il avait si souvent exposée dans les dangers des batailles, en tombant d'un escalier.

Lauderdale, qui succéda à son pouvoir, avait bien plus de talens. Son physique était disgracieux; il avait une haute taille, des cheveux rouges fort épais, des traits rudes, et une langue qui paraissait trop large pour sa bouche. Mais il possédait beaucoup de jugement, de savoir et d'esprit. Il fut, dans l'origine, zélé pour le Covenant, et les ennemis qu'il avait à la cour pressaient les sermens par lesquels on devait renoncer à cet engagement avec d'autant plus d'ardeur qu'ils espéraient que Lauderdale se ferait un scrupule de les prononcer; mais il ne fit que rire de leur idée de se croire capables de l'arrêter dans son ambition par un serment quelconque.

Dès qu'il eut le pouvoir en main, il s'aperçut facilement que les violentes mesures qu'on avait adoptées étaient plutôt faites pour ruiner l'Écosse que pour établir l'épiscopat. Mais il comprit aussi qu'il ne pourrait pas conserver le pouvoir qu'il avait obtenu, à moins qu'il ne restât d'accord avec Sharpe, le primat d'Écosse, et les autres évêques à l'instigation desquels ces mesures étaient adoptées et mises à exécution. D'après l'égoïsme et le caractère rusé de Lauderdale, on peut supposer qu'il leur conseilla même des excès plus violens, afin que lorsque les conséquences de leur conduite auraient détruit leur réputation, il pût obtenir une entière puissance, en succédant à celle que les prélats partageaient avec lui. Ainsi, on exerça toujours les mêmes sévérités contre les non-conformistes, et les amendes ruineuses auxquelles ils étaient condamnés étaient levées en envoyant des garnisaires chez les délinquans. Ces soldats avaient droit de loger, manger et boire dans les maisons des condamnés, et d'en exiger du fourrage pour leurs chevaux, jusqu'à ce que l'amende fût payée. Ces gens, sachant qu'ils étaient placés comme *châtiment* dans les familles où ils se trouvaient en quartier, étaient aussi insolens qu'avides, et pour se débarrasser d'hôtes aussi incommodes, le malheureux propriétaire vendait avec plaisir, quoique à perte, tous les objets de valeur qui pouvaient lui procurer quelque argent.

Les principaux agens dans cette espèce de croisade contre le calvinisme étaient les soldats des gardes à cheval du roi, corps établi depuis la restauration sur le modèle des troupes françaises de la maison du roi. Ces soldats, considérés comme gentilshommes, étaient assez ordinairement les plus jeunes fils d'hommes qui avaient des prétentions à la naissance; Cavaliers par profession, ils s'adonnaient à toutes les débauches familières à la jeunesse dissolue de cette époque, et devaient être probablement par leurs habitudes et leurs goûts un tourment et un véritable fléau pour les maisons paisibles où ils étaient en quartier. D'autres régimens de cavalerie, établis suivant l'usage ordinaire, furent levés dans le même dessein.

L'ouest de l'Écosse, et particulièrement le Dumfries-Shire, l'Ayr-Shire et le Galloway, furent les plus surchargés, étant plus réfractaires et plus obstinés que les autres comtés. Sir James Turner fut envoyé dans cette partie du royaume avec un nombre de troupes considérable, et un plein pouvoir du conseil privé pour imposer des amendes et infliger d'autres peines à ceux qui refuseraient la conformité générale. Sir James était un soldat de fortune, qui avait servi sous Lesly, puis ensuite dans l'armée des Engagistes, sous le duc d'Hamilton. Il était homme de lettres, ayant écrit un traité sur l'Art de la guerre, et d'autres ouvrages outre ses propres mémoires. Néanmoins il paraît, par les détails qu'il donne sur lui-même dans ses mémoires, qu'il pilla sans scrupule. D'autres autorités rapportent que son caractère était cruel et dissolu. Dans de telles mains, il n'était pas probable que le pouvoir assigné par la commission sommeillât, quoique sir James assure ses lecteurs qu'il ne levait jamais qu'environ la moitié de l'amende imposée. Mais un concours de circonstances avait rendu l'exercice d'une telle commission moins sûr qu'il ne l'avait été jusqu'alors.

CHAPITRE XVII.

Conventicules. — Le Pentland se soulève. — Bataille de Rullion-Green. — Tolérance accordée. — Retirée. — Les Covenantaires proscrits. — Conventicules armés. — Superstition des Covenantaires. — Persécution des Covenantaires. — Aventures du capitaine Creichton.

Lorsque l'habitude de tenir des conventicules dans les champs fut adoptée, elle exalta les esprits de ceux qui les fréquentaient jusqu'au plus haut degré d'enthousiasme. Les personnes âgées et timides pouvaient difficilement s'engager dans des expéditions lointaines, au milieu de montagnes sauvages et dans des marais; aussi la plupart de ceux qui assistaient au service divin dans de semblables occasions, étaient robustes de corps et hardis d'esprit, ou du moins étaient des hommes dont le manque de forces et de courage était plus que compensé par le zèle religieux. La vue des rocs et des montagnes qui les entouraient donnait de la solennité à leurs actes de dévotion, et les encourageait dans la pensée de se défendre parmi les forteresses construites par les mains de la nature, et dans lesquelles ils s'étaient réfugiés pour adorer Dieu suivant les formes que leurs habitudes leur dictaient et que leur conscience approuvait. Le souvenir que leurs pères avaient souvent trouvé dans ces retraites fortifiées un refuge inaccessible contre les vainqueurs étrangers, devait encourager leur confiance naturelle, et elle était confirmée par le succès avec lequel ils avaient quelquefois attendu de pied ferme de petits corps de troupes qui furent dans quelques occasions repoussés par ces mêmes Whigs qu'ils étaient venus pour disperser. Dans les circonstances de ce genre, les Covenantaires se conduisirent avec modération, n'infligeant d'autre peine aux prisonniers qui avaient pu tomber entre leurs mains que de les garder pour les faire jouir du bienfait d'un long sermon. Le fanatisme ajouta des merveilles pour encourager ce nouvel esprit de résistance. Les Covenantaires se crurent sous la protection immédiate du pouvoir qu'ils adoraient, et leur imagination délirante espérait même une intervention miraculeuse. Dans un conventicule tenu sur une des montagnes de Lomond dans le comté de Fife, on raconta et l'on crut qu'une figure angélique se montrait dans les airs, planant au-dessus de la congrégation assemblée, avec un pied en avant, et comme occupée de veiller à sa sûreté.

En général, l'idée de repousser la force par la force et de se défendre contre les soldats et contre les autres personnes qui les attaquaient lorsqu'ils étaient occupés à servir le Seigneur, devint plus fréquente parmi les non-conformistes, fatigués de persécutions. Dans ce dessein, la plupart des membres de la congrégation s'assemblaient en armes, et je dois la description suivante d'une pareille scène à une dame dont la mère avait bien souvent été présente à de telles assemblées.

— Le conventicule était tenu sur les montagnes de Eildon, au milieu de deux des trois sommets en cône qui forment la cime de la montagne. De fidèles sentinelles étaient placées sur les avant-postes, tout autour, de manière à dominer sur tout le pays qui était à leurs pieds, et à donner une prompte alerte lors de l'approche d'un parti ennemi. Le ministre occupait une chaire élevée ; il avait le dos tourné du coté du vent. Il y avait peu, ou, pour mieux dire, il n'y avait aucun homme de qualité ou de distinction ; car de tels hommes n'auraient pu manquer d'être découverts, et auraient perdu leur fortune : cependant beaucoup de femmes de bonne naissance, et qui tenaient le rang de dames, aimaient à se trouver aux assemblées défendues ; il leur était permis de s'asseoir à la tête de la congrégation. Leurs selles étaient placées par terre pour servir de siéges, et leurs chevaux attachés à un piquet derrière l'assemblée. Devant les femmes, et dans l'espace qui les séparait de la tente, ou chaire temporaire, les armes des hommes, les piques, les épées et les mousquets étaient placés dans le même ordre qui est mis en usage par les soldats, afin que chaque homme pût en un instant se saisir de celles qui lui appartenaient. Lorsque les scènes de ce genre ont lieu fréquemment dans différentes parties d'un royaume, et que le gouvernement ne se relâche pas de la rigueur qui a jeté la nation dans un tel état de révolte, il est clair que la guerre civile n'est pas loin.

Ce fut dans l'automne de 1666 que les persécutions de sir James Turner, dont nous avons déjà parlé, semblent avoir réduit les Presbytériens de l'ouest à une espèce de désespoir qui produisit bientôt une insurrection. On dit que les paysans ayant usé de violence pour délivrer un vieillard qu'une troupe de soldats emmenait de force en prison afin de le contraindre à payer une amende de l'église, les paysans réfléchirent ensuite aux peines qu'ils avaient encourues par un tel exploit, résolurent de rester armés, et de défier le gouvernement. D'autres assurent que le bas peuple fut encouragé à prendre les armes par une personne inconnue, se donnant le nom de capitaine Gray, et prétendant avoir l'ordre de leur parler ainsi au nom de personnages d'un rang supérieur, mais qu'il ne voulait pas nommer. N'importe par quels moyens la première révolte eut lieu, un grand nombre de paysans fut bientôt assemblé, et marcha vers Dumfries avec une telle rapidité, qu'ils surprirent sir James Turner dans sa maison, et se saisirent de ses papiers et de sa caisse. Le capitaine Gray s'empara de l'argent, quitta la troupe de paysans, qui ne le revit jamais, ayant probablement achevé sa tâche lorsqu'il eut entraîné ces pauvres ignorans dans une aussi dangereuse révolte. Fut-il employé par quelque Presbytérien exaspéré, qui pensait que le moment était favorable pour une insurrection contre les prélats, ou plutôt par le gouvernement lui-même, désirant encourager une émeute qui, lorsqu'elle serait apaisée, pourrait produire de nombreuses amendes et des confiscations? c'est ce qu'on ne peut pas savoir.

Les gentilshommes des campagnes se tinrent sur leurs gardes, et aucun d'eux ne se joignit aux insurgés. Mais quelques uns des plus violens, parmi les ministres presbytériens, se réunirent à eux. Deux officiers de basse naissance furent choisis pour commander une si grande entreprise; leurs noms étaient Wallace et Learmont. Ils tinrent conseil ensemble s'il fallait mettre sir James Turner à mort ou non. Sir James leur représenta que, bien qu'il leur eût paru très sévère, il ne l'avait pas encore été autant que sa commission et ses instructions l'y autorisaient. En examinant ses papiers, on trouva qu'il avait dit la vérité; sa vie fut sauvée; cependant il fut emmené comme prisonnier ou otage. Étant un soldat expérimenté, il s'étonnait de voir l'obéissance de ces pauvres paysans, l'excellent ordre dans lequel ils marchaient, l'exactitude de leurs avant-postes et des sentinelles; mais probablement aucun paysan en Europe n'est plus propre à s'assujettir à la discipline militaire que l'Écossais, qui est d'ordinaire assez prudent pour réfléchir que c'est seulement par une coopération mutuelle et une grande soumission aux ordres des chefs que le grand nombre conserve ses avantages.

La force des insurgés, lorsqu'ils eurent atteint Lanark, après deux ou trois jours d'une marche indécise, pouvait monter à trois mille hommes. Dans cette ville, ils publièrent une déclaration portant qu'ils reconnaissaient l'autorité du roi, et qu'ils ne se servaient des armes qu'ils avaient prises que pour leur propre défense; mais comme en même temps ils renouvelaient le Covenant, dont le principal but était non seulement d'obtenir que le presbytérianisme fût toléré, mais qu'il devînt le culte prédominant, ils auraient probablement, comme il est d'usage en pareil cas, étendu et restreint leurs desseins, suivant les succès ou les désastres de leur entreprise.

Pendant ce temps, le général Dalziel, communément appelé Tom Dalziel, personnage remarquable de cette époque, avait quitté Edimbourg à la tête d'un faible corps de troupes régulières, sommant tous les seigneurs de se joindre à lui sous peine d'être déclarés traîtres. Dalziel avait été au service de Russie après avoir servi sous Montrose. C'était un royaliste enthousiaste. Il ne voulut jamais couper sa barbe après la mort du roi. Son habillement était si différent de ceux que la mode avait adoptés à cette époque, que Charles II l'accusait ordinairement d'ameuter avec intention une foule d'enfans, et de les faire s'étouffer les uns les autres pour contempler ses manières singulières et ses vêtemens. C'était un homme d'un caractère cruel et colère, comme on peut en juger par sa conduite envers un prisonnier, qu'il frappa au visage avec la garde de son poignard jusqu'à ce que le sang coulât; action inhumaine, quoiqu'elle eût été provoquée par le langage de cet homme, qui appelait le général Dalziel une bête moscovite qui avait l'habitude de faire rôtir des hommes.

Ce commandant féroce s'avançait de Glascow à Lanark, lorsqu'il apprit tout-à-coup que les insurgés l'avaient évité, et marchaient à grands pas vers la capitale. Ces pauvres gens étaient abusés par l'espérance que le Lothian de l'ouest était prêt à se soulever en leur faveur, et qu'ils avaient un grand nombre d'amis dans la métropole elle-même. Dans ce faux espoir ils s'avancèrent jusqu'à Collington, qui est à quatre milles d'Edimbourg. Là ils apprirent que la ville était fortifiée, et qu'on avait placé des canons devant les portes; que le collége de justice, qui peut toujours fournir un corps considérable d'hommes propres au service, était sous les armes, et que, suivant l'expression de la personne qui leur faisait ce rapport, chaque avocat avait sa bandoulière. Ils apprirent en même temps que leur propre parti, opprimé dans l'intérieur de la ville, ne pourrait trouver les moyens de se soulever, et n'en avait pas même l'intention.

Découragés par ces nouvelles et par la défection de leur armée, Learmont et Wallace ramenèrent leurs forces diminuées vers les montagnes de Pentland, du côté de l'est, et campèrent sur une éminence opposée à Rullion Green. Ils se reposaient depuis quelques heures, lorsque vers le soir ils aperçurent un corps de cavalerie venant à travers les montagnes par un chemin qui conduisait à l'occident. D'abord les Covenantaires se flattèrent de la séduisante pensée que c'était le renfort qu'ils attendaient du Lothian occidental, mais les drapeaux et les timbales les convainquirent bientôt que c'était l'avant-garde de l'armée de Dalziel qui avait suivi les confins opposés des sommets du Pentland, jusqu'au village de Currie, et là, ayant appris la situation dans laquelle se trouvaient les insurgés, s'était mise à leur recherche par une route à travers les montagnes.

Dalziel, au même instant, conduisit ses troupes à l'attaque. Les insurgés se comportèrent avec courage; ils repoussèrent deux fois les royalistes; mais cette attaque fut renouvelée, par une forte troupe de cavalerie, sur l'aile droite des insurgés; elle dispersa et renversa quelques chevaux fatigués qui y étaient placés, et enfonça les rangs de l'infanterie. Le massacre sur le champ de bataille et dans la poursuite ne fut pas grand; on ne tua pas plus de cinquante hommes, et il n'y eut pas plus de cent trente prisonniers. La cavalerie du roi était principalement composée de gentilshommes qui eurent pitié de leurs malheureux compatriotes et les épargnèrent dans la poursuite; mais un grand nombre d'insurgés furent tués par les gens de la campagne du voisinage, qui ne partageaient pas leurs opinions.

Environ vingt hommes parmi les prisonniers furent exécutés comme rebelles, et plusieurs d'entre eux appliqués à la question. Cette question consistait en diverses tortures; quelquefois on serrait les doigts avec des vis appelées *poucettes;* quelquefois on appliquait la *botte*, espèce de torture particulière à l'Écosse. Elle consistait à placer la jambe des patiens dans une forte caisse de bois appelée botte, et à introduire des coins entre les genoux et la forme, procédé par lequel la jambe était souvent écrasée et brisée.

Cependant ces horribles cruautés déchiraient les chairs et brisaient les os de ces infortunés sans abattre leur courage; ils triomphaient dans la cause pour laquelle ils mouraient. On les voyait sur le lieu de l'exécution se disputer à qui serait la première victime, tandis que celui qui obtenait cette triste préférence faisait éclater des transports de joie. La plupart de ces condamnés, quoique très ignorans, s'exprimaient avec une telle énergie sur les principes de la cause pour laquelle ils mouraient, qu'ils produisaient une profonde impression sur la multitude. Un jeune homme, nommé Hugh Mackail, d'un physique agréable, ayant reçu une bonne éducation, et d'un caractère enthousiaste, joua dans toute son étendue le rôle d'un martyr. Il avait pris peu de part à l'insurrection, mais il était coupable d'un sermon dans lequel il avait dit « que le peuple de Dieu était persécuté par un Pharaon ou un Achab sur le trône, un Aman dans l'état et un Judas dans l'église; » paroles qui ne furent ni pardonnées ni oubliées. On le soumit à une horrible torture afin de lui arracher quelque information concernant les causes et le but de la rébellion; mais sa jambe fut écrasée cruellement dans la botte, sans qu'il proférât une plainte et sans qu'il fît entendre un soupir. Etant ensuite condamné à mort, il parla du sort qui l'attendait avec un sentiment de délices, et fit ses adieux aux nombreux spectateurs avec la confiance d'un saint qui méprise la vie présente et place toutes ses espérances dans l'immortalité.

— Je ne parlerai plus, dit-il, aux créatures terrestres, mais je jouirai de l'aspect ineffable du Créateur lui-même. Adieu, mon père, ma mère, mes amis!... Adieu, soleil, lune, étoiles!... Adieu, délices périssables de ce monde!... Salut, bonheur qui dureras toujours; salut, gloire, vie éternelle; salut, mort!... Tous les spectateurs de l'exécution de ce jeune homme ne purent s'empêcher de répandre des larmes; et les auteurs de ces cruautés s'aperçurent que les dernières paroles et la conduite ferme de Hugh Mackail mourant produisirent sur la populace une impression tout-à-fait contraire à celle qu'ils espéraient. Depuis cette exécution, on eut recours à l'expédient cruel qui avait été pratiqué lorsque les royalistes compagnons de Montrose furent mis à mort; on battit les tambours et on sonna les trompettes pour étouffer les dernières paroles des condamnés.

La vengeance qu'on tira de la révolte du Pentland ne

se borna pas à ces exécutions dans la capitale. Les comtés de Galloway, Ayr et Dumfries furent livrés aux violences militaires, et tous ceux qui eurent la moindre part à la rébellion furent accablés. Plusieurs gentilshommes de l'Ayr-Shire s'étaient réunis dans le but de se joindre aux insurgés, mais on les empêcha d'accomplir ce dessein. Ils se sauvèrent, craignant les conséquences de leur démarche imprudente ; cependant ils ne furent pas seulement jugés, et condamnés, quoique absens, à perdre leurs biens, mais, en dépit de tout usage légal, la sentence fut mise à exécution sans qu'ils eussent été entendus pour leur défense ; leurs propriétés furent conférées en partie au général Dalziel et au général Drummond, et confisquées au profit des officiers de l'état.

Mais l'époque que Lauderdale attendait avec impatience était arrivée. Les violences commises en Écosse attiraient enfin l'attention de la cour d'Angleterre, qui les trouva trop fortes pour pouvoir les tolérer plus long-temps. Le primat Sharpe eu l'ordre de quitter l'administration. Lauderdale, avec Tweeddale, sir Robert Murray et le comte de Kincardine, furent placés à la tête des affaires ; on se détermina à accorder quelque repos aux Presbytériens opprimés, et à essayer ce que la douceur produirait sur eux.

Les membres du clergé supprimés qui n'avaient point commis quelque offense particulière eurent la permission de prêcher dans les paroisses où l'on manquait de ministres, et reçurent même quelque encouragement de la part du gouvernement. Cela fut appelé l'Indulgence. Si ces mesures tolérantes avaient été adoptées au moment où le presbytérianisme fut détruit, elles auraient pu prévenir la multitude des conventicules ; mais, lorsqu'on les adopta en désespoir de cause, et parce qu'on s'aperçut qu'on ne pouvait réduire les Presbytériens par la violence, la masse des mécontens regarda la soumission aux nouvelles mesures comme un accord déshonorant avec le gouvernement qui les avait opprimés. Il est vrai que la haute bourgeoisie et un grand nombre de ceux qui préférèrent d'abord le presbytérianisme, mais qui craignaient de perdre leurs biens par cette partialité pour des dogmes persécutés, saisirent avec empressement cette occasion de pratiquer de nouveau leur religion favorite, sans courir le danger des amendes et des emprisonnemens. Les membres du clergé qui participèrent à l'Indulgence étaient pour la plupart des hommes sages et instruits, qui, se voyant incapables de soutenir la liberté et la souveraineté de leur église, étaient satisfaits de pouvoir prêcher et instruire leur congrégation, et remplir leurs devoirs comme ecclésiastiques, sinon dans toute l'étendue de ces devoirs, du moins aussi loin que ces temps de calamité pouvaient le permettre.

Mais ce degré de zèle modifié ne satisfaisait en aucune manière les plus ardens Covenantaires, qui pensaient que profiter de l'Indulgence c'était se compromettre bassement avec les Malignans, c'était accepter une espèce de culte intolérable, tiède, ressemblant au sel qui a perdu sa saveur. Beaucoup en conséquence considéraient les membres du clergé gracié presque comme des curés du roi ; et plutôt que d'assister à leurs sermons, qu'ils auraient pu entendre sans danger, ils suivaient dans les solitudes sauvages ces téméraires prédicateurs dont les voix tonnaient avec énergie et défiaient toutes les puissances de la terre. Le clergé gracié fut accusé d'adopter servilement les opinions d'Éraste, et de reconnaître la dépendance de l'église et sa subordination aux magistrats civils : doctrine tout-à-fait étrangère aux principes de la religion presbytérienne. Le noble désir de suivre la religion de leur choix malgré le danger et la crainte, et leur animosité contre le gouvernement par lequel ils avaient été persécutés, portèrent les plus zélés Presbytériens à préférer un conventicule à leur église de paroisse, et une assemblée où les auditeurs étaient sous les armes, à ces assemblées paisibles, composées de gens qui se proposaient, en cas de surprise, de sauver leur liberté par la soumission ou par la fuite. Ainsi les conventicules, auxquels les auditeurs assistaient sous les armes, devinrent fréquens. Le caractère romanesque et dangereux de cette espèce de culte séduisait ceux à qui la nature avait donné une imagination exaltée et beaucoup de hardiesse; il y en avait d'autres qui, par l'oisiveté où se laisse quelquefois entraîner la jeunesse, aimaient mieux errer dans la contrée, comme les gardes-du-corps de quelques prédicateurs proscrits, que de passer les six jours de la semaine dans le travail ordinaire et se rendre le septième à leur église de paroisse pour écouter les tièdes doctrines d'un ministre gracié.

Par ces différentes raisons, il s'ensuivit que le nombre des conventicules armés augmenta, et que Lauderdale, outré d'avoir aussi mal réussi, redoubla de sévérité. L'Indulgence fut retirée, comme une mesure insuffisante dans le dessein qu'on s'était proposé, et peut-être ne lui manqua-t-il pour réussir qu'un peu plus de persévérance de la part du gouvernement.

Comme si Satan lui-même lui eût suggéré les moyens d'oppression, Lauderdale tira de l'oubli de vieilles et cruelles lois qui avaient été adoptées dans les temps les plus barbares, et les dirigea contre les non-conformistes, particulièrement contre ceux qui assistaient aux conventicules. Une de ces lois infligeait la peine capitale aux personnes qui étaient *intercommunées*, c'est-à-dire mises hors la loi par sentence légale. Il était défendu aux plus proches parens de s'assister, de se soigner les uns les autres, la femme son mari, le frère son frère, le père son fils, si celui qui réclamait des soins était *intercommuné*. Le gouvernement, à cette époque cruelle, appliqua ces anciennes lois barbares aux Presbytériens, et les chassa ainsi tous ensemble de la société humaine. Dans un danger continuel, manquant de tout ce qui était nécessaire à la vie, habitant des solitudes affreuses, exclus de toute protection civile, les malheureux ainsi persécutés soutinrent des principes et des doctrines contraires au gouvernement qui les opprimait, et poussèrent la résistance au-delà des bornes d'une simple défense. On ne peut en être surpris. Il y eut des cas, quoique moins nombreux qu'on n'aurait pu le supposer, où ils vinrent attaquer les maisons des curés ou d'autres personnes par les dénonciations desquelles ils avaient été accusés de non-conformité. Ces entreprises ne se terminaient jamais sans qu'il y eût quelqu'un de tué, ainsi que dans les escarmouches avec les militaires.

Des notions superstitieuses, conséquence naturelle d'une vie solitaire et mélancolique au milieu de vallons désolés et parmi les montagnes, se mêlaient avec l'enthousiasme exalté de la secte persécutée. Leurs succès accidentels sur leurs oppresseurs, et leurs fréquentes courses pour éviter les poursuites du soldat quand les tireurs manquaient leur but, ou lorsqu'un brouillard subit cachait les fugitifs, étaient attribués, non pas aux opérations de ces causes naturelles par les moyens desquelles il plaît à la Divinité de gouverner le monde, et qui sont les instrumens de son pouvoir, mais à l'interposition directe d'une protection miraculeuse, maîtrisant et suspendant les lois de la nature, comme dans l'histoire des Hébreux.

Un grand nombre de prédicateurs, égarés par leur enthousiasme religieux, se considérèrent eux-mêmes comme des instrumens de prophétie, et lancèrent des révélations effrayantes de guerres à venir et de misères plus affreuses encore que celles qu'ils supportaient eux-mêmes. Comme ils s'imaginaient être sous la protection particulière des intelligences célestes, ils se croyaient aussi, jusqu'à un certain point, exposés à l'envie et à la persécution des esprits de ténèbres, qui estropiaient leurs chevaux lorsqu'ils étaient poursuivis, dévoilaient à leurs ennemis la trace de leurs pas, ou les sacrifiaient par des apparitions hideuses dans les cavernes obscures et dans les tristes retraites où ils étaient souvent obligés de se réfugier.

Les Covenantaires dispersés croyaient surtout fermement que les principaux d'entre leurs persécuteurs avaient reçu du malin esprit le don d'être à l'épreuve contre les balles de plomb, c'est-à-dire un charme pour empêcher d'en être percé ou blessé. On supposait qu'un grand nombre parmi les persécuteurs avaient été favorisés de ce privilége nécromantique. A la bataille de Rullion-Green, dans les montagnes du Pentland, bien des Presbytériens étaient persuadés qu'on avait vu les balles repoussées comme des grains de grêle du buffetin de Tom Dalziel et de ses bottes. Des balles d'argent ne pouvaient être ainsi neutralisées par le même charme, mais comme ce métal était fort rare parmi les Covenantaires persécutés, cette circonstance ne pouvait leur être d'un grand secours.

On raconte cependant qu'un officier anglais fut tué par un métal moins noble. Il attaquait une petite maison qui était défendue par quelques uns des fugitifs. On faisait feu des deux côtés, lorsque par la rareté des munitions un des défenseurs chargea son fusil d'une balle de fer qui formait la partie supérieure d'une paire de pincettes, et visant l'officier, il blessa mortellement celui sur lequel le plomb n'avait point eu de prise. On ajouta que le mourant demanda à connaître le nom du lieu où il perdait la vie, on lui répondit que c'était Caldens ou Caldons; alors il s'emporta contre le malin esprit, qui lui avait dit qu'il serait tué parmi les Chaldéens, et qui, suivant toute apparence, l'avait trompé, en le retirant de la vie au moment où il s'y attendait le moins.

Le malin esprit semble avoir été encore plus libéral envers John Graham de Claverhouse, officier écossais de haute naissance et sévère exécuteur des ordres du conseil privé contre les non-conformistes, qu'il ne le fut envers Dalziel et l'officier anglais qui mourut à Caldons. Il n'obtint pas seulement une *épreuve* contre le plomb, mais encore on dit que le diable lui fit présent d'un cheval noir qui n'avait pas un seul crin blanc. Ce cheval, ajoute-t-on, avait été arraché du ventre de sa mère, au lieu d'être né de la manière ordinaire. On supposait que sur cet animal Claverhouse pouvait faire preuve de la plus inconcevable agilité, volant presque comme un oiseau sur les bords escarpés des montagnes et au milieu des marais, où un cheval ordinaire aurait été étouffé ou déchiré en pièces. On croit même encore aujourd'hui que, monté sur ce cheval, Claverhouse (ou Clavers, comme on l'appelle communément) poursuivit un lièvre sur une montagne nommée le Brandlaw, jusqu'à la cime de Moffatdale, où aucun autre cheval n'avait pu tenir ses pieds. Mais il faisait ordinairement usage de cette adresse extraordinaire dans la poursuite des Presbytériens, comme étant l'œuvre qui plaisait particulièrement à Satan.

Ces superstitions étaient, comme nous l'avons déjà dit, la conséquence naturelle de l'existence triste et précaire à laquelle les pauvres fugitifs se trouvaient condamnés, et qui les portait à considérer comme miraculeux tout ce qui était extraordinaire. Les personnes qu'on supposait à l'épreuve des balles étaient seulement des hommes hardis qui avaient le bonheur d'échapper aux dangers auxquels ils s'exposaient témérairement ; et les exploits équestres de Claverhouse, dépourvus d'exagération, étaient simplement ceux qui pouvaient être exécutés par un excellent cavalier et un des meilleurs chevaux de course, à la grande surprise de ceux qui ne sont point habitués à être témoins d'évolutions de ce genre.

On peut aisément comprendre le caractère et les préjugés des Covenantaires ; mais lorsque l'on considère qu'un si grand nombre de sujets écossais furent enveloppés dans ces proscriptions barbares (et ce nombre, dit-on, se monte à dix-huit ou vingt mille personnes), il semble alors surprenant que le gouvernement ait pu trouver dans le royaume un parti pour approuver et faire exécuter des mesures aussi impolitiques qu'elles étaient cruelles. Mais outre l'immense autorité que le gouvernement possédera toujours sur ceux qui recherchent des faveurs, ces violences eurent lieu (ne l'oublions pas) peu de temps après que les royalistes, formant le parti triomphant de cette époque, avaient été eux-mêmes soumis aux proscriptions, à l'exil, aux exécutions judiciaires, aux massacres sur le champ de bataille. Le sort de Montrose et de ses compagnons, le carnage de Dunnavertie et celui de Philiphaugh, et, par-dessus tout, le supplice du roi Charles, avaient eu lieu pendant le règne des Presbytériens en Ecosse, et étaient imputés, quoique injustement, à leurs principes religieux. Ces principes, suivant l'opinion des Cavaliers, n'étaient pas compatibles avec les lois, le bon ordre et la royauté. Ces sentimens erronés portèrent un grand nombre de royalistes à reprendre leurs armes avec ardeur, pour réduire les adhérens d'une secte à la prééminence de laquelle ils attribuaient les malheurs généraux de la guerre civile et leurs infortunes particulières.

Aussi voyons-nous lady Methven (de la maison de Marischal et femme de Patrick Smythe de Methven) interrompre un conventicule en personne. Une assemblée considérable de cette espèce s'était réunie sur les terres de son mari, alors en voyage à Londres ; elle s'avança vers eux, à la tête d'environ soixante personnes de sa suite, et alliés ; elle conduisait elle-même sa troupe, tenant d'une main une carabine de cavalier, et une épée de l'autre. La congrégation envoya un détachement d'environ cent hommes armés, demander à lady Methven quel était son dessein ; et l'amazone leur protesta que s'ils ne quittaient pas les domaines de son mari, la journée serait sanglante. Ils répliquèrent qu'ils étaient résolus à prêcher, qu'elle le permît ou non. Cependant sa ferme détermination refroidit leur enthousiasme et les obligea de se retirer. Après cette affaire, lady Methven écrivit à son mari qu'elle faisait une provision d'armes, et même de deux pièces de canon, ayant entendu dire que les Whigs avaient juré de se venger de l'insulte qu'elle leur avait faite. Si les fanatiques, ajoutait-elle en terminant sa lettre, si les fanatiques me tuent, consolez-vous, je serai morte pour une belle cause. Je fus blessée une fois pour notre gracieux souverain, et maintenant confiante dans la force du ciel, je hasarderai ma vie et celle des gens que je commande, plutôt que de souffrir que ces rebelles séjournent sur les terres qui vous appartiennent.

Il n'y a point de doute que lady Methven agissait contre ces Bohémiens vagabonds, comme elle les appelait, dans un but aussi honorable et avec autant de sincérité que les rebelles en mettaient eux-mêmes à lui résister.

Mais les principaux agens, dans la persécution de ce malheureux peuple, étaient les soldats auxquels (en dépit de la règle observée dans tous les pays civilisés, à moins qu'on ne soit en état de guerre) on avait donné le pouvoir d'arrêter, d'examiner, de détenir, d'emprisonner les personnes qu'ils trouvaient errantes dans les bois et dans les montagnes. Ils les parcouraient journellement pour découvrir des coupables, qu'ils dévalisaient ou condamnaient à payer une amende. Un de ces apôtres bottés, c'est ainsi que les Presbytériens appelaient les dragons, et dont le nom était Creichton, a laissé des mémoires, dans lesquels il célèbre plutôt qu'il ne regrette les scènes de rapine et de violence dont il avait été témoin, et le butin qu'il avait amassé. L'anecdote suivante lui appartient.

Etant alors dans les gardes à cheval, et en quartier à Bathgate, il se rendit avec son camarade Grant, dans les marécages, afin d'essayer s'ils pourraient découvrir quelques fugitifs. Ils étaient déguisés comme des gens de la campagne, et portaient des habits gris et des bonnets. Après une course de huit ou dix milles, ils aperçurent sur le haut d'une montagne trois hommes qu'ils jugèrent avoir été placés là comme sentinelles. Ils étaient armés de longues perches. Le capitaine Creichton et Grant usèrent de précautions pour surprendre tout-à-coup ces avant-postes. Le capitaine arracha une perche des mains d'un des hommes, et lui demandant quel usage il avait l'intention d'en faire le jour du Seigneur, il le terrassa au même instant. Grant s'empara d'un autre. Le troisième prit la fuite pour donner l'alarme, mais Creichton le rattrapa et s'en rendit maître, quoiqu'il eût un pistolet à sa ceinture. Ils furent alors guidés jusqu'au conventicule par la voix du prédicateur, maître John King (qui fut depuis exécuté), voix si éclatante, que Creichton assure l'avoir entendu distinctement à une distance d'un quart de mille; le vent favorisait, il est vrai, la force des poumons du ministre.

L'assemblée était fort nombreuse; néanmoins les deux cavaliers eurent la témérité d'approcher, et, au nom du roi, ordonnèrent aux Covenantaires de se séparer. Au même moment quarante membres de la congrégation se levèrent pour se défendre, et s'avancèrent vers les deux gardes. Creichton apercevant un joli cheval qui paissait près de lui, et sur lequel une selle de femme était posée, s'élança sur son dos, le dirigea à travers les marais, et puis laissa l'animal choisir son propre chemin; Grant, quoique à pied, suivit son camarade pendant environ un mille, et l'assemblée entière les poursuivit en criant, voulant recouvrer le palefroi qui appartenait à une dame de distinction. Lorsque Grant fut fatigué, Creichton lui donna le cheval, et étant l'un et l'autre armés d'une épée et de pistolets, continuèrent d'avancer malgré les efforts des Covenantaires, qui essayaient de leur barrer le chemin; ils arrivèrent enfin dans la maison d'un gentilhomme que Creichton appelle le laird de Poddishaw. Là, ils rencontrèrent un autre riche gentilhomme, le laird de Polkemmet, qui, à son grand mécontentement, reconnut dans le cheval que les gardes amenaient, le palefroi de sa femme, sur lequel, à son insu, elle avait pris la liberté

d'aller au conventicule. Le gentilhomme se trouvait alors
à la merci des deux militaires, exposé à payer une amende
considérable pour le délit de sa femme, outre la perte du
bidet. Dans cette perplexité, M. Baillie de Polkemmet
invita les gardes à cheval à dîner avec lui le lendemain,
et leur offrit le destrier tout harnaché, comme une juste
rétribution. Mais Creichton, s'apercevant que la dame
versait des larmes, abandonna avec beaucoup de galante-
rie les droits qu'il pouvait avoir sur le cheval, à condition qu'elle promettrait de ne plus aller aux conventicules.
Les deux militaires ne perdirent point à cette libéralité,
car la dame ayant fait mention des noms de quelques personnes riches qui étaient présentes à l'assemblée défendue, son mari fit entendre à ces personnes qu'elles devaient se réunir et offrir une somme d'argent à Creichton
et à son camarade, pour leur fermer la bouche. Ces deux
militaires vécurent grassement pendant une année sur la
somme ainsi obtenue.

Cette anecdote, quoiqu'elle révèle la permission donnée aux soldats, de battre et piller les personnes réunies
en pleine campagne pour célébrer leur service religieux,
est plutôt comique que sérieuse. Mais les rencontres qui
avaient lieu ordinairement entre les Covenantaires et les
soldats étaient d'une espèce bien différente. Il y a environ
quarante ou cinquante ans, des histoires mélancoliques,
de singulières évasions, des rencontres sanglantes, et les
exécutions cruelles de cette époque, étaient les sujets des
conversations ordinaires au coin du feu de chaque chau-
mière; et les paysans, en montrant les cavernes et les
antres souterrains dans lesquels les fugitifs se cachaient,
récapitulaient combien d'entre eux étaient morts les armes à la main, combien d'autres furent exécutés suivant
les formes judiciaires, combien furent tués à coups de fusil, sans la moindre apparence de jugement. Les peuples
de la campagne ont conservé une impression profonde de
l'injustice dont on usa à l'égard de leurs ancêtres, et elle

se manifeste par un singulier préjugé. Ils éprouvent la plus grande aversion pour ce bel oiseau, le pluvier vert, que les Écossais appellent le *Pease-Weep*. Ils en donnent pour raison que ces oiseaux, par une sorte d'instinct, accompagnant et surveillant les créatures humaines qui troublent leur désert natal, guidaient souvent les soldats à la poursuite des fugitifs, qui peut-être auraient pu sans cela échapper à leurs recherches, en voltigeant sans cesse autour du même point. Par cette raison, les bergers détruisent souvent les nids de ces oiseaux lorsqu'ils en rencontrent.

Un souvenir plus triste de ces jours calamiteux était la multitude des pierres funéraires et d'autres simples monumens, qui, après la révolution, furent érigés sur la tombe des victimes, et qui ordinairement offraient avec quelques vers d'une poésie grossière un récit de la manière dont elles avaient été sacrifiées.

Ces lieux de repos des victimes de la persécution étaient si sacrés, qu'environ quarante ans après, un vieillard consacra sa vie à voyager à travers l'Écosse, dans le dessein de réparer et d'entretenir ces tombes. Il voyageait sur un petit cheval blanc, et, d'après cette circonstance, et la singularité de son apparence et de son occupation, on lui donna le surnom de *Old Mortality*, ou le Vieillard des Tombeaux[1]. Plus tard, les évènemens de notre temps ont eu un caractère si remarquable, que ces anciennes histoires, dues à la tradition, sont à peu près oubliées, et on laisse généralement la mousse et les plantes sauvages cacher les tombes des martyrs.

---

(1) Qui a donné son nom à la première série des *Contes de mon Hôte*, dont nous retrouvons ici l'*introduction*. Le titre anglais de *Old Mortality* a été, dès l'origine, changé en celui, devenu tout-à-fait populaire en France, des *Puritains d'Écosse*. — Éd.

CHAPITRE XVIII.

Descente d'une armée des hautes-terres. — Lois des Lawburrows en faveur du roi, invoquées contre les gentilshommes de l'ouest. — Jugement et exécution de Mitchell, coupable d'assassinat sur la personne d'Honyman, évêque des Orcades. — Assassinat de l'archevêque Sharpe. — Les non-conformistes de l'ouest prennent les armes. — Défaite de Claverhouse à Drumclog. — Le duc de Monmouth envoyé en Écosse pour étouffer l'insurrection. — Bataille de Bothwell-Bridge.

Nous avons dit précédemment que Lauderdale, alors premier ministre en Écosse, n'avait pas approuvé dans l'origine les violentes mesures prises contre les non-conformistes, et avait même conseillé d'employer des moyens plus doux, en accordant une *tolérance* ou *indulgence*, comme on l'appela, pour le libre exercice de la religion presbytérienne. Mais trop impatient pour attendre l'issue de l'expérience qu'il avait voulu tenter, et craignant qu'on ne le trouvât tiède dans le service du roi, il finit par imiter Middleton, et même par le surpasser, dans son extrême sévérité envers les non-conformistes.

Le duc de Lauderdale, car il avait été élevé à ce rang lorsque le gouvernement d'Ecosse lui avait été confié, épousa lady Dysart, femme de grands talens, mais d'une ambition démesurée, d'une prodigalité sans bornes dans ses dépenses, et d'une avidité éhontée. Elle exerça la plus grande influence sur les actions de son mari, et malheureusement l'encouragea dans ses fautes les plus funestes. Afin de soutenir le luxe extravagant de sa femme, Lauderdale eut recours aux amendes pour la non-conformité, et aux punitions ecclésiastiques, persécutions qui, jointes aux autres mesures violentes dont nous avons déjà parlé, furent poussées à une telle extrémité, qu'on en conclut généralement que Lauderdale avait l'intention de porter l'Écosse entière à la révolte, afin de profiter des confiscations qui auraient lieu lorsqu'elle serait soumise.

La noblesse d'Écosse était trop sage pour se laisser prendre dans ce piége ; mais quoiqu'ils exprimassent la plus grande fidélité au roi, un grand nombre de nobles, ayant à leur tête le duc d'Hamilton, le premier pair d'Ecosse, firent des remontrances contre une manière d'agir qui réduisait les tenanciers à la mendicité, appauvrissait la noblesse et la haute bourgeoisie, et ruinait leurs propriétés. En réponse à ces représentations, les propriétaires de l'ouest furent requis de prendre l'engagement (sous les mêmes peines qui étaient infligées aux délinquans réels) que ni leur famille, ni leurs vassaux, ni leurs tenanciers ou autres personnes résidant sur leurs terres, ne s'écarteraient de l'église, n'assisteraient aux conventicules, ou ne secourraient les personnes *intercommunées*.

La noblesse et les propriétaires refusèrent de prendre cet engagement. Ils convinrent que les conventicules étaient devenus trop fréquens, et parlèrent de l'empressement qu'ils mettraient à aider les officiers légaux à les supprimer. Mais comme ces propriétaires ne pouvaient pas exercer un pouvoir arbitraire sur leurs tenanciers et leurs serviteurs, ils refusèrent de se rendre responsables de leur non-conformité. Enfin, ils recommandèrent une indulgence générale, comme le seul moyen de rétablir la tranquillité.

Les deux partis, à cette époque malheureuse (1678), avaient l'habitude d'imputer les mesures de leurs ennemis aux suggestions de Satan ; mais celle qui fut adoptée par Lauderdale à l'égard des gentilshommes de l'ouest qui refusèrent l'engagement, semblerait presque avoir été dictée par un malin esprit. Il résolut de considérer tout le pays de l'ouest comme étant dans un état de révolte ouverte ; il ordonna non seulement à un corps composé de garde et de milice, avec de l'artillerie, de marcher contre les districts dévoués, mais encore il invita à concourir au même dessein les clans des hautes-terres. Ces sauvages montagnards descendirent sous leurs différens chefs, parlant un langage inconnu, et montrant aux habitans des basses-terres leur étrange accoutrement, leurs armes antiques et leurs mœurs singulières.

Les clans furent surpris à leur tour. Ils étaient venus espérant combattre, et ils voyaient une contrée innocente, paisible, qui n'essayait pas la moindre résistance, et dans laquelle ils trouvaient d'excellens quartiers, et une pleine liberté de piller. On doit supposer qu'une telle invitation, faite à des hommes dont la maraude était une habitude naturelle, offrait des occasions qui ne furent pas perdues, et les contrées de l'ouest eurent sujet de déplorer pendant long-temps l'invasion de l'armée des hautes-terres. Un comité du conseil privé, dont la plupart des membres étaient chefs de clans ou commandans dans l'armée, servait à assurer la soumission de la noblesse, et à faire exécuter l'*engagement*. Mais comme la noblesse et la bourgeoisie refusèrent de s'imposer des obligations qu'elles n'avaient aucun moyen de remplir, le conseil privé donna l'ordre de désarmer tous les habitans de la contrée, prenant même l'épée des gentilshommes, les chevaux de selle et leurs harnais, et agissant avec une rigueur si excessive, que le comte de Cassilis, entre autres, pria qu'on lui accordât au moins la protection des soldats, ou qu'on lui rendît quelques unes de ses armes pour défendre sa maison, sans quoi il serait exposé à l'insolence et aux outrages de la plus vile populace.

Pour tenir la place de l'*engagement* auquel peu de gens souscrivirent, le misérable conseil privé s'arrêta à un plan qui dérivait d'un nouveau décret également oppressif. Il y avait et il y a encore une loi en Écosse, appelée Lawburrows, par laquelle un homme qui a conçu des craintes sur les intentions de son voisin, peut, en prêtant serment, après avoir expliqué les causes qui donnent lieu à cette appréhension, forcer son ennemi à présenter une garantie qui réponde de sa conduite. On fit de cette loi utile la plus cruelle application. On persuada au roi d'exiger un

Lawburrows, dans un certain district de ses états, contre tous les gentilshommes qui avaient refusé de signer l'Engagement. Alors on essaya d'extorquer des garanties de tout homme qui se trouvait dans une semblable situation, comme un sujet contre lequel le roi avait le droit naturel d'entretenir des craintes bien fondées.

L'application de cette multitude de lois extraordinaires semble avoir réduit, non seulement les Presbytériens, mais tout le pays de l'ouest, à un véritable désespoir.

Ni les supplications ni les remontrances ne produisirent le moindre effet sur l'impénétrable Lauderdale. Lorsqu'on lui dit que l'oppression des habitans des hautes-terres et celle des soldats arrêteraient entièrement les productions de l'agriculture, il répondit qu'il vaudrait mieux que l'ouest ne produisît rien que *Windle-straws* et *Sandy lave rocks*[1], que de produire des hommes rebelles au roi. Réduits au désespoir, les malheureux ainsi persécutés prirent la résolution de porter leurs plaintes contre le ministre devant le roi en personne. Dans ce dessein, quatorze pairs et quinze gentilshommes, la plupart menacés de l'ordonnance de Lawburrows, se rendirent à Londres pour déposer leurs plaintes au pied du trône. Ce voyage fut entrepris en dépit d'une loi arbitraire, par laquelle il était défendu, au nom de Charles II, d'approcher de la personne du roi et de quitter le royaume d'Écosse, comme si l'on avait eu le dessein de les enchaîner au pieu, ainsi que des ours apprivoisés, sans leur laisser la possibilité de demander justice et d'échapper à la misère générale.

Lauderdale était assez bien à la cour pour que son crédit pût résister à une semblable accusation. Il représenta au roi que son but était d'entretenir une armée considérable en Écosse, pour prêter main forte à sa majesté, lorsqu'elle voudrait donner plus d'étendue à son autorité en Angleterre. Il conserva donc sa place, et les supplians

(1) Du chiendent et des alouettes de mer.

furent renvoyés en disgrâce de la cour. Mais leur mission produisit cependant un heureux résultat, car les mesures concernant les Lawburrows, et l'engagement exigé, furent suspendus et l'on donna des ordres pour débarrasser des montagnards les contrées de l'ouest et pour congédier les milices.

Lorsque les habitans des hautes-terres retournèrent dans leurs montagnes, dans le mois de février 1678, on eût dit qu'ils revenaient du sac de quelques villes prises d'assaut. Ils emportaient avec eux de l'argenterie, des marchandises, des pièces de toile et de drap, une quantité de vêtemens, d'ustensiles de ménage, et un bon nombre de chevaux pour porter leur butin. Il est cependant remarquable, et l'on doit dire à la louange des montagnards, qu'ils ne se permirent aucune cruauté pendant une résidence de trois mois, quoique logés à discrétion, avides de pillage, et toujours prêts à saisir l'occasion d'extorquer de l'argent. Il semblerait même probable que les sauvages habitans des hautes-terres se seraient montrés plus humains que ne le supposaient, ou peut-être que ne le désiraient, ceux qui les avaient employés.

A cette époque, il arriva un évènement important, et un des plus remarquables du temps, qui eut une grande influence sur les affaires publiques et sur les sentimens de la nation. Ce fut la mort de James Sharpe, archevêque de Saint-André et primat d'Écosse. Cet homme, vous devez vous le rappeler, avait été l'agent des Presbytériens à l'époque de la restauration, et l'on pensa généralement qu'il trahit ceux qui l'avaient constitué. Du moins certainement il changea de principes, en acceptant la plus haute charge du nouvel établissement épiscopal. On doit supposer facilement qu'une personne aussi détestée pour sa désertion de la vieille cause et les violences de la nouvelle, était un objet d'animosité générale, et que, parmi une secte aussi enthousiaste que celle des non-conformistes, quelque fanatique se croirait le droit *d'exercer un ju-*

gement sur lui, ou, en d'autres mots, d'attenter à sa vie.

Celui qui se crut appelé à remplir cette tâche et à venger sa religion, fut un nommé Mitchell, prédicateur fanatique, de talens médiocres, mais d'une imagination exaltée. Il chargea un pistolet de trois balles, et le tira dans la voiture de l'archevêque. Mais il manqua son but, et cassa le bras d'Honyman, évêque des Orcades, qui était assis près de Sharpe dans le carrosse. L'évêque ne se rétablit jamais entièrement de cette blessure, quoiqu'il languît encore pendant quelques années. L'assassin s'échappa pendant le tumulte qui suivit. C'était en 1668, et en 1674 l'archevêque observa de nouveau un homme qui semblait surveiller ses mouvemens et dont les traits étaient restés gravés dans son esprit. L'alarme fut donnée, et l'on saisit Mitchell. Étant questionné sévèrement par les lords du conseil privé, il nia d'abord l'accusation qui était intentée contre lui. Mais ayant reçu du grand chancelier la promesse solennelle que sa vie serait épargnée, il lui confessa en particulier qu'il était l'auteur de la blessure de l'évêque des Orcades. Après cet aveu, le procès de l'assassin fut remis d'époque en époque, car on conservait toujours le projet de sacrifier sa vie qu'on lui avait promise. Afin de trouver quelque accusation contre Mitchell, on l'interrogea concernant la part qu'il avait prise à l'insurrection du Pentland, et comme il refusait d'entrer dans aucun détail qui aurait pu le compromettre, on le condamna à souffrir le supplice de la *botte*.

Il se conduisit avec un grand courage. Lorsque l'appareil effrayant fut produit devant ses yeux, ne sachant pas, dit-il, s'il ne perdrait pas la vie au milieu des tortures, il déclara qu'il pardonnait de tout son cœur aux personnes qui les lui infligeaient, à ceux qui étaient nommés pour les exécuter, et à ceux qui satisfaisaient leur malveillance en assistant comme spectateurs. Lorsque l'exécuteur demanda quelle jambe devait être enfermée dans la terrible botte, le prisonnier, avec la même assurance, avança sa jambe droite en disant : Prenez la meilleure, je la sacrifie volontiers dans cette cause. Il endura huit coups de maillet avec un étonnant courage, chaque coup brisant la jambe d'une manière plus affreuse. Au neuvième coup il s'évanouit, et fut reconduit en prison. Plus tard, on l'envoya à Bass, qui est une île désolée, ou plutôt un roc dans le golfe de Forth, où il y avait alors un château fort qui servait de prison d'état.

Le 7 janvier 1678, dix ans après qu'il eut commis son crime, et après quatre années de prison, Mitchell fut enfin jugé. Sa propre confession au chancelier fut produite contre lui comme preuve, et l'on ne voulut pas lui permettre de rappeler la promesse solennelle qui l'avait décidé à faire l'aveu fatal. Il est honteux d'être obligé d'ajouter que le duc de Lauderdale ne voulut pas souffrir qu'on produisît les registres du conseil privé, et que quelques uns des conseillers jurèrent qu'aucune garantie n'avait été donnée à Mitchell, quoiqu'on puisse la voir aujourd'hui dans les registres. En conséquence l'infortuné fut condamné. Lauderdale, dit-on, voulait lui sauver la vie, mais l'archevêque demanda sa mort, pour garantir à l'avenir l'existence des conseillers privés de pareils attentats. Le duc abandonna cette cause en faisant une plaisanterie profane et grossière, et le malheureux fut exécuté, au déshonneur des juges plutôt que de lui-même, le souvenir de son crime étant oublié au milieu des manœuvres infâmes mises en usage pour sa condamnation.

J'ai déjà dit que dans le commencement de l'administration de Lauderdale, l'archevêque Sharpe fut éloigné des affaires publiques; mais cette disgrâce n'eut point de durée, le duc s'apercevant qu'il ne pourrait conserver son crédit à la cour sans l'assistance du parti des épiscopaux. On suppose que le caractère violent du primat eut une grande influence sur les derniers temps du gouvernement de Lauderdale. Mais dans le comté de Fife, où était la résidence archiépiscopale, on le ressentit encore plus cruellement, et comme les non-conformistes de ce comté étaient fiers et enthousiastes en proportion de la persécution excessive qu'ils essuyaient, il y eut parmi eux des gens assez hardis pour faire parvenir hors de leur pays un placard anonyme, menaçant tous ceux qui interviendraient dans les persécutions dont on accablait les Whigs de ce comté, d'être punis par un parti assez fort pour résister ouvertement.

La personne la plus remarquable parmi ces hommes désespérés, était David Hackston de Rathillet, gentilhomme riche et d'une bonne famille. Dans sa jeunesse, il avait mené une conduite dissipée ; mais dans son âge mûr il adopta des principes de religion solides et enthousiastes, qui le jetèrent dans les opinions extrêmes des Whigs les plus exaltés. John Balfour de Kinloch, appelé Burley, et beau-frère de Hackston, est peint, par un auteur covenantaire, comme un homme petit, d'un aspect morne et au regard louche. Ce n'était pas un des plus religieux, mais il était prêt à s'engager dans toutes les batailles et toutes les querelles que ses camarades jugeraient nécessaires.

Il était à cette époque en danger d'être poursuivi par les lois, en conséquence d'une émeute qui venait d'avoir lieu, et dans laquelle il avait blessé un garde-du-corps du roi. On dit que ces deux personnes avaient une animosité particulière contre l'archevêque. Balfour avait été son agent ou facteur dans l'administration de quelques propriétés, et ne rendit point de compte de l'argent qu'il avait reçu. Hackston, ayant répondu pour son beau-frère, fut jeté en prison jusqu'à ce que la somme fût remboursée. Le reste du parti se composait de petits propriétaires, ou *portioners*, comme on les appelle en Ecosse, ou des ouvriers, tels que des tisserands ou autres gens de cette espèce.

Ces enthousiastes, au nombre de neuf, étaient sortis armés le 3 mai 1679, dans le dessein d'assaillir (suivant les termes de leur proclamation) un nommé Carmichael, qui avait été nommé commissaire pour recevoir les amendes des non-conformistes. Cet homme était allé en effet chasser le matin dans la campagne; mais ayant entendu dire par hasard qu'il y avait un parti à sa recherche, il quitta la chasse et rentra chez lui.

Au moment où Rathillet et ses amis étaient sur le point de se séparer, la femme d'un fermier à Baldinny envoya un jeune garçon leur dire que la voiture de l'archevêque était sur la route, revenant de Ceres, et allant à Saint-André. Les conspirateurs étaient en cette situation d'esprit où les souhaits et les pensées que nous avons nourris avec complaisance nous semblent une inspiration d'en-haut. Balfour de Burley affirma qu'une impulsion surnaturelle l'avait porté à retourner à Fife, lorsque son dessein était de se rendre dans les hautes-terres, et que, se mettant à prier Dieu, il avait été confirmé dans sa nouvelle intention par ce texte de l'Ecriture : « Va, ne t'ai-je pas envoyé? » Russel, un autre de la troupe, affirma aussi que depuis long-temps il était rempli de l'idée qu'un grand ennemi de la religion allait être renversé, et parla de quelques textes concernant Néron, qui assurément n'existent pas dans l'Ecriture sainte.

Ils convinrent tous enfin que l'occasion qui s'offrait était l'œuvre du ciel; qu'ils ne devaient pas reculer, mais avancer, et qu'au lieu de l'agent inférieur qu'ils avaient cherché en vain, il était de leur devoir de détruire la source première de la persécution que le ciel livrait entre leurs mains. Cette détermination prise, la troupe choisit Hackston pour son chef; mais il refusa cette offre, alléguant que la querelle connue qui avait eu lieu entre lui et l'archevêque ternirait la gloire de cette action, qui pourrait être imputée à une vengeance particulière. Mais il ajouta, par une distinction délicate, qu'il resterait avec eux, et qu'il n'essaierait pas d'empêcher ce qu'ils se croyaient appelés à faire. Balfour dit alors : Messieurs, suivez-moi.

Ils se mirent donc avec activité à la poursuite du carrosse, qui parcourait une bruyère déserte appelée Magus-Moor, à environ trois ou quatre milles de Saint-André. Fleming et Russel, deux des assassins, coururent dans la cour d'une ferme, et demandèrent à un tenancier si l'équipage qui était sur la route appartenait à l'archevêque. Cet homme devina leur dessein, et la crainte l'empêcha de répondre ; mais une servante sortit de la maison, et les assura avec une apparence de joie qu'ils étaient en effet sur la piste. Alors tous les hommes de la troupe jetèrent leurs manteaux, s'élancèrent au grand galop sur la route, déchargeant leurs carabines sur le carrosse, et s'écriant : Judas est pris ! Le cocher redoubla d'ardeur, en voyant qu'ils étaient poursuivis par des gens armés ; mais une lourde voiture sur un chemin raboteux ne pouvait devancer des hommes à cheval. Les domestiques qui suivaient la voiture firent quelque résistance, cependant ils furent désarmés et démontés par les assaillans. Ces derniers étant parvenus près de l'équipage, l'arrêtèrent en coupant les traits, et en blessant le postillon, et alors ils envoyèrent une grêle de balles dans la voiture, où l'archevêque était assis près de sa fille. N'ayant pas réussi à le tuer, ils commandèrent au prélat de descendre, et de se préparer à la mort, au jugement et à l'éternité. Le vieillard sortit de sa voiture, et, se traînant à genoux devant Hackston, il dit :—Je sais que vous êtes un gentilhomme, vous me protégerez.

— Je ne mettrai jamais la main sur vous, répondit Hackston en se détournant du suppliant. Un des hommes de la troupe, touché de compassion, dit : — Épargnez ses cheveux blancs ; mais le reste des assassins ne fut point touché. Un ou deux coups de pistolet furent tirés sur l'archevêque prosterné, mais sans produire aucun effet. Alors, suivant leurs superstitions, s'imaginant que leur victime possédait un charme contre les balles de fusil, les assassins tirèrent leurs épées et tuèrent l'archevêque, après lui avoir fait plusieurs blessures; ils mirent sa cervelle en pièces, et vidèrent même le crâne. La fille de l'archevêque, qui fit de vains efforts pour se jeter entre son père et les épées de ses assassins, reçut une ou deux blessures dans ce moment de confusion. Les meurtriers retirèrent de la voiture toutes les armes et les papiers qu'elle contenait. Ils y trouvèrent quelques bagatelles qu'ils supposèrent être magiques; il y avait même, dirent-ils, une abeille dans une boîte, et ils en conclurent que c'était un esprit familier.

Tels furent les résultats d'une détermination violente et coupable, à laquelle s'arrêtèrent des hommes aveuglés et réduits au désespoir. Cette action jeta quelque chose d'odieux sur les Presbytériens. C'était une injustice; car les modérés de cette croyance, c'est-à-dire le plus grand nombre, désavouèrent un pareil crime, quoique en même temps il leur fût permis de penser que l'archevêque, qui avait été la cause de tant de morts violentes, méritait de terminer sa vie violemment. L'archevêque de Saint-André avait quelque mérite; il était savant, sobre, et vivait avec la dignité qui convenait à son rang : mais son intolérance et ses rigueurs furent la cause de grandes calamités en Ecosse, ainsi que de sa fin sanglante et prématurée.

Le gouvernement écossais, que la mort de l'archevêque avait alarmé et irrité au plus haut degré, rechercha ses meurtriers, et ne pouvant réussir à les prendre, résolut d'employer une sévérité plus excessive encore pour dissiper ou réduire toute assemblée armée des Covenantaires. Assister aux conventicules en pleine campagne fut déclaré une trahison, de nouvelles troupes furent levées, et les ordres les plus stricts envoyés aux officiers commandans, pour agir contre les non-conformistes avec toute la rigueur des lois. D'un autre côté, les personnes *suspectes*, réduites au désespoir, s'assemblèrent en plus grand nombre et mieux armées, et la plupart d'entre elles montrèrent le dessein de se révolter contre le roi, et de défier son autorité, quoique le parti presbytérien modéré continuât de la reconnaître comme celle du suprême magistrat civil. Ces évènemens produisirent bientôt une crise.

Quelques uns des meurtriers de l'archevêque de Saint-André arrivèrent, après mille dangers, dans l'ouest de l'Ecosse, et leur propre intérêt les engagea à user de l'influence que leur dernière action leur avait acquise, pour exaspérer les mécontens, et les porter à quelque extrémité.

Hackston, Balfour et autres semblent avoir tenu conseil avec Donald Cargill, un des plus célèbres prédicateurs des conventicules, et particulièrement avec Robert Hamilton, frère du laird de Prestonfield. En conséquence ils parurent à la tête de quatre-vingts chevaux, dans le petit bourg de Rutherglen, le 29 mai, jour qu'on célébrait comme une fête, à cause de la restauration de Charles II. Ils éteignirent les feux de joie qu'on avait allumés pour cette solennité, et se rendirent en ordre près de la croix du marché, et après avoir prié et chanté une partie d'un psaume, ils protestèrent solennellement, ou témoignèrent, suivant leur expression, contre les actes qui avaient aboli le presbytérianisme et rétabli l'épiscopat, et contre les autres apostasies du temps. Après cette bravade, ils attachèrent à la croix une copie de leur témoignage, terminèrent cette cérémonie par une prière, puis évacuèrent la ville à loisir; les habitans rentrèrent dans leurs maisons, et Hamilton reçut les gentilshommes de Fife, c'est-à-dire les meurtriers de l'archevêque.

Nous avons déjà parlé de John Graham de Claverhouse comme d'un officier supérieur qui avait montré une activité particulière contre les non-conformistes. Il était alors en garnison à Glascow, et, le 1er juin, il partit à la tête de ses dragons, avec les autres troupes de cavalerie qu'il put à la hâte joindre à la sienne, et se mit à la recherche des insurgés, qui avaient fait un affront si public au gouvernement.

A Hamilton, ils firent prisonnier John King, un prédicateur, et avec lui dix-sept paysans qui assistaient au prêche. Apprenant qu'une assemblée plus considérable d'insurgés était à Loudon-Hill, à une faible distance, il se rendit dans ce lieu avec sa troupe. Là, Claverhouse fut arrêté par un corps formidable, si l'on considère le nombre, mais très mal approvisionné, quoiqu'il y eût à peu près cinquante chevaux assez bien équipés, autant de fantassins avec des fusils, et une multitude de gens armés de faux, de fourches, de piques et de hallebardes. Le lieu sur lequel les partis opposés se rencontrèrent était appelé Drumclog. C'est un endroit plein de fondrières, et qui n'était nullement convenable pour les manœuvres de la cavalerie ; une large tranchée, ou fossé, semble aussi avoir donné un avantage considérable aux insurgés. Un combat eut lieu, pendant lequel Balfour et William Cleland, dont nous parlerons dans la suite, traversèrent hardiment le fossé, attaquèrent les dragons en flanc, et les forcèrent à fuir. Environ trente hommes du parti royaliste furent tués, ou moururent de leurs blessures. Un officier du nom de Graham, parent de Claverhouse, tomba parmi les morts ; son corps fut déchiré en pièces, en haine de son nom. Le propre cheval de Claverhouse fut blessé par un coup de faux, et eut à peine la force de porter son maître hors du champ de bataille. Au moment où Claverhouse passa devant le lieu où il avait laissé ses prisonniers, King, le prédicateur, voyant l'état de celui qui l'avait fait captif, lui cria de s'arrêter pour prendre sa part du sermon de l'après-midi. On fit quartier à quelques royalistes prisonniers, et on les renvoya. Cette clémence de la part de ses soldats mécontenta hautement M. Hamilton, qui avait pris le commandement des insurgés. Pour montrer un bon exemple, il tua de sa propre main un des captifs sans défense. Faire grâce, c'était, selon lui, pardonner aux enfans de Babylone, qui leur étaient livrés pour être brisés contre les pierres. Les insurgés perdirent seulement cinq ou six hommes, dont un avait assisté au meurtre de l'archevêque de Saint-André.

Après avoir remporté cette victoire, les insurgés résolurent de tenir la campagne, et de saisir toutes les occasions heureuses que le ciel leur offrirait. Lorsque l'action fut terminée, ils se rendirent à Hamilton, et le jour suivant, voyant leurs forces augmentées par une multitude de personnes qui se joignirent à eux de tout côté, ils s'apprêtèrent à attaquer la ville de Glascow.

Cette ville était défendue par lord Ross et Claverhouse, avec peu de troupes, mais des troupes régulières. Les insurgés pénétrèrent dans la ville par deux points différens; une colonne s'avançant vers la Gallowgate, l'autre entrant par le Collége et le Wyndhead. Mais Claverhouse, qui commandait la cavalerie du roi, avait formé des barricades aux environs de la Croix, de la maison de ville et de la prison; et les Whigs, en marchant à l'attaque, furent reçus par un feu qu'ils ne purent supporter, d'autant plus qu'il venait d'un ennemi abrité. Mais quoique les insurgés fussent battus pour le moment, leur nombre augmentait avec une telle rapidité, que Ross et Claverhouse jugèrent nécessaire d'évacuer Glascow, et de marcher vers l'est, laissant tout l'ouest de l'Ecosse à la merci des rebelles, dont les forces montèrent bientôt à cinq ou six mille hommes. Il y avait parmi eux, il est vrai, fort peu de gentilshommes, ou de personnages marquans, dont la présence aurait pu les empêcher de tomber dans l'état de désunion auquel, par cette cause, ils furent promptement réduits.

La discorde était à son plus haut degré entre les Presbytériens modérés, qui reconnaissaient le gouvernement du roi, à la condition d'obtenir la liberté de conscience, et les exaltés, qui ne voulaient entretenir ni relations ni intimité avec ceux qui reconnaissaient et soutenaient l'épiscopat. Ces furieux pensaient que se soumettre au gouvernement royal, et assister aux sermons des prédicateurs qui avaient été séduits par l'Indulgence, c'était compromettre indignement la cause du presbytérianisme. Ils déclaraient que leur projet était de faire une révolution complète dans la religion et dans l'état, et de rendre l'église aussi triomphante qu'elle avait été en 1640.

Les prédicateurs eux-mêmes différaient entre eux. M. John Welsh, célèbre par son zèle pour le presbytérianisme, était cependant, ainsi que M. David Hume, à la tête des modérés, ou, comme disaient leurs adversaires, du parti Érastien; tandis que Donald Cargill, Thomas Douglas et John King adoptaient avec ardeur les desseins les plus extravagans, et qu'à moins d'un miracle ils n'auraient jamais pu accomplir. Ces champions des deux partis prêchaient du haut de la chaire les uns contre les autres, et dans les conseils de guerre ils haranguaient et votaient chacun d'un côté opposé, sans avoir le bon sens de s'accorder ou du moins d'ajourner leurs disputes, quand ils entendaient dire de tout côté que les forces de l'Angleterre et de l'Écosse se rassemblaient pour marcher contre leur armée indisciplinée, mal approvisionnée d'armes, et d'opinion différente sur les causes pour lesquelles ils étaient en état de révolte.

Pendant que les insurgés se querellaient ainsi, et se trouvaient incapables de veiller avec soin à la cause commune, le conseil privé ordonna aux milices de se réunir, et appela aux armes les vassaux de la couronne. La plupart étant portés pour le presbytérianisme, obéirent avec une grande répugnance. Les chefs des hautes-terres, qui habitaient près du théâtre de l'action, reçurent aussi l'ordre de se joindre à l'armée du roi avec leur suite.

Mais lorsque les nouvelles de l'insurrection parvinrent à Londres, Charles II montra son jugement sain, qui cédait trop souvent aux conseils d'autrui, et sembla avoir formé un plan pour concilier les rebelles, aussi bien que pour les réduire. Dans ce dessein, il envoya en Écosse, comme commandant en chef, son fils naturel, James, duc de Monmouth, à la tête d'un corps considérable de la garde royale. Ce jeune seigneur était le favori du roi, tant par son extrême beauté que par l'amabilité de son caractère. Charles avait pris soin de sa fortune en lui faisant épouser l'héritière de la noble famille de Buccleuch, dont les propriétés immenses sont encore en possession de leurs descendans. Puissant, populaire et favori du roi, le duc de Monmouth avait été encouragé à opposer son crédit à la cour à celui du frère du roi, le duc d'York ; et comme ce dernier s'était déclaré catholique romain, Monmouth, par le peu d'accord qui existait entre eux, était supposé favorable au presbytérianisme, aussi bien qu'à tous les non-conformistes de toute secte ; il était appelé par le peuple le Duc protestant. On devait naturellement croire qu'ayant de telles dispositions, on lui avait confié des pouvoirs en faveur des insurgés.

Les malheureux Covenantaires, ayant perdu beaucoup de temps à leurs discussions théologiques, au lieu de discipliner leur armée, ou de pourvoir à son approvisionnement, étaient encore dans les environs de la ville d'Hamilton, tandis qu'un grand nombre de leurs partisans, désespérant du succès, désertaient chaque jour leur cause. Le 21 juin, ils reçurent l'alarmante nouvelle que le duc de Monmouth s'avançait à la tête d'une armée bien disciplinée. Ce triste rapport ne les rappela point à eux-mêmes. Il est vrai qu'ils tinrent conseil ; mais ce fut pour s'engager dans le débat le plus furieux, qui dura jusqu'au moment où Rathillet déclara que son épée était tirée aussi bien contre les tièdes que contre les méchans, et quitta le conseil après cette espèce de défi, suivi par ceux qui professaient les mêmes principes.

Le parti modéré, abandonné ainsi à lui-même, adressa une supplique au duc de Monmouth, et après lui avoir détaillé leurs sujets de plaintes, ils déclaraient qu'ils soumettaient toute controverse à un parlement libre et à une assemblée libre de l'église.

Le duc, dans sa réponse, exprima la compassion que lui inspirait la position des Covenantaires, et son désir de les soulager, par son intercession auprès du roi; mais il déclara que jusqu'à ce moment ils devaient poser les armes. Lorsque les troupes insurgées reçurent ce message, elles étaient dans le plus grand désordre, le parti violent ayant choisi ce moment malheureux pour casser les officiers qu'il avait choisis quelque temps auparavant, et pour en nommer d'autres, qui n'avaient aucune teinte d'*Érastianisme* ou de *Malignité*, ou qui, en d'autres termes, ne reconnaissaient ni l'obéissance due au roi, ni la soumission au pouvoir civil. Tandis que les insurgés étaient ainsi occupés, les troupes de Monmouth parurent.

Les insurgés avaient une bonne position pour se défendre. Ils avaient en front la Clyde, rivière profonde, qu'il est difficile de passer à gué, et qu'on ne peut traverser que sur le pont de Bothwell, qui a donné son nom à cette bataille.

Ce pont était (ou plutôt est, car il existe encore quoiqu'il ait subi de grands changemens) haut, étroit et raide, ayant un portail ou *gateway* dans le centre, que les insurgés avaient fermé et barricadé. Environ trois cents hommes y étaient postés pour défendre ce passage important; ils étaient commandés par Rathillet, Balfour et autres. Ils se comportèrent bravement et firent une vigoureuse défense, jusqu'au moment où les soldats de Monmouth forcèrent le passage à la baïonnette. Alors, les insurgés lâchèrent pied, et l'armée royale avança vers les corps de réserve des Covenantaires, qui, suivant l'historien Burnet, n'eurent ni la bonne grâce de se soumettre, ni le courage de se battre, ni l'esprit de fuir. Ils restèrent quelques minutes dans le doute et la confusion, leur bravoure nationale et leur enthousiasme glacé par la certitude de la discorde qui régnait entre eux, et l'approche subite d'une armée mieux disciplinée que la leur. Enfin, comme l'artillerie commençait à les atteindre, et que la cavalerie et les montagnards étaient sur le point de charger, ils lâchèrent pied sans résistance, et se dispersèrent comme un troupeau de moutons.

Le duc de Monmouth, dont le caractère était rempli de douceur et d'humanité, fit publier des ordres sévères pour donner quartier à tous ceux qui le demanderaient, et épargner la vie des rebelles. Malgré ces ordres, un massacre épouvantable eut lieu; il fut en partie causé par le caractère inflexible de Claverhouse, qui brûlait d'obtenir vengeance de la défaite de Drumclog, et de la mort de son parent, qui y fut tué; en partie aussi par la fureur des soldats anglais et des habitans des hautes-terres, qui se distinguèrent par leur cruauté.

Quatre cents hommes furent tués à la bataille de Bothwell-Bridge, et il y eut environ douze cents prisonniers; ces derniers furent conduits à Édimbourg et renfermés dans le cimetière de Grey Friars, comme des bestiaux parqués. On choisit quelques ministres pour être exécutés avec quelques autres rebelles. Le reste de ces malheureux, après une longue détention, n'ayant point d'autre abri que celui qu'ils trouvaient dans la tombe, furent renvoyés, en donnant des garanties pour l'avenir; les plus obstinés furent expédiés comme esclaves dans les plantations. Plusieurs de ces derniers périrent sur mer. Malgré ces désastres, des conséquences plus éloignées de la bataille de Bothwell furent encore plus désastreuses que celles qui en dérivèrent immédiatement.

CHAPITRE XIX.

Le duc d'York administre les affaires en Écosse. — Persécution des Cameroniens. — Complots de Jerviswood et de Rye-House. — Mort de Charles II.

Les efforts du duc de Monmouth obtinrent une amnistie qui fut mal observée, et une indulgence limitée promptement retirée; au lieu des moyens de douceur qu'on espérait, la conduite des propriétaires de l'ouest accusés d'avoir favorisé l'insurrection fut soumise à la plus sévère inquisition, ainsi que celle des gentilshommes qui avaient négligé de se joindre à l'armée du roi contre les rebelles. Les excuses alléguées par ces gentilshommes furent assez singulières; c'était en général une franche confession de la part des coupables, sur la crainte de voir troubler la tranquillité de leurs ménages, par leurs femmes, qui appelaient toutes les malédictions du ciel sur la tête de leurs maris s'ils envoyaient un seul cheval ou un seul homme contre les fanatiques qui avaient pris les armes. La cour, sourde à ces excuses, accabla d'amendes ceux qui ne s'étaient pas joints à l'armée, et même les menaça de la confiscation de leurs propriétés.

L'influence salutaire du duc de Monmouth dans les affaires d'Ecosse ne dura qu'un temps trop court, et celle de Lauderdale, quoique ce seigneur fût accablé d'années aussi bien que de malédictions, reprit à peu près son empire, jusqu'à l'arrivée en Ecosse du frère du roi, héritier présomptif de la couronne, Jacques, duc d'York.

Nous avons déjà dit que ce prince était catholique, et c'était cette religion qui avait occasioné son exil, d'abord à Bruxelles, puis ensuite en Ecosse. Le roi consentit à son bannissement comme à une mesure inévitable, la plus grande haine ayant été excitée contre les catholiques par la prétendue découverte d'une conspiration parmi les papistes, qui ne tendait à rien moins qu'à massacrer les protestans, déposer le roi, et mettre son frère sur le trône. Il est maintenant reconnu que toute la composition de cette histoire est un grossier tissu de mensonges; mais, à cette époque, il n'y a point de doute qu'elle inspira autant d'horreur que les papistes eux-mêmes. La première fureur des préjugés nationaux commençant à s'éteindre, Jacques fut rappelé de Bruxelles et envoyé en Ecosse, afin d'être plus près de son frère, et cependant à une distance nécessaire pour ne point exciter de nouveau les craintes et la jalousie des irritables protestans.

Le duc d'York était d'un caractère bien différent de celui de son frère Charles : il n'avait ni l'esprit ni la légèreté de ce monarque; il aimait le travail et il était susceptible de donner une grande attention aux affaires; sans être avare il était fort économe; il avait pour sa religion un attachement sincère, qui lui fait honneur comme homme, mais qui était un malheur pour un prince destiné à régner sur peuple protestant. Il était sévère jusqu'à la cruauté, et avait sur le droit divin des rois et les devoirs de soumission complète de la part des sujets les mêmes idées qui furent les premières causes des infortunes de son père.

Le duc d'York, à son arrivée en Ecosse, fut reçu avec de grandes marques d'honneur et de joie par les nobles et les propriétaires. Il demeura au palais d'Holyrood, qui depuis bien long-temps n'était plus habité par des rois; il fit tous ses efforts pour se concilier l'affection des personnes distinguées d'Ecosse, et ses manières graves, hautaines, et cependant polies, convenaient à merveille au caractère d'un peuple qui, lui-même fier et réservé, accorde volontiers beaucoup de respect au rang, pourvu que ceux qui ont des droits à une telle déférence donnent aussi en retour de la considération à ceux qui les approchent.

On dit que le duc d'York apprit à connaître le caractère pointilleux de la nation écossaise par une repartie de Tom Dalziel, général si connu. Le duc ayant invité ce vieux Cavalier à dîner en particulier avec lui et la duchesse

Marie d'Este, fille du duc de Modène, cette princesse crut que c'était déroger à son rang que d'admettre un sujet à sa table, et refusa de s'asseoir si Dalziel restait comme invité. Madame, dit le vétéran sans se déconcerter, j'ai dîné à une table où votre père aurait pu être debout derrière moi; faisant allusion à la table de l'empereur d'Allemagne, où le duc de Modène serait obligé, s'il en recevait l'ordre, de servir comme officier du palais. La hauteur de cette réponse, dit-on, inspira à Jacques pour les nobles écossais toute l'affabilité qui lui était naturelle ou qu'il put affecter. Cette conduite, jointe à la gravité et à la dignité de ses manières, lui donna une grande influence parmi ceux qui approchaient sa personne. Il témoigna une attention particulière aux chefs de clans des hautes-terres, s'instruisit de leurs différens usages et de leurs différens caractères, et s'efforça de les réconcilier et d'apaiser leurs querelles. Par là il sut acquérir parmi cette race primitive, aussi sensible à la douceur et aux égards qu'elle sait ressentir l'injure ou l'oubli, un si grand ascendant, que la seconde génération de sa famille en trouva encore des traces.

Le duc d'York, comme prince et comme catholique, devait être disposé à user de sévérité contre les fanatiques et contre les insurgés; ainsi sa présence et son intervention dans les affaires d'Écosse augmentèrent la rigueur des mesures contre les Presbytériens de tous les partis et de toutes les nuances. Mais ce ne fut qu'après son retour d'un court voyage à Londres, pendant lequel il se convainquit que l'affection de son frère pour lui n'était pas diminuée, qu'il hasarda d'en venir à des extrémités pour réduire les non-conformistes.

Les doctrines promulguées par les plus furieux et les plus déraisonnables parmi les insurgés, commençaient à être adoptées par une secte de plus en plus nombreuse, et qui séparait entièrement sa cause de celle des modérés Presbytériens. Ces hommes désavouaient en même temps l'autorité du roi et celle du gouvernement, et refusaient le droit de prétendre au trône à tous ceux qui ne voudraient pas souscrire à la Ligue Solennelle et au Covenant. Ces doctrines étaient surtout adoptées par deux prédicateurs, nommés Cargill et Cameron. Les partisans de ce dernier prirent ou acquirent le nom de Cameroniens.

Richard Cameron vécut et mourut d'une manière qui n'est pas indigne de ses hautes prétentions comme chef de secte religieuse. Après la bataille de Bothwell-Bridge, il resta en opposition ouverte avec le gouvernement, et le 22 juin 1680 occupa le petit bourg de Sanquhar avec une troupe peu nombreuse de gens à cheval. Il publia un écrit ou témoignage par lequel il rejetait formellement l'autorité du roi, et proclamait que Charles, par son injustice et par sa tyrannie, s'était rendu indigne du trône. Après ce coup hardi, Cameron erra dans les lieux les plus déserts de l'Écosse avec quelques amis armés, parmi lesquels Hackston de Rathillet, fameux par la part qu'il avait prise à la mort de l'archevêque Sharpe, était le principal personnage.

Mais le 22 juillet 1680, tandis que la petite troupe était campée dans un lieu désert appelé *Airs Moss*, elle reçut la nouvelle alarmante que Bruce d'Earlshall arrivait sur elle avec une force supérieure composée de fantassins et de dragons. Les fugitifs résolurent de les attendre de pied ferme; et Cameron prononça une prière dans laquelle il répéta trois fois ces mots pathétiques : — Seigneur, épargnez le fruit vert, et prenez celui qui est mûr. Alors, avec une grande fermeté, il s'adressa aux personnes de sa suite, les exhortant à combattre jusqu'au dernier. — Car je vois, ajouta-t-il, les portes du ciel s'ouvrir pour recevoir ceux qui mourront aujourd'hui. Rathillet divisa le peu de chevaux qu'ils possédaient et qui s'élevaient à environ vingt-trois, sur les deux flancs d'une infanterie de quarante hommes mal armés. Les soldats approchèrent et chargèrent avec fureur. Cameron fut tué sur la place. Rathillet combattit avec bravoure, mais il fut à la fin désarmé, renversé et fait prisonnier. Telle était la barbarie du siècle, que la capture de Hackston fut célébrée comme une espèce de triomphe, et ce malheureux fut accablé de toutes les insultes qu'on peut imaginer. Il fut amené à Édimbourg, monté sur un cheval sans selle, ayant le visage tourné du côté de la queue. La tête et les mains de Richard Cameron étaient portées devant lui au bout de plusieurs piques. Mais de tels outrages élèvent plutôt qu'ils n'abattent le courage des hommes braves. Hackston se conduisit avec une grande fermeté devant le conseil. Le chancelier l'ayant représenté comme un homme de mœurs dissolues, il répliqua : —Quand je méritais ce titre, j'étais bien vu de votre seigneurie ; je n'ai perdu vos bonnes grâces que lorsque j'ai renoncé à mes vices. La mort de l'archevêque étant alléguée contre lui comme un assassinat, il répondit que le ciel déciderait quels étaient les plus grands assassins, de lui ou de ceux qui le jugeaient. Dans son supplice, on fit usage d'une cruauté raffinée. Ses deux mains furent coupées avant l'exécution, et son cœur arraché de son sein avant qu'il eût entièrement cessé de battre. Sa tête et celle de Cameron furent placées sur la porte de Netherbow, les mains du premier étant étendues comme s'il eût été en prières. Un des ennemis de Cameron lui rendit dans cette occasion cette espèce de témoignage : — Ici sont les restes d'un homme qui vivait en priant et en prêchant, et qui mourut en priant et en se battant.

Daniel ou Donald Cargill reçut l'étendard de la secte des mains mourantes de Cameron. Il professa avec autant de hardiesse la même doctrine que son prédécesseur. A un nombreux conventicule de Cameroniens tenu dans le Torwood en septembre 1680, il eut l'audace de prononcer une sentence d'excommunication contre le roi, le duc d'York, les ducs de Monmouth, Lauderdale, et Rothes, le lord-avocat et le général Dalziel. Ce procédé était tout-à-fait anti-canonique et contraire aux règles de l'église presbytérienne d'Écosse; mais il convenait parfaitement à l'esprit indépendant des hommes de la Montagne, ou Cameroniens, qui ne désiraient ni donner des faveurs ni en recevoir de ceux qu'ils appelaient les ennemis de Dieu.

Une récompense considérable ayant été promise à celui qui livrerait Cargill, il ne tarda pas à être pris par un gentilhomme du Dumfries-Shire, et exécuté avec quatre autres qui niaient comme lui l'autorité du roi. Le courage avec lequel ces hommes affrontèrent la mort tendait à confirmer la bonne opinion qu'avaient d'eux les spectateurs de leur exécution; et quoique la doctrine des Cameroniens fût trop déraisonnable pour être adoptée par des hommes sensés et qui possédaient de l'instruction, cependant elle se répandit parmi les classes inférieures et produisit beaucoup de mal.

Ainsi une persécution de longue durée exercée avec une grande rigueur entraîna un grand nombre de paysans dans des doctrines incohérentes et coupables, dangereuses non seulement pour la tyrannie de l'époque, mais pour toute espèce de gouvernement, quelque modéré qu'il fût. Il était surprenant, en considérant la folle sévérité du conseil privé, qu'il n'eût pas éveillé plus tôt un esprit d'opposition ouverte et plus formidable encore que celle qui s'était élevée. Cependant, ne voulant point se rendre à l'évidence, le duc d'York, qui avait alors entièrement supplanté Lauderdale dans le maniement des affaires d'Écosse, continua à essayer d'extirper la secte des Cameroniens par les mêmes moyens violens qui avaient été cause de sa formation.

Toutes les formes de lois usitées, ces remparts par lesquels les sujets d'un royaume sont protégés contre les violences du pouvoir armé, furent tout d'un coup anéanties, et les officiers et les soldats reçurent la permission non seulement de rechercher, mais d'interroger et de punir toute personne suspectée des principes des fanatiques; s'ils le jugeaient convenable, ils pouvaient les mettre à mort sur la place. La seule chose nécessaire à la condamnation était que la personne arrêtée montrât des scrupules de renoncer au Covenant, hésitât d'admettre que la mort de Sharpe était un assassinat, ou refusât de prier pour le roi, ou enfin de répondre à quelques questions insidieuses concernant ses principes religieux.

Une scène de ce genre est racontée avec une grande simplicité, et cependant beaucoup d'énergie, par un des auteurs de l'époque. Je suis fâché que Claverhouse, que nous verrons dans le temps de la révolution jouer le rôle d'un héros, soit le principal agent de cet acte de cruauté. En considérant le sang-froid avec lequel l'action barbare fut commise, nous ne pouvons trouver une excuse dans les ordres qui étaient donnés par le gouvernement, ni dans les préjugés du temps, ni dans la situation de rebelle hors la loi où se trouvait la victime; rien ne peut diminuer l'horreur que doivent inspirer de pareils faits.

Dans un lieu nommé Preshill ou Priest-hill, dans le Lanark-Shire, vivait, à cette triste époque, un homme nommé John Brown, voiturier de profession, et surnommé, d'après son zèle dans les principes religieux, le Voiturier Chrétien. Cet homme avait accompagné les insurgés à Bothwell-Bridge, et par d'autres raisons encore était en contravention aux lois mises en vigueur. Un matin, dans le mois de mai 1685, Peden, un des ministres cameroniens, que Brown avait reçu dans sa maison, prit congé de son hôte, de sa femme, et répéta deux fois : — Pauvre femme! voilà une matinée effrayante! une matinée sombre et triste! mots qu'on supposa depuis être une prophétie de calamité. Lorsque Peden fut parti, Brown quitta sa maison avec une bêche à la main pour vaquer à ses travaux ordinaires : il fut tout d'un coup arrêté et entouré par une bande d'hommes à cheval, à la tête desquels était Claverhouse. Quoique le prisonnier eût de la difficulté à parler dans les occasions ordinaires, il répondit aux questions qui lui furent adressées dans cette extrémité avec tant d'assurance et de fermeté, que Claverhouse lui demanda s'il était prédicateur; Brown répondit par la négative : — S'il n'a pas prêché, dit Claverhouse, je crois qu'il a prié beaucoup dans son temps. Mais maintenant faites réellement vos prières pour la dernière fois, ajouta-t-il en s'adressant à Brown, car vous allez mourir. Le pauvre homme s'agenouilla et pria avec ferveur, et lorsqu'il toucha l'état politique du pays, priant Dieu d'épargner le reste de ses frères, Claverhouse l'interrompit et dit : — Je vous ai donné la permission de prier, et vous prêchez. — Monsieur, dit le prisonnier, se tournant vers son juge et toujours à genoux, vous ne savez ni ce que c'est que la prière ni ce que c'est qu'un sermon, si vous appelez ce que je viens de dire, prêcher. Puis il continua sans interruption. Lorsque ses dévotions furent terminées, Claverhouse lui ordonna de dire adieu à sa femme et à ses enfans. Brown se tourna vers eux, et prenant sa femme par la main, lui dit que l'heure était venue, dont il lui avait parlé, en lui demandant de consentir à devenir sa femme. La malheureuse épouse répondit avec fermeté : Pour cette cause, je consens à vous céder. — Alors je n'ai plus qu'à mourir, répondit le mari, et je remercie Dieu de ce que depuis plusieurs années je suis préparé à la mort. Il fut tué par une bande de soldats, près de sa propre maison, et quoique sa femme eût un tempérament nerveux, et qu'elle ne pût sans être malade supporter la vue du sang, elle eut assez de force pour contempler cette scène affreuse avec calme et sans perdre connaissance; seulement ses yeux éprouvèrent un éblouissement lorsque les carabines firent feu. Tandis que le corps de Brown était étendu à ses pieds, Claverhouse demanda à la pauvre veuve ce qu'elle pensait maintenant de son mari. — J'ai toujours eu une haute opinion de lui, dit-elle, et maintenant plus que jamais. — Ce ne serait faire qu'un acte de justice, de vous tuer aussi, et de vous laisser à côté de lui, dit Claverhouse. — Je ne

doute pas, reprit la femme, que si cela vous était permis, votre cruauté ne vous portât à cette extrémité. Mais comment répondrez-vous de ce que vous avez fait ce matin?
— Je puis en répondre facilement devant les hommes, répondit Claverhouse; et devant le ciel je puis aussi l'entreprendre, cela ne regarde que moi. Après ces mots, il monta à cheval, et disparut, laissant la pauvre femme près du cadavre de son mari, et tenant dans ses bras l'enfant qui venait d'être privé de son père. Elle plaça l'enfant sur la terre, dit la narration avec la simplicité de l'Écriture, attacha la tête du cadavre, étendit les membres, couvrit le corps de son plaid, et s'asseyant auprès, elle pleura sur la perte qu'elle venait de faire.

Les fanatiques opprimés montrèrent dans toutes les occasions le même courage intrépide, les femmes comme les hommes. Deux d'entre elles, condamnées à mort, furent noyées. On les enchaîna à une potence au-delà des limites de la marée, et elles furent exposées à la fureur des flots, qui s'avançaient pour les engloutir. Tandis que le bruit des vagues mugissait à leurs oreilles, on leur offrait leur grâce si elles consentaient seulement à crier Vive le roi! — Réfléchissez, disaient autour d'elles les personnes les plus bienveillantes, qu'il est de votre devoir de prier même pour les plus grands pécheurs! — Oui, répondit l'aînée des deux femmes, mais nous ne sommes pas obligées de le faire toutes les fois qu'il plaît au premier coquin de nous l'ordonner. La place où cette femme était enchaînée étant la plus proche de la mer, elle fut la première noyée, et la plus jeune ayant dit quelque chose qui ressemblait à ce qu'on demandait d'elle, les spectateurs voulurent la sauver. Mais lorsqu'elle fut retirée de l'eau à moitié étouffée, elle aima mieux y être replongée que d'abjurer le Covenant. Ce fut ainsi qu'elle mourut.

Mais ce n'était pas seulement les classes inférieures qui étaient opprimées, et tourmentées par des sermens déraisonnables. Celles d'un rang élevé couraient un égal danger par le serment du *test*, d'une nature compliquée et ridicule, et s'accordant si peu dans toutes ses parties, que tandis que la personne qui le prononçait, attestait sa pleine croyance et soumission à la profession de foi qui fut adoptée par l'église d'Écosse dans le premier parlement assemblé sous le règne de Jacques VI, dans une autre clause elle devait reconnaître le roi comme chef suprême de l'église, proposition entièrement contradictoire à cette profession de foi à laquelle elle venait de se soumettre. Néanmoins ce serment du test était considéré comme un gage général de fidélité, qui devait être donné par tous ceux auxquels on le demandait, sous peine d'amende, de confiscation et même de mort. L'affaire du comte d'Argyle se fait distinguer, quoique dans ces temps d'oppression, par son injustice particulière.

Ce seigneur était le fils du marquis qui eut la tête tranchée au commencement de ce règne, et lui-même, comme nous l'avons déjà dit, courut le danger de perdre la vie et ses propriétés par la loi de *Leasing Making*. Il était alors menacé d'un plus violent orage. Lorsque le serment lui fut présenté comme conseiller privé, il déclara qu'il s'y soumettait en tout ce que ce serment avait de conséquent avec lui-même et avec la religion protestante. On aurait pu croire qu'une telle condition était tout-à-fait juste, et n'avait rien de blâmable. Et cependant, pour avoir ajouté cette explication au serment qu'il était forcé de prononcer, Argyle fut jeté en prison et amené à la barre comme prévenu de trahison et de *Leasing Making*. On le déclara coupable, et la sentence de mort et de forfaiture fut prononcée contre lui comme traître. On a dit d'une manière assez plausible que le gouvernement usa de tels procédés seulement pour engager l'infortuné comte à renoncer à ses juridictions; mais très prudemment il ne se hasarda pas à sauver sa vie par un moyen aussi précaire. Il était du petit nombre des pairs qui conservaient encore de l'attachement pour le presbytérianisme, et ceux qui avaient abusé si grossièrement des lois pour obtenir sa condamnation semblaient déterminés à user jusqu'à l'extrémité de tous leurs avantages. Argyle se sauva du château d'Édimbourg sous les habits de sa sœur, et passa en Hollande.

Cette extravagante mesure inspira une terreur générale par son audacieuse violation de toute justice, tandis que la fausseté sur laquelle elle était basée était le sujet d'un mépris universel. Les enfans élevés dans l'école de George Hériot (école de charité sur le même plan que celle de l'église du Christ à Londres), tournèrent eux-mêmes en ridicule l'iniquité de ce jugement. Ils votèrent que le chien de leur cour était un personnage auquel on ne pouvait se fier; et qu'en conséquence le serment du test lui serait présenté. Le pauvre Watch, comme vous pouvez le croire, sentit seulement le papier sur lequel le serment était imprimé, et puis il n'y fit plus aucune attention. En conséquence le papier lui fut présenté une seconde fois, ayant été frotté avec du beurre, ce qui invita le mâtin à l'avaler. On appela ce procédé se soumettre au serment avec condition, et le chien fut condamné à être pendu comme un *Leasing Maker*, en contravention avec les lois du royaume.

La violence des mesures du gouvernement éveilla le ressentiment aussi bien que la crainte; mais la crainte dominait d'abord. Plus de trente-six seigneurs attachés à la religion presbytérienne résolurent de vendre leurs propriétés en Ecosse, et de se réfugier en Amérique, où ils pourraient vivre suivant les lois de leur conscience. Une députation, composée de lord Melville, sir John Cochrane, Baillie de Jerviswood et autres, furent à Londres pour faire les préparatifs de cette émigration. Là, on leur confia le secret d'une entreprise formée par Monmouth, Shaftesbury, lord Russell et Algernon Sydney, pour améliorer le gouvernement de Charles II, ou du moins, dans tous les cas, pour empêcher, par tous les moyens possibles, que le duc d'York montât sur le trône après la mort du roi. Les mécontens écossais abandonnèrent leur projet d'émigration, pour s'engager dans cette entreprise plus hasardeuse. Walter Scott, comte de Tarras, beau-frère du comte de Monmouth, essaya de faire une levée dans le sud de l'Ecosse; un grand nombre de ses parens et d'autres gentilshommes des frontières de l'Ecosse s'engagèrent dans ce complot. Un noble qui fut invité à se joindre à eux s'excusa sur le son sinistre et de mauvais présage des noms de deux personnes de l'entreprise. Il n'aimait pas, disait-il, les mots de Gallowshiels et d'Hangingshaw.

Outre le complot des Écossais, et celui qui était dirigé par Russell et Sydney à Londres, il y avait dans cette ville des hommes désespérés, appartenant aux classes inférieures, qui proposaient de simplifier le plan des deux principales conspirations, en assassinant le roi, lorsqu'il passerait dans un lieu nommé la Rye-House. Ce dernier complot étant découvert fit avorter les deux autres. Mais quoique Campbell de Cessnock, Baillie de Jerviswood et quelques conspirateurs de moindre importance fussent arrêtés, l'évasion de la plupart des personnes qui avaient pris part au complot, déconcerta en partie les projets de vengeance du gouvernement. Les circonstances qui accompagnèrent quelques unes de ces évasions sont singulières.

Lord Melville étant sur le point d'arriver à Édimbourg, de sa résidence, dans le comté de Fife, il envoya son principal domestique, qui était un montagnard nommé Mac-Arthur, pour faire les préparatifs nécessaires à son arrivée en ville. Le grand-justicier était ami de lord Melville. Il avait donné, dès le matin même, des ordres pour l'arrêter; il désirait le mettre sur ses gardes, et n'osait rien entreprendre pour cela. Rencontrant par hasard dans la rue le valet de lord Melville, il arrêta ses regards sur lui avec expression, et lui dit d'un ton significatif : — Que faites-vous ici? retournez sur vos pas, chien de montagnard ! Le domestique commençait à donner une explication annonçant qu'il était venu faire des préparatifs pour l'arrivée de son maître en ville. Le juge l'interrompit, et lui dit avec colère : — Retournez au logis, chien des hautes-terres! et il passa son chemin. Mac-Arthur connaissait les dangers de cette époque orageuse, et après avoir reçu d'un tel homme cette espèce d'avertissement, tout léger qu'il était, il résolut de retourner près de son maître. Au Ferry, il vit une troupe de gardes qui s'embarquaient pour le même voyage. Faisant tous les efforts possibles, il arriva assez à temps pour avertir son maître, qui se cacha immédiatement, et peu après passa en Hollande.

Sir Patrick Hume de Polwarth, dans la suite lord Marchmont, courut de plus grands dangers encore. Les gardes envoyés pour l'arrêter s'étaient reposés dans la maison d'un partisan du gouvernement, pour y prendre des rafraîchissemens, qui leur furent prodigués en abondance. La dame de la maison favorisait secrètement la cause presbytérienne ; devinant la mission de ces soldats, elle jugea, d'après quelques informations concernant la route de Polwarthcastle, qu'un grand danger menaçait sir Patrick Hume. N'osant lui écrire pour le lui apprendre, et moins encore confier à un messager quelques communications verbales, elle enveloppa une plume dans un morceau de papier blanc, et l'envoya sur les montagnes par un jeune garçon, pendant qu'elle retenait les militaires aussi long-temps qu'elle le pouvait sans exciter les soupçons. Dans le même temps sir Patrick recevait le gage, et le sentiment de la crainte devenant plus pénétrant encore par un pressentiment du danger, il comprit tout d'un coup que la plume l'invitait à fuir avec toute la rapidité de l'oiseau. Étant depuis long-temps suspect au gouvernement, sir Patrick avait le droit de penser qu'aucune retraite sur terre ne serait assez sûre [1]. Un caveau souterrain dans le cimetière de Polwarth, lieu de la sépulture de ses ancêtres, lui sembla le seul refuge convenable. Il n'y avait dans cette affreuse demeure d'autre lumière que celle qui pénétrait à travers une fente. Un domestique fidèle parvint à transporter dans ce triste lieu un lit et des couvertures, et là sir Patrick resta caché pendant les sévères recherches qu'on faisait de tous côtés. Sa fille, Grizell Hume, qui avait alors environ dix-huit ans, eut la tâche de porter de la nourriture à son père; mais ce n'était qu'au milieu de la nuit qu'elle pouvait pénétrer dans le souterrain. Elle avait été élevée dans les superstitions ordinaires de l'époque, et croyait aux fantômes et aux apparitions; mais le devoir qu'elle avait à remplir envers son père bannit toutes ses craintes puériles. Lorsqu'elle revint de son premier voyage, sa mère lui demanda si elle n'avait pas été effrayée en passant par le cimetière; elle répondit qu'elle n'avait eu d'autre crainte que celle des chiens du ministre (le presbytère étant près de l'église), qui avaient aboyé si fort qu'elle avait eu peur d'être découverte. Sa mère, le lendemain, envoya chercher le ministre, et sous prétexte qu'il y avait eu une alarme causée par des chiens enragés, elle l'engagea à tuer les siens ou à les enfermer.

Mais ce n'était point assez d'avoir un fidèle messager, beaucoup de précautions devenaient nécessaires pour se procurer, secrètement et à la dérobée, les provisions du malheureux reclus. Si les mets avaient été pris ouvertement, les domestiques auraient probablement deviné à qui ils étaient destinés. Grizell Hume essayait donc de détourner de dessus la table, aussi secrètement que cela lui était possible, une portion du dîner de la famille. Sir Patrick aimait particulièrement la tête de mouton (étant sous tous les rapports un bon Écossais), et Grizell, connaissant le goût de son père, avait fait tomber dans

---

(1) Ce moyen est employé par Wildrake dans *Woodstock*.—Éd.

sa serviette une partie de celle qu'on avait servie sur la table, lorsqu'un de ses frères, trop jeune pour être dans la confidence du secret, s'écria, dans la surprise qu'il éprouva de la disparition de la tête de mouton : Maman, regardez Grizzy, tandis que nous avalons le bouillon de mouton, elle a déjà mangé toute la tête.

Le principal amusement de sir Patrick Hume, pendant qu'il était caché dans son caveau funéraire, était de lire et de réciter la traduction des psaumes de Buchanan. Après avoir été caché dans la tombe de ses pères, et ensuite dans sa propre maison, il se hasarda de sortir, et en courant mille dangers, il parvint enfin à se sauver en Hollande, comme les autres fugitifs.

A cette époque, Baillie de Jerviswood, quoique dans un mauvais état de santé, eut le sort que Polwarth et quelques autres avaient évité si miraculeusement. On avait offert la vie à ce gentilhomme, à condition qu'il porterait témoignage contre lord Russell. Il rejeta cette proposition avec dédain, disant que ceux qui la lui avaient faite ne le connaissaient pas plus que son pays. Il ne paraît pas qu'il y eût la plus légère apparence que ce gentilhomme eût eu la moindre part dans le complot formé pour assassiner le roi; mais il n'y a point de doute qu'il avait, ainsi que les autres seigneurs déjà nommés, médité une insurrection, comme le seul moyen d'échapper à la persécution continuelle du gouvernement.

Lorsque Baillie reçut sa sentence de mort, il répondit seulement : — Milords, la sentence est cruelle, et le temps que vous me laissez est bien court; mais je remercie Dieu qui m'a mis aussi en état de mourir que vous l'êtes de vivre. Il supporta la mort avec une aussi grande fermeté, et sa femme, avec la force d'une Romaine, eut le courage d'assister à l'exécution. Un fait digne d'être mentionné apprend que, dans la suite, l'héritier de ce gentilhomme épousa la jeune dame qui donna si tendrement ses soins à son père sir Patrick Hume, lorsqu'il était caché dans la sépulture de ses ancêtres. Aucune autre personne ne fut exécutée pour avoir été complice de ce qui fut appelé le complot de Jerviswood, mais bien des gentilshommes furent jugés par contumace, leurs domaines confisqués, et donnés aux agens les plus cruels du gouvernement.

Plus de deux mille individus furent déclarés hors la loi, ou fuyant la justice. D'autres personnes, suspectes aux chefs, furent condamnées à des amendes considérables. Une d'elles était sir William Scott de Harden; c'est de son troisième fils que votre mère est descendue [1]. Ce gentilhomme, dans ses jeunes années, avait été un membre actif du comité des états, mais il avait alors plus de soixante-dix ans, et il était entièrement retiré des affaires publiques. Mais son neveu, Walter, comte de Tarras, ayant trempé dans le complot de Jerviswood, plusieurs fils de la maison de Harden furent impliqués dans cette affaire, et depuis le vieillard devint suspect au gouvernement. Il n'assistait qu'au service des prédicateurs graciés, c'est-à-dire qui avaient reçu une licence, et avait pris soin de ne commettre aucune imprudence qui pût dans la suite être intentée contre lui comme accusation. Le célèbre Richard Cameron avait été quelque temps son chapelain, mais il le congédia aussitôt que ce ministre se déclara contre l'*Indulgence*, et fit éclater les violentes opinions de sa secte. Cependant le conseil privé avait résolu que les maris seraient responsables des peines et des amendes encourues par leurs femmes; lady Scott de Harden était devenue coupable de si nombreuses transgressions, que la somme totale, pour ses délits, montait presque à deux mille livres sterling, qui, avec de grandes difficultés, fut réduite à quinze cents livres, somme immense pour un gentilhomme écossais de cette époque, mais qui fut

---

[1] Il est peut-être inutile de rappeler ici que c'est à son petit-fils que Walter adresse cette histoire. — Éd.

extorquée de ce vieillard en l'emprisonnant dans le château d'Édimbourg.

Tandis que ces évènemens se passaient en Ecosse, le duc d'York fut subitement rappelé à Londres par le roi, dont la santé commençait à décliner. Monmouth, le fils favori de Charles, avait été obligé de passer dans l'étranger, en conséquence du complot de Rye-House. On dit que le roi nourrissait toujours un désir secret de rappeler son fils, et de renvoyer le duc d'York en Écosse. Mais s'il méditait une résolution aussi étrange, ce qui paraîtrait presque improbable, le sort ne lui laissa pas le temps de l'exécuter.

Charles II mourut d'une attaque d'apoplexie qui l'enleva à un pays agité et à une cour licencieuse le 6 février 1685.

CHAPITRE XX.

Invasion de Monmouth et d'Argyle. — Exécution de ces deux seigneurs. — Exécution de Rumbold, le principal conspirateur dans le complot de Rye-House. — Emprisonnement d'un corps de non-conformistes dans le château de Dunottar. — Distinctions entre les deux partis des Whigs et des Torys. — Plans de Jacques II, pour la restauration du papisme.

Le duc d'York, en montant sur le trône après la mort de son frère Charles II, prit le titre de Jacques II d'Angleterre, et de Jacques VII d'Ecosse. Sa fille aînée, Marie, qu'il avait eue de sa première femme, épousa Guillaume, prince d'Orange, stathouder ou président des Provinces-Unies de Hollande, prince d'une grande sagesse, de beaucoup de jugement et de courage, et célèbre par le rôle qu'il avait joué en s'opposant à l'ambition de la France. Il était alors héritier de la couronne d'Angleterre, à moins que le roi son beau-père n'eût eu un fils de sa seconde femme, Marie d'Este. Il est naturel de supposer que le prince d'Orange surveillait avec le plus vif intérêt les diverses révolutions et les changemens qui eurent lieu dans le royaume qui, suivant toute apparence, devait lui appartenir un jour. Je ne dois pas oublier de mentionner que le duc de Monmouth, le comte d'Argyle et les nombreux mécontens qui furent obligés de se sauver d'Angleterre ou d'Écosse, trouvèrent des secours aussi bien qu'un refuge en Hollande. A ce sujet, Jacques fit plusieurs remontrances à son gendre, que le prince éluda, en alléguant qu'un état libre comme la république de Hollande ne pouvait fermer ses ports aux fugitifs, quel que fût leur pays; Jacques fut obligé de se contenter de ces excuses. Mais les ennemis de ce monarque étaient si complètement subjugués, tant en Angleterre qu'en Ecosse, qu'aucun prince en Europe ne semblait plus ferme sur son trône.

Cependant il n'y avait aucun adoucissement dans les mesures oppressives dont on faisait usage en Écosse. Les mêmes lois pour les recherches et les exécutions en pleine campagne étaient toujours suivies avec une sévérité qui ne se ralentissait pas; et comme le refus de porter témoignage contre une personne accusée de trahison était compté comme un crime égal à la trahison elle-même, la vie et les propriétés de chaque individu semblaient à la merci du ministre corrompu d'un prince arbitraire. Administrer ou recevoir le Covenant, ou seulement écrire pour sa défense, était regardé comme un crime, et beaucoup d'autres actions étaient aussi soumises à la même peine de mort et de confiscation. Ceux que les lois déclaraient traîtres étaient de cette manière devenus si nombreux, qu'il était impossible même aux plus prudens d'éviter quelque contact avec elles, et ils devenaient ainsi soumis à de sévères châtimens pour avoir entretenu des relations avec les délinquans. Cette oppression universelle devait conduire, comme on doit le supposer, au désir de secouer le joug de Jacques aussitôt que l'occasion s'en présenterait.

Convaincues de ce mécontentement général, les personnes de marque qui s'étaient réfugiées en Hollande conçurent le projet d'une double invasion dans la Grande-Bretagne: l'une devait être dirigée en Angleterre sous le commandement du populaire duc de Monmouth, dont les espérances de retour avaient été anéanties par la mort de son père Charles II; et l'autre en Ecosse; celle-ci fut confiée au comte d'Argyle (qui avait été la victime d'une persécution si injuste), de concert avec sir Patrick Hume, sir John Cochrane et autres, les plus remarquables parmi les exilés écossais, qui devaient aider le comte d'Argyle et l'assister de leurs conseils.

Comme cet ouvrage a particulièrement rapport à l'histoire d'Ecosse, je ne ferai que mentionner l'expédition de Monmouth; elle parut d'abord promettre des succès. Ayant débarqué à Lyme, dans le Dorset-Shire, le duc fut joint par un grand nombre de personnes qu'il eut les moyens d'armer, et ses progrès rapides causèrent de grandes alarmes au gouvernement. Mais les partisans de Monmouth étaient presque tous des hommes des classes inférieures, sur le zèle et le courage desquels on pouvait compter, mais qui n'avaient aucun des avantages que peuvent donner la richesse et l'éducation. Enfin le malheureux duc hasarda une bataille près de Sedge-Moor, dans laquelle sa cavalerie, par la perfidie ou la lâcheté de son chef, lord Grey, s'enfuit, et laissa l'infanterie à découvert. Les vigoureux paysans combattirent avec le plus grand courage, jusqu'à ce que leurs rangs fussent enfoncés et éclaircis avec un grand carnage. Mais le massacre des fugitifs sans défense ne put se comparer aux affreuses poursuites judiciaires qui furent plus tard portées devant le juge Jefferies, homme dont la cruauté était une honte pour sa profession et pour l'humanité.

Monmouth lui-même n'eut pas un sort plus favorable que celui de ses malheureux partisans. Il tomba entre les mains de ceux qui étaient à sa poursuite, et fut conduit comme prisonnier à la Tour de Londres. Il demanda qu'il lui fût permis d'avoir une entrevue avec son oncle, alléguant qu'il avait des choses importantes à lui communiquer ; mais lorsque enfin on satisfit ses désirs, le malheureux duc n'eut rien à dire, ou plutôt ne dit rien, ne sachant qu'implorer sa grâce ; mais Jacques avait pris la résolution de ne pas l'accorder. Monmouth fut exécuté à Towerhill au milieu des lamentations de la populace, à laquelle il était cher par ses qualités aimables et la beauté de sa personne, mérites qui le rendaient propre à être les délices et l'ornement de la cour, mais non pas à être le libérateur d'un peuple opprimé.

Tandis que la courte tragédie de l'invasion, de la défaite et de la mort de Monmouth se jouait en Angleterre, l'invasion d'Argyle en Ecosse avait une aussi malheureuse conclusion. Les chefs, même avant de quitter leur vaisseau, différaient sur le plan qu'ils suivraient. Argyle, chef puissant dans les hautes-terres, était naturellement disposé à tenter les principaux efforts dans le pays qui était habité par ses amis et par ses vassaux. Sir Patrick Hume et sir John Cochrane, tout en admettant qu'ils étaient certains de soulever le clan de Campbell, en suivant les conseils du comte, soutenaient néanmoins que ce simple clan, quelque nombreux et brave qu'il fût, ne pourrait le disputer aux forces unies de toutes les autres tribus de l'ouest, qui étaient ennemies d'Argyle et attachées personnellement à Jacques II. Ils se plaignaient qu'en débarquant dans les hautes-terres de l'est ils s'exposeraient à être renfermés dans un coin du royaume, où ils ne pourraient être joints par personne, excepté par les vassaux d'Argyle, et où ils seraient nécessairement séparés des provinces de l'ouest, dans lesquelles les Covenantaires opprimés s'étaient montrés prêts à se soulever, même sans secours d'argent ou d'armes, et sans les conseils de braves gentilshommes pour les commander et les conduire. Ces contestations augmentèrent lorsqu'en débarquant dans le Kintyre le comte d'Argyle arma son clan au nombre d'environ mille hommes. Ce clan, joint aux fugitifs qui s'étaient embarqués en Hollande, au nombre de trois cents, et à d'autres recrues, élevait l'armée des insurgés à quinze cents hommes, nombre suffisant pour frapper un coup dangereux avant que les forces royales fussent rassemblées, si les révoltés avaient pu être d'accord entre eux sur le lieu où il fallait porter la guerre.

Argyle proposa de marcher vers Inverary pour attaquer le laird de Ballechan, qui défendait cette ville pour le roi, attendant l'arrivée du marquis d'Athole, qui, à la tête de différens clans, se dirigeait vers l'Argyle-Shire. Mais sir John Cochrane, ayant eu quelques communications avec l'ouest qui promettait un soulèvement général dans cette partie du royaume, déclara que les principaux efforts devaient se faire à l'ouest. Il avait aussi une lettre d'un gentilhomme du Lanark-Shire, nommé William Cleland, qui assurait que si le marquis d'Argyle se déclarait pour l'œuvre de réformation entreprise depuis l'année 1638 jusqu'en 1648, il serait appuyé par tous les fidèles Presbytériens de cette contrée. Sir John demanda donc à Argyle un secours d'hommes et de munitions, afin de soulever les comtés de l'ouest; il mit beaucoup d'ardeur à faire cette demande, ajoutant que si personne ne voulait l'aider il partirait seul, une fourche à la main.

Tous ces projets étaient bons s'ils eussent été promptement exécutés, mais la perte du temps devint fatale. Enfin on se détermina pour une expédition dans les basses-terres, et Argyle, avec une armée augmentée de deux mille cinq cents hommes, descendit dans le Lennox, se proposant de traverser la Clyde et de soulever les Covenantaires du pays de l'ouest. Mais les divers partis presbytériens étaient déjà retombés dans leurs querelles ordinaires, discutant s'ils reconnaîtraient ou non l'autorité d'Argyle et s'uniraient sous son étendard. Lorsque ce seigneur malheureux, et l'on pourrait dire irrésolu, eut traversé la rivière Leven, près de Dumbarton, il trouva sa petite armée sans aucun espoir de renfort, presque entourée par des forces supérieures qui s'étaient rassemblées de différens points, sous le marquis d'Athole, le duc de Gordon et le comte de Dumbarton.

Argyle, pressé de tous côtés, proposa de livrer bataille, mais la majorité dans le conseil de guerre qu'il convoqua fut au contraire d'avis de donner le change à l'ennemi, et de quitter le camp au milieu de la nuit, pour marcher sur Glascow ou sur Bothwell-Bridge afin de pénétrer dans un pays ami et mettre une rivière large et profonde entre eux et une armée supérieure. Allumant des feux nombreux dans le camp comme s'ils l'occupaient encore, Argyle et ses troupes commencèrent leur manœuvre projetée. Mais une retraite est toujours un mouvement décourageant, et une marche de nuit est ordinairement remplie de confusion ; le manque de discipline de ces troupes levées à la hâte augmentait la défiance et le désordre général. Les guides étaient ou ignorans ou traîtres, car lorsque l'aurore éclaira les insurgés abattus, au lieu de se trouver près de Glascow, ils s'aperçurent qu'ils étaient beaucoup plus bas, sur les rives de la Clyde près de Kilpatrick. Là les chefs en vinrent à une rupture ouverte, leurs troupes furent dissoutes et se débandèrent ; et lorsque le malheureux comte, resté presque seul, chercha un refuge dans la maison d'un homme qui avait été jadis son serviteur, on refusa de le recevoir. Alors il traversa la Clyde accompagné d'un seul ami, qui, s'apercevant qu'ils étaient poursuivis, eut la générosité de s'arrêter pour attirer sur lui l'attention du parti qui les suivait : ceci se passait au gué d'Inchinnan, sur la rivière de Cart, près de Blythswood-House.

Mais Argyle n'était pas plus en sûreté seul qu'avec son ami ; quelques soldats de la milice qui parcouraient toutes les directions observèrent que le fugitif laissait son cheval et pénétrait dans la rivière à pied, ils en conclurent que ce devait être un personnage important, qui s'inquiétait peu de perdre sa monture pourvu qu'il pût s'échapper. Aussitôt que le comte eut atteint l'autre bord, ces hommes se jetèrent sur lui, et quoiqu'il fît quelque défense ils parvinrent à le terrasser. Il s'écria en tombant : Infortuné Argyle! apprenant ainsi à ses vainqueurs de quelle importance était leur prisonnier. Un large fragment de rocher, appelé encore aujourd'hui la pierre d'Argyle, marque la place où le comte fut pris.

Ainsi se termina cette malheureuse expédition, dans laquelle Argyle semble s'être engagé parce qu'il nourrissait de fausses idées sur sa propre importance et ses talens militaires, et dans laquelle aussi les gentilshommes des hautes-terres se réunirent parce qu'ils n'avaient qu'une connaissance imparfaite de l'état de la contrée, connaissance qui leur avait été donnée par des gens qui sentaient profondément les torts du gouvernement envers eux, mais qui ne considéraient pas que la masse entière de leurs compatriotes était aussi comprimée par la crainte que mécontente.

Comme pour rappeler au malheureux Argyle les cruautés exercées contre Montrose, dont on prétend qu'il avait été le témoin triomphant, les mêmes indignités déshonorantes auxquelles son ennemi avait été soumis furent mises en usage envers Argyle ; il fut conduit jusqu'au haut de High-Street, nu-tête, monté sur un cheval sans selle, le bourreau le précédant, jusqu'à la prison.

Le conseil débattit s'il serait exécuté d'après la sentence extravagante qui l'avait condamné comme traître et corrupteur des lois, parce qu'il avait ajouté une condition au serment du test ; ou s'il n'était pas plus convenable de le juger de nouveau, pour la trahison évidente dont il s'était rendu coupable dans la dernière invasion. Il fut décidé que les juges suivraient la première route, et tiendraient Argyle pour un homme déjà condamné, car, en agissant autrement, ils sembleraient admettre l'illégalité de la première sentence. Le malheureux comte fut condamné à avoir la tête tranchée par la *jeune fille* (*Maiden*), instrument ressemblant à la guillotine de la France moderne; il monta sur l'échafaud avec un grand courage, embrassant l'instrument par lequel il devait perdre la vie, et déclarant que c'était la *fille* la plus agréable qu'il eût jamais embrassée. Il conserva la même fermeté au moment où la fatale sentence reçut son exécution.

Si la mort de ce seigneur est considérée comme la conséquence d'une sentence prononcée contre lui pour avoir osé commenter et expliquer un serment en contradiction avec lui-même, on ne peut donner à sa condamnation d'autre nom que celui de meurtre judiciaire. Plus de vingt personnes parmi les gentilshommes les plus distingués du clan d'Argyle furent exécutées pour s'être réunies à lui. Ses domaines furent dévastés et confisqués; son frère lord Niel Campbell obligé de fuir en Amérique, et son nom condamné à être aboli.

Plusieurs partisans d'Argyle, dans les basses-terres, furent aussi condamnés à mort. Parmi eux se trouvait Richard Rumbold, un Anglais, le principal conspirateur dans l'affaire appelée le complot de Rye-House. C'était un républicain de la vieille roche, qui l'eût emporté sur ce point sur Cromwell lui-même. Il avait été le plus actif dans le projet d'assassiner le roi et son frère, crime qui devait s'exécuter à sa ferme nommée Rye-House par une bande de conjurés qui auraient fait feu sur les gardes, et une autre qui aurait dirigé ses coups dans le carrosse du roi. Rumbold, qui devait être à la tête de cette dernière bande, éprouvait quelques scrupules de tuer l'innocent postillon, mais n'avait aucun remords du projet d'assassiner le roi et le duc d'York.

S'échappant d'Angleterre au moment où ce complot fut découvert, ce républicain déterminé trouva un refuge en Hollande jusqu'à l'époque où on lui persuada de prendre part à l'expédition d'Argyle. Lorsque les chefs écossais ne s'entendirent plus entre eux et désertèrent la cause commune, un étranger et un Anglais ne pouvait s'attendre à beaucoup de secours et à beaucoup d'égards. Rumbold, obligé de pourvoir seul à sa sûreté au milieu de cette désertion générale, fut bientôt atteint par un parti de royalistes, et tandis qu'il se défendait courageusement contre deux hommes qui l'attaquaient de front, un troisième vint par-derrière avec une fourche, la mit derrière ses oreilles, et enlevant son casque d'acier, laissa sa tête découverte. Rumbold s'écria : — O cruel paysan ! me traiter ainsi lorsque mon visage était en face de mon ennemi !

Il mourut de la mort des traîtres, et il le méritait pour la part qu'il avait prise dans le complot de Rye-House. Sur l'échafaud, Rumbold conserva le même courage qu'il avait souvent montré sur le champ de bataille. Une de ses dernières observations fut qu'il n'avait jamais cru que la plus grande partie du genre humain venait au monde bridée et sellée, et l'autre partie avec des bottes et des éperons afin de monter à cheval sur la première.

La mort de cet Anglais fut dans la suite vengée sur Mark Kerr, le chef de ceux qui avaient saisi le conspirateur. Cet homme fut assassiné devant sa propre porte par deux jeunes gens se disant les fils de Rumbold, qui arrachèrent son cœur en représailles de ce que leur père avait souffert sur l'échafaud. Ainsi le crime fait naître le crime, et la cruauté engendre la cruauté. Les auteurs de cette action sanglante se sauvèrent, et pas même un chien n'aboya contre eux.

Avant de quitter le sujet de la rébellion d'Argyle, je puis parler d'une espèce d'oppression pratiquée à l'égard des non-conformistes, et d'une nature différente de celles que j'ai jusqu'ici mentionnées. Lorsque l'alarme de l'invasion fut donnée, le conseil privé décida que toutes les personnes qui étaient en prison pour des motifs religieux seraient envoyées dans le nord, afin que leur prison fût plus sûre. Après une marche fatigante, rendue plus pénible encore par le manque de nourriture et de logement, aussi bien que par les railleries des personnes qui venaient les voir passer, et qui insultaient, par des chansons ou des airs ridicules, une troupe de sectaires qui regardaient la musique profane comme un péché, la troupe errante, composée de cent soixante personnes, parmi lesquelles il y avait plusieurs femmes et même des enfans, atteignit le lieu de sa destination ; c'était le château de Dunottar, forte citadelle, presque entourée par la mer du nord, le même dans lequel je vous ai dit que les *Regalia* d'Ecosse avaient été cachés pendant quelque temps. Là, ces malheureux furent sans aucune distinction jetés dans un immense cachot, ayant une fenêtre qui donnait sur la mer, mais au bas de laquelle se trouvait un horrible précipice. On ne leur accorda d'autres lits et d'autres provisions que ce qu'ils avaient apporté avec eux, et ils furent traités par les geôliers avec une rigueur excessive. Les murs de ce lieu, appelé encore aujourd'hui le cachot des Whigs, portent les marques des tourmens infligés à ces malheureuses créatures. Il y a particulièrement un grand nombre d'ouvertures pratiquées dans la muraille, et environ de la hauteur d'un homme, et c'était la coutume, au bon plaisir du geôlier, que tout prisonnier qui était jugé réfractaire se trouvât forcé de se tenir debout, les bras étendus et les doigts assujettis par des coins, dans les crevasses que j'ai décrites. Il paraît que quelques unes de ces ouvertures ou crevasses, qui sont plus basses que les autres, étaient destinées aux femmes et même aux enfans. Beaucoup moururent au milieu de cette cruelle torture, d'autres furent privés de l'usage de leurs membres par des rhumatismes ou d'autres maladies ; plusieurs autres perdirent la vie en essayant de descendre du précipice sur lequel le château était construit. Quelques autres qui parvinrent à s'échapper en descendant le long des rocs furent repris et horriblement torturés pour les punir de cette évasion. On allumait des mèches attachées entre leurs doigts, plusieurs furent mutilés, d'autres moururent de l'inflammation qui s'ensuivit.

Ceux qui survécurent à cet emprisonnement, qui dura six semaines ou deux mois, reçurent l'offre de leur liberté à la condition qu'ils se soumettraient au serment du test. Quelques uns, accablés par les maux qu'ils avaient soufferts et la misère de leur condition, se soumirent et furent acquittés. On transporta les autres dans les colonies. Une pierre funéraire, dans le cimetière du château de Dunottar, conserve encore les noms de ceux qui moururent dans cette horrible captivité par les différens moyens que nous avons mentionnés.

Le souvenir de la non-réussite des invasions de Monmouth et d'Argyle, et la vengeance qui avait été exercée sur ces malheureux chefs, furent éternisés par Jacques sur deux médailles frappées à cette occasion. Elles portent d'un côté deux têtes séparées du corps, et de l'autre côté deux troncs sans tête, devise aussi inhumaine que la conduite par laquelle ces avantages avaient été obtenus et la vengeance royale exécutée. Le parti qui inclinait à soutenir les intérêts du roi dans les discussions politiques, obtint alors une supériorité complète sur ses adversaires. Ce parti était connu sous le nom de Tory, surnom emprunté de l'Irlande, où les bandes irrégulières et passagères qui soutinrent une guerre d'escarmouche, après que Cromwell eut réduit à l'anéantissement les efforts nationaux, furent ainsi appelées. Ainsi que le surnom opposé de Whig, celui de Tory fut d'abord employé par mépris et par ridicule, et dans la suite ils furent adoptés, pour distinguer les deux partis, à la place de ceux dont on s'était servi pendant la guerre civile, le mot de Tory remplaçant celui de Cavalier, et celui de Whig étant employé au lieu de Têtes-Rondes. Les mêmes termes de distinction sont parvenus jusqu'à nous, comme exprimant deux partis politiques qui divisent les chambres, et comprennent, politiquement parlant, toute la masse de la société. Un homme qui, dans les vues générales de la constitution, pense que le pouvoir monarchique court le danger d'être maîtrisé par le parti populaire, et qui soutient la couronne dans les discussions ordinaires, est un Tory; tandis que celui qui trouve qu'il est plutôt probable que le pouvoir de la couronne empiètera sur les libertés du peuple, et qui consacre son influence à servir la cause du peuple, est appelé Whig. Ces deux opinions peuvent être maintenues honorablement et consciencieusement par ceux qui les ont adoptées, soit par réflexion, soit par les principes de leur éducation. L'existence de deux semblables partis, opposés l'un à l'autre avec raison et modération, et seulement par des moyens constitutionnels, est la plus sûre méthode pour empêcher les agressions, soit sur les droits de la couronne, soit sur les priviléges du peuple, et de garder la constitution elle-même inviolable, comme les étais et les agrès d'un vaisseau, agissant les uns contre les autres, concourent à tenir le mât à sa place. Mais, comme il est naturel aux hommes de porter jusqu'à l'extrême leurs opinions favorites, il est souvent arrivé que les Whigs, ou les plus violens de cette faction, ont nourri des opinions qui tendaient à la démocratie, et que, d'un autre côté, les Torys, se laissant emporter par des préjugés opposés, ont mis en danger la constitution, par leur tendance vers l'absolutisme.

Ainsi, dans la grande guerre civile, les amis de la liberté populaire commencèrent leur opposition sous Charles I*er*, dans la louable intention de ressaisir la liberté constitutionnelle, mais ne terminèrent la guerre que lorsque ce monarque fut entièrement accablé et la liberté engloutie sous les ruines de la monarchie. De la même manière, les Torys du temps de Charles II et de Jacques II, se rappelant la fatale issue des guerres civiles, adoptèrent l'opinion opposée et également trompeuse, qu'aucun échec ne pourrait être porté contre la volonté du souverain, sans danger de renverser le trône. Par ce désir illimité d'augmenter les prérogatives de la couronne, ils ne hasardèrent pas seulement la liberté nationale, mais ils conduisirent à sa ruine le souverain abusé. Ainsi, lorsque nous parlons de quelques mesures particulières adoptées par les Whigs et par les Torys, il serait injuste de croire qu'elles méritent le blâme ou les éloges, simplement parce qu'elles ont pris leur origine dans l'un ou l'autre de ces partis. Au contraire le mérite réel de ces mesures ne peut être véritablement estimé que lorsque nous avons calculé avec attention leur but et leurs effets, comparés avec l'esprit général de la constitution et avec l'exigence des temps dans lesquels ces mesures furent prises.

Pendant le règne entier de Charles II, une violente lutte avait eu lieu entre les Whigs et les Torys, dans le cours de laquelle les deux partis agirent avec une animosité furieuse qui n'admettait aucun scrupule dans les moyens qu'ils employaient pour renverser leurs adversaires. Le parti des Whigs s'était prévalu de la détestable imposture appelée le complot des papistes, pour jeter sur les Torys l'odieux d'un attentat contre la vie des protestans, et tendant à ramener par l'épée l'Angletere à la foi catholique. Sous ce prétexte, bien du sang innocent fut répandu. Les Torys reprirent un ascendant décidé par la découverte du complot de Rye-House, entreprise horrible, à l'idée de laquelle l'esprit des hommes se révolte, et dont la cour profita avec art en confondant sur la même ligne les plans plus modérés de Monmouth, lord Russell et autres, dont l'intention était seulement d'obtenir quelque adoucissement aux mesures oppressives et inconstitutionnelles de la cour, et le complot sanglant contre la personne du roi que Rumbold et quelques hommes désespérés avaient médité. La haine générale inspirée par la dernière entreprise excita une clameur universelle contre les conspirateurs; et les Torys, à leur tour, firent sacrifier, sous prétexte d'une conspiration qu'ils ignoraient, lord Russell et Algernon Sydney, deux hommes qui, par leurs sentimens de liberté et de courage, acquirent des noms qui vivront éternellement dans l'histoire.

Les préjugés contre les Whigs ne subsistaient plus lorsque Jacques monta sur le trône, et la sentence terrible qui punit l'invasion de Monmouth, en même temps qu'elle excita la compassion pour ce malheureux prince, inspira une crainte générale du gouvernement. Dans ces circonstances, tous les pouvoirs de l'état semblaient prêts à se soumettre au roi sans se rappeler le prix de la liberté nationale ni le sang qui avait été versé dans sa défense. Le danger était d'autant plus éminent que la plus grande partie du clergé était royaliste à l'excès, et avait adopté des maximes entièrement incompatibles avec la liberté du gouvernement et les principes de la constitution d'Angleterre. Il affirmait que les droits des rois émanaient de Dieu, et qu'ils étaient responsables devant lui seul de la manière dont ils les exerçaient ; que leur mauvaise conduite, quelque évidente qu'elle fût, leur oppression, quoique injuste, ne donnait pas aux sujets le droit de défendre leur personne contre la violence du souverain, et que toute tentative de résistance, quoique provoquée, était également contraire à la religion, aux lois, et digne de châtiment dans ce monde comme trahison ou sédition, et d'une éternelle condamnation dans l'autre vie comme ennemie d'un prince que le ciel avait déclaré l'oint du Seigneur. Telles étaient les maximes basses et serviles adoptées par des hommes bons, sages et savans, qu'égarait le souvenir des horreurs de la guerre civile, de la mort de Charles Ier, et de la destruction de la hiérarchie. Ainsi les hommes essaient d'éviter la répétition de certains crimes et de certaines erreurs en se précipitant dans des excès d'un genre différent.

Jacques II avait sans doute l'ambition du pouvoir ; cependant, telle était la promptitude avec laquelle les cours de justice plaçaient à ses pieds les personnes et les propriétés de ses sujets, et le zèle avec lequel la plupart des membres du clergé exaltaient son autorité comme ayant un caractère sacré, et responsable de ses actions au ciel seul, qu'il semblait impossible à Jacques de former aucune demande pour l'extension de son pouvoir qui ne lui fût pas concédée au plus léger signe de son bon plaisir. Mais le principal malheur de ce monarque fut de penser que le même sophisme par lequel les théologiens et les hommes de loi plaçaient les propriétés et la liberté personnelle de ses sujets à sa disposition illimitée, étendait aussi son pouvoir sur la liberté de leur conscience.

Nous avons souvent répété que Jacques était catholique romain, et, en sincère partisan de cette croyance, il n'était pas seulement disposé, mais il se croyait obligé, autant que possible, à ramener ses sujets dans le giron de l'église hors de laquelle, suivant la foi catholique, il n'y a point de salut. Il pouvait aussi se flatter que les fautes de sa vie, qui sous quelques rapports n'avait pas été régulière, seraient atténuées et effacées s'il rendait l'important service d'extirper l'hérésie du nord. Les vives espérances de Jacques semblaient dans ce temps plus faciles à se réaliser qu'à toute autre époque. Son pouvoir, s'il devait en croire les assurances du parti dominant dans l'état, était aussi étendu sur les personnes et les esprits de ses sujets, que celui de la famille des Tudors, sous la dynastie desquels la religion d'Angleterre avait changé quatre fois de formes, docile à la volonté et au bon plaisir du souverain. Jacques devait donc se flatter que puisque Henri VIII par son seul *vouloir* détacha l'Angleterre du pape et conféra à sa propre personne l'office de chef de l'église, un clergé soumis et un peuple complaisant pourraient, suivant un désir semblable de leur souverain, retourner sous l'autorité du saint-père, lorsqu'ils verraient leur prince lui remettre (comme une usurpation) le droit de suprématie que ses prédécesseurs lui avaient enlevé.

Mais il y avait quelque chose de faux dans ce raisonnement. La réformation présentait à la nation anglaise des avantages tant spirituels que temporels qu'on ne retrouvait plus dans une réconciliation avec Rome. La première révolution était un appel des ténèbres à la lumière, de l'ignorance au savoir, et de l'esclavage des prêtres à la liberté, et un ordre de Henri VIII, recommandant un changement si riche d'avantages, était sûr d'être obéi avec promptitude. Le but de Jacques, au contraire, était de rétablir l'ignorance des siècles de ténèbres, de priver les laïques de l'usage de l'Écriture sainte, et de ramener des observances et des articles de foi qui étaient le tribut d'une crédulité superstitieuse, et que les progrès des lumières depuis plus d'un siècle avaient enseigné à mépriser.

Une réconciliation avec Rome n'aurait pas été plus favorable à ceux qui n'envisageaient un changement de religion que comme le moyen d'obtenir des avantages temporels. L'acquiescement de la noblesse à la réformation avait été facilement obtenu par le pillage des biens de l'église, mais leurs descendans, les possesseurs actuels de ces biens avaient de grandes raisons de craindre qu'un retour à la religion catholique ne fût cimenté par la restitution des terres de l'église qui avaient été confisquées à la réformation.

Ainsi le changement que Jacques se proposait d'accomplir dans la religion nationale était une tâche aussi différente de celle qui avait été entreprise par Henri VIII, qu'il est différent de forcer une pierre à remonter une montagne, au lieu d'en aider une à suivre son impulsion naturelle en roulant jusqu'en bas. Une force égale peut être employée dans ces deux cas, mais le résultat des deux tentatives doit être matériellement différent. Jacques ne fit point cette distinction, persévéra dans ses téméraires desseins, et voulut les accomplir, tentative fatale à son pouvoir, et heureuse pour ses sujets, qui, étant appelés à lutter pour leur religion, se ressaisirent d'une liberté à moitié subjuguée, comme le seul moyen par lequel ils pourraient obtenir une résistance efficace.

CHAPITRE XXI.

Tentative de Jacques II pour annuler l'acte du test et les lois pénales contre les catholiques romains. — Proclamation annulant le serment de suprématie et le test. — Efforts prolongés pour établir l'ascendant du catholicisme. — Envahissement sur les droits de l'université. — Poursuites contre les évêques. — Vues ambitieuses du prince d'Orange. — Elles sont modifiées par la naissance du prince de Galles. — Invasion du prince d'Orange. — Fuite de Jacques. — Guillaume et Marie occupent le trône d'Angleterre.

Lorsqu'il tenta l'entreprise téméraire qui, sans aucun doute, avait pour but le rétablissement de la religion catholique dans ses états, Jacques II, dans son discours à la première assemblée des chambres après la défaite de Monmouth, les instruisit de ses intentions par deux particularités également alarmantes pour la nation. Jacques représenta d'abord que, s'étant aperçu par l'exemple de la dernière rébellion que la milice n'était pas suffisante pour maintenir la tranquillité dans le royaume, son dessein, à l'avenir, était d'entretenir un corps de troupes régulières, au paiement desquelles il désirait que la chambre des communes pourvût. Le second point n'était pas de moins mauvais présage. Le roi désirait qu'aucun homme ne formât des objections s'il employait dans l'armée des officiers qui n'eussent pas les qualités requises d'après l'acte du test.—Il y avait des personnes, dit-il, bien connues de lui, dont il avait eu l'assistance au moment du besoin et du danger; il était résolu à ne point les laisser dans la disgrâce, ni à se priver lui-même de leurs services à l'avenir.

Pour comprendre ce que cela signifiait, il faut que je vous informe que l'acte du test avait été établi pour exclure des charges publiques et militaires toutes les personnes qui ne se seraient pas soumises, avant de les exercer, au serment du test, par lequel elles se déclaraient protestantes suivant l'église d'Angleterre. Le discours que Jacques prononça du haut de son trône annonçait donc que le roi désirait maintenir une force militaire permanente, et son dessein de choisir la plupart des officiers parmi les catholiques, qu'il désirait employer quoiqu'ils n'eussent pas prêté le serment du test. Les soupçons des mesures blâmables que le roi était à la veille de prendre excitèrent une grande alarme. Lorsqu'on proposa dans la chambre des pairs que des remerciemens seraient exprimés pour le discours du roi, lord Halifax dit qu'on devait en effet des remerciemens au roi, mais seulement pour la franchise avec laquelle il avait laissé voir le but auquel il visait. Dans la chambre des communes, le discours fut reçu avec de plus grandes marques de désapprobation, et l'on y vota une adresse, représentant que les officiers catholiques ne pouvaient être relevés de leur exclusion des charges publiques que par un acte du parlement. Cette adresse fut à son tour mal reçue par le roi, qui se montra mécontent des soupçons qu'avait excités son discours. Les membres de la chambre gardèrent pendant quelques minutes le plus profond silence, jusqu'à l'instant où M. Cook se leva et dit : — J'espère que nous sommes tous Anglais, et que quelques paroles dures ne nous effraieront pas au point de nous empêcher de remplir notre devoir. Ces mots furent considérés comme séditieux, et le gentilhomme qui les prononça fut envoyé à la Tour. Le roi, aussitôt après, prorogea le parlement, qui ne s'assembla plus pendant le court espace de temps que dura le règne de Jacques.

Exaspéré et mécontent de l'effet inattendu et défavorable qu'avaient produit ses propositions en faveur des catholiques romains dans le parlement anglais, Jacques résolut que la magistrature d'Ecosse, qui jusqu'alors s'était etudiée à remplir et même à prévenir tous ses désirs, montrât, dans cette circonstance, à ses voisins du nord l'exemple de la soumission aux volontés du souverain; et, afin d'engager les Ecossais, et particulièrement les représentans des bourgs, à consentir sans hésitation, Jacques promit une libre correspondance commerciale avec l'Angleterre et une amnistie entière pour les offenses passées; mesures qu'il regardait avec raison comme essentielles au bonheur de l'Ecosse. Mais ces faveurs si désirables étaient atténuées par la demande d'abolir les lois pénales et le test. Le parlement d'Ecosse, jusqu'alors si soumis, fut alarmé de cette proposition, qui, commençant d'abord par mettre seulement de niveau le catholicisme avec la religion établie, finirait bientôt, suivant son opinion, par renverser les doctrines réformées et les remplacer par celles de l'église de Rome.

Il est vrai que les lois pénales d'Ecosse, touchant les catholiques romains, étaient aussi sévères que dures. Les peines encourues pour assister à la célébration de la messe étaient, pour la première fois, la confiscation et un châtiment corporel; pour la seconde, l'exil, et pour la troisième, les mêmes qui punissaient la trahison. Ces lois tyranniques avaient été introduites à une époque violente, lorsque ceux qui venaient de secouer le joug du pape désiraient prévenir, par tous les moyens possibles, la plus légère chance de se le voir imposer de nouveau, et lorsque étant encore irrités par le souvenir des sévérités infligées par les catholiques romains sur ceux qu'ils appelaient hérétiques, les protestans étaient naturellement disposés à user de représailles envers la secte qui les avait opprimés.

Mais quoique l'on ne puisse rien dire en faveur de ces lois, la plus grande partie des Ecossais désiraient qu'on les conservât comme une protection pour la religion réformée, en cas que les catholiques essayassent de recouvrer leur ascendant. Ils alléguaient que, depuis que les catholiques se tenaient tranquilles, il n'y avait aucun exemple récent que les lois pénales eussent été mises en vigueur contre eux, et qu'ainsi, puisqu'ils avaient déjà obtenu de jouir d'une liberté absolue de conscience, le seul but de l'abolition proposée des lois pénales devait être sans doute d'élever les catholiques aux charges publiques, comme les ministres favorisés du roi, et professant la même religion que sa majesté.

En ce qui avait rapport au serment du test, on se souvenait que Jacques s'en était servi lui-même, et que ce serment avait paru si sacré, qu'Argyle avait été condamné à mort pour ne l'avoir pas prêté dans toute sa pureté, et qu'il avait été jugé si nécessaire à l'église épiscopale d'Ecosse, qu'on avait forcé à la pointe de l'épée les Presbytériens de s'y soumettre.

Ainsi les protestans de toutes conditions étaient alarmés de voir que les catholiques romains fussent dispensés du test et soutenus, comme ils l'étaient, par la faveur du roi. On les regardait justement comme les ennemis les plus formidables de ceux qu'ils appelaient hérétiques.

La conséquence de toutes ces réflexions fut que le parti épiscopal en Ecosse, qui jusqu'alors avait consenti à toutes les mesures que Jacques avait proposées, renonça tout-à-coup à cette complaisance, et ne voulut pas plus longtemps satisfaire ses désirs. Il ne put obtenir d'autre réponse des membres du parlement écossais que l'assurance vague qu'ils feraient en faveur des catholiques tout ce que leur conscience leur permettrait de faire.

Mais Jacques, quoiqu'il se fût en premier lieu adressé au parlement, avait formé secrètement le projet de détruire les effets des lois pénales et d'annuler le serment du test par les prérogatives de son autorité royale, n'étant point arrêté par la haine et les soupçons qu'il était sûr d'inspirer en attaquant en même temps les libertés de ses sujets et la religion réformée.

Le prétexte sur lequel Jacques fondait son pouvoir d'user des prérogatives royales était bien faible. Dans quelques occasions les rois d'Angleterre avaient réclamé et exercé le droit de dispenser des lois pénales, dans des cas qui faisaient exception ou qui méritaient de l'indulgence. Ce droit ressemblait en quelque chose au pouvoir que possède le roi de gracier les criminels que la loi a condamnés à mort. Mais, semblable au droit de faire grâce, le privilége de *dispenser* ne devait être mis en usage que dans les cas extraordinaires. Ainsi, lorsque le roi prétendait suspendre l'effet des lois pénales dans toutes les occasions sans exception, c'était absolument comme si le pouvoir qu'il avait de pardonner un criminel lui donnait le droit de prononcer que dans aucun cas le meurtre ne serait considéré comme un crime capital. Ce raisonnement était inattaquable. Néanmoins, au risque du mécontentement qu'il était sûr d'exciter par une telle conduite, Jacques fut assez téméraire pour publier une proclamation dans laquelle, par sa propre autorité, il détruisit tout d'un coup les lois pénales qui avaient rapport aux catholiques, et annulait le serment de suprématie et le *test*. De cette manière un catholique devenait aussi habile à remplir une charge publique qu'un protestant. En même temps, pour conserver quelque apparence d'impartialité, une indulgence fut accordée aux Presbytériens modérés, tandis que les lois contre les conventicules armés et en pleine campagne furent confirmées et exécutées avec rigueur.

Jacques était principalement dirigé dans cette conduite arbitraire et violente par un petit nombre de conseillers catholiques, dont aucun n'avait une réputation de talent, et la plupart étaient excités par un zèle mal entendu pour leur religion et l'espérance de la prochaine restauration du papisme. On doit ajouter à ces conseillers deux ou trois hommes d'état qui, dans l'origine, étaient protestans, et qui avaient adopté la religion catholique par complaisance pour les désirs du roi. De ces hommes qui avaient sacrifié leur conscience et la décence aux faveurs de la cour, on devait craindre les conseils les plus violens, puisqu'il était certain qu'ils soutiendraient jusqu'à l'extrémité une religion qu'ils avaient adoptée dans le seul but de leurs intérêts personnels. Un de ces ministres était le comte de Perth, chancelier d'Écosse, et qui dans ce royaume était asservi aux volontés du roi. Tel était aussi le comte de Sunderland en Angleterre, bien plus habile, bien plus dangereux que le premier. Ce seigneur, sous le masque de la plus passive soumission aux désirs du roi, se faisait une étude de dicter à Jacques les mesures les plus extravagantes, avec l'intention secrète de déserter sa cause aussitôt qu'il le verrait en danger de périr par la tempête que de gaieté de cœur il l'avait engagé à provoquer.

La sincérité de ces convertis qui changent de religion au moment où la faveur et le pouvoir peuvent être obtenus par ce changement, doit toujours être douteuse; aucun caractère n'inspire plus de mépris que celui d'un apostat qui abandonne sa croyance par ambition. Cependant, n'écoutant point ces sages considérations, le roi semblait presser la conversion de ses sujets à la foi catholique, sans observer que chaque prosélyte, par le seul effet de son changement, était méprisé généralement et perdait l'influence qu'il avait auparavant possédée. L'espèce de rage que le roi éprouvait de faire des conversions était porté à un tel excès, qu'un nègre ignorant, le domestique ou l'esclave d'un nommé Read, charlatan, fut publiquement baptisé, d'après les rites de l'église catholique, sur un théâtre, dans High-Street à Edimbourg, et nommé Jacques, en honneur, dit-on, du lord chancelier Jacques comte de Perth, du roi Jacques lui-même, et de l'apôtre saint Jacques.

Tandis que le roi était abandonné par ses vieux amis et alliés de l'église épiscopale, il espérait probablement que ses ennemis les Presbytériens lui seraient conciliés par la douceur inattendue dont on usait à leur égard. Afin de réussir dans cet espoir, l'indulgence fut graduellement étendue, jusqu'à ce qu'elle devînt un abolissement presque total des lois oppressives contre les fanatiques et les conventicules. Les Cameroniens, qui ne reconnaissaient pas l'autorité du roi, furent seuls exceptés dans l'indulgence. Mais les protestans non-conformistes furent assez sages pour pénétrer les intentions secrètes du roi, et restèrent résolus à ne point former d'union avec les catholiques, et à croire que le souverain n'avait point d'autre but que la destruction de tous les protestans, quelle que fût leur secte.

Quelques ministres, il est vrai, reçurent cette indulgence avec des remerciemens flatteurs, et plusieurs Presbytériens distingués par leur rang acceptèrent des charges du gouvernement à la place d'épiscopaux qui avaient résigné les leurs plutôt que d'acquiescer à la dispensation des lois pénales. Mais, pour me servir de leurs propres expressions, les plus clairvoyans Presbytériens s'aperçurent facilement qu'ils avaient été moins lésés par les plaies, les blessures et les coups que l'église avait autrefois reçus, que par cette indulgence prétendue, qu'ils comparaient à la politesse de Joab, qui fit un salut à Abner tandis qu'il lui donnait un coup de poignard dans la cinquième côte. Ces opinions étaient ouvertement soutenues par un nombreux parti de Presbytériens, tandis que les plus modérés admettaient qu'à la vérité le ciel avait fait du roi son instrument pour procurer quelque avantage à l'église; mais que, comme ils étaient convaincus que les faveurs qu'on leur accordait n'étaient pas sincères, mais avaient seulement pour but de désunir les protestans, ils devaient peu de reconnaissance au roi de ce qu'il leur accordait, non pas par intérêt pour eux, mais pour favoriser ses propres desseins.

Cette discorde entre le roi et ses anciens amis d'Écosse occasiona de grands changemens dans l'administration des affaires du royaume. Le duc de Queensberry, qui avait succédé à Lauderdale dans son autorité illimitée, et qui montra une égale disposition à satisfaire les désirs du roi dans toutes les occasions précédentes, était alors disgracié par suite de sa répugnance à favoriser les mesures téméraires en faveur des catholiques. Perth et Melfort (le dernier était aussi un converti à la foi catholique) furent placés à la tête de l'administration. D'un autre côté, sir George Mackensie, long-temps l'avocat du roi, et si sévère contre les Covenantaires, qu'il avait été nommé le Sanglant Mackenzie, refusa d'appuyer la révocation des lois pénales, et fut, comme Queensberry, privé de sa charge. Sir James Stewart de Goodtrees, nommé à sa place, était un Presbytérien des plus rigides, un de ceux qui ordinairement étaient appelés fanatiques. On créa aussi des juges tirés de ce même parti autrefois opprimé. Mais nul parmi les non-conformistes ainsi élevés, quelque satisfait qu'il fût de son propre avancement, n'oublia ni la sévérité avec laquelle on avait traité sa secte par l'influence immédiate de Jacques, ni ne crut à la sincérité de l'obstiné monarque dans son changement apparent en faveur des Presbytériens.

Insensible à la désertion générale de ses amis et de ses partisans, Jacques se pressa d'exercer son pouvoir discrétionnaire, par un nouvel ordre émané de la cour, le plus ridicule qui ait encore été imaginé. Toutes les personnes qui possédaient une charge civile, sans dictinction, reçurent l'ordre de résigner leurs emplois, et de les reprendre une seconde fois par-devant une nouvelle commission, sans prêter le serment du test : cet acte se trouvant contraire aux lois existantes, ceux qui avaient prêté ce serment étaient obligés à l'instant, pour effacer leur faute, de demander une rémission de la couronne pour avoir obéi aux ordres du souverain lui-même, et il fut déclaré que ceux qui n'auraient pas obtenu une telle rémission seraient dans la suite indignes du pardon, et soumis aux peines infligées aux personnes qui précédemment n'avaient point prêté le serment du test. Ainsi le roi imposait ses ordres à ses sujets, pour violer une des lois du royaume, et alors il était en mesure de leur appliquer les peines qu'ils avaient encourues (peines dues au souverain lui-même) à moins qu'ils ne contentissent à se garantir de ces peines en acceptant le pardon du roi pour un crime qu'ils avaient commis par ses ordres, reconnaissant ainsi son pouvoir illégal de suspendre les lois. De cette manière, on s'attendait que toute personne chargée d'un emploi serait bientôt appelée à reconnaître aussi le pouvoir qu'avait le roi de s'écarter des règles de la constitution.

En Angleterre, la même route arbitraire était si ouvertement suivie, qu'il était impossible de ne pas soupçonner que Jacques avait le dessein d'imiter la conduite de son allié, Louis XIV de France, et d'usurper sur les personnes et la conscience de ses sujets un pouvoir despotique. C'était justement à cette époque que le monarque français venait de révoquer l'édit de Nantes, qui avait été accordé par Henri IV aux protestans, et forçait plus d'un demi-million de ses sujets, qui n'avaient commis d'autre offense que de servir Dieu selon le culte protestant, de s'exiler de leur patrie. Plusieurs milliers de ces malheureux trouvèrent un refuge dans la Grande-Bretagne, et par les détails qu'ils donnèrent sur l'injustice et la cruauté avec laquelle ils avaient été traités, ils augmentèrent la crainte et la haine qu'on portait à la religion catholique, et, par une conséquence naturelle, le mécontentement qu'on éprouvait pour un prince attaché à ses principes jusqu'à la bigoterie.

Mais Jacques dans son aveuglement ne voyait pas le dangereux précipice sur lequel il s'était placé, et s'imaginait que les murmures du peuple pourraient être apaisés par l'armée considérable et permanente qu'il maintenait, et dont une grande partie, afin de tenir en bride la cité de Londres, était campée à Houns-Low-Heath.

Pour être plus certain de la fidélité de son armée, le roi

désirait introduire au milieu d'elle un certain nombre d'officiers catholiques, et en même temps de convertir à cette religion autant de soldats que cela serait possible. Mais, même parmi les hommes qui par leurs habitudes sont le plus disposés à l'obéissance, et peut-être les plus indifférens sur les distinctions religieuses, le nom de papiste était odieux, et les soldats en petit nombre qui embrassèrent le catholicisme furent ridiculisés par leurs camarades et traités avec mépris.

En un mot, un prince moins obstiné et moins bigot que Jacques se fût aperçu aisément que l'armée ne voudrait point devenir son instrument pour changer les lois du royaume. Mais ce roi continua avec la plus folle indifférence à provoquer une lutte qui, suivant toute apparence, devait être entreprise contre les sentimens de tous ses sujets. Il eut non seulement l'imprudence d'établir le service catholique dans sa chapelle royale avec la plus grande pompe et la plus grande publicité, mais d'envoyer un ambassadeur, lord Castlemaine, au pape, pour inviter sa sainteté à soutenir ses projets, en lui accordant la présence d'un nonce du saint-siége de Rome. Une telle demande était, suivant les lois de la Grande-Bretagne, un crime de haute trahison; elle excita le plus profond ressentiment en Angleterre, tandis que dans l'étranger elle fut plutôt tournée en ridicule qu'approuvée. Le pape lui-même accorda au monarque bigot peu de secours dans son entreprise; il avait sans doute conçu l'opinion que les mesures de Jacques étaient trop violentes pour être sûres. Sa sainteté entretenait aussi des relations assez froides avec Louis XIV, dont Jacques était le fidèle allié, et en général le pape était si peu disposé à seconder les efforts du monarque anglais en faveur de la religion catholique, qu'il essaya d'éluder toutes les tentatives de lord Castlemaine pour entamer l'affaire dont il était chargé, en affectant un violent accès de toux, toutes les fois que la conversation retombait sur ce sujet. Mais la froideur même de ce-

lui qui nécessairement aurait dû approuver les vues de
Jacques, et qui était si intéressé à l'issue de cette tentative, n'ébranla pas le zèle insensé du monarque anglais.

Pour obtenir du parlement une apparence de consentement à ses désirs, consentement qu'il affectait de mépriser, et qu'il désirait cependant, le roi se servit de
moyens inconstitutionnels pour influencer les membres
des deux chambres. Un de ces moyens était d'admettre
ces membres à des audiences particulières, appelées *Clo-
setings*, dans lesquelles il usait de tous les argumens,
promesses, menaces, dont sa situation le rendait maître
de se servir, dans le dessein d'engager les membres à partager ses vues. Il extorqua aussi de plusieurs bourgs royaux,
tant en Angleterre qu'en Écosse, l'abandon de leurs
chartes, et en substitua d'autres qui livraient au bon
plaisir de la couronne la nomination de leurs représentans au parlement. Il persista aussi avec obstination à
renvoyer les protestans de toutes les charges d'honneur
et de confiance du gouvernement, et à les remplacer par
des papistes. Ses deux beaux-frères mêmes, les comtes de
Clarendon et de Rochester, furent disgraciés, ou du moins
forcés de se démettre de leurs charges, parce qu'ils ne
voulurent pas sacrifier leurs principes religieux aux promesses du roi.

Au milieu de tant de sujets de mécontentement, qui
montraient que le roi avait l'intention de s'arroger un
pouvoir arbitraire, et, à force de tyrannie, d'effectuer un
changement dans la religion nationale, les opérations qui
affectaient directement l'église devinrent les objets d'une
attention particulière.

Dans l'année 1686, celle qui suivit l'avènement de
Jacques au trône d'Angleterre, le roi tenta de rétablir
une des plus odieuses institutions du règne de son
père, nommée la cour de haute-commission ecclésiastique, pour juger les fautes du clergé. Cette judicature
oppressive et vexatoire avait été abolie sous Charles Ier,

en même temps que la chambre étoilée, et un acte du parlement avait déclaré qu'elle ne serait jamais rétablie. Cependant le roi, en dépit de l'expérience et des lois, fit revivre cette cour afin de se servir de son autorité arbitraire pour appuyer la cause du catholicisme. Sharpe, ecclésiastique de Londres, avait prêché sur des points de controverse entre les protestans et les catholiques, et l'on crut s'apercevoir que quelques expressions dont il s'était servi avaient rapport au roi. Sharpe essaya de s'excuser; mais l'évêque de Londres reçut l'ordre de suspendre le prédicateur de ses fonctions. Le prélat se défendit d'obéir, parce qu'il n'avait pas le pouvoir de procéder ainsi contre une personne qui n'était convaincue d'aucune offense. L'excuse de l'évêque, ainsi que celle de Sharpe, ne furent point écoutées, et l'un et l'autre furent suspendus de leurs fonctions par cette cour illégale : le prédicateur, parce qu'il s'efforçait, comme sa profession l'exigeait, de combattre les argumens qui avaient enlevé beaucoup de personnes à la foi protestante, et le prélat, parce qu'il refusa d'être l'instrument d'une oppression illégale. L'iniquité et l'injustice de ce jugement produisirent une profonde impression sur le peuple.

Les universités devinrent aussi l'objet des agressions du roi, quoiqu'elles ne les eussent pas provoquées. C'était dans leur sein que la jeunesse du royaume, particulièrement celle qui se destinait à la profession ecclésiastique, recevait les instructions nécessaires, et Jacques en concluait naturellement qu'introduire l'influence du catholicisme dans ce corps considérable et savant, c'était faire un pas important vers le but qu'il n'abandonnait pas un instant, celui de rétablir la religion catholique en Angleterre.

L'expérience qu'il tenta sur l'université de Cambridge fut d'abord sans importance; il exigea que l'université conférât le degré de maître ès-arts au père Francis, moine bénédictin. Les honneurs académiques de ce genre sont en général conférés sans égard pour la religion de celui qui les reçoit, et, peu de temps auparavant, l'université avait même admis un mahométan au degré de maître ès-arts ; mais c'était un grade honoraire seulement, tandis que celui qui était demandé pour le moine bénédictin donnait le droit de siéger et de voter dans les élections de l'université, et les membres, considérant qu'en y introduisant les papistes, ceux-ci contrôleraient bientôt les protestans, résolurent de s'opposer aux desseins du roi, et de refuser le degré sollicité. La cour de haute-commission suspendit de ses fonctions le vice-chancelier ; mais l'université choisit à sa place un homme dont les principes étaient les mêmes. De cette manière le roi ne put atteindre son but, et fut obligé d'abandonner son projet pour le moment.

Dès le principe, Oxford fut attaqué avec plus de violence, et les conséquences en devinrent plus importantes. Cette université célèbre s'était distinguée par son inaltérable attachement à la cause royale. Lorsque Charles Ier fut forcé de quitter Londres, il trouva un refuge à Oxford, où les différens colléges sacrifièrent, pour soutenir sa cause, tout ce qu'ils possédaient, tandis que plusieurs membres de l'université exposèrent leur vie à son service. Sous le règne de Charles II, Oxford, en récompense de son inviolable fidélité, avait été choisi par le roi pour y convoquer un parlement de peu de durée, lorsque la cause des Whigs était si puissante dans la cité de Londres, que le roi craignait de séjourner dans ses environs. On pourrait ajouter, quoique cela fasse moins d'honneur à l'université, que ce corps s'était montré le plus zélé à approuver et à faire exécuter par ses ordonnances les principes serviles d'obéissance passive à l'autorité royale, que professaient la plupart des membres de l'église d'Angleterre. Mais c'était une preuve convaincante que le dévouement de l'université au roi était illimité.

Mais si Jacques se rappelait ces marques de fidélité à

la couronne, ce souvenir ne servit qu'à l'encourager à attaquer les priviléges de l'université, supposant qu'on mettrait peu de fermeté à les défendre. Ce fut donc avec autant d'ingratitude que de folie qu'il entreprit de faire exécuter ses ordres dans la société du collége de la Madeleine, lui commandant de choisir pour président un des nouveaux convertis à la foi catholique ; sur le refus des membres de cette société, le roi les chassa du collége, les privant ainsi de leurs revenus et de leur état dans le monde, parce qu'ils ne voulaient pas violer les statuts dont ils avaient solennellement juré l'observance.

Une erreur plus fatale encore, et qui fit le plus grand tort à Jacques, fut la persécution à jamais mémorable des évêques, qui dut son origine aux circonstances suivantes. En 1688, Jacques publia une seconde déclaration d'indulgence ; il y joignit un ordre qui intimait de lire cette déclaration dans toutes les églises. La plupart des évêques anglais désapprouvant la prérogative que le roi s'arrogeait de dispenser du serment du test et des lois pénales, résolurent de refuser obéissance à cet ordre, qui, comme leurs sentimens étaient bien connus, ne pourrait servir qu'à les rendre méprisables aux yeux du peuple. Six des plus distingués parmi les prélats s'unirent à l'archevêque de Cantorbéry, et présentèrent une humble pétition au roi, priant sa majesté de ne point les forcer à ordonner de publier dans leurs diocèses une déclaration fondée sur le droit de dispense que s'arrogeait le roi ; car, puisque cette déclaration avait été constamment réputée illégale, les pétitionnaires prétendaient qu'ils ne pouvaient en honneur et conscience se charger de répandre parmi la nation entière une ordonnance qui en constatait la validité d'une manière si solennelle.

Le roi fut profondément offensé de ces remontrances, et convoquant les sept prélats devant son conseil privé, il leur demanda s'ils avouaient leur pétition et s'ils y adhéraient. Ils répondirent qu'ils la reconnaissaient pour être leur ouvrage, et furent aussitôt enfermés à la Tour, comme accusés de sédition. Le rang et le caractère respectable de ces hommes distingués, la nature de l'accusation portée contre eux, qui, suivant l'appréhension populaire, était un châtiment de la conduite hardie et cependant respectueuse avec laquelle ils avaient rempli leurs devoirs sacrés, enfin les craintes que devait inspirer pour la suite une conduite aussi violente, exaspérèrent au dernier degré l'esprit du peuple.

Une immense multitude, réunie sur les bords de la Tamise, contemplait avec chagrin et surprise ces pères de l'église, conduits en prison dans les bateaux qu'on avait choisis à cet effet. L'enthousiasme que les prélats inspiraient était universel. La foule pleurait, s'agenouillait, priait pour la sûreté des prisonniers, que la fermeté avec laquelle ils avaient rempli leurs devoirs mettait en danger. Les évêques persécutés distribuaient de tout côté leurs bénédictions : on y répondait en faisant des vœux pour leur liberté, et en assurant avec franchise qu'on adoptait leur cause. Cet enthousiasme dans les sentimens du peuple aurait dû être suffisant pour ouvrir les yeux de Jacques sur sa folie ; mais il pressa la procédure contre les prélats, qui furent jugés le 17 juin 1688. Après une défense longue et du plus vif intérêt, ils furent pleinement acquittés. Les acclamations de la multitude furent bruyantes en proportion de l'anxiété générale qu'on avait éprouvée pendant le cours des débats. Lorsque la nouvelle de ce jugement fut portée au camp d'Hounslow, la joie extravagante des soldats, qui n'était point comprimée par la présence du roi, prouva que l'armée et le peuple étaient animés du même esprit.

Cependant Jacques fut si peu éclairé par l'ardeur avec laquelle on embrassait la cause du protestantisme, qu'il continua de poursuivre la même carrière, et avec une telle témérité, que les catholiques les plus réfléchis commencèrent à craindre eux-mêmes et à douter de l'évènement. Il renouvela ses violentes attaques sur les universités, essaya de donner au collége de la Madeleine un évêque catholique, et résolut de faire poursuivre tous les ecclésiastiques qui refuseraient de lire sa déclaration d'indulgence; c'est-à-dire qu'à l'exception d'un petit nombre de ministres, il persécuta tout le clergé de l'église anglicane.

Tandis que les royaumes d'Écosse et d'Angleterre étaient agités par ces violentes attaques pour établir la religion catholique, les craintes de ces deux royaumes furent portées au plus haut point, par la rapidité avec laquelle le roi s'avançait vers le même but en Irlande, où la plus grande partie du peuple étant catholique, Jacques n'avait aucune raison de déguiser ses desseins. Lord Tyrconnell, homme opiniâtre, violent, et qui était catholique, fut nommé vice-roi de ce pays; il prit bientôt toutes les mesures nécessaires en armant les papistes et en opprimant les protestans, pour produire un changement total dans la religion, et pour subjuguer le protestantisme, en convoquant un parlement composé de catholiques. La violence de la conduite du roi dans un pays où il ne se trouvait pas dans la nécessité de dissimuler, montra clairement aux protestans d'Angleterre et d'Écosse que cet acte de tolérance générale qui avait été présenté en faveur de toutes les sectes chrétiennes était donné pour faciliter la suprématie de la foi catholique sur les hérésies de toute espèce.

Pendant tout le cours de cette mauvaise administration, les gens les plus prudens et les plus raisonnables avaient les yeux fixés sur Guillaume, prince d'Orange, marié, comme je vous l'ai déjà dit, à la fille aînée de Jacques, Marie, héritière du trône à moins que le roi n'eût un fils de sa seconde femme. Cet évènement semblait improbable, car les enfans que la reine avait déjà eus étaient d'une constitution faible, et vécurent peu de temps après leur naissance, et d'ailleurs le roi commençait à être avancé en âge.

Le prince d'Orange ayant donc l'espérance de posséder un jour le trône d'Angleterre après la mort de son beau-père, observait une grande prudence dans ses relations avec les nombreuses et diverses factions d'Angleterre et d'Écosse, et même avec ceux qui professaient la plus grande modération et les plus purs sentimens de patriotisme; il répondait à tous avec une extrême réserve, les exhortant à la patience, les dissuadant de toute insurrection précipitée, et leur laissant entrevoir que la mort du roi mettrait un terme aux innovations qu'il tentait sur la constitution.

Mais un évènement eut lieu, qui changea entièrement les vues et les sentimens du prince d'Orange, et le força à une entreprise qui, dans ses progrès et ses conséquences, est une des plus remarquables de l'histoire du monde. Marie d'Este, reine d'Angleterre et femme de Jacques II, accoucha d'un enfant mâle, le 10 juin 1688. Les papistes désiraient depuis long-temps cet évènement, comme devant perpétuer, après la mort du roi, ses intentions en faveur de la religion catholique romaine. Ils avaient en conséquence hasardé de prophétiser que l'enfant attendu serait un garçon, et ils imputèrent le succès de leurs désirs à l'intercession de la sainte Vierge de Lorette, touchée par les prières et les pèlerinages.

Le parti protestant, au contraire, était disposé à considérer l'enfant nouveau-né, qui arrivait si à propos pour les catholiques, non comme le résultat d'un miracle des saints papistes, mais d'une intrigue de cour. Ils affirmaient que l'enfant n'était ni le fils de Jacques, ni celui de la reine, mais un enfant supposé, qu'on présentait comme héritier légal de la couronne, afin d'annuler les droits des successeurs protestans. Cette assertion, quoique promptement répandue, et reçue avidement par le peuple, était dénuée de tout fondement. Il ne pouvait en exister une preuve plus complète que la publication que le roi fit lui-même, concernant la naissance du prince de

Galles; mais les déclarations de Jacques, les preuves qu'à la fin il rendit publiques, ne parvinrent pas à effacer la calomnie qui avait circulé si promptement et qui avait été reçue avec tant d'empressement. Les chefs du parti protestant, quelle que fût leur opinion sur ce sujet, prirent soin de propager cette imposture et d'en rendre la croyance générale; et bien des Torys, qui ne se seraient pas permis de s'opposer à la succession d'un prince réellement issu du sang royal, se tenaient prêts à disputer les droits du prince de Galles au trône, en conséquence de sa naissance équivoque.

Une chose du moins était certaine; que cet enfant fût supposé ou non, sa naissance probablement prolongerait les maux auxquels la nation était en proie. Il fallait abandonner l'espérance de voir succéder à Jacques le prince son gendre, sous le règne duquel la religion protestante aurait sans doute repris sa prééminence. Le prince de Galles serait élevé, comme de raison, dans la religion et les principes de son père; et l'influence de l'esprit odieux du papisme, au lieu de s'éteindre avec le règne de Jacques, se soutiendrait pendant celui de son jeune successeur. Le prince d'Orange, de son côté, se voyant lui-même, par la naissance de cet enfant, exclu de la couronne d'Angleterre, héritage si longuement attendu, abandonna sa prudence, et prit une part active et hardie aux évènemens politiques de la Grande-Bretagne.

Il déclara alors publiquement, quoique avec décence, que ses sentimens étaient entièrement opposés à ceux qui guidaient la conduite de son beau-père, et il ajouta que bien qu'il fût disposé du fond du cœur à consentir à l'abolition des lois pénales, dans tous les cas (son opinion étant que personne ne devait être puni pour des principes religieux), il ne pouvait cependant approuver les prétentions du roi à dispenser du test, cet acte n'excluant des charges publiques que ceux à qui leur conscience ne permettait pas de se conformer à la religion établie dans le pays où ils vivaient. Ayant ainsi montré ouvertement ses sentimens, le prince d'Orange était appuyé franchement ou secrètement par tous ceux qui éprouvaient les mêmes craintes pour les libertés civiles et religieuses, menacées par la bigoterie de Jacques, quelles que fussent d'ailleurs leurs opinions politiques. Encouragé par l'approbation générale de la nation anglaise, un petit nombre de catholiques exceptés, et par les remontrances urgentes de plusieurs meneurs des différens partis, le prince d'Orange résolut de paraître en Angleterre à la tête d'une armée, dans le dessein de mettre un terme aux empiètemens de Jacques sur la constitution de l'église et de l'état.

Sous divers prétextes plausibles, le prince d'Orange commença à former une marine et une armée proportionnées à l'invasion hardie qu'il méditait, et ni les avis du roi de France, qui avait pénétré le but de ces armemens, ni le pressentiment de la position dangereuse dans laquelle il se trouvait, ne purent décider Jacques à faire quelques préparatifs de défense.

L'infortuné monarque poursuivit sans s'arrêter les mêmes desseins qui lui avaient enlevé le cœur de ses sujets, et chaque coup qu'il porta encouragea et hâta la rébellion. Doutant de la fidélité de son armée, il essaya, en introduisant au milieu d'elle des catholiques irlandais, de remplir les rangs, du moins en partie, d'hommes dans lesquels il pourrait placer sa confiance. Mais le lieutenant-colonel et cinq capitaines du régiment dans lequel cette expérience fut tentée refusèrent de recevoir cette nouvelle recrue, et quoique les officiers fussent cassés, cependant leur conduite fut généralement suivie par tous les autres militaires.

Une autre tentative dans l'armée eut des résultats plus mortifians encore pour le roi. Quoiqu'il soit contraire à la constitution anglaise d'engager les soldats sous les armes dans aucune discussion politique, puisqu'ils doivent être regardés comme les serviteurs et non comme les conseillers de l'état, cependant Jacques résolut, si cela était possible, d'obtenir l'approbation de l'armée pour l'annulation du test et des lois pénales. Un bataillon fut passé en revue en la présence du roi, et l'on informa les soldats qu'il fallait exprimer leur consentement sincère sur ses desseins touchant les lois pénales et le test, ou poser bas leurs armes, car telle était la condition à laquelle on recevrait leurs services. En entendant cet appel, le régiment entier, excepté deux officiers et quelques soldats catholiques, posèrent bas leurs armes. Le roi resta muet de colère et de surprise, et enfin dit aux soldats d'une voix altérée, de reprendre leurs armes, et de se rendre à leurs quartiers, qu'il ne leur ferait plus l'honneur de leur demander leur opinion.

Tandis que Jacques arrachait aux soldats l'aveu de leur désapprobation à ses projets, il reçut tout-à-coup de son ambassadeur en Hollande la nouvelle que le prince d'Orange allait se mettre en mer avec une armée de quinze mille hommes fournis par les Provinces-Unies, et une flotte de cinq cents voiles.

Jacques, averti par sa conscience qu'il avait perdu la meilleure sauve-garde d'un monarque, l'amour et la confiance de ses sujets, fut frappé de cette nouvelle comme d'un coup de tonnerre. Il se hâta de rétracter tout ce qui avait rendu son règne si impopulaire, mais ce fut avec une précipitation qui prouvait sa crainte plutôt que la conviction de ses torts, et le peuple fut persuadé que ces concessions seraient retirées aussitôt que le danger serait passé.

Pendant ce temps, la flotte hollandaise mit à la voile, mais elle eut à lutter contre une tempête, et fut obligée de rentrer dans le port; le dommage essuyé par quelques vaisseaux fut promptement réparé, et la flotte mit de nouveau à la voile avec tant d'activité que le retard que la tempête avait causé fut plutôt efficace que malheureux, car la flotte anglaise, qui avait aussi été jetée sur les côtes par le même orage, n'était pas prête à s'opposer aux Hollandais. Ayant fait voile vers l'ouest de l'Angleterre, le prince d'Orange débarqua à Torbay le 5 novembre 1688, jour anniversaire de la conspiration des poudres, époque qui semblait propice à une entreprise commencée contre le rétablissement du papisme en Angleterre.

Aussitôt après son débarquement, le prince publia un manifeste, rappelant en termes simples et énergiques les diverses usurpations faites par le monarque régnant sur la constitution d'Angleterre, et sur les droits de l'église, ainsi que sur ceux de ses sujets. Il venait, disait-il, avec une force armée pour protéger sa personne contre les mauvais conseillers du roi, mais dans le seul dessein d'assembler un parlement libre et compétent, qui défendît la religion, la liberté et les propriétés.

Quoiqu'un grand nombre de personnages distingués par leur rang et par leur influence eussent secrètement encouragé le prince d'Orange dans son expédition, il ne paraît pas qu'il y eut d'abord beaucoup d'ardeur pour l'aider à l'exécuter. Les habitans des comtés de l'ouest, où le prince débarqua, étaient effrayés par le souvenir du sévère châtiment infligé à ceux qui s'étaient joints à Monmouth, et le prince s'était avancé jusqu'à Exeter avant que sa cause eût été embrassée par aucun partisan d'importance. Mais dès le moment où quelques gentilshommes de distinction se furent unis à lui, une révolution générale eut lieu dans toute l'Angleterre, et la noblesse et la bourgeoisie prirent les armes pour redresser les torts dont il était fait mention dans le manifeste du prince.

Au milieu de cette défection générale, le roi Jacques donna des ordres pour assembler son armée, assigna Salisbury pour son quartier-général, et annonça son dessein de combattre les rebelles. Mais il vit par expérience jusqu'à quel point il s'était aliéné l'affection de ses sujets, par sa bigoterie et sa tyrannie. Plusieurs gentilshommes et officiers supérieurs désertèrent publiquement, et emmenèrent un grand nombre de leurs soldats. Parmi eux se trouvait lord Churchill, qui devint plus tard le célèbre duc de Marlboroug. C'était un des favoris du malheureux roi, qui lui avait accordé une pairie et un rang distingué dans l'armée ; et son adhésion à la cause du prince d'Orange prouve que l'aversion générale qu'inspirait la conduite du roi lui avait ravi le cœur de ceux mêmes qui avaient été les plus dévoués à son service.

Une désertion plus frappante encore semble avoir abattu le courage de l'infortuné monarque. Sa seconde fille, la princesse Anne, mariée au prince George, le plus jeune fils du roi de Danemarck, se sauva la nuit de Londres, sous les auspices de l'évêque de cette ville, qui leva un corps de cavalerie pour la protéger, et se mit à sa tête. Elle se rendit à Nottingham, où elle fut reçue par le comte de Dorset, et se déclara pour un parlement libre et protestant. Son mari et d'autres personnes de la plus haute distinction se joignirent au prince d'Orange.

La perte soudaine et inattendue de son pouvoir, et les désertions et insurrections dont chaque matin apportait la nouvelle, détruisirent entièrement la fermeté de Jacques, qui, malgré ses torts et ses folies, devint à cette époque calamiteuse un objet digne de pitié. Lorsqu'on lui annonça la fuite de sa fille, il s'écria avec le désespoir d'un père : — Que Dieu me soit en aide! mes propres enfans m'abandonnent! Dans l'excès de son malheur, l'infortuné monarque semble avoir perdu les qualités qui dans sa jeunesse lui avaient acquis une réputation de courage et de sagacité ; et la témérité avec laquelle il avait méprisé un danger éloigné ne put être comparée qu'à l'humiliante faiblesse qui l'accabla tout-à-coup.

Il licencia son armée, et augmenta de cette manière la confusion générale ; épouvanté par le souvenir du sort qu'avait éprouvé son père, il résolut de se sauver du royaume. Il est probable qu'il n'aurait pas pu prendre une résolution plus favorable aux vues du prince d'Orange. Si Jacques était resté dans la Grande-Bretagne, l'excès de ses infortunes eût sans doute éveillé la compassion du peuple, et le haut clergé et les Torys, quoiqu'ils aient donné cours à leurs appréhensions pour la religion et la liberté, auraient pu, si on leur en garantissait la sûreté, se laisser guider par leurs principes, et rassembler des partisans autour de l'infortuné monarque. Outre ces raisons, si le roi Jacques fût resté dans le royaume, c'eût été une tentative odieuse de la part du prince d'Orange, que d'arracher la couronne de la tête de son beau-père pour la placer sur la sienne. D'un autre côté, si la fuite du roi dans un pays étranger laissait le trône inoccupé, rien n'était plus naturel que d'y placer le plus proche héritier protestant, par les secours duquel les libertés et la constitution du pays avaient été sauvées d'un si éminent danger.

La fortune sembla d'abord s'opposer à une fuite que le roi Jacques désirait par crainte et dans laquelle le prince d'Orange plaçait toutes ses espérances.

Au moment où le roi, suivi d'un gentilhomme, allait monter à bord d'un vaisseau préparé pour son évasion, il fut saisi, ainsi que son compagnon, par quelques pêcheurs qui étaient en embuscade pour s'assurer des prêtres catholiques qui voudraient quitter le royaume. L'infortuné monarque se trouvant entre les mains de ces hommes, fut traité sans égards, jusqu'au moment où quelques gentilshommes du pays s'interposèrent pour protéger sa personne, mais refusèrent de le laisser passer dans l'étranger. On lui permit seulement de retourner à Londres, où la populace, avec sa promptitude ordinaire à changer de sentimens, et peut-être touchée de compassion pour l'état où il était réduit, le reçut avec des acclamations de bienveillance.

Le prince d'Orange, cruellement tourmenté de cet incident, résolut de se conduire envers son beau-père avec une froideur et une sévérité capables de l'alarmer pour sa sûreté personnelle, et de le déterminer à ne point abandonner son projet de fuite. C'est dans cette intention que le prince refusa de recevoir le seigneur que le roi lui envoyait pour demander une entrevue, et donna l'ordre de l'arrêter. En réponse à la demande du roi, il donna un autre ordre, transmis à minuit, par lequel le roi devait quitter son palais dans la matinée suivante. Le souverain, désolé, obéit à cet ordre, et, d'après ses propres désirs, Rochester fut assigné comme le lieu de son séjour. Il arriva ce qui avait dû être prévu par le choix que Jacques avait fait pour son habitation momentanée, d'un lieu situé près d'une rivière; le roi s'embarqua secrètement à bord d'une frégate, et arriva sans danger à Ambleteuse, en France. Il fut reçu par Louis XIV avec l'hospitalité la plus généreuse, et, pendant plusieurs années, il vécut à Saint-Germain sous la protection et aux frais du roi de France, excepté pendant une courte campagne en Irlande, dont je ferai mention dans la suite. Tous les efforts pour le replacer sur le trône furent désastreux pour ceux qui les tentèrent. Le monarque exilé fut révéré par les catholiques sincères, comme un martyr de son zèle pour la religion qu'il professait, mais les autres ridiculisèrent sa bigoterie, qui l'avait engagé à sacrifier trois royaumes pour une messe.

Un parlement, auquel on donna le nom de convention, parce qu'il ne pouvait pas être assemblé au nom du roi, fut convoqué à Westminster, et les membres, lorsqu'ils se réunirent pour la première fois, exprimèrent leurs remerciemens unanimes au prince d'Orange pour la délivrance de la nation. La chambre des communes déclara à une grande majorité que le roi Jacques avait forfait ses droits par ses différentes usurpations sur la constitution; que sa fuite devait être regardée comme une abdication, et que par conséquent le trône était vacant. Mais comme quelques expressions de ce vote étaient contraires aux principes des Torys qui refusaient de s'y joindre, la mention de forfaiture fut omise, et il fut finalement admis que par sa mauvaise administration et sa fuite de la Grande-Bretagne, Jacques avait abdiqué le trône. Je ne puis oublier de vous faire remarquer l'égale sagesse des deux grands partis dans l'état, qui, en s'exprimant d'une manière trop générale pour blesser les sentimens de personne, concouraient à un changement si important, sans élever aucune question de théorie au moment où la paix de l'Angleterre dépendait de l'unanimité des opinions politiques.

Le trône étant ainsi déclaré vacant, la question importante était de savoir par qui il devait être rempli. Cette question fut vivement débattue. Les Torys consentaient à ce que le prince d'Orange exerçât le souverain pouvoir, mais seulement sous le titre de régent. Ils ne pouvaient supporter l'idée de détrôner un roi et d'élire son successeur; ils soutenaient que la mauvaise administration de Jacques ne lui ôtait point son titre de roi, mais qu'on devait la considérer comme une espèce de maladie qui le rendait incapable d'exercer l'autorité royale. Les Whigs répondaient que cette doctrine les priverait des avantages les plus désirés de la révolution, puisque, si Jacques était considéré comme souverain, sous quelques rapports que ce fût, il pourrait reparaître et redemander le pouvoir, qui est inaliénable des droits royaux. Enfin, si Jacques était encore roi, il était évident que son fils, qui venait d'être conduit dans l'étranger afin d'être élevé dans le papisme et les doctrines arbitraires, devait être reconnu roi après la mort de son père. Ils déclarèrent donc la nécessité de choisir un souverain pour occuper le trône vacant. Un troisième parti présenta une opinion intermédiaire pour concilier ceux auxquels les objections dont nous venons de parler n'auraient pas semblé convenables. Ce parti proposa que la couronne fût conférée à Marie, princesse d'Orange, de son propre droit, de laisser de côté le jeune prince de Galles, et de jurer fidélité à la fille aînée de Jacques comme la plus proche héritière protestante de la couronne.

Le prince d'Orange, qui avait écouté ces discussions, et qui surveillait les débats en silence, mais avec le plus profond intérêt, assembla un conseil peu nombreux, composé des chefs, auxquels il fit connaître ses intentions.

— Il ne voulait pas, dit-il, discuter sous aucun rapport les droits du parlement anglais, c'était à lui seul qu'il appartenait de choisir la forme de gouvernement qui lui conviendrait le mieux, ou qui s'accorderait le plus avec les lois du pays. Mais il jugeait nécessaire de les instruire que s'ils désiraient être gouvernés par un régent, il n'en accepterait pas la charge. Il n'était pas plus disposé, ajouta-t-il, à gouverner le royaume sous les ordres de sa femme, si elle était choisie pour reine. Si l'un ou l'autre de ces arrangemens était adopté, il déclarerait qu'il se regarderait alors comme étranger aux affaires de la Grande-Bretagne. La princesse Marie seconda les vues du prince d'Orange, auquel elle montra toujours la plus grande déférence.

La sagesse et la puissance du prince, et même les secours de ses troupes, étaient absolument indispensables à la tranquillité de l'Angleterre, divisée par deux partis politiques rivaux, qui avaient été forcés de s'unir par la crainte générale que causait la tyrannie de Jacques, mais qui étaient prêts à renouveler leurs dissensions au moment où le sentiment de la crainte serait passé. La convention fut donc obligée de régler la succession à la couronne suivant les désirs du prince. Ainsi la princesse d'Orange et son époux furent appelés en même temps au trône sous les noms de Guillaume et de Marie, et il fut convenu que celui qui survivrait à l'autre succéderait à tous les droits de celui qui mourrait le premier. La princesse Anne de Danemarck fut nommée pour succéder à sa sœur et à son beau-frère, et les droits du fils de Jacques furent entièrement mis de côté.

La convention profita de cette occasion favorable pour joindre à la fixation de la couronne une déclaration ou *bill des droits*, déterminant en faveur des sujets les droits qui avaient été contestés durant les derniers règnes, et elle traça, avec plus d'exactitude et de précision qu'on ne l'avait fait jusqu'alors, le cercle des attributions de l'autorité royale.

Telle fut cette révolution mémorable qui, si l'on en excepte une escarmouche de peu d'importance, décida du sort d'un grand royaume sans qu'il y ait eu de sang répandu, et dans laquelle (exemple peut-être unique dans l'histoire) les chefs des factions rivales mirent de côté leur défiance mutuelle et leur animosité, et, avec calme et sans passion, discutèrent les grands intérêts de la nation sans songer aux leurs ni à ceux de leur parti. La Grande-Bretagne doit à la mémoire de cette convention ou parlement l'inappréciable bienfait d'une constitution basée sur les principes de la liberté civile et religieuse.

CHAPITRE XXII.

État des affaires en Écosse avant la révolution. — Tentatives de Jacques pour mettre les Ecossais dans ses intérêts. — L'armée écossaise reçoit l'ordre de marcher contre l'Angleterre, et à la fuite de Jacques elle se joint au prince d'Orange. — Le capitaine Wallace est chassé d'Holyrood-House. — Assemblée de la convention écossaise. — Lutte entre le parti des Whigs et celui des Jacobites. — Le vicomte de Dundee se retire. — Le roi Guillaume prend possession du trône. — Distribution des charges de confiance en Écosse. — M. Carstairs est consulté confidentiellement par le roi Guillaume.

La nécessité de vous expliquer la nature et les progrès de la révolution d'Angleterre, explication sans laquelle il vous aurait été impossible de comprendre ce qui se passait dans la partie septentrionale du royaume, nous a entraînés loin de l'objet principal de cet ouvrage. Maintenant nous allons nous occuper de ce qui arrivait en Ecosse à l'époque où les évènemens que nous venons de raconter avaient lieu en Angleterre.

Nous avons mentionné le mécontentement qui existait en Écosse parmi les amis les plus zélés du roi Jacques, en conséquence des ses efforts pour révoquer le *test*; nous avons dit aussi que plusieurs hommes d'état, et avocats de la couronne, et même deux ou trois juges, avaient été disgraciés pour s'être opposés à cette mesure, leurs places ayant été données à des catholiques ou à des presbytériens. Vous savez aussi que par cette politique maladroite, Jacques perdit l'affection de ses amis appartenant à l'église épiscopale, sans se concilier celle de ses anciens ennemis, les non-conformistes.

Les affaires en étaient à ce point, lorsqu'au mois de septembre 1688, le roi Jacques envoya à son conseil d'Ecosse des détails sur les préparatifs qui se faisaient en Hollande pour envahir l'Angleterre. En apprenant cette alarmante nouvelle, le conseil donna l'ordre à la milice de se tenir prête. On manda aux chefs des hautes-terres de préparer leurs clans pour se mettre en campagne. Les vassaux de la couronne furent enrégimentés, et on leur fournit des armes; ces troupes, jointes à l'armée permanente, auraient produit des forces considérables.

Mais l'unanimité des opinions, qui est l'âme d'une résistance nationale, n'existait pas en Écosse; les Écossais royalistes étaient toujours attachés à la couronne et même à la personne de Jacques; malgré les derniers sujets de défiance et de discorde qui avaient eu lieu entre eux et le roi, il est probable qu'ils seraient restés fidèles à sa cause. Mais les Presbytériens, même du parti le plus modéré, avaient eu si cruellement à se plaindre de Jacques pendant son propre règne et pendant celui de son frère, qu'il était difficile d'espérer que quelques faveurs auxquelles on semblait les admettre, parce qu'on ne pouvait décemment les exclure de la *tolérance* qui avait été accordée à l'intention des catholiques, leur feraient oublier les récentes terreurs de l'orage qu'ils avaient essuyé. Cependant, plusieurs gentilshommes presbytériens semblaient prêts à servir le roi, et obtinrent des grades dans la milice ; mais l'évènement prouva que c'était dans le dessein d'agir plus sûrement contre lui.

Le comte de Perth essaya de sonder les sentimens réels de ce nombreux parti, en s'adressant à lui par l'intermédiaire de sir Patrick Murray, gentilhomme qui ne semblait attaché particulièrement à aucune secte, et qui possédait l'estime de toutes. Sir Patrick s'adressa aux ministres presbytériens qui avaient de l'influence, et qui se trouvaient à Édimbourg, leur rappelant les faveurs qu'ils avaient depuis peu reçues de la cour, et les priant d'en montrer leur gratitude, en conseillant à leurs auditeurs de s'opposer à l'invasion dont le prince d'Orange menaçait l'Angleterre. Les ecclésiastiques reçurent froidement cette ouverture, et refusèrent de donner une réponse, jusqu'au moment où il y aurait dans la ville un plus grand nombre de leurs frères. Ayant reçu plus tard des informations qui leur faisaient prévoir les succès du prince d'Orange, ils donnèrent cette réponse à sir Patrick Murray, qui la transmit au comte de Perth : — Ils reconnaissaient que le roi avait été dernièrement l'instrument dont le ciel s'était servi pour leur accorder quelques faveurs ; mais ils étaient convaincus que Jacques n'avait agi ainsi que dans le dessein de détruire la religion protestante, en semant la dissension parmi les différens sectaires ; on pouvait remarquer que les personnes qu'il avait élevées volontairement aux dignités, étaient ou des catholiques, ou des hommes qui paraissaient disposés à le devenir ; et en conséquence ils désiraient être excusés pour ne pas donner une réponse plus positive, mais ils se conduiraient dans ces évènemens comme Dieu le leur inspirerait.

D'après cette réponse, il était clair que Jacques n'avait rien à espérer de la part des Presbytériens. Cependant ils restaient silencieux et tranquilles, attendant l'évènement, et comprimés par des troupes régulières qui étaient placées dans des lieux convenables pour prévenir une insurrection ouverte.

Le mécontentement des soldats anglais ayant alarmé Jacques et fait naître des soupçons, il envoya l'ordre que son armée d'Écosse s'assemblât et se dirigeât vers l'Angleterre. L'administration d'Écosse répondit que ce serait laisser sans défense les personnes qui étaient à la tête du gouvernement, et encourager les mécontens qui penseraient que les affaires du roi étaient désespérées en Angleterre, puisqu'il ne pouvait se dispenser du secours d'une armée aussi peu considérable. Le roi répondit à cette remontrance en donnant l'ordre positif que l'armée d'Écosse se dirigeât vers l'Angleterre.

Cette petite armée pouvait consister en six ou sept mille hommes d'excellentes troupes commandées par James Douglas, frère du duc de Queensberry, comme général en chef, et par un homme plus célèbre, John Graham de Claverhouse, créé récemment vicomte de Dundee, comme major-général. Le premier favorisait secrètement l'entreprise du prince d'Orange. Le vicomte de Dundee, au contraire, était entièrement dévoué à la cause du roi Jacques, et rachetait en partie ses cruautés par le mérite bien rare d'un attachement sans bornes à un roi qui était abandonné de tous ses amis. On dit que la marche fut prolongée par Douglas, de peur que la tranquillité de l'armée écossaise ne servît d'exemple aux Anglais. Enfin cette armée atteignit Londres. Là le vicomte de Dundee réclama l'honneur du commandement, comme le plus ancien major-général. Mais les officiers anglais du même rang, soit jalousie nationale, soit parce qu'un chef supérieur aurait pu déconcerter leurs plans secrets, refusèrent positivement de servir sous le vicomte de Dundee. On assure que s'il avait obtenu le commandement, l'intention de Dundee était d'assembler les troupes anglaises qui étaient restées fidèles, et à leur tête, ainsi qu'à celle de l'armée écossaise, de marcher contre le prince d'Orange, et de lui livrer bataille. Mais ce projet, qui aurait coûté beaucoup de sang, fut déconcerté par le refus des officiers anglais de combattre sous Dundee.

Le roi, tourmenté par ses nombreuses et malheureuses affaires, demanda l'avis de ce général expérimenté et brave, qui lui indiqua trois ressources. La première était de tenter le sort des armes et de combattre le prince d'Orange, la seconde alternative était de le recevoir amicalement et de lui demander à connaître ses desseins, la troisième de se retirer en Écosse, sous la protection de la petite armée de ce royaume. On assure que le roi penchait à mettre à exécution ce dernier projet, mais comme il reçut la nouvelle que plusieurs pairs et gentilshommes d'Ecosse étaient accourus à Londres pour se joindre au prince d'Orange, il douta avec raison que ce royaume fût un refuge assez sûr. Quelque temps ensuite, il apprit qu'un des bataillons de Douglas avait été gagné par l'esprit de révolte et avait embrassé la cause du prince.

Peu de jours après ce malheureux évènement, Dundee et les principaux officiers qui soutenaient encore la cause de Jacques reçurent l'assurance que le roi était disposé à hasarder une bataille, et eurent l'ordre de le joindre à Uxbridge, afin de discuter sur les mouvemens qu'il fallait adopter. Lorsque les officiers écossais arrivèrent dans la ville qu'on leur avait indiquée, au lieu de trouver le roi ils apprirent que le monarque, mal conseillé, avait pris la fuite, et ils reçurent l'ordre fatal de licencier leurs troupes. Dundee, lord Linlithgow et lord Dunmore versèrent des larmes de douleur et d'humiliation. Pour plus de sûreté, Dundee résolut de conserver ses troupes jusqu'à ce qu'il les eût reconduites en Ecosse. Dans cette intention, il prit ses quartiers à Watford, comptant commencer sa retraite dans la matinée suivante. Le peuple de la ville de Watford, qui n'aimait pas la société de ces soldats du nord, fit pendant la nuit courir le bruit que le prince d'Orange allait venir les attaquer, espérant les effrayer par cette fausse alarme, et les forcer à quitter la place plus promptement qu'ils n'en avaient le dessein. Mais Dundee n'était point un homme qu'on effrayait aussi facilement. A la grande surprise des citoyens, il ordonna aux trompettes d'appeler aux armes, et s'emparant d'une forte position hors la ville, il envoya en reconnaissance, afin de savoir quelles étaient les intentions du prince d'Orange. Ainsi le stratagème des habitans de Watford ne produisit que la chance d'une bataille près de leur ville, qui en aurait probablement beaucoup souffert, de quelque côté qu'eût tourné la victoire.

Mais le prince d'Orange connaissait bien le caractère de Dundee. Ce dernier avait fait ses premières campagnes sous le prince, et avait mérité d'en être distingué, non seulement par la manière honorable dont il remplissait ses devoirs, mais aussi parce que Guillaume lui avait dû son salut à la bataille de Senef, en 1674, où Dundee lui avait donné son propre cheval au moment où le sien fut tué sous lui. Dundee avait quitté le service de Hollande parce qu'il n'avait point obtenu un régiment sur lequel il comptait.

Connaissant donc le courage et l'obstination du commandant écossais, le prince d'Orange prit le parti d'assurer le vicomte de Dundee qu'il n'avait pas le moins du monde l'intention de l'inquiéter, et qu'ayant appris qu'il était à Watford et n'avait point licencié ses troupes, il désirait qu'il restât dans cette ville, jusqu'à ce qu'il eût de nouveaux ordres. Lorsque la nouvelle du retour du roi à Londres fut connue, Dundee partit pour recevoir les ordres de son ancien maître, et l'assurer de son inaltérable attachement. On dit qu'il offrit encore de rassembler les troupes dispersées et de tenter le sort de la guerre.

Mais le courage de Jacques était trop abattu pour courir de tels hasards.

Lorsque Jacques se retira en France et que la convention éleva sur le trône le prince et la princesse d'Orange, Dundee refusa de garder le commandement plus long-temps; il se retira en Ecosse à la tête d'un corps de trente ou quarante hommes de cavalerie qui ne voulurent pas le quitter, et sans la protection desquels il n'aurait peut-être pas traversé avec sûreté les différens comtés du sud et de l'ouest où il avait commis de si nombreuses cruautés. L'armée écossaise, ou du moins les restes de l'armée furent mis sous les ordres du général Mac-Kay, officier attaché au roi Guillaume; les soldats se trouvèrent ainsi au service du nouveau monarque, quoique beaucoup d'entre eux quittassent avec regret celui de leur ancien maître.

A cette époque la révolution s'effectua en Ecosse, mais non pas avec autant d'unanimité qu'en Angleterre; au contraire, les épiscopaux, dans tout le royaume, malgré les injustices dont ils avaient été victimes, ne purent se décider à approuver les projets contraires aux intérêts de Jacques, et ils auraient probablement pris les armes en sa faveur, s'il y avait eu quelqu'un en Ecosse capable d'élever et de soutenir la bannière du monarque exilé.

Les prélats écossais, particulièrement, se hâtèrent de montrer que dans cet excès des infortunes de Jacques ils oubliaient les mécontentemens que ce roi leur avait causés, et retournaient aux principes d'obéissance passive qui avait toujours distingué leur église. Le 3 novembre tous les évêques, excepté ceux d'Argyle et de Caithness, signèrent une lettre adressée au roi, l'assurant de leur inaltérable attachement, promettant de tout entreprendre pour rappeler à son peuple la fidélité inébranlable qui lui était due, et priant que le ciel donnât au monarque le cœur de tous ses sujets et la tête de ses ennemis.

Mais l'état sans défense dans lequel le gouvernement écossais avait été laissé après le départ de Douglas et de

Dundee pour l'Angleterre, à la tête de troupes régulières, rendit inutile la bonne intention des évêques. On s'aperçut bientôt que les Presbytériens écossais étaient déterminés à profiter d'une occasion pour laquelle leurs chefs se préparaient depuis long-temps. Les comtes de Glencairn, Crawford, Dundonald et Tarras, et plusieurs autres personnages de distinction, encourageaient le soulèvement des Presbytériens, qui prenaient les armes à la hâte et se montraient dans différentes parties de la contrée en opposition ouverte avec le gouvernement.

Ces forces, peu dangereuses, auraient pu être détruites par les milices, mais une intrigue du comte d'Athole, que sa liaison avec le comte de Derby avait admis dans les secrets de la révolution, priva les partisans du roi Jacques de ce secours. Lord Tarbat partagea les sentimens d'Athole, et étant tous les deux membres du conseil privé, ils trouvèrent l'occasion d'effectuer leurs desseins. Lorsque la nouvelle du licenciement de l'armée du roi Jacques parvint en Ecosse, puis celle que le roi lui-même avait pris la fuite, ces deux seigneurs persuadèrent au chancelier Perth et aux catholiques ou zélés jacobites du conseil privé, que n'ayant plus la chance de l'emporter par la force des armes, il était de leur devoir de congédier la milice, parce que, son assistance n'étant plus utile, son entretien devenait un fardeau pour le pays.

Le comte de Perth, peut-être par timidité, se laissa persuader de se prêter à cette mesure, et aussitôt qu'il eut congédié la milice, sa dernière protection armée, ses collègues lui firent comprendre que, comme papiste, il était inhabile, suivant les lois, à exercer quelque charge publique, et qu'ils ne se croyaient pas en sûreté en siégeant et en votant avec lui comme membre du gouvernement. Tandis que les protestans, jadis les collègues soumis du comte de Perth, semblaient éviter ce seigneur comme s'il eût été attaqué de la peste, la populace battit le tambour dans les rues, le proclama traître et mit sa tête à prix. Le comte de Perth n'eut pas le courage de mépriser cette menace; il s'échappa de la capitale avec le dessein de s'enfuir au-delà des mers. Mais, poursuivi par des barques armées, il fut pris et retenu prisonnier pendant plus de quatre ans.

A cette même époque un acte de violence eut lieu à Édimbourg : Holyrood-House, l'ancien palais des ancêtres de Jacques, et sa demeure quand il était en Écosse, avait été réparé avec splendeur lorsqu'il monta sur le trône ; mais c'était dans ses murs qu'il avait établi sa chapelle royale pour le service catholique et un séminaire de Jésuites, institution qui, sous le prétexte d'enseigner gratis le latin, et autres branches de l'éducation, était établie dans le dessein de faire des prosélytes. On avait aussi créé à Holyrood-House une imprimerie ; il en était sorti des discours polémiques en faveur de la religion catholique, et plusieurs ouvrages littéraires sur le même sujet. Le palais et ses habitans étaient par ces raisons odieux aux Presbytériens, qui commençaient à prendre le dessus.

La même bande, composée de gens de la lie du peuple, d'apprentis et autres, dont l'apparence avait effrayé le chancelier et l'avait chassé de la ville, continuait à se promener dans les rues, battant le tambour, jusqu'au moment où, se confiant dans leur nombre, ces misérables prirent la résolution d'attaquer le palais dans lequel il y avait en garnison une compagnie de soldats, commandés par un capitaine nommé Wallace.

Comme la populace serrait de trop près les sentinelles de cet officier, il ordonna à la fin à ses soldats de faire feu, et plusieurs des insurgés furent tués. Aussitôt il s'éleva dans la ville un cri général que Wallace et ses troupes massacraient les habitans. Plusieurs citoyens s'adressèrent au comte d'Athole et à ses collègues, reste du conseil privé, et obtinrent un ordre pour la reddition du palais, et un autre ordre qui intimait aux hérauts du roi de s'y rendre dans leurs habits officiels, et de proclamer les volontés du conseil privé. La garde de la ville d'Edimbourg reçut l'avis de se tenir prête pour faire exécuter ces ordres. Les bourgeois prirent aussi les armes, et le prévôt et les magistrats, avec un grand nombre de personnes de condition, suivirent la foule pour faire preuve de bonne volonté. Quelques uns de ces *volontaires* agirent un peu contre leur réputation. Lord Mersington, un des juges de la cour de session, qui peu auparavant avait été promu par Jacques, au moment où ce roi distribuait également ses faveurs entre les papistes et les puritains, attirait particulièrement l'attention par la singularité de son accoutrement. Il avait autour du corps un ceinturon de peau de buffle, large d'environ cinq pouces, il portait une hallebarde à la main, et s'il faut en croire les yeux d'un témoin jacobite, « il était aussi ivre qu'avaient pu le rendre l'ale et l'eau-de-vie qu'il avait bues. »

A l'approche de cette troupe mélangée d'assiégeans, Wallace, au lieu de rester sur les créneaux et dans les tours du palais, rangea imprudemment ses gens dans une cour ouverte qui était devant le bâtiment. Il refusa de se rendre, parce que l'ordre qu'il recevait n'était signé que par une faible partie des membres qui composaient le conseil privé. Des défis furent échangés de côté et d'autre; le feu commença, et la plupart des volontaires se réfugièrent en lieu de sûreté, laissant le capitaine Wallace et le major des gardes de la cité décider l'affaire suivant les règles de la stratégie. Le dernier se montra par hasard meilleur soldat, car ayant découvert un chemin qui conduisait dans le palais, il attaqua Wallace sur ses derrières, tandis que les autres assaillans le chargèrent en front. Le palais fut emporté d'assaut; la populace se permit tous les excès, comme on devait s'y attendre, brisant, brûlant et détruisant, non seulement ce qui appartenait au service catholique, mais tous les ornemens de la chapelle; enfin, se frayant un chemin jusque dans les sépultures royales, elle arracha de leur tombeau les cadavres des anciens roi d'Ecosse. Ces monumens, à la honte du gouvernement anglais, ne furent fermés qu'il y a dix ou douze ans; avant cette époque, ces tristes restes de la royauté, exposés à la lumière, faisaient partie des objets qu'on offrait à la curiosité des étrangers qui visitaient le palais.

Cette révolte, qui décida entièrement la supériorité des Presbytériens, eut lieu le 10 décembre 1688. Les maisons des différens papistes qui habitaient principalement dans la Canongate furent pillées, les catholiques insultés et leurs propriétés ravagées. Mais la populace se contenta de brûler et de détruire ce qu'elle considérait comme appartenant aux catholiques et aux papistes, sans rien dérober pour son propre usage.

Ce zèle pour le protestantisme fut entretenu par une fausse rumeur qu'une armée de catholiques irlandais avait débarqué dans l'ouest, et qu'elle brûlait, volait et tuait tout ce qui se rencontrait sur son passage. On allait jusqu'à dire qu'elle était parvenue à Dumfries. Un rapport semblable avait produit beaucoup d'effet sur l'esprit des Anglais, tandis que le prince d'Orange avançait vers la capitale. En Ecosse, ce fut un signal général pour les Presbytériens de courir aux armes. Une fois assemblés, ils trouvèrent une occupation active (et particulièrement les Cameroniens) à chasser des paroisses les membres du clergé épiscopal. Pour procéder avec quelques formes apparentes, les Presbytériens, dans presque tous les cas, commencèrent par avertir les curés épiscopaux qu'il fallait quitter volontairement leurs églises, ou en être chassés de force.

Les non-conformistes armés avaient été, pour nous servir de leur propre langage, « pendant près de vingt ans proscrits, privés de leurs biens, cruellement opprimés, livrés à la boucherie comme des moutons, traités de suspects, privés d'abri ou de secours, de consolation, de société, chassés comme des animaux et tués dans les champs, emprisonnés, torturés, exécutés, ou bannis et vendus comme esclaves! » et comme la plupart d'entre eux avouaient les mêmes principes que ceux qui avaient fait agir les meurtriers de l'archevêque Sharpe, on aurait pu craindre que de sanglantes représailles eussent lieu, au moment où les non-conformistes avaient le pouvoir en main. Cependant il faut convenir que ces farouches Cameroniens ne furent pas positivement cruels. Ils chassèrent les curés qui leur étaient odieux, avec des acclamations de triomphe, déchirèrent leur robe, et les forcèrent quelquefois de marcher dans une procession dérisoire, jusqu'aux limites de la paroisse. Ils pillèrent les chapelles particulières des catholiques, et détruisirent tout ce qui appartenait à leur religion, mais ils ne montrèrent aucun désir de vengeance personnelle, et j'ai lieu de croire qu'aucun des ecclésiastiques qui furent ainsi chassés dans ce mémorable mois de décembre 1688, ne fut tué ou blessé de sang-froid.

Ce tumulte se serait étendu jusqu'à Edimbourg, mais le collége de justice, nom sous lequel on comprend les différens corps de la magistrature de la capitale, prit les armes pour maintenir la tranquillité publique, et résister aux Cameroniens, s'ils avaient l'intention, comme on le supposait, d'entrer dans la ville; car ils menaçaient dans leur triomphe de faire une descente à Edimbourg, et d'un second *soulèvement* des Whigamores. Cette espèce de garde civique les empêcha effectivement d'avancer; mais au moment où le prince d'Orange prit le maniement des affaires publiques, supposant que cette garde ne lui était pas favorable, il la licencia par une proclamation.

On peut dire que jusqu'à ce moment l'Ecosse fut sans gouvernement; comme alors tout projet de guerre semblait impossible, les gens de tous les partis se rendirent précipitamment à Londres, lieu où le sort du royaume allait être définitivement fixé. Le prince d'Orange recommanda aux Ecossais les mêmes mesures qui avaient été adoptées pour l'Angleterre, et une convention des états écossais fut convoquée pour avoir lieu dans le mois de mars 1689. L'intervalle qui s'écoula jusqu'à cette époque fut employé à se préparer aux débats politiques. Le parti des épiscopaux restait dévoué au dernier roi; il eût possédé une supériorité parmi la noblesse, si l'on eût permis aux évêques de conserver leurs siéges à la convention; mais parmi les membres des comtés, et surtout parmi les représentans des bourgs, la grande majorité était du côté des Whigs ou Williamites, comme on commençait à appeler les partisans du prince d'Orange.

Si l'on faisait usage de la force armée, les jacobites comptaient sur la fidélité du duc de Gordon, qui était gouverneur du château d'Edimbourg, sur l'attachement des clans des hautes-terres, et sur l'influence féodale des nobles, et des seigneurs du nord. Les Whigs pouvaient s'appuyer des forces de cinq comtés de l'ouest, outre une grande partie de ceux du sud. La même faction avait aussi de son côté les talens et l'habileté de Dalrymple, de Fletcher, et d'autres talens politiques, bien supérieurs à ceux que possédaient les Torys. Mais si les deux partis en venaient à une rupture ouverte, les Whigs n'avaient aucun homme d'une réputation militaire à opposer aux talens redoutables de Dundee.

Le roi exilé ayant ordonné à ses partisans de se présenter à la convention, et, si cela était possible, de s'y assurer une majorité, Dundee parut dans la ville avec une suite de soixante hommes de cavalerie, dont la plupart avaient anciennement servi sous lui. De leur côté, les Whigs firent venir secrètement dans la ville les Cameroriens armés, qu'ils cachèrent dans les greniers et dans les caves, jusqu'au moment où il serait utile qu'ils parussent en armes. Ces préparatifs de violence montrèrent combien la police de l'Ecosse était inférieure à celle d'Angleterre, puisque les grandes mesures politiques qui furent débattues avec calme et adoptées avec délibération dans la convention d'Angleterre, devaient en Ecosse être décidées par l'épée.

Cependant, malgré ces circonstances de mauvais présage, la convention s'assembla tranquillement. La ville était remplie par deux factions armées, jusqu'à ce moment distinguées par les noms de Persécuteurs et Opprimés, et dévorées de haine l'une contre l'autre. Les canons du château, sur les rochers élevés où il est situé, étaient prêts à lancer leur tonnerre sur la ville. Au milieu de ces alarmes, les pairs et les députés d'Ecosse devaient décider sur le sort du royaume.

Chaque parti avait les motifs les plus puissans pour désirer de remporter la victoire. Les Cavaliers ou Jacobites, appartenant presque tous par leur naissance à l'aristocratie, oubliaient les erreurs de Jacques et ne voyaient plus que ses malheurs, et, dans leur indulgence, ils attribuaient les premières à des prêtres d'une dévotion mal éclairée, ou à des conseillers ambitieux, par lesquels ils étaient obligés de convenir que le roi s'était laissé guider. Ils voyaient dans leur monarque déjà âgé, le fils d'un martyr vénéré, Charles Ier, dont la mémoire leur était si chère, et le descendant de cent princes qui avaient occupé le trône d'Ecosse pendant six siècles, suivant la croyance populaire, et sous lesquels leurs ancêtres avaient acquis leur fortune, leurs titres et leur gloire. Jacques lui-même, malgré les erreurs politiques de son règne, s'était attaché personnellement une grande partie de la noblesse et de la haute bourgeoisie d'Ecosse, qui le regrettaient comme un ami aussi bien que comme un souverain, et se rappelaient la familiarité qu'il mêlait quelquefois à sa politesse superbe, et les faveurs que plusieurs avaient reçues de lui. La compassion due à la majesté déchue s'augmentait lorsqu'on considérait que Jacques avait été détrôné afin que le prince et la princesse d'Orange, son gendre et sa propre fille, pussent être mis à sa place, intrigue trop contraire aux sentimens de la nature pour ne pas inspirer quelque répugnance. Outre ces raisons, les Cavaliers étaient généralement attachés à la religion épiscopale et à la constitution d'une église dont les membres soutenaient avec dignité les ordres sacrés, sans s'ingérer dans les secrets des familles, comme on le reprochait aux Presbytériens. Par-dessus tout, les Jacobites sentaient qu'ils perdraient leur pouvoir et leur influence avec la chute de Jacques, qu'ils ne seraient plus qu'une faction humiliée et comprimée, dans le royaume qu'ils avaient gouverné; enfin qu'ils seraient haïs en mémoire du passé, et suspects en tout ce qui concernerait l'avenir.

Les Whigs, avec des espérances plus fondées de succès, avaient aussi des motifs plus urgens de maintenir leur union politique. Ils récapitulaient les crimes et les erreurs de Jacques, et rejetaient comme absurde l'espoir que celui qui avait tant souffert dans sa jeunesse et dans son âge mûr pût devenir plus sage par le malheur. La bigoterie et un amour extravagant et invétéré du pouvoir étaient, disaient-ils, des penchans qui augmentaient avec l'âge, et sa religion, qui lui permettrait d'entrer dans un engagement auquel l'obligerait la nécessité, le dispenserait également de le tenir, et même lui ferait un mérite de n'observer aucune bonne foi avec des hérétiques. La crise présente, ajoutaient-ils avec justice, leur offrait une heureuse occasion de mettre un terme à ces violentes usurpations sur leurs libertés et sur leurs propriétés, dont l'Écosse se plaignait depuis si long-temps; et ce serait plus que de la folie de sacrifier les droits et les libertés d'un peuple à la vénération attachée à une longue suite de princes, lorsque leur représentant avait oublié le titre en vertu duquel il occupait le trône de ses pères. La religion presbytérienne, en même temps qu'elle possédait un pouvoir vivifiant sur les cœurs et sur les consciences de ses partisans, avait aussi un caractère particulièrement favorable à la liberté, et convenable à un pays pauvre comme l'Écosse, peu capable de pourvoir à la splendeur des évêques et des dignitaires. Une grande partie du peuple s'était montrée attachée à cette religion, et disposée à se soumettre à tous les maux et à la mort même, plutôt que de se conformer au culte épiscopal; il était donc juste que ce peuple eût la permission d'adorer Dieu comme sa conscience le lui ordonnait. Le caractère de Guillaume donnait à ses partisans dans la convention les raisons les plus convaincantes. Il s'était distingué particulièrement depuis sa jeunesse comme le champion de la liberté publique, pour laquelle son zèle était si grand qu'il surpassait son ambition personnelle. Il avait fait preuve de tolérance en apaisant les guerres civiles; son attachement à la vérité et à l'honneur avait résisté à la tentation d'augmenter son pouvoir, que le désordre qui régnait dans les royaumes de la grande-Bretagne aurait pu offrir à un prince ambitieux.

La convention écossaise s'assembla, toute préoccupée de ces différentes considérations. La première discussion eut lieu sur la nomination d'un président, et il est à remarquer que les deux partis rivaux firent choix de candidats auxquels ils ne pouvaient se fier comme à de fidèles partisans. Le marquis d'Athole fut proposé par les Jacobites, vers le parti desquels il penchait alors, après avoir joué, comme je vous l'ai démontré, le principal rôle lorsque l'administration fut changée, et le chancelier du roi, le comte de Perth, chassé d'Édimbourg. Les Whigs, aussi embarrassés pour trouver un candidat irréprochable, choisirent le duc d'Hamilton; mais sa conduite fut dans la suite si indécise et si douteuse, qu'ils se repentirent plus d'une fois de leur choix.

Le duc d'Hamilton obtint la présidence à une majorité de quinze voix; cette majorité, quoique peu considérable, assurait la victoire aux Whigs, qui, comme il est ordinaire dans de pareils cas, furent aussitôt joints par tous ceux que leur timidité ou des considérations personnelles avaient tenus à l'écart, jusqu'au moment où ils pourraient découvrir quel était le côté le plus sûr du succès. La majorité des Whigs s'augmentait à chaque question qui fut discutée, tandis que les Jacobites ne virent bientôt plus d'autre moyen pour soutenir leur cause que d'user de quelque ressource violente et désespérée. Celui qui se présenta le premier à leur pensée fut de persuader au duc de Gordon, gouverneur du château, de tirer sur la ville, et d'en chasser la convention, dans laquelle leurs ennemis étaient tout-puissans. D'un autre côté, la convention somma le duc de rendre la place sous peine de haute trahison.

La position du duc était difficile. Le château était fort, mais il était mal approvisionné; la garnison n'était pas suffisante, et la fidélité de plusieurs soldats était douteuse. Comme toutes les places fortes du royaume s'étaient rendues, le duc, en refusant de livrer le château, pouvait attirer sur lui seul la vengeance du parti triomphant; il était donc incertain sur la conduite qu'il devait tenir, lorsque les comtes de Lothian et de Tweeddale vinrent lui demander de poser les armes, au nom de la convention. Il promit d'abord d'y consentir, s'il obtenait une amnistie pour lui et pour ses amis; mais le vicomte de Dundee ayant pénétré dans le château avant que le traité fût conclu, parvint à inspirer au duc une partie de son propre courage; et lorsque les commissaires vinrent savoir quels étaient les amis pour lesquels il demandait une amnistie, le duc répondit en présentant une liste de tous les clans des hautes-terres. Cette action étant regardée comme une insulte, les deux comtes revinrent si indignés, qu'ils purent à peine trouver des termes pour faire à la convention le récit de leur message.

Bientôt après, le duc de Gordon fut sommé solennellement, par deux hérauts, dans leurs habits de cérémonie, de rendre la place, et ils publièrent une proclamation défendant à chacun de l'approcher ou de lui donner assistance, tant qu'il resterait réfractaire. Le duc pria les hérauts d'informer la convention qu'il possédait le commandement du château par un ordre de leur maître commun, et leur donnant quelque argent pour boire à la santé de Jacques, il leur fit observer que lorsqu'ils venaient déclarer traîtres de fidèles sujets, avec les habits du roi sur le dos, ils devaient au moins par décence les retourner.

Mais quoique Dundee eût été capable de persuader au duc de soutenir un siége, il ne put obtenir qu'il tirât sur la ville, cruauté odieuse, qui eût certainement attiré sur Gordon la haine générale, sans produire le résultat que Dundee désirait, celui de chasser la convention hors de la ville. Ce projet ayant manqué, les Jacobites en conçurent un autre, qui était de rompre ouvertement avec les Whigs, et d'assembler une convention rivale à Stirling. Dans ce dessein, les Jacobites proposèrent au comte de Mar, gouverneur héréditaire du château de Stirling, de se joindre à eux, afin d'être protégés par la forteresse, et au comte d'Athole de venir à leur secours avec un corps de montagnards. Ces deux seigneurs approuvèrent ce plan, mais lorsqu'il fut sur le point d'être exécuté, le courage sembla les abandonner, et le projet fut ajourné.

Tandis que les affaires des Jacobites étaient dans cet état, Dundee, désespéré de l'indécision de ses amis, et du triomphe de ses ennemis, résolut de ne pas rester plus long-temps inactif. Il parut subitement au milieu de la convention, et se plaignit d'un complot formé pour l'assassiner, ainsi que sir George Mackenzie, l'ancien avocat du roi, accusation qui ne manquait pas de probabilité, puisque la ville était remplie de Cameroniens armés, qui avaient autant souffert des poursuites judiciaires de l'avocat que des violences militaires du soldat. Dundee demanda que tous les étrangers fussent éloignés de la ville, et lorsqu'on lui répondit qu'on ne pouvait le faire sans mettre la convention à la merci du papiste duc de Gordon et de sa garnison, il quitta l'assemblée indigné, et retournant à sa demeure, il prit aussitôt les armes, et monta à cheval, suivi de cinquante ou soixante hommes armés. La ville fut alarmée à la vue de cette cavalcade inattendue, et si redoutable par le caractère actif et résolu de son chef. Les membres de la convention, éprouvant ou prétendant éprouver des craintes personnelles, ordonnèrent de fermer les portes de la salle, et de mettre les clefs sur la table. Au même moment le tambour appela aux armes, et les bandes des habitans de l'ouest qui étaient cachées dans les caves et dans les greniers parurent dans les rues avec leurs armes préparées, et montrant par leurs gestes, leur langage et leurs regards, les espérances de la vengeance qu'ils attendaient depuis si longtemps.

Au moment où ces choses se passaient, Dundee à la vue de ses amis comme de ses ennemis, sortait à loisir de la ville, par l'allée appelée Leith-Wynde, et continua sa route le long des rives septentrionales du Loch-North, où la nouvelle ville d'Edimbourg est maintenant située. De là, tournant vers le côté occidental du château, il demanda une conférence au duc de Gordon, au pied des murs, et dans ce dessein escalada le roc escarpé sur lequel la forteresse est bâtie. Suivant ce que l'on a pu savoir, Dundee conseilla au duc de garder le château malgré tous les périls, et lui promit un prompt secours.

La population d'Edimbourg, témoin de cette entrevue extraordinaire, en conclut que le duc allait faire tirer sur la ville les canons du château, tandis que les Jacobites, membres de la convention, se trouvant sans armes et enfermés au milieu de leurs ennemis politiques, craignaient d'être massacrés par les Whigs. Les membres de la convention, pendant leur alarme, envoyèrent le major Buntine, avec quelques hommes, à la poursuite de Dundee pour le faire prisonnier. Cet officier atteignit promptement le vicomte, et lui donna connaissance de sa commission; Dundee daigna seulement lui répondre que s'il osait tenter d'exécuter ses ordres, il le renverrait à la convention dans une paire de couvertures. Buntine comprit ce que signifiait cette menace, et laissant passer le redoutable commandant et sa troupe, retourna tranquillement dans la ville. Dundee s'avança vers Stirling, et, en conséquence de son départ, les autres amis du roi Jacques quittèrent Edimbourg et se hâtèrent de retourner chez eux.

Aussitôt que cette scène extraordinaire fut terminée, la convention, alors délivrée de la présence des Jacobites, résolut de lever des troupes pour se défendre, et pour réduire le château. Les Cameroniens étaient tous armés, et l'on ne pouvait douter de leurs sentimens; on leur proposa de former un régiment de deux bataillons, sous le commandement du comte d'Angus, fils aîné du marquis de Douglas, gentilhomme qui possédait des talens militaires, et qui servirait comme colonel, tandis que William Cleland serait nommé lieutenant-colonel. Ce dernier avait été un des commandans à Drumclog; il était brave gentilhomme, poète médiocre, et plus homme du monde que la plupart de ceux qui appartenaient à la même secte que lui.

Quelques uns des rigides Covenantaires pensaient que ceux qui partageaient leurs principes n'avaient pas la liberté (pour me servir de leurs propres expressions) de s'assembler pour la défense d'une convention dont la plupart des membres, possédant en même temps des places et du pouvoir sous le nouveau règne, avaient trempé dans les violentes mesures de Jacques, d'autant plus qu'ils avaient négligé jusqu'alors de faire revivre les obligations du Covenant. Mais la série d'évènemens extraordinaires et imprévus qui avaient appelé les Cameroniens armés pour défendre une ville où ils ne pouvaient paraître que secrètement, à moins que ce ne fût pour être conduits à la mort, leur semblait si évidemment un miracle de la providence en leur faveur, que s'abandonnant pour cette fois aux inspirations du sens commun, ils consentirent à considérer l'association militaire qu'on leur proposait comme une mesure nécessaire et prudente. Ils déclarèrent seulement que leur régiment ne serait point commandé par des officiers qui auraient donné des preuves d'attachement au papisme, à la prélature et à la *Malignance*. Ils stipulèrent aussi qu'il y aurait un service divin public et régulier, et que les conversations irréligieuses seraient punies sévèrement, ainsi que les juremens et des débauches de toute espèce. Leur discipline ayant été établie, autant que possible, suivant leurs goûts, on leva dix-huit cents hommes; ils marchèrent aussitôt sur Édimbourg, et furent chargés de défendre la convention et de bloquer la garnison du château.

Les Cameroniens furent néanmoins appuyés par des troupes plus propres à une semblable tâche, c'est-à-dire par une partie de l'armée régulière envoyée en Écosse par le roi Jacques pour donner à son parti dans ce royaume une supériorité décidée. On dressa des batteries contre le château et l'on ouvrit des tranchées. Le duc de Gordon fit une défense honorable, évitant en même temps de causer aucun dommage à la ville, et répondant seulement au feu des batteries. Mais sa garnison peu nombreuse, la rareté des provisions, le manque de médicamens et de l'assistance d'un chirurgien pour les blessés, par-dessus tout les désertions fréquentes, engagèrent enfin le duc à se rendre à des conditions honorables, et dans le mois de juin il évacua la forteresse.

Alors les membres de la convention s'étant débarrassés à peu près de toute opposition dans l'intérieur de l'assemblée, agitèrent la grande question sur le changement de gouvernement. Deux lettres leur ayant été présentées, l'une de la part du roi Jacques, l'autre de celle du prince d'Orange, ils ouvrirent et lurent la dernière avec une grande déférence, et parcoururent négligemment celle du roi Jacques, prouvant par cette action qu'ils ne le regardaient plus comme souverain.

Cette opinion fut rendue plus manifeste par leur vote sur l'état de la nation, qui était beaucoup plus décisif que celui de la convention anglaise. Les Whigs écossais n'avaient point à discuter avec des Torys, et par conséquent n'étaient point obligés de choisir entre les termes d'abdication et de forfaiture. Ils déclarèrent ouvertement que Jacques était monté sur le trône sans prêter le serment voulu par la loi ; qu'il avait fait des innovations dans la constitution du royaume, dans le dessein de changer en despotisme une autorité limitée ; ils ajoutèrent qu'il avait employé ce pouvoir acquis aussi injustement pour violer les lois et la liberté et altérer la religion d'Écosse, et qu'en agissant ainsi, il avait *forfait* ses droits à la couronne, et que par conséquent le trône était vacant.

La forfaiture, selon la lettre de la loi, se serait étendue à tous les descendans de Jacques, comme dans le cas de la trahison d'un sujet ; mais comme cela aurait annulé les droits de la princesse d'Orange, les effets de la déclaration furent limités au jeune fils de Jacques et aux enfans qu'il pourrait avoir dans la suite. A l'imitation de l'Angleterre, le trône fut donné au prince et à la princesse d'Orange et à celui des deux qui survivrait à l'autre ; et après leur mort, s'ils ne laissaient point d'enfans, la princesse Anne et ses héritiers étaient appelés à leur succéder.

Lorsque la succession au trône fut ainsi réglée, la convention entra dans une longue déclaration, appelée la réclamation des droits, par laquelle le pouvoir de dispenser fut jugé illégal ; les différentes mesures oppressives pratiquées durant les deux derniers règnes furent censurées comme des attentats contre la liberté, et l'établissement de la prélature comme un grief intolérable.

Ces déclarations ayant été approuvées par les nouveaux

souverains, Guillaume et Marie commencèrent à faire usage du pouvoir royal et à établir une administration. Le duc d'Hamilton fut nommé grand-commissaire, en récompense de ses services comme président de la convention. Lord Melville fut fait secrétaire d'état, et le comte de Crawford président du conseil. Quelques charges furent mises en réserve pour servir de but d'ambition aux grands personnages qui n'étaient pas encore pourvus; d'autres charges furent remplies par ceux qui avaient aidé à la révolution. En général le choix du ministère fut approuvé, mais on blâma le roi et ses conseillers de placer trop de confiance dans Dalrymple, qui venait d'être créé lord Stair, et dans sir John Dalrymple, son fils, appelé le maître de Stair. La charge à laquelle lord Stair fut promu était devenue vacante d'une singulière façon.

Sir George Lockhart, excellent homme de loi, qui avait été conseiller de la couronne sous Cromwell, était, à l'époque de la révolution, président de la cour des sessions, ou premier juge dans les affaires civiles. Il avait consenti à être arbitre dans quelques contestations qui eurent lieu entre un gentilhomme nommé Chiesley de Dalry et sa femme. Le président en décidant cette affaire avait assigné à mistress Chiesley un douaire plus considérable qu'il n'était juste ou nécessaire, suivant l'opinion de son mari. Dalry, dont les passions étaient d'une grande violence, fut cruellement offensé, et menaça publiquement la vie du président. Un de ses amis essaya de lui persuader de cesser cet imprudent langage et de craindre la vengeance du ciel.— J'ai à répondre déjà de beaucoup de choses devant le ciel (dit cet homme résolu), ceci passera avec le reste.— Pour accomplir son affreuse menace d'assassinat, Chiesley s'arma et suivit sa victime à l'église de Greyfriars, dans laquelle sir George assistait ordinairement au service divin. Il sentit quelque répugnance à commettre son crime dans l'intérieur de ces murs sacrés, et suivit sir George lorsqu'il retourna chez lui, jusqu'à l'entrée de sa maison, dans le lieu qu'on appelle encore aujourd'hui le clos du président. Là Chiesley renversa le juge mort sur la place, et dédaignant de sauver sa vie par la fuite, il se promena tranquillement dans le voisinage jusqu'au moment où on l'arrêta; il fut bientôt après jugé et exécuté.

La charge du président assassiné (une des plus importantes) fut accordée à lord Stair, et celle d'avocat du roi, équivalant à la place d'*attorney général*, fut donnée à son fils, sir John Dalrymple, qui fut dans la suite associé avec lord Melville dans la charge plus importante encore de secrétaire d'état. Le père et le fils étaient l'un et l'autre des hommes de grand talent, mais d'une intégrité douteuse, et odieux aux Presbytériens pour leur complaisance envers le dernier gouvernement.

Outre ses conseillers officiels et immédiats, le roi Guillaume accordait en secret une grande confiance à un ecclésiastique nommé Carstairs, qui était un de ses chapelains. Cet ecclésiastique avait donné de grandes preuves de fidélité et de courage. Il fut arrêté sous le règne de Charles II, parce qu'il était instruit de la conspiration appelée le complot de Jerviswood, et endura le cruel supplice des *Thumbikins*, qui, comme je vous l'ai déjà dit, se pratiquait en écrasant presque les doigts par des espèces de vis. Après le triomphe de la révolution, les magistrats d'Édimbourg envoyèrent, comme présent, à Carstairs, alors devenu un homme important, l'instrument de torture dont on s'était servi pour son supplice. Le roi, dit-on, l'ayant appris, désira voir les Thumbikins. Ils furent apportés, le roi plaça son pouce dans l'instrument, et voulut que Carstairs tournât la vis. — Je veux juger de votre courage, dit le roi, en faisant l'expérience du tourment que vous avez souffert. Carstairs obéit, mais tourna les vis avec une certaine modération, afin de ne pas blesser les pouces royaux. — Cela n'est pas agréable, dit le roi, cependant cela peut être supporté; mais vous jouez avec moi. Tournez les vis de manière à ce que je puisse réellement sentir une partie des souffrances que vous avez endurées. Carstairs, à ce commandement réitéré, jaloux de sa réputation de fermeté, tourna les vis si fortement, que Guillaume demanda grâce, et avoua qu'il aurait confessé tout ce qu'on aurait voulu, vrai ou faux, plutôt que d'endurer un instant de plus une pareille souffrance. Carstairs devint un des confidens intimes du roi, et il inspirait à Guillaume plus de confiance que beaucoup d'autres qui avaient dans l'état des charges plus élevées et plus apparentes que la sienne. On convenait généralement que c'était un homme qui possédait de la sagacité et des talens politiques; mais ses compatriotes l'accusaient de duplicité et de dissimulation, et, d'après ce caractère, il était communément distingué par le surnom de cardinal Carstairs.

Mais tandis que Guillaume se préparait à gouverner l'Écosse, une insurrection eut lieu, qui faillit arracher de ses mains le sceptre de ce royaume. Cette insurrection était due aux efforts du vicomte de Dundee, un de ces hommes extraordinaires dont l'énergie accomplit quelquefois de grandes révolutions nationales avec de faibles moyens.

CHAPITRE XXIII.

Succès du roi Jacques en Irlande. — Préparatifs du vicomte de Dundee pour un soulèvement en faveur de Jacques en Écosse. — Querelle entre Mac-Donald de Keppoch et Mac-Intosh de Moy. — Le général Mac-Key marche vers le nord contre Dundee. — Mouvemens des deux armées. — Bataille de Killiecrankie, et mort de Dundee.

Lorsque le vicomte de Dundee se retira d'Édimbourg, comme je vous l'ai déjà dit, la convention, se fondant sur les relations qu'il avait eues malgré ses ordres avec le duc de Gordon, catholique *intercommuné*, le somma de paraître devant elle pour rendre compte de sa conduite ; mais Dundee s'en excusa sous le prétexte que sa femme était dangereusement malade, et à cause du risque qu'il courrait à se trouver au milieu des Cameroniens.

Dans le même temps, Jacques, avec des troupes qui lui avaient été fournies par le roi de France, était débarqué en Irlande, où il fut reçu avec joie par les catholiques; il s'était presque rendu maître de ce beau royaume, à l'exception seulement de la province d'Ulster, où les protestans, descendans de familles anglaises et écossaises, lui opposèrent une vigoureuse résistance. Mais en dépit de cette résistance partielle du nord de l'Irlande, Jacques était si sûr du succès, qu'il fit écrire par son secrétaire Melfort deux lettres au vicomte de Dundee et au comte de Balcarras, ami intime de Dundee et partisan loyal du monarque exilé, les encourageant à réunir ses fidèles sujets pour soutenir sa cause, et leur promettant le secours d'un corps considérable de troupes irlandaises, avec des armes et des munitions. Les espérances que lord Melfort avait conçues étaient si grandes, que dans des lettres adressées à quelques uns de ses amis, il exprimait de la manière la plus imprudente le dessein de profiter pleinement du triomphe qu'il comptait obtenir. — Nous nous sommes conduits avec trop de douceur envers nos ennemis, dit-il, lorsque nous étions en pouvoir et que nous possédions le moyen de les écraser ; mais maintenant, lorsque nous les aurons soumis et assujettis de nouveau à notre autorité, nous les réduirons à être fendeurs de bois ou porteurs d'eau.

Ces lettres étant tombées entre les mains de la convention, excitèrent la plus vive indignation. Le duc d'Hamilton et quelques autres, qui pensaient que ces menaces les regardaient particulièrement, se sentirent plus portés que jamais à soutenir le gouvernement du roi Guillaume, puisqu'ils ne pouvaient plus espérer aucune grâce du roi Jacques et de ses vindicatifs conseillers. Une force militaire fut dépêchée pour arrêter Balcarras et Dundee. Les soldats parvinrent à saisir le premier ; mais Dundee étant entouré de nombreux gardes-du-corps, et résidant dans une contrée où beaucoup de gentilshommes étaient jacobites, le parti envoyé pour l'arrêter n'osa tenter d'exécuter sa commission. Il resta donc dans son château de Dudhope, près de Dundee, d'où il avait la facilité de correspondre avec les chefs des hautes-terres et les gentilshommes du nord, qui étaient en général bien disposés pour l'épiscopat, et favorables à la cause du roi Jacques.

Dundee portant le même nom que le grand Montrose, glorieux d'une fidélité aussi dévouée, ayant un caractère aussi entreprenant, avec un jugement supérieur à celui de son illustre modèle, Dundee répliqua, dit-on, à ceux qui lui demandaient où il allait, « qu'il se rendait où l'esprit de Montrose le conduisait. » Toutes ses pensées se concentraient dans le plan de réaliser cette brave et chevaleresque réponse. Il était naturellement économe, et vivait d'une manière peu fastueuse. Mais tandis que d'autres dérobaient autant que possible leur fortune à l'atteinte de l'orage révolutionnaire, Dundee dépensait libéralement pour la cause de son ancien maître les trésors qu'il avait amassés à son service. Ses argumens, ses largesses, la haute influence de sa réputation parmi les chefs des hautes-terres, dont l'admiration pour *Ian Dhu-Cean* ou le guerrier John le Noir, n'était pas diminuée par les exploits cruels qui lui avaient obtenu dans les basses-terres le nom du sanglant Claverse : toutes ces raisons, jointes à leur propre prédilection pour la cause de Jacques, et leur amour de la guerre, les disposèrent à une insurrection générale. Quelques uns des clans néanmoins avaient entre eux, comme à l'ordinaire, des querelles particulières ; Dundee fut obligé de les aider à faire la paix, avant de pouvoir les réunir tous dans le parti du monarque détrôné.

Je vais vous faire le récit d'une de ces querelles, qui,

je crois, fut la cause de la dernière bataille entre les clans des hautes-terres.

Il y avait depuis un grand nombre d'années beaucoup de contestations et quelques escarmouches entre Mac-Intosh de Moy, le chef de cet ancien surnom, et une des subdivisions ou *septs* du clan des Mac-Donalds, appelés Mac-Donalds de Keppoch [1]. Les Mac-Intosh avaient d'anciens droits sur le district de Glenroy (maintenant fameux par le phénomène appelé les routes parallèles[2], et la vallée voisine de Glenspean. Mac-Intosh avait une concession écrite de la couronne, dans laquelle ses droits étaient consignés, mais Keppoch était en possession réelle de la propriété. Lorsqu'on demanda à Mac-Donald sur quelle charte il fondait ses droits, il répondit qu'il tenait cette terre non pas d'un morceau de parchemin, mais de son épée; et son clan, d'une bravoure et d'une hardiesse extraordinaires, était prêt à soutenir ce défi. Plusieurs propositions ayant été faites en vain pour accommoder cette affaire, Mac-Intosh résolut d'employer la force ouverte, pour se mettre en possession du territoire contesté. Il déploya donc la bannière jaune, qui était celle de sa famille, assembla son clan, et marcha vers Keppoch, étant assisté par une compagnie indépendante de soldats, levés pour le service du gouvernement, et commandés par le capitaine Mac-Kenzie de Suddie. On ne sait pas de quelle manière cette force auxiliaire et formidable lui fut procurée, mais ce fut probablement par un ordre du gouvernement.

A son arrivée à Keppoch, Mac-Intosh, trouvant la maison de son rival déserte, et s'imaginant être en possession

---

(1) Les clans se subdivisaient en familles ou *septs*, commandées par un *Chieftain* ou Petit-Chef, et soumis au Grand-Chef ou *Chief*. — Éd.

(2) Les routes parallèles sont trois longues voies parallèles dont la ligne régulière contraste avec les formes bizarres de tous les objets environnans; les uns les attribuent aux anciens héros fingaliens, les autres à l'action d'un cours d'eau aujourd'hui tari. — Éd.

de la victoire, même sans combat, employa plusieurs ouvriers qu'il avait amenés avec lui dans ce dessein, à construire un château ou fort, sur une espèce d'écueil suspendu sur la rivière Roy, où l'on en voit encore aujourd'hui les vestiges. Cet ouvrage fut promptement interrompu, par la nouvelle que les Mac-Donalds de Keppoch, assistés par les tribus de leurs parens de Glengarry et Glencoe, s'étaient assemblés, et qu'un grand nombre étaient en armes, dans un étroit vallon, derrière le sommet des montagnes qui s'élèvent au nord-est de Keppoch, dont le penchant est nommé Mullroy. Leur dessein était d'attaquer Mac-Intosh au point du jour, mais ce chef résolut de les prévenir, et marcha vers ses ennemis avant l'aurore. Les Mac-Donalds et leur chef, Coll de Keppoch, étaient également prêts au combat, et dès la première lueur du jour, lorsque les Mac-Intosh avaient presque atteint les hauteurs de Mullroy, les Mac-Donalds parurent sur le sommet, et la bataille commença au même instant.

Un jeune garçon qui s'était enfui depuis peu de chez son maître, fabricant de tabac à Inverness, et s'était enrôlé dans la compagnie indépendante de Suddie, fait le récit suivant de l'action : — Les Mac-Donalds descendirent la montagne et vinrent sur nous, sans souliers, bas, ou toques sur leur tête ; ils jetèrent un cri, et alors le feu commença des deux côtés, et pendant une heure la dispute fut si chaude que j'aurais voulu alors être encore à fabriquer du tabac. Ils s'élancèrent sur nous avec l'épée et le bouclier, et des haches d'armes du Lochaber qui nous obligèrent à reculer. Voyant mon capitaine blessé dangereusement, et de tous côtés un grand nombre d'hommes renversés, et dont la tête était fendue, je fus cruellement effrayé, car je n'avais jamais vu pareille chose. A la fin, un montagnard m'attaqua avec l'épée et le bouclier, et trancha la poignée de ma baïonnette qui était de bois. Alors je pris mon fusil à poignée, je lui en assénai un coup, qui en brisa la crosse ; mais voyant plusieurs montagnards fondre sur moi, je tournai les talons, et je courus pendant l'espace de trente milles sans regarder par-derrière, prenant chaque personne que je voyais ou que je rencontrais pour un ennemi. D'autres, plus accoutumés à de pareilles scènes, s'enfuirent aussi loin et aussi vite que Donald Mac-Bane, l'apprenti du fabricant de tabac. Mais celui qui portait l'étendard de Mac-Intosh, et qui était un objet particulier de poursuite, se sauva ainsi que son dépôt sacré, par un acte d'étonnante témérité. Dans un lieu où la rivière Roy coulait entre deux rocs escarpés qui s'approchaient au-dessus du torrent, il hasarda de s'élancer sur le roc opposé ; aucun de ses ennemis n'osa le suivre, et il emporta en sécurité son dépôt précieux.

La tradition rapporte que les Mac-Intosh combattirent vaillamment, et que la victoire fut décidée par le désespoir d'un homme moitié fou, appelé le *Bo-Man* [1] aux cheveux rouges, ou le vacher, que Keppoch n'avait point appelé au combat, mais qui s'y rendit cependant avec son bâton sur l'épaule. Cet homme ayant été blessé par une balle, fut tellement exaspéré par la douleur, qu'il se jeta au milieu des Mac-Intosh, en s'écriant : Ils fuient ! ils fuient ! Avancez sur eux ! avancez sur eux ! La témérité qu'il montrait, et les coups qu'il distribuait avec son arme extraordinaire, causèrent le premier désordre parmi les ennemis de son chef.

Mac-Donald n'avait sous aucun rapport l'intention de maltraiter les soldats du gouvernement, cependant Suddie leur commandant reçut dans ce combat le coup de la mort. Il était brave, et était armé d'une carabine, de pistolets, et d'une hallebarde ou demi-pique. Cet officier s'avança vers un cadet de Keppoch nommé Mac-Donald de Tullich, la balle qu'il lui destinait tua un de ses frères, alors il se précipita sur lui avec sa pique. Malgré cette attaque di-

---

(1) Bo, *bœuf*, man, *homme*.

recte, Tullich, convaincu que la mort d'un capitaine du gouvernement serait vengée sur son clan, s'écria plus d'une fois : Évitez-moi, évitez-moi. — Le Mac-Donald qui me fera fuir n'est pas encore né, répliqua Mac-Kenzie s'avançant toujours avec sa pique. Alors Tullich lui lança à la tête un pistolet qu'il avait déjà déchargé. Le coup lui fractura le crâne, et Mac-Kenzie mourut peu après, tandis que ses soldats le transportaient à Inverness.

Mac-Intosh lui-même fut pris par son rival, qui, dans son opinion, n'était qu'un vassal insurgé. Quand le captif entendit les Mac-Donalds saluer leur chef par ces mots, lord de Keppoch, lord de Keppoch, il lui dit hardiment : Vous êtes aussi loin d'être le lord des terres de Keppoch dans ce moment, que vous l'avez été toute votre vie. — N'importe, répondit le chef victorieux d'un air de bonne humeur, nous jouirons du beau temps pendant qu'il dure. On fait encore mention de la victoire de cette tribu dans l'air de cornemuse appelé — *Mac-Donald sut les battre.*

Un changement de fortune fut sur le point d'avoir lieu immédiatement après la bataille ; car avant que les Mac-Donalds eussent réuni leurs forces dispersées, les cornemuses guerrières furent de nouveau entendues, et un nouveau corps de montagnards parut, s'avançant vers Keppoch, dans la direction de Garvamoor. Cet évènement était dû à ce brusque changement de sentiment par lesquels les hommes sont influencés dans les premiers âges de la civilisation. Le parti qui s'avançait était le clan de Mac-Pherson, appartenant, comme les Mac-Intosh, à la confédération appelée le clan de Chattan, mais qui, leur disputant la préséance dans cette tribu, étaient leurs amis ou leurs ennemis, suivant que prévalait le souvenir de leur première intimité ou de leurs anciennes querelles. Dans cette occasion, les Mac-Phersons n'avaient pas accompagné Mac-Intosh sur le champ de bataille, parce qu'à cette époque il y avait quelques discordes entre les deux tribus. Mais lorsqu'ils apprirent la défaite de

Mac-Intosh, ils se seraient crus blessés dans leur honneur s'ils avaient souffert qu'un membre aussi important de leur confédération restât captif chez les Mac-Donalds. Ils avancèrent donc en ordre de bataille et envoyèrent un drapeau blanc, symbole de trève, en demandant que Mac-Intosh leur fût délivré.

Le chef de Keppoch, quoique victorieux, n'était pas en position de renouveler le combat ; il rendit donc le prisonnier, qui fut plus mortifié de se trouver entre les mains des Mac-Phersons, que satisfait d'échapper à celles de son vainqueur Keppoch. Ce sentiment était si profond, que lorsque les Mac-Phersons proposèrent de le conduire à Cluny, la résidence de leur chef, il résista d'abord poliment, et lorsqu'on insista sur cette visite, il menaça de se percer le cœur avec sa propre dague, s'il était forcé de se rendre à Cluny dans une condition si humiliante. Les Mac-Phersons furent généreux, et l'escortèrent jusque dans ses propres domaines.

L'issue du combat de Mullroy, si mortifiant pour le chef vaincu, fut aussi suivie de conséquences désastreuses pour le vainqueur.

La résistance opposée aux troupes royales, et la mort de Mac-Kenzie de Suddie qui les commandait, ainsi que la défaite de Mac-Intosh, qui avait les lois de son côté, donnèrent du poids aux plaintes que ce dernier présenta au conseil privé. Des lettres de feu et d'épée, c'est-à-dire un ordre de brûler et de détruire le pays et les terres du chef coupable, ou son district, furent proclamées contre Coll Mac-Donald de Keppoch. Soixante dragons et deux cents hommes des gardes à pied furent expédiés dans le Glenroy et le Glenspean, avec ordre d'exterminer les hommes, les femmes, les enfans, et de ravager les domaines de Keppoch. Keppoch lui-même fut pendant un temps obligé de fuir, mais un riche parent fit sa paix avec le gouvernement, en donnant pour lui une amende considérable, ou *Erick*. Nous le voyons maintenant engagé dans une lutte du succès de laquelle dépendait la destinée, non pas de deux vallons stériles mais d'un royaume considérable.

Cela nous ramène à Dundee, qui au printemps reçut la nouvelle que le général Mac-Kay, officier auquel le roi Guillaume avait confié le commandement des troupes d'Écosse, marchait contre lui à la tête d'une armée de troupes régulières. Mac-Kay était un homme brave, rempli de jugement et d'expérience, mais plus recommandable comme bon officier que comme habile général ; et il était plutôt fait pour obéir aux ordres d'un commandant intelligent que pour pénétrer, soit dans le combat, soit dans la défaite, les ruses et les plans d'un esprit aussi actif que celui de Dundee.

On en vit un exemple dès le commencement de la campagne, lorsque Mac-Kay s'avança vers Dudlope-Castle, avec l'espérance de tomber à l'improviste sur son ennemi. Mais Dundee n'était point homme à se laisser surprendre. Se dirigeant avec cent cinquante chevaux vers la ville d'Inverness, il trouva Mac-Donald de Keppoch à la tête de plusieurs centaines de montagnards, bloquant la place, parce que les citoyens avaient pris parti contre son clan avec Mac-Intosh. Dundee offrit sa médiation et persuada aux magistrats de gratifier Keppoch de deux mille dollars, pour le paiement desquels il donna sa propre garantie. Il montra davantage encore son influence sur l'esprit des chefs montagnards, en engageant Keppoch, quelque indigné qu'il fût des maux que lui avaient fait souffrir les lettres de feu et d'épée données contre lui par le gouvernement du roi Jacques, à se joindre à lui avec son clan, dans le dessein de replacer ce même monarque sur le trône.

Ayant ainsi renforcé son armée, mais cependant encore bien inférieur en nombre à son adversaire Mac-Kay, Dundee, par un mouvement rapide, surprit la ville de Perth. Il saisit le trésor public qu'il trouva entre les mains du receveur des taxes, disant qu'il ne pillerait personne, mais qu'il était juste de prendre l'argent du roi pour le service du roi. Il dispersa en même temps deux régimens de cavalerie nouvellement levés par le gouvernement, prit leurs chevaux et leur équipement, et fit prisonniers leurs commandans, le laird de Pollock et celui de Blair.

Après cet exploit, Dundee fit retraite dans les hautes-terres pour recruter sa petite armée en attendant un corps de trois mille homme qui devait arriver d'Irlande, et pour saisir le moment favorable de hâter l'explosion d'une conspiration qui s'était formée dans un régiment de dragons servant dans l'armée de Mac-Kay, mais qu'il avait commandé lui-même avant la révolution. Les officiers et les soldats de ce régiment désiraient également retourner sous les ordres de leur ancien chef et rendre leur fidélité à leur ancien roi. Creichton, un officier du régiment, le même qui attaqua un conventicule, comme je vous l'ai dit déjà, était le chef de cette conspiration. Elle fut découverte par Mac-Kay, au moment même où elle était sur le point d'éclater, et cet évènement, joint à la présence de Dudee dans les environs, aurait détruit son armée. Mac-Kay cacha prudemment la connaissance qu'il avait du complot jusqu'au moment où il fut joint par un renfort considérable ; alors il put sans danger saisir les principaux conspirateurs et désarmer leurs complices.

Le conseil privé avait un grand désir de faire un exemple qui pût prévenir d'autres conspirations à l'avenir. Le capitaine Creichton était le chef de ce complot; étranger, et sans amis, il fut choisi pour servir d'exemple et pour être pendu. Mais Dundee n'abandonna pas son ancien camarade. Il envoya un message aux lords du conseil privé, disant que s'ils se permettaient d'arracher un cheveu de la tête de Creichton, en représailles il couperait en morceaux ses prisonniers, le laird de Pollock et celui de Blair, et les enverrait à Edimbourg dans des paniers. Le conseil fut alarmé de cette menace. Le duc d'Hamilton leur rappela qu'ils connaissaient tous assez bien Dundee pour ne pas douter qu'il tiendrait sa parole, et que les gentilshommes qui étaient entre ses mains appartenaient de trop près à plusieurs membres du conseil pour être exposés à un tel danger par rapport à Creichton. Cette circonstance sauva la vie du capitaine.

Un grand nombre de marches, contre-marches et d'escarmouches eurent lieu, pendant lesquelles il arriva un incident qui fait connaître plus parfaitement le caractère de Dundee. Un jeune homme, enrôlé dans son armée, était fils d'un de ses plus anciens et intimes amis. Il fut envoyé en reconnaissance ; une escarmouche eut lieu, le jeune soldat manqua de cœur, et s'éloigna en fuyant du lieu du combat. Dundee sauva son honneur en prétendant que c'était lui-même qui l'avait envoyé sur les derrières de l'armée pour un message important. Alors il fit appeler le jeune soldat pour lui parler en particulier. — Jeune homme, lui dit-il, j'ai sauvé votre honneur, mais je n'ai pas besoin de vous dire que vous avez choisi un état pour lequel vous n'êtes pas fait. Ce n'est peut-être pas votre faute, et c'est plutôt un malheur. Vous ne possédez point la force de nerfs nécessaire pour envisager de sang-froid les dangers d'une bataille. Retournez chez votre père. Je vous trouverai une excuse, et vous pourrez vous absenter sans crainte de perdre votre réputation. Je vous promets aussi de vous mettre en position de rendre à la cause de Jacques des services efficaces, sans courir les chances de la guerre.

Le jeune gentilhomme, pénétré d'un profond sentiment de honte, se jeta aux pieds du général, protesta que sa faute était seulement l'effet d'un moment de faiblesse, dont la tache serait effacée par sa conduite future, et conjura Dundee par l'amour qu'il portait à son père, de lui donner au moins la chance de recouvrer sa réputation. Dundee essaya encore de le dissuader de rester dans l'armée ; mais comme le jeune homme continuait à demander une seconde épreuve, il y consentit avec répugnance. — Mais souvenez-vous, dit-il, que si le cœur vous manque une seconde fois, vous mourrez. La cause dans laquelle je me suis engagé est une cause de désespoir, et aucun homme ne doit servir sous moi s'il n'est pas décidé à combattre jusqu'au dernier moment de sa vie. Ma propre existence, comme celle de ceux qui me suivent, est entièrement dévouée à la cause du roi Jacques, et la mort sera le partage de celui qui donnera l'exemple de la lâcheté.

L'infortuné jeune homme parut consentir avec ardeur à cette triste proposition. Mais à la première escarmouche dans laquelle il se trouva engagé, sa malheureuse timidité l'emporta. Il tournait la bride de son cheval et allait fuir lorsque Dundee arrivant sur lui, lui dit seulement : — Le fils de votre père est de trop bonne famille pour être livré au prevôt. Et sans prononcer une autre parole, il lui tira un coup de pistolet dans la tête avec ce calme inflexible qui rappelle le stoïcisme des anciens Romains.

Des circonstances nouvelles firent désirer à Dundee de hasarder une bataille que jusqu'alors il avait évitée. Le marquis d'Athole, qui avait changé de parti plus d'une fois pendant les progrès de la révolution, abandonnait alors entièrement la cause du roi Jacques, et envoyait son fils lord Murray dans l'Athole, pour soulever les clans de ce pays, les Stewarts, les Robertsons, les Fergussons et autres, qui avaient l'habitude de suivre la famille d'Athole à la guerre, par respect pour le rang et la puissance du marquis, quoiqu'ils ne fussent ni ses vassaux, ni les hommes de son clan. Un de ces chefs, Stewart de Boquhan, quoique dépendant du marquis, résolut de ne plus seconder ses changemens politiques. Ayant été mis en possession du château-fort de Blair, citadelle appartenante au marquis, et qui commande le passage le plus important des hautes-terres du nord, Stewart refusa de la rendre à lord Murray, et déclara qu'il défendait la forteresse pour le roi Jacques, par ordre du vicomte de Dundee. Lord Murray trouvant ainsi que la maison de son père lui était fermée, en envoya la nouvelle au général Mac-Kay, qui assembla environ trois mille hommes d'infanterie et deux régimens de cavalerie, et s'avança précipitamment dans l'Athole, déterminé à faire le siége de Blair, et à combattre Dundee, s'il venait au secours de ce château.

Dans ce moment critique lord Murray avait réuni environ huit cents montagnards d'Athole, des clans déjà nommés, qu'on avait rassemblés sous le prétexte de maintenir la tranquillité du pays. Plusieurs d'entre eux cependant commencèrent à soupçonner que le dessein de Murray était de joindre Mac-Kay, et se rappelant que c'était sous le commandement de Montrose et dans la cause des Stuarts que leurs pères avaient acquis leur gloire, ils résolurent de ne point abandonner le parti qui, dans leur opinion, était celui de la loyauté. En conséquence ils firent savoir à lord Murray que si son intention était de joindre Dundee ils le suivraient jusqu'à la mort, mais que s'il se proposait d'embrasser la cause du roi Guillaume ils le quitteraient immédiatement. Lord Murray répondit par les menaces de vengeance qu'un lord féodal pouvait se permettre envers des vassaux insurgés. Mais ces gens, défiant sa colère, coururent à la rivière remplir d'eau leurs toques, burent à la santé du roi Jacques, et laissèrent l'étendard du marquis à un seul homme : défection singulière parmi les montagnards de cette époque, qui ordinairement suivaient sur le champ de bataille leur chef immédiat, sans être très difficiles sur le choix de la cause qu'il lui plaisait d'embrasser.

Ces nouvelles parvinrent à Dundee, et en même temps il fut informé que Mac-Kay avait atteint Dunkeld dans le dessein de réduire Blair et pour punir les clans d'Athole d'avoir abandonné l'étendard de leur chef. A peu près à la même époque le général Cannon joignit le vicomte avec le renfort d'Irlandais attendu depuis si long-temps ; mais il montait seulement à trois cents hommes, au lieu de plusieurs mille qui avaient été promis; ils étaient entièrement dépourvus de l'argent et des provisions qu'on devait envoyer avec eux. Néanmoins Dundee résolut de conserver le château de Blair, si important comme la clef des hautes-terres. Il marcha pour le protéger avec un corps d'environ deux mille montagnards, avec lesquels il occupa l'extrémité supérieure et septentrionale du passage entre Dunkeld et Blair.

Dans ce célèbre défilé, appelé le passage de Killiecrankie, la route suit pendant plusieurs milles les bords d'une rivière rapide appelée le Garry, qui se précipite au milieu de cataractes et d'abîmes que l'œil peut à peine distinguer, tandis qu'une multitude de précipices et de montagnes boisées se voient sur l'autre bord : cette route est la seule qui donne accès dans le Glen, le long des vallées qui sont placées à son extrémité septentrionale. Ce défilé, d'un abord si difficile, pouvait être défendu par un petit nombre d'hommes contre une armée considérable ; et en réfléchissant combien ses troupes étaient habiles dans une semblable guerre de montagnes, l'avis de la plupart des chefs de montagnards était que Dundee devait se contenter de garder le passage contre l'armée supérieure de Mac-Kay, jusqu'au moment où une force plus considérable de leurs compatriotes s'assemblerait à un rendez-vous qu'ils avaient indiqué. Mais Dundee était d'une opinion différente, et résolut de laisser Mac-Kay traverser le défilé sans opposition, et alors de le combattre dans la vallée, à l'extrémité septentrionale. Il prit cette décision hardie, d'abord parce que le combat promettait un résultat décisif, et ensuite parce qu'il préférait combattre Mac-Kay avant qu'il fût joint par un corps considérable de cavalerie anglaise qu'il attendait, et dont à cette époque les montagnards avaient quelque crainte.

Le 17 juin 1689 le général Mac-Kay entra avec ses troupes dans le défilé, et, à son grand étonnement, il s'aperçut qu'il n'était point occupé par l'ennemi. Ses forces étaient composées de régimens anglais et hollandais, qui, avec les Ecossais eux-mêmes habitans des basses-terres, furent frappés de stupeur et même de crainte en se voyant introduits par une avenue si magnifique et en même temps si redoutable, en présence de leurs ennemis, les habitans de ces terribles montagnes, dans l'intérieur desquelles ils pénétraient. Mais outre l'effet que produisait sur leurs esprits la magnificence d'une telle scène, à laquelle ils étaient entièrement étrangers, ils devaient aussi songer avec effroi que si un général qui possédait autant de talens que Dundee les laissait franchir sans opposition un passage si difficile, c'était sans doute parce qu'il croyait posséder des moyens suffisans pour les attaquer et les écraser à l'extrémité supérieure, lorsqu'ils n'auraient plus d'autre retraite que la route étroite et périlleuse dans laquelle ils avançaient.

La moitié du jour s'était écoulée avant que les soldats de Mac-Kay fussent hors du défilé; alors leur général les rangea sur une ligne de trois hommes de profondeur le long de l'extrémité méridionale, où s'ouvrait Killiecrankie. Une montagne du côté du nord de la vallée, couverte d'arbres nains et de buissons, formait la position de l'armée de Dundee, qui, divisée en colonnes formées par les différens clans, était presque entourée par les troupes de Mac-Kay.

Au moment où les deux armées se trouvèrent en présence l'une de l'autre, elles jetèrent des cris; mais l'enthousiasme des soldats de Mac-Kay fut refroidi lorsqu'ils s'aperçurent que leurs cris guerriers ne produisaient qu'un son triste et faible, comparé à l'espèce de hurlement des montagnards, qui retentit au loin dans les montagnes environnantes. Sir Evan-Cameron de Lochiel, sur lequel je vous ai raconté quelques anecdotes, fit remarquer cette circonstance à ceux qui l'entouraient, ajoutant que dans toutes les batailles où il avait assisté, la victoire avait toujours été du côté de ceux dont les cris animés avaient montré le plus de confiance. De vieux montagnards regardèrent comme un augure moins favorable que Dundee se fût revêtu d'un buffetin d'une couleur sombre par-dessus la veste écarlate et la brillante cuirasse qu'il avait portée jusqu'à ce moment.

Il se passa quelque temps avant que Dundee eût terminé les préparatifs pour l'attaque qu'il méditait, et quelques décharges de mousqueterie avaient seulement été échangées, lorsque pour prévenir le risque d'être entouré, il augmenta l'intervalle qui se trouvait entre les colonnes avec lesquelles il avait le dessein de charger; de cette manière il lui restait à peine assez d'hommes pour former un centre. Environ une heure avant le coucher du soleil, il envoya dire à Mac-Kay qu'il allait l'attaquer, et donna le signal de la charge.

Les montagnards se dépouillèrent en grande partie; ne gardant que leurs chemises et leurs pourpoints, ils jetèrent de côté tout ce qui aurait pu ralentir la fureur de leur première attaque, et alors ils se mirent en mouvement, en accompagnant d'un horrible hurlement le son discordant de leurs cornemuses guerrières. Tandis qu'ils avançaient, les hommes des clans firent feu, chaque colonne envoyant des décharges de mousqueterie qui, quoique irrégulières, manquaient rarement leur but. Alors jetant leurs fusils sans se donner le temps de les recharger, ils tirèrent leurs claymores, et redoublant la célérité de leur course, enfoncèrent la faible ligne qui leur était opposée, et, autant par leur étonnante activité que par la nature de leurs armes, firent un grand ravage parmi les troupes régulières. Lorsque les deux armées ennemies furent ainsi mêlées et en vinrent aux mains, les soldats des basses-terres perdirent tous les avantages que leur donnait la supériorité de leur discipline. Les montagnards l'emportaient en force et en agilité. On lit dans plusieurs relations de cette bataille des détails effrayans sur les terribles coups portés par les habitans des hautes-terres, qui fendaient la tête de leurs ennemis jusqu'à la poitrine, coupaient en deux des pièces de tête en acier, comme si c'eût été des bonnets de nuit, et taillaient les piques comme des saules. Deux régimens du centre de Mac-Kay tenaient ferme, car l'intervalle entre les colonnes des assaillans était si grand qu'aucune des colonnes ne leur fut opposée. Le reste fut entièrement mis en désordre et culbuté dans la rivière.

Dundee lui-même, malgré l'avis des chefs des hautes-terres, était sur le front de bataille, et malheureusement trop exposé. Par une attaque désespérée, il se mit en possession de l'artillerie de Mac-Kay, et alors conduisit sa faible cavalerie d'environ cinquante hommes contre deux régimens à cheval, qui s'enfuirent sans combattre. Observant la contenance ferme des deux régimens d'infanterie que nous avons déjà mentionnés, il galopa vers le clan de Mac-Donald, et il allait charger à leur tête, le bras droit levé, comme s'il indiquait le chemin de la victoire, lorsqu'il fut frappé d'une balle sous l'aisselle, au défaut de la cuirasse. Il essaya d'aller plus loin, mais, incapable de se tenir en selle, il tomba mortellement blessé, et mourut dans la nuit.

Il est impossible qu'une victoire soit plus complète que celle qui fut remportée par les habitans des hautes-terres à Killiecrankie. Les canons, le bagage et les provisions de l'armée de Mac-Kay tombèrent entre les mains des montagnards. Les deux régimens qui gardèrent leur terrain souffrirent à un tel point en essayant de faire leur retraite à travers le passage, qu'on put les regarder comme détruits. Deux mille hommes furent tués ou pris, et le général lui-même ne put se rendre à Stirling accompagné de quelques hommes à cheval, qu'avec les plus grandes difficultés. Les montagnards, dont les épaisses colonnes essuyèrent trois décharges successives des lignes de Mac-Kay, eurent huit cents hommes blessés.

Mais toutes ces pertes étaient de peu d'importance, comparativement à celle de Dundee, avec lequel disparut tout le fruit de cette sanglante victoire. Mac-Kay, lorsqu'il se vit à l'abri de toute poursuite, déclara qu'il était convaincu que son adversaire était tombé pendant la bataille. Telle était l'opinion que les talens et le courage de Dundee inspiraient, et l'impression que produisait généralement le moment de crise où sa mort eut lieu, que le peuple des basses-terres n'est pas encore persuadé aujourd'hui que cette mort fut ordinaire. Il assure qu'un des serviteurs de Dundee, effrayé des cruautés dont son maître se rendrait probablement coupable à l'égard des Presbytériens s'il était triomphant, et croyant, d'après le préjugé populaire, que Dundee possédait un charme contre l'effet des balles de plomb, le tua dans le tumulte de la bataille avec un des boutons d'argent de son habit de livrée. Le parti des jacobites et des épiscopaux regretta le vainqueur qui avait disparu, le considérant comme le dernier des Écossais, le dernier des Grahams, le dernier de tout ce qui était grand.

CHAPITRE XXIII.

Cannon succède à Dundee, il est défait à Dunkeld. — Régiment cameronien. — Escarmouche à Cromdale. — Pacification des hautes-terres, par l'intervention du comte de Breadalbane. — Compagnie d'officiers jacobites au service français comme simples soldats. — Réduction du rocher de Bass. — Règlement des affaires de l'église. — L'assurance.

Le vicomte de Dundee était une de ces personnes favorisées du ciel, et à la destinée desquelles le sort des nations est quelquefois attaché. Son parti fut persuadé que s'il avait pu profiter de la victoire décisive qu'il avait si bravement remportée, il eût promptement ramené l'Écosse à sa fidélité au roi Jacques. Il est certain qu'une grande partie de la noblesse attendait seulement une ombre de succès pour retourner à la cause jacobite, et le parti révolutionnaire n'était pas assez uni pour pouvoir offrir une vigoureuse résistance. La bataille de Killiecrankie, si l'on avait pu en retirer les avantages qu'elle présentait, aurait livré tout le nord de l'Ecosse jusqu'au Forth au pouvoir de Dundee, et inquiété même Stirling et Edimbourg. Un tel incendie allumé en Ecosse aurait renversé la plupart des plans de Guillaume; rendu impossible son voyage en Irlande, où sa présence était de la plus urgente nécessité, et, pour ne rien dire de plus, aurait porté le coup le plus funeste à ses affaires.

Mais tous les avantages de cette victoire furent perdus par la mort du vainqueur. Cannon, qui succéda à Dundee dans le commandement en chef, était étranger aux mœurs des hautes-terres, et tout-à-fait incapable de conduire une armée semblable à celle que le hasard avait placée sous ses ordres. Ce fut en vain que l'éclat de la dernière victoire et l'amour du pillage et de la guerre, qui font partie du caractère des habitans des hautes-terres, amena autour de lui, des retraites les plus reculées de cette contrée belliqueuse, un corps de montagnards plus nombreux que Montrose n'en avait jamais commandé. Par la timidité et l'indécision de son adversaire, Mac-Kay eut le temps d'assembler un corps de troupes suffisant pour enfermer le général jacobite dans les montagnes, ce qu'il s'empressa de faire, et d'entamer une guerre d'escarmouche et d'avant-poste, ce qui ne décidait rien, et lassait la patience des montagnards.

Cannon fit seulement une tentative digne d'attention, et il y échoua. Dans le trouble qu'avait excité la défaite de Killiecrankie, le régiment des Cameroniens nouvellement levé avait été dépêché dans les hautes-terres. Ils s'étaient avancés jusqu'à Dunkeld, lorsque Cannon montra pour la première fois quelque activité, et échappant à Mac-Kay par une marche rapide et secrète, il entoura en même temps dans le village et dans le château de Dunkeld environ douze cents Cameroniens, avec plus du double de leurs forces. Leur position semblait si désespérée, qu'un parti de cavalerie qui était avec eux les quitta, et abandonna à leur sort les hommes de la montagne.

Mais la discipline nouvellement acquise de ces sombres enthousiastes les empêcha d'éprouver le sort de leurs prédécesseurs à Bothwell et dans le Pentland. Ils s'étaient postés judicieusement dans la maison du marquis d'Athole et dans les enclos environnans, ainsi que dans le cimetière et dans la vieille cathédrale. Dans cette position avantageuse, ils repoussèrent différentes fois les terribles attaques des montagnards, quoiqu'ils fussent bien inférieurs en nombre. Cet avantage ranima l'esprit des troupes du roi, et refroidit considérablement celui des montagnards, qui, suivant leur habitude, commencèrent à se disperser et à retourner chez eux.

Le régiment cameronien perdit dans cette action son brave lieutenant-colonel Cleland, et beaucoup de soldats; mais il fut victorieux, et ce lui fut une consolation suffisante.

Vous êtes peut-être curieux de connaître quel fut dans la suite le sort de ce singulier régiment. Les idées étroites et particulières attachées à cette secte conduisirent plusieurs de ces soldats à concevoir des doutes sur la légitimité de leur entreprise. Le culte presbytérien avait bien été établi comme celui de l'église nationale, mais il était loin d'avoir atteint cette autorité despotique, réclamée par les Cameroniens; ainsi quoiqu'au moment de l'arrivée du prince d'Orange ils se fussent fait un cas de conscience d'embrasser sa cause, cependant ils étaient tout-à-fait mécontens de la manière dont il avait réglé l'administration de l'état, et particulièrement celle de l'église d'Écosse.

Guillaume, sage et prudent monarque, vit l'impossibilité d'amener le royaume à un état de tranquillité parfaite, s'il ne réprimait les anciennes querelles qui le divisaient encore récemment, ou s'il permettait aux Presbytériens opprimés de se venger comme ils le souhaitaient sur leurs anciens persécuteurs. Il admit tout homme à servir l'état, quels qu'eussent été ses premiers principes et sa conduite passée, et ramena de cette manière à son gouvernement un grand nombre de gens qui, si on les eût inquiétés, soit personnellement, soit dans leurs propriétés, ou si on les eût privés de la protection royale, et de l'espoir de posséder des charges publiques, auraient embrassé le parti de Jacques, et fait pencher la balance de son côté. D'après ces principes, il se servit de plusieurs personnes qui avaient mis une grande activité à employer les mesures de rigueur adoptées par Jacques, que les Cameroniens regardaient comme les ennemis de Dieu, aussi bien que les leurs, et plutôt destinés à leur vengeance que dignes d'encouragement et d'emploi.

Dans les affaires de l'église, les mesures du roi Guillaume étaient faites pour déplaire davantage encore à ces farouches enthousiastes. Il consentit qu'il y eût en Écosse, comme en Hollande, une église nationale, et que cette église fût presbytérienne. Mais il ne voulut pas souffrir que cette église eût aucun pouvoir sur les personnes ni sur les consciences de ceux qui appartenaient à d'autres communions, auxquelles il accorda une tolérance générale, dont les catholiques furent seuls exceptés, en conséquence de la terreur que venaient d'inspirer récemment leurs tentatives pour obtenir la suprématie. Les plus sages, les plus prudens et les plus instruits parmi les ministres presbytériens, ceux principalement qui s'étaient réfugiés en Suisse, avaient été consultés sur ce projet de tolérance, et se trouvaient disposés à suivre les intentions du roi.

Mais les opinions sages et modérées n'avaient aucun poids parmi les Presbytériens les plus obstinés, qui, irrités de voir enlever à l'église son suprême pouvoir, et de se voir eux-mêmes arrêtés dans le cours de leur vengeance, prétendirent que le gouvernement ecclésiastique formé par le roi Guillaume était un établissement érastien dans lequel la dignité de l'église était subordonnée à celle de l'état. Il y avait plusieurs théologiens, même dans le sein de l'église, dont les opinions se rapportaient à celles que nous venons de mentionner, et qui formaient un puissant parti dans l'assemblée générale.

Mais les Cameroniens particulièrement, exaltés par leurs souffrances et le rôle qu'ils avaient joué dans les derniers temps, considéraient les résultats de la révolution comme indignes de la lutte qu'ils avaient soutenue. Ils comparaient les ministres qui consentaient à recevoir le gouvernement de l'église ainsi privé de son pouvoir et de sa beauté primitive, à un essaim de bergers indifférens qui avaient abandonné leur troupeau et s'étaient enfuis pour se soustraire à la persécution, ou bien qui, restant en Écosse, avaient composé avec l'ennemi, et exercé leur ministère en vertu d'une vile indulgence donnée par un tyran ; tandis qu'eux seuls souffraient le besoin et la misère, la mort par le fer, ou la potence, plutôt que de renoncer à un iota de la doctrine pratiquée par l'église presbytérienne dans le temps de sa splendeur. Ils considéraient l'assemblée générale tenue sous l'autorité du roi Guillaume comme une association dans laquelle la main noire de la défection s'alliait à la main sanglante de la persécution, et où les apostats et les oppresseurs se liguaient ensemble pour faire cause commune contre la pure discipline de l'église presbytérienne.

Ainsi disposés contre le gouvernement existant, il s'ensuivait que si les Cameroniens ne se croyaient pas absolument obligés de résister ouvertement à l'autorité du roi Guillaume, à laquelle ils tenaient encore par un reste de bon sens, qui les avertissait que ce serait retourner à la cause de leur ancien ennemi le roi Jacques, ils ne se croyaient cependant pas libres de se reconnaître ses sujets, ni de prêter serment de fidélité à sa personne ou à celle de la reine, ou de se soumettre à aucune marque d'hommage envers un souverain qui n'avait ni souscrit ni juré la Ligue Solennelle et le Covenant.

Quoique les membres de ce parti extrême ne fussent pas d'accord entre eux pour savoir jusqu'à quel point ils désavouaient l'autorité du roi, ils étaient généralement unis dans les scrupules qu'ils avaient conçus sur la légitimité de leur service dans le régiment du comte d'Angus; et bien qu'ils continuassent à reconnaître ces soldats comme leurs frères, et qu'ils entretinssent des relations avec eux, ils se plaignaient cependant que les erreurs du temps commençaient à s'introduire même dans ce régiment choisi. Les cartes, les dés, et autres jeux scandaleux, mais particulièrement la célébration du jour de la naissance de Guillaume, les réjouissances et les santés portées le verre à la main, affligeaient profondément les membres les plus sévères de la secte, qui regardaient de telles pratiques comme des abominations. Il est donc probable que depuis cette époque le régiment des Cameroniens reçut peu de recrues de la secte dont il portait le nom.

Ce régiment fut envoyé dans la suite pour servir sur le continent, et se comporta vaillamment à la sanglante bataille de Steinkerke, en 1692, où il perdit un grand nombre d'hommes, et entre autres son colonel, le comte d'Angus, qui tomba en combattant gravement à leur tête. Pendant ces campagnes, le régiment devint de plus en plus indifférent à ses principes religieux. Enfin nous apprenons que les Cameroniens et leur chapelain se brouillèrent entièrement, et que, tandis que le prédicateur reprochait à son troupeau militaire de ne plus pratiquer ses devoirs religieux avec la même exactitude, les soldats maudissaient ouvertement leur pasteur, pour les avoir engagés d'entrer au service. Dans des temps plus près de nous, ce régiment, qui est encore appelé le vingt-sixième, ou le régiment cameronien, semble différer fort peu des autres régimens en activité, excepté en ce qu'il est principalement recruté en Ecosse, et qu'en mémoire des principes primitifs de la secte dont il fut tiré, chaque soldat était et peut-être est encore obligé de montrer qu'il possède un exemplaire de la Bible lorsqu'on fait l'inspection de ses effets.

Pendant le cours de l'hiver de 1689 à 1690, le roi Jacques fit un effort pour ranimer dans les hautes-terres la guerre qui s'était presque éteinte lorsque les montagnards furent repoussés à Dunkeld. Il y envoya le général Buchan, officier de réputation, et qu'on supposait connaître le caractère des montagnards et la guerre des hautes-terres. Les clans s'assemblèrent encore avec de nouvelles espérances, mais Buchan se montra aussi incapable que Cannon l'avait été un an auparavant de proter de l'ardeur des montagnards.

Le général jacobite descendit la Spey jusqu'à Cromdale avec une imprudence étonnante, et campa son armée, forte d'environ dix-huit cents hommes, dans les hameaux environnans. Sir Thomas Livingstone, excellent et vieux officier, qui commandait les troupes de Guillaume, traversa la Spey avec une cavalerie nombreuse, quelque infanterie, et un corps du clan Grant, qui avait épousé les intérêts de Guillaume, et, attaquant Buchan la nuit, le surprit dans ses quartiers ainsi que ses soldats. Ces derniers combattirent vaillamment avec leur épée et leurs boucliers, mais ils furent à la fin forcés de prendre la fuite. Cette fuite ne fut pas aussi destructive pour le parti défait qu'elle l'eût été pour les soldats de toute autre nation, poursuivis par une cavalerie victorieuse. Lestes, et connaissant parfaitement leur propre pays, les habitans des hautes-terres escaladèrent les montagnes au milieu des brouillards avec une telle apparence d'aisance et d'agilité, qu'un témoin observa qu'ils ressemblaient plus à des hommes admis dans les nuages qu'à des fugitifs échappant à un ennemi triomphant.

Mais l'escarmouche de Cromdale et la ruine des affaires de Jacques en Irlande détruisaient toutes les espérances des Jacobites d'amener la guerre des hautes-terres à un résultat heureux. Un fort, près d'Inverlochy, élevé primitivement par Cromwell, fut réparé par Livingstone; on lui donna le nom de fort Guillaume, et l'on y plaça une forte garnison, pour tenir en échec les Camerons, les Mac-Donalds et autres clans jacobites. Les chefs virent qu'ils seraient réduits à une guerre défensive dans leurs propres forteresses et contre toutes les forces régulières de l'Écosse. Ils commencèrent à désirer de se soumettre pour le présent, et réserver leurs efforts, en faveur de la famille exilée, pour un temps plus favorable. Le roi Guillaume désirait également étouffer ce feu dangereux, que la présence subite d'un général semblable à Montrose ou à Dundee aurait promptement converti en une flamme destructive. Dans ce dessein, il eut recours à une mesure d'une profonde politique, si elle eût été sagement exécutée.

Le comte de Breadalbane, homme qui possédait une grande puissance dans les hautes-terres, et chef du clan nombreux des Campbells, fut chargé de distribuer parmi les chefs une somme d'argent de vingt mille livres sterling, suivant les uns, et de douze mille suivant les autres, pour acheter leur soumission au gouvernement existant, pour entretenir sur pied, chaque chef en proportion de ses moyens, une force militaire en faveur du gouvernement, et pour servir, soit dans le royaume, soit dans l'étranger, comme on l'exigerait d'eux. Ce plan aurait probablement rendu les clans des hautes-terres une ressource plutôt qu'un objet de terreur pour le gouvernement du roi Guillaume, tandis que leur amour de la guerre et leur besoin d'argent affaiblirait par degré leur attachement au monarque exilé, et le transporterait sur le prince qui les conduisait au combat et les payait pour le suivre.

Mais plusieurs de ces chefs soupçonnèrent la conduite

du comte de Breadalbane quand il distribua les fonds qui lui étaient confiés. Le comte rusé repandit une partie de son trésor parmi les chefs les plus à craindre; lorsqu'ils furent gagnés, il intimida ceux d'une moindre importance en les menaçant des exécutions militaires. On a toujours dit qu'il retint entre ses mains une partie considérable de cet argent. Les chefs des hautes-terres se plaignirent au gouvernement de la conduite de Breadalbane, qui, dirent-ils, leur avait conseillé de se soumettre au roi Guillaume seulement pour le présent, jusqu'au moment où se présenterait l'occasion de rendre au roi Jacques des services efficaces. Ils l'accusèrent aussi d'avoir détourné à son profit une partie considérable de l'argent déposé entre ses mains comme le prix de la paix.

Le gouvernement, dit-on, ne fit d'autres démarches auprès du comte que de lui demander par l'intermédiaire du secrétaire d'état un compte régulier de la manière dont la somme déposée entre ses mains avait été distribuée. Mais Breadalbane, trop puissant pour être inquiété et trop audacieux pour s'alarmer des soupçons qu'inspirait une conduite qu'il savait que le gouvernement n'oserait punir, répondit, suivant la tradition, de cette manière cavalière à la demande qui lui était faite : — Mon cher lord, l'argent dont vous faites mention fut donné pour obtenir la paix des hautes-terres. L'argent est dépensé, les hautes-terres sont tranquilles : voilà la seule manière de compter avec ses amis.

Nous verrons plus tard que l'avarice et le ressentiment de ce seigneur sans principes donnèrent lieu à une des actions les plus sanglantes et les plus cruelles qui déshonorent le dix-septième siècle. Nous en parlerons dans la suite; maintenant il suffit de répéter que Breadalbane gagna, adoucit ou réduisit à la soumission au gouvernement tous les chefs qui jusqu'alors avaient soutenu les intérêts du roi Jacques, et que la guerre des hautes-terres fut regardée comme apaisée, sinon comme entièrement terminée. Mais le but de les attacher d'une manière irrévocable à la cause de Guillaume fut entièrement manqué, et les habitans des hautes-terres continuèrent à être aussi Jacobites dans le cœur qu'avant la pacification.

On songea cependant, lorsque les hautes-terres furent en partie soumises, à s'occuper des nombreux officiers des basses-terres qui avaient suivi l'étendard de Dundee et qui étaient restés ensuite avec les généraux moins habiles qui lui avaient succédé dans le commandement. Ces malheureux méritaient autant de compassion que de pitié. Leur nombre montait à près de cent gentilshommes qui, sacrifiant leur fortune à l'honneur, préférèrent suivre leur ancien maître dans l'exil, plutôt que d'échanger son service contre celui d'un autre. Il fut convenu qu'on leur donnerait deux vaisseaux pour les transporter en France, où ils furent reçus avec la même hospitalité libérale que montrait Louis XIV en tout ce qui concernait les affaires du roi Jacques, et pendant quelque temps ils reçurent une paie proportionnée au rang dont ils jouissaient au service du roi exilé.

Mais lorsque la bataille de la Hogue eut commencé cette suite d'infortunes que la France subit plus tard, et qui mit un terme à toutes les espérances d'une invasion en Angleterre, on ne pouvait pas prétendre que Louis XIV supporterait la dépense d'entretenir un corps d'officiers qu'il n'était plus probable de rétablir un jour dans leur propre pays. Ces officiers présentèrent alors une pétition au roi Jacques, lui demandant de permettre qu'ils composassent une compagnie de simples soldats, avec l'habit, la paie et les appointemens de ce rang, assurant ce monarque qu'ils s'estimeraient heureux de rester à son service, même dans l'état le plus simple, et en supportant les plus grandes fatigues.

Jacques consentit avec répugnance à cette généreuse proposition, et, avec les larmes aux yeux, il passa en revue ce corps de dévoués Royalistes au moment où, renonçant à tous les avantages de la naissance, de la fortune et de l'éducation, ils se préparaient à se charger des devoirs attachés au rang le plus bas de leur profession. Il donna sa main à baiser à chacun d'eux, promit de ne jamais oublier une aussi grande loyauté, inscrivit le nom de chaque individu sur son portefeuille, comme un engagement de récompenser leur fidélité lorsque la fortune lui en donnerait les moyens.

Étant payée par la France, cette compagnie de gentilshommes fut, comme de raison, engagée au service français, et partout où on la conduisit, elle conquit le respect par sa conduite honorable, et elle inspirait une tendre pitié lorsqu'on était instruit de son histoire. Mais leur paie, ne consistant qu'en six sous par jour, avec une livre et demie de pain, était tout-à-fait insuffisante à ces malheureux soldats, non seulement pour se procurer leur nourriture habituelle, mais même pour se donner les choses absolument nécessaires. Pendant quelque temps, ils trouvèrent une ressource en vendant leurs montres, leurs bagues et autres bagatelles de quelque valeur. Il n'était pas extraordinaire de voir quelques uns d'entre eux mettre de côté quelques gages de souvenir, qui étaient le don de l'affection d'un parent, celui de l'amour ou bien de l'amitié, et de les entendre assurer qu'ils ne s'en sépareraient jamais; mais l'affreuse nécessité les forçait à la fin de vendre ces précieuses reliques, et cette petite ressource fut bientôt entièrement épuisée.

A peu près à cette époque, cette compagnie servit, sous les ordres du maréchal de Noailles, au siége de Roses en Catalogne, et se distingua par sa bravoure dans de si nombreuses occasions, que le général appela ces soldats ses enfans, et les citant pour exemple, il avait l'habitude de dire que les vrais gentilshommes étaient toujours les mêmes, dans le malheur comme dans le danger.

Dans une campagne en Alsace, cette compagnie d'officiers écossais voulut de son propre mouvement emporter d'assaut un fort situé dans une île sur le Rhin, et défendu par cinq cents Allemands. Ils s'avancèrent sur les bords de ce large fleuve, protégés par la nuit, le passèrent à gué, portant leurs munitions autour de leur cou et se tenant tous le bras, suivant l'usage des hautes-terres. Dans le milieu du courant l'eau venait jusqu'à leur poitrine, mais aussitôt qu'elle devint plus basse, ils détachèrent leurs gibernes, et arrivant à terre avec leurs mousquets sur l'épaule, ils envoyèrent aux Allemands une décharge de mousqueterie qui les saisit d'une terreur panique. Les Allemands tentèrent de s'échapper, mais les ponts se brisèrent sous leur poids ; ils perdirent beaucoup de monde et laissèrent l'île en possession de leurs braves assaillans. Lorsque le général français apprit le succès de cette entreprise, qu'il avait regardée comme une bravade, il fit le signe de la croix dans son étonnement, déclarant que c'était l'action la plus hardie qui eût jamais été tentée, et que tout l'honneur du plan d'attaque et de l'exécution appartenait à la compagnie d'officiers. Ce lieu fut long-temps appelé l'île des Ecossais, et peut-être il conserve encore ce nom aujourd'hui.

Dans cette entreprise et dans beaucoup d'autres semblables, la plupart de ces braves officiers périrent ; mais leur sort fut préférable à celui de ceux qui moururent par les fatigues, les privations et les maladies contagieuses qui accablaient à la fois ces hommes habitués à l'aisance et aux commodités de la vie, réduits à des haillons pour vêtemens, à la malpropreté et à la famine. A la paix de Ryswick, ce qui restait de ces braves se débanda, ils n'étaient plus que seize, et de ce nombre il y en eut peu qui revirent la patrie où leur gloire était connue et où l'on admirait leur courage.

Enfin les feux de la guerre civile s'éteignirent peu à peu dans toute l'Ecosse. La dernière place qui tint pour le roi Jacques fut le château fort d'une île située dans le détroit du Forth, et appelé la Bass. Ce roc singulier s'élève perpendiculairement hors de la mer ; sa surface est une terre de pâturage dont le penchant s'étend jusqu'au bord d'un terrible précipice qui de tous côtés s'enfonce dans un orageux océan. Il n'y a pas d'ancrage autour de cette île, et quoiqu'il soit possible maintenant d'y aborder, non sans danger, et de monter par un chemin rapide jusqu'au plateau de la montagne, néanmoins à l'époque de la révolution un château fort en défendait l'entrée, et les bateaux appartenant à la garnison étaient descendus dans la mer ou enlevés dans le château par le moyen d'une machine appelée grue. L'accès de cette île était donc difficile à des amis et impossible à des ennemis.

Ce point isolé et inaccessible, servant naturellement d'abri à des oies sauvages, à des mouettes et à des oiseaux de mer de toute espèce, avait été, comme je vous l'ai déjà dit, converti en une prison d'état pendant les règnes de Charles II et de Jacques II, et fut souvent le triste asile des non-conformistes prisonniers du gouvernement. Le gouverneur de la Bass conserva cette forteresse à Jacques depuis 1688 jusqu'en 1690, époque à laquelle il la rendit au roi Guillaume. Elle fut bientôt après reprise au nom du roi Jacques par quelques officiers jacobites, qui, envoyés dans ce fort comme prisonniers, réussirent à surprendre et à soumettre la garnison, et défièrent encore le nouveau gouvernement. Ils reçurent des provisions par le secours de leurs amis les jacobites d'Écosse, et par le moyen de leurs bateaux ils firent une espèce de guerre de corsaires, attaquant les vaisseaux marchands qui entraient dans le détroit. Une escadre fut envoyée pour réduire la place, mais les batteries causèrent si peu de dommage au château, et les vaisseaux furent eux-mêmes si maltraités, qu'ils furent obligés d'abandonner le siége ou plutôt de le convertir en un blocus régulier. Le gouvernement écossais prononça la peine de mort contre ceux qui fourniraient des provisions au château, et un gentilhomme nommé Trotter, ayant été convaincu d'avoir encouru cette peine, fut condamné à perdre la vie. On éleva une potence en face de la forteresse afin que la garnison fût témoin du supplice qui se préparait. L'exécution fut interrompue pour le moment par un boulet de canon envoyé de l'île, à la grande terreur des assistans parmi lesquels il tomba; mais il n'en résulta aucun avantage pour Trotter, qui fut mis à mort dans un autre endroit. Les relations entre cette île et le continent furent de cette manière entièrement interrompues. Peu de temps après, la garnison devint si faible par le manque de provisions, qu'elle ne pouvait plus faire usage de la grue au moyen de laquelle elle lançait son bateau. Elle fut à la fin obligée de se rendre, mais non pas avant d'en être réduite à une ration de deux onces de biscuit par jour pour chaque homme. On leur offrit des conditions honorables, et on leur rendit le témoignage qu'ils s'étaient comportés comme des braves.

Il faut maintenant que nous retournions à l'état des affaires civiles en Ecosse, qui étaient bien loin d'être réglées. Le roi Guillaume n'avait point placé dans son administration sir James Montgomery et quelques autres Presbytériens, qui pensaient que leurs services leur donnaient des droits à quelque distinction. Cette injure fut cruellement ressentie, car Montgomery et ses amis tombèrent dans une erreur commune aux agens des révolutions, qui s'imaginent être les auteurs d'évènemens dans lesquels ils n'ont été que des acteurs subalternes et accidentels. Montgomery, qui avait conduit les débats sur la forfaiture de la couronne, à la révolution, se croyait capable de détrôner le roi Guillaume, qui lui devait, pensait-il, sa couronne, et de replacer Jacques à la tête du gouvernement. Ce monarque, détrôné parce qu'il avait tenté trop ouvertement de rétablir le papisme, était alors soutenu par un parti de Presbytériens, qui proposait de le rendre protecteur de cette forme de religion qu'il avait si souvent essayé d'étouffer dans le sang de ses partisans. Comme les extrêmes se touchent, les plus violens Jacobites commencèrent à entretenir des relations avec les plus violens Presbytériens, et ces deux partis votèrent ensemble au parlement, par haine de l'administration du roi Guillaume. Cependant cette alliance était trop peu naturelle pour durer, et le roi Guillaume ne se montra alarmé de ses progrès qu'en se hâtant de redresser plusieurs torts qui lui avaient été indiqués dans la Déclaration des Droits. Il crut aussi prudent de faire quelques concessions aux Presbytériens, dont la plupart étaient désappointés des résultats de la révolution dans les matières ecclésiastiques.

Je vous ai déjà dit que le roi Guillaume n'avait pas hésité à déclarer que l'église nationale d'Ecosse serait presbytérienne. Mais cet amour de la tolérance qui était un des premiers principes de ce roi, lui faisait céder au désir de permettre les bénéfices épiscopaux aussi bien que la religion épiscopale dans les églises des paroisses qui préféraient cette communion. Bien plus, il ne jugea pas équitable de ravir aux propriétaires qui les possédaient le droit de patronage, c'est-à-dire de présenter un candidat pour une charge vacante, à moins qu'on ne le trouvât inhabile pour une telle charge. Sa manière de vivre et sa doctrine étant examinées par une enquête régulière, la personne ainsi présentée était, comme de raison, admise à remplir les fonctions ecclésiastiques. Une grande partie des Presbytériens étaient mécontens d'un privilége qui mettait le droit d'élire un ecclésiastique pour toute une congrégation entre les mains d'un seul homme, tandis que le reste pouvait être mécontent de ses talens et de son caractère. Ils présentaient aussi pour argument qu'une grande partie de ces priviléges étant entre les mains de la noblesse appartenant à la croyance épiscopale, permettre le droit de patronage, c'était procurer à de tels patrons les moyens d'introduire des ecclésiastiques de leurs propres principes, et maintenir ainsi un schisme perpétuel dans le sein de l'église. Les défenseurs du patronage répliquèrent que, comme les émolumens du clergé étaient

payés par les propriétaires, la domination du ministre
devait leur être abandonnée, et que, suivant une ancienne
loi d'Écosse, le droit de patronage, ou celui de conférer
les bénéfices, était un droit de propriété particulière. La
tendance vers l'épiscopat, disaient les mêmes défenseurs,
pouvait en effet balancer mais non pas anéantir la suprématie du presbytérianisme, puisque tout ecclésiastique
qui était en possession d'un bénéfice était forcé de souscrire à la profession de foi comme elle fut établie par l'assemblée des théologiens à Westminster, et de reconnaître
que l'assemblée générale était investie de l'entier gouvernement de l'église. Ils disaient encore qu'en pratique il
valait mieux que cette loi de patronage ne fût point altérée. L'église presbytérienne étant déjà formée sur le modèle d'une sévère république, ils prétendaient que d'investir les paroissiens du droit de nommer les ecclésiastiques, c'était donner une forme plus démocratique à un
système qui était déjà assez indépendant de la couronne
et de l'aristocratie. — Permettre au troupeau de choisir
son pasteur, ajoutèrent-ils, c'était encourager les candidats à rechercher leur avancement dans l'église, à se
rendre populaires, en flattant les passions de la congrégation, plutôt que d'exercer le devoir salutaire, mais difficile, d'instruire leur ignorance, de corriger leurs défauts, et que cette condescendance et cette flatterie s'élèveraient de la chaire, le lieu d'où elles devaient le moins
sortir, et où elles étaient le plus dangereuses.

De tels argumens en faveur du patronage laïque avaient
eu beaucoup d'influence sur le roi ; mais la nécessité de
faire quelque chose qui pût plaire aux Presbytériens engagea les ministres écossais de Guillaume, mais non pas
avec l'entière approbation de ce monarque, à renouveler
une loi du règne de Cromwell qui plaçait la nomination
d'un ministre, à quelques légères restrictions près, entre
les mains de la congrégation. Les paroissiens, lorsque
survenait une vacance, exerçaient le droit d'une élection

populaire : mesure agréable sans doute à la fierté naturelle de l'homme, mais tendant à exciter dans un cas de désordre des débats qui n'étaient pas toujours conduits avec la décence et la modération convenables.

Le roi Guillaume échoua également dans sa tentative d'user de tolérance pour les membres du clergé épiscopal qui étaient disposés à conserver leurs bénéfices sous la suprématie presbytérienne. Gagner ces ecclésiastiques eût été obtenir une grande influence sur cette partie de l'Écosse qui s'étend au nord du Forth ; mais, en leur accordant sa protection, Guillaume voulait être assuré de leur obéissance. En général, ces ecclésiastiques pensaient que cette obéissance était due au monarque exilé. La plupart, il est vrai, avaient adopté des principes politiques commodes, qui leur permettaient de se soumettre à Guillaume, comme roi *de fait*, c'est-à-dire actuellement en possession du pouvoir royal, tandis que, intérieurement, ils réservaient les droits de Jacques comme roi *de droit*, c'est-à-dire qui avait des droits à la couronne, quoiqu'il n'en jouît pas.

Guillaume trouvait son intérêt à détruire ce sophisme, par lequel en effet il était seulement reconnu comme un usurpateur heureux auquel on ne devait rendre hommage que parce qu'il avait le pouvoir de forcer à l'obéissance. Alors on composa une formule de serment appelé l'Assurance, qui étant présenté à toutes les personnes qui possédaient des charges de confiance, était calculé pour exclure ces temporiseurs qui prétendaient concilier leur obéissance immédiate au roi Guillaume avec la restriction tacite que Jacques possédait les véritables droits à la couronne. L'Assurance portait, dans des expressions étudiées et précises, que le roi Guillaume était reconnu par ceux qui prêtaient le serment, non seulement comme roi de fait, mais aussi roi par la loi et son droit. Ce serment fut une barrière pour les prédicateurs épiscopaux qui avaient quelque tendance au jacobitisme ; mais il y en eut d'autres qui attachèrent plus d'importance à leurs avantages pécuniaires qu'à des questions politiques concernant les droits des souverains; et en dépit de l'intolérance du clergé presbytérien (intolérance qui ne doit pas surprendre si l'on considère les souffrances que ce clergé venait d'éprouver), environ cent théologiens épiscopaux prêtèrent serment au nouveau gouvernement, conservèrent leurs bénéfices, et furent exempts de la juridiction des cours presbytériennes.

CHAPITRE XXV.

Le massacre de Glencoe.

Je vais maintenant appeler votre attention sur une action du gouvernement écossais qui laisse une tache sur la mémoire du roi Guillaume, bien que probablement il ignorât jusqu'où allaient la bassesse, la trahison et la cruauté qu'on employa en exécutant ses ordres.

Je vous ai déjà parlé des disputes qui s'élevèrent relativement à une somme d'argent considérable confiée au comte de Breadalbane, pour procurer ou plutôt pour acheter la paix dans les hautes-terres. Lord Breadalbane et ceux avec lesquels il négocia se brouillèrent, et le gouvernement anglais, commençant à concevoir des soupçons sur les intentions suspectes des chefs des hautes-terres, envoya une proclamation dans le mois d'août 1691, exigeant que chacun d'eux se soumît au gouvernement avant le premier jour de janvier 1692. Après cette époque, il fut annoncé que ceux qui ne se soumettraient pas seraient livrés au feu et à l'épée.

Cette proclamation fut faite par le conseil privé, sous l'influence de sir John Dalrymple (le Maître de Stair comme on l'appelait[1]), dont j'ai déjà parlé, comme

[1] Le Maître, *Master*, titre du fils aîné de certaines familles du Nord, répondant à notre mot de *Chevalier* quand c'est le titre du fils d'un baron.

occupant la place de lord-avocat, et qui avait, en 1690, été élevé à la charge de secrétaire d'état, en société avec lord Melville. Le Maître de Stair était à cette époque intimement lié avec Breadalbane, et il semble qu'il partageait avec ce seigneur l'espérance d'amener à exécution un plan formé pour entretenir une armée aux frais du gouvernement, et de transférer entièrement la fidélité des chefs à la personne du roi. Ce projet devait être agréable à Guillaume, et s'il eût réussi, le secrétaire aurait pu justement prétendre à voir augmenter la confiance de son maître.

Mais lorsque Breadalbane commença son traité, il eut la mortification de voir que si les chefs des hautes-terres n'éprouvaient aucune antipathie pour l'argent de Guillaume, cependant ils conservaient une fidélité trop prononcée au roi Jacques pour qu'il fût prudent de les réunir en un corps militaire, comme on se l'était proposé. Plusieurs chefs, et particulièrement ceux des Mac-Donalds, présentèrent des conditions que le comte de Breadalbane et le Maître de Stair considérèrent comme extravagantes, et le résultat de ces contestations fut la rupture du traité et la sévère proclamation déjà mentionnée.

Breadalbane et Stair furent trompés dans leur attente, et irrités contre les chefs de tribus réfractaires qui par leur entêtement avaient anéanti leur plan favori.

Toutes leurs pensées se portèrent à la vengeance, et il paraît, d'après la correspondance de Stair, qu'il nourrissait la secrète espérance que les plus obstinés d'entre les chefs ne se soumettraient pas avant le terme indiqué, et passé lequel on avait pris la détermination d'infliger la punition la plus sévère et la plus terrible. Afin que tout fût prêt pour l'opération méditée, un corps de troupes considérable était stationné à Inverlochy et en d'autres lieux. Ces troupes étaient destinées à agir contre les clans réfractaires, et la campagne devait commencer dans le milieu de l'hiver, époque à laquelle on présumait que les habitans des hautes-terres se croiraient à l'abri d'une attaque.

Mais les chefs furent informés de ces intentions hostiles, et les uns après les autres se soumirent au gouvernement avant l'époque désignée, ôtant ainsi à leurs ennemis tout prétexte de les inquiéter. On dit qu'ils agirent en cette occasion d'après des ordres secrets du roi Jacques, qui ayant pénétré les desseins de Stair, conseilla aux chefs de satisfaire à l'ordonnance de la proclamation, plutôt que de s'exposer à une attaque à laquelle ils n'auraient pas les moyens de résister.

L'amnistie qui protégeait un si grand nombre de victimes, et privait les hommes de loi et les soldats d'une entreprise qui leur était avantageuse, paraît avoir cruellement troublé l'esprit du secrétaire d'état. Comme tous les chefs les uns après les autres prêtèrent serment de fidélité au roi Guillaume, et se mirent à l'abri du danger, l'anxiété du Maître de Stair pour trouver quelque prétexte légal qui pût exclure de l'amnistie quelque clan du Lochaber, devenait de plus en plus grande. Mais aucune occasion ne se présenta pour mettre en œuvre ses charitables intentions, excepté envers le clan des Mac-Donalds de Glencoe, évènement mémorable, mais qui heureusement ne frappa qu'une tribu.

Ce clan habitait une vallée formée par la rivière Coe, qui se jette dans le Lochleven, non loin de la tête de Loch-Etive. On la distingue même dans cette contrée sauvage par la sublimité de ses montagnes, les rocs et les précipices dans lesquels elle est comme encaissée. L'esprit des hommes est modifié par les lieux qu'ils habitent. Les Mac-Donalds du vallon n'étaient pas fort nombreux, rarement ils armaient plus de deux cents hommes ; mais leur témérité et leur hardiesse étaient passées en proverbe, confians dans la force de leur pays, et dans la protection et les secours des tribus leurs alliées, les Mac

Donalds de Clanranald, Glengarry, Keppoch, Ardnamurchan, et d'autres de ce nom fameux. Ils touchaient aussi aux possessions des Campbells, avec lesquels, en conséquence de leurs habitudes du pillage, ils avaient souvent des querelles; à différentes époques, le sang des deux tribus avait coulé dans leurs dissensions.

Mac-Ian de Glencoe (tel était le nom de famille du chef de ce clan) était un homme d'un aspect imposant et vénérable. Il possédait en même temps du courage et de la sagacité. Les chefs du voisinage avaient l'habitude d'écouter ses avis, et il les guidait dans leurs délibérations. Mac-Ian avait fait la campagne de Killiecrankie et la suivante, sous le général Buchan, et lorsque les chefs insurgés s'assemblèrent avec le comte de Breadalbane dans un lieu appelé Auchallader, au mois de juillet 1690, dans le dessein de régler une amnistie, Mac-Ian était aussi présent, et on dit qu'il reprocha au comte de Breadalbane d'avoir le dessein de retenir entre ses mains une partie de l'argent qui lui était confié pour la pacification des hautes-terres. Le comte répliqua avec véhémence, et accusa Mac-Ian d'un vol de bestiaux commis sur ses terres par un parti de Glencoe. D'autres reproches succédèrent à ceux-là, de vieilles querelles furent renouvelées, et l'on entendit Mac-Ian répéter plusieurs fois qu'il ne craignait de trahison d'aucun homme autant que du comte de Breadalbane. Cependant ce malheureux chef fut assez téméraire pour tenir ferme jusqu'au dernier moment, et pour refuser de prendre avantage de l'amnistie du roi Guillaume, jusqu'à ce que le temps indiqué par la proclamation fût presque expiré.

Le mécontentement du comte de Breadalbane semble s'être communiqué promptement au Maître de Stair, qui, dans sa correspondance avec le lieutenant-colonel Hamilton, commandant dans les hautes-terres, exprime le plus grand ressentiment contre Mac-Ian de Glencoe, pour avoir, par son influence, rompu l'intelligence entre

Breadalbane et les chefs des hautes-terres. En conséquence, dans une lettre du 3 décembre, le secrétaire déclara que le gouvernement était déterminé à détruire quelques uns des clans afin d'intimider les autres, et qu'il espérait qu'en s'obstinant et en refusant de se soumettre, les Mac-Donalds de Glencoe tomberaient dans ses filets. C'était un mois avant l'époque fixée pour l'amnistie, et ces pensées sanglantes occupèrent pendant un aussi long espace de temps l'esprit de cet homme d'état sans principes.

Cependant, avant que le terme de grâce expirât, les propres craintes de Mac-Ian ou les avis de ses amis lui montrèrent la nécessité de se soumettre aux mêmes conditions que les autres chefs avaient adoptées, et il fut avec les principaux membres de son clan prêter serment de fidélité au roi Guillaume. C'était fort peu de temps avant le 1er janvier, époque à laquelle, par les termes de la proclamation, l'occasion de réclamer l'amnistie était passée. Mac-Ian fut donc fort alarmé de voir que le colonel Hill, gouverneur du fort Guillaume, devant lequel il voulut prêter son serment de fidélité, n'avait pas le pouvoir de le recevoir, étant militaire, et non pas officier civil. Le colonel Hill fut néanmoins touché de la détresse et même des larmes du vieux chef, et lui donna une lettre pour sir Colin Campbell de Ardkinlas, shérif d'Argyle-Shire, le priant de ramener au bercail la brebis égarée, et de recevoir son serment afin qu'il pût jouir des avantages de l'amnistie, quoiqu'il vînt si tard les réclamer.

Mac-Ian se rendit précipitamment du fort Guillaume à Inverary, même sans retourner à sa propre maison, quoiqu'il passât à un mille de distance. Mais les routes, presque toujours mauvaises, étaient devenues impraticables par une neige abondante, et malgré toute la célérité du malheureux chef, le 1er janvier, l'époque fatale, était passé avant qu'il eût atteint Inverary.

Le shérif néanmoins, voyant que Mac-Ian s'était sou

mis à l'esprit de la loi, en se présentant avant l'époque indiquée, avec la croyance sincère, quoique fausse, qu'il s'adressait à la personne qui avait le droit de recevoir son serment, et considérant aussi que, sans le mauvais temps, il se serait encore présenté assez tôt devant un magistrat, n'hésita pas à recevoir son serment de fidélité, et envoya un exprès au conseil privé, portant l'attestation que Mac-Ian avait prêté le serment, et une explication détaillée des circonstances qui l'avaient retardé au-delà de l'époque fixée. Le shérif écrivit aussi au colonel Hill ce qu'il avait fait, le priant de prendre soin que Glencoe ne fût inquiété par aucun parti militaire, jusqu'au moment où les volontés du conseil privé seraient connues, présumant qu'elles seraient favorables à Glencoe.

Mac-Ian retourna donc dans sa maison, et crut pouvoir y résider en sûreté sous la protection du gouvernement auquel il avait juré fidélité. Afin de mériter cette protection, il convoqua son clan, l'informa de la soumission qu'il avait faite, lui commanda de vivre en paix, et de ne donner lieu à aucun reproche, sous peine d'encourir son déplaisir.

A la même époque, le vindicatif secrétaire d'état s'était procuré des ordres du souverain sur les mesures qu'il devait suivre envers les chefs qui n'avaient pas prêté serment avant l'époque prescrite. Le premier de ces ordres, daté du 11 janvier, contient des directions positives pour une exécution militaire par le feu et par l'épée contre tous ceux qui n'auraient pas fait leur soumission au terme prescrit.

On s'était cependant réservé, afin d'éviter de les réduire au désespoir, le droit d'accorder merci à ceux des clans qui viendraient se soumettre d'eux-mêmes après l'époque fixée. Telles étaient les expressions du premier ordre royal, dans lequel Glencoe n'était pas nommé.

Il paraît que Stair fut instruit que Glencoe serait à l'abri des sévérités projetées, en vertu de cet adoucissement, puisqu'il était déjà venu offrir son serment, sans attendre la menace de l'exécution militaire. De secondes instructions furent transmises le 16 janvier. Elles portaient la même indulgence pour les autres clans qui se soumettraient même au dernier moment; mais Mac-Ian semblait une victime dévouée, et il fut excepté de l'indulgence accordée aux autres; cependant il avait rempli toutes les formalités requises. Les expressions dont on se servit sont remarquables.—« Quant à Mac-Ian de Glencoe et sa tribu, s'ils peuvent être bien distingués du reste des habitans des hautes-terres, il sera convenable pour la vindicte publique d'exterminer cette bande de voleurs. »

Vous remarquerez la clémence hypocrite et la cruauté réelle de ces instructions, qui professaient une espèce de bonne volonté à étendre l'indulgence sur tous ceux qui n'en avaient aucun besoin (car tous les chefs montagnards s'étaient soumis avant le terme fixé), et la refusaient à Glencoe, le seul homme auquel il n'avait pas été possible d'obéir aux ordres de la proclamation, quoique d'après les secondes instructions il avait accompli tout ce qui était ordonné.

De quel prétexte se servit-on en obtenant le consentement du roi Guillaume pour de si cruelles instructions? ce serait en vain qu'on voudrait essayer de le découvrir. La lettre du shérif d'Argyle ne fut jamais produite devant le conseil, et le certificat attestant que Mac-Ian avait prêté serment fut effacé, ou, suivant la phrase écossaise, *détruit*. Il est probable que la soumission du Glencoe fut entièrement cachée au roi, et qu'on le lui dépeignit comme un chef incorrigible de bandits, qui était le principal obstacle à la paix des hautes-terres. Mais si nous admettons que Guillaume fut trompé, nous ne pouvons nous empêcher de le blâmer fortement d'avoir aussi facilement donné des ordres qui devaient avoir une conséquence aussi horrible. Il est remarquable que ces fatales instructions soient adressées et signées par le roi lui-même, tandis que la plupart des papiers d'état sont seulement souscrits par le souverain, et contre-signés par le secrétaire d'état, qui est responsable de leur contenu ; responsabilité dont Stair n'osait probablement pas se charger dans cette occasion.

Les lettres du secrétaire aux officiers militaires décèlent l'intérêt cruel qu'il attachait personnellement à leur contenu, et le désir qu'il éprouvait que cette exécution sanglante fût aussi générale que possible. Il indique dans ses lettres le temps et la saison favorables pour détruire la tribu dévouée au massacre.—« L'hiver, dit-il, est la seule saison pendant laquelle les montagnards ne peuvent nous éviter, ou conduire les femmes, leurs enfans et leurs bestiaux dans les montagnes. Ils ne peuvent vous échapper, car quelles créatures humaines peuvent vivre long-temps hors de leurs demeures? C'est la saison convenable pour les détruire, dans les nuits longues et sombres. » Il ne pouvait cacher la joie qu'il éprouvait de ce que Glencoe ne s'était point rendu avant le terme prescrit, et montrait un désir extrême que quelques autres eussent suivi le même exemple. Il assurait les soldats que tout leur était permis, et il exigeait d'eux des efforts proportionnés. Il demandait que la tribu des voleurs de Glencoe fût entièrement *déracinée*, et il trouvait difficile d'expliquer une phrase qui est en elle-même horriblement significative. Il donnait des ordres pour s'emparer de tous les passages par lesquels les victimes pourraient s'échapper. Il avertit les soldats qu'il vaudrait mieux ne point tenter cette entreprise que de l'accomplir à moitié.—« Piller les terres, s'emparer des bestiaux, ce serait seulement, disent les lettres, les réduire au désespoir ; ils doivent être tous massacrés, et de la manière la plus sûre, la plus secrète, la plus efficace. »

Ces instructions, telles qu'il en a rarement été écrit dans un royaume chrétien, furent envoyées au colonel Hill, gouverneur du fort Guillaume, qui, surpris et triste de leur contenu, essaya pendant quelque temps d'en éluder l'exécution. Enfin, obligé par sa position d'obéir aux commandemens du roi, il transmit les ordres au colonel Hamilton, lui dit de prendre quatre cents hommes d'un régiment de montagnards appartenant au comte d'Argyle, et d'accomplir les volontés du roi. Ainsi pour rendre cette entreprise plus terrible encore, s'il était possible, que les ordres ne le portaient, l'exécution en fut confiée à des soldats qui étaient non seulement les compatriotes des proscrits, mais les proches voisins, et quelques uns d'entre eux les amis des Mac-Donalds de Glencoe. On doit faire attention à cette circonstance, parce qu'on accuse injustement les troupes anglaises de ce massacre. L'exécution eut lieu de la manière suivante :

Avant la fin de janvier, un parti du régiment du comte d'Argyle, commandé par le capitaine Campbell de Glenlyon, s'avança vers Glencoe. Les fils de Mac-Ian furent à sa rencontre avec quelques hommes, leur demander s'ils venaient comme amis ou comme ennemis. L'officier répondit qu'ils arrivaient comme amis, étant envoyés pour un court espace de temps prendre leurs quartiers à Glencoe, afin de soulager la garnison du fort Guillaume qui était encombrée de soldats. Alors ils furent reçus avec toute l'hospitalité et les commodités que les chefs et les personnes de sa suite avaient les moyens de procurer, et ils résidèrent pendant quinze jours au milieu des Mac-Donalds sans défiance, échangeant mutuellement des attentions et des politesses. Les lois des affections domestiques furent violées en même temps que celles de l'humanité et de l'hospitalité, car Alaster Mac-Donald, un des fils de Mac-Ian, était marié à une nièce de Glenlyon, qui commandait le parti des soldats. Il paraît aussi que la cruauté qu'on avait le projet d'exercer devait l'être sur des hommes sans défense. Les Mac-Donalds, sans concevoir aucun soupçon sur les intentions des militaires à leur égard, avaient supposé qu'il était possible que les soldats eussent l'ordre de les désarmer, et, en conséquence, avaient envoyé leurs armes à une certaine distance, afin qu'elles fussent hors de portée pour être saisies.

Le parti de Glenlyon était resté dans Glencoe pendant quatorze ou quinze jours, lorsque ce chef reçut des ordres de son officier commandant, le major Duncanson, exprimés d'une manière qui prouvait qu'il était un digne agent du cruel secrétaire. Ils furent envoyés avec d'autres ordres de la même date, transmis à Duncanson par Hamilton, disant que tous les Mac-Donalds au-dessous de l'âge de soixante-dix ans devaient être massacrés, et que le *gouvernement ne voulait pas être embarrassé de prisonniers.* Les ordres de Duncanson portaient ce qui suit :

« Il vous est ordonné par ces présentes de tomber sur les rebelles, et de faire périr par l'épée tous ceux qui seront au-dessous de l'âge de soixante-dix ans. Vous devez prendre garde particulièrement que le vieux renard et ses enfans n'échappent de vos mains. Il faut vous assurer de toutes les issues, afin qu'aucun homme ne puisse se sauver. Vous exécuterez ce mouvement à quatre heures précises du matin, et dans ce moment, ou peu de temps après, je tâcherai de vous soutenir avec un parti considérable. Mais si je ne suis pas arrivé à quatre heures, il ne faudra pas m'attendre, et vous exécuterez vos instructions. C'est par le commandement spécial du roi, pour le bien-être et la sûreté du pays. Ces mécréans doivent être détruits depuis les branches jusqu'aux racines. Faites attention que ces ordres soient exécutés sans exception aucune, de peur de vous exposer aux soupçons de ne point être un serviteur sincère du roi ou du gouvernement, ou un homme inhabile à exercer une commission au service du souverain. Espérant que, dans vos propres intérêts, vous serez exact à remplir les ordres ci-inclus, je souscris ces lignes de ma main.

» Robert Duncanson. »

Cet ordre était daté du 12 février et portait sur l'adresse : « Pour le service de Leurs Majestés. Au capitaine Robert Campbell de Glenlyon. »

Glenlyon reçut cette lettre peu de temps après qu'elle eut été écrite, et il ne perdit pas de temps à mettre ces ordres affreux à exécution. Dans l'intervalle, il ne renonça point à cette familiarité qui avait endormi les soupçons des victimes. Il but le coup du matin comme il l'avait fait tous les jours précédens, depuis qu'il demeurait au vallon, dans la maison d'Alaster Mac-Donald, le second fils de Mac-Ian qui avait épousé sa nièce. Glenlyon et deux de ses officiers nommés Lindsay acceptèrent une invitation à dîner de Mac-Ian lui-même, pour le jour suivant, jour dont il ne devait pas voir la lumière. Pour compléter leur trahison, Glenlyon joua aux cartes dans ses propres quartiers avec les fils de Mac-Ian, John et Alaster, tous les deux destinés à être massacrés.

Environ à quatre heures du matin, le 13 février, la scène sanglante commença. Un parti commandé par un des Lindsay vint à la maison de Mac-Ian, frappa, et fut aussitôt admis. Lindsay, un des hôtes attendus ce même jour pour le repas de famille, commanda le feu à ses soldats, qui tirèrent aussitôt, et Mac-Ian tomba mort près de son lit, tandis qu'il s'habillait et lorsqu'il donnait des ordres pour faire rafraîchir ses funestes hôtes. Sa vieille femme fut dépouillée par les cruels soldats, qui, avec leurs dents, arrachèrent de ses doigts des bagues en or. Elle mourut le jour suivant, accablée par le chagrin et le brutal traitement qu'elle avait éprouvé. Plusieurs domestiques et hommes du clan furent tués dans le même lieu.

Les deux fils du vieillard n'avaient pas entièrement partagé la confiance de leur père sur les intentions paisibles et amicales de leurs hôtes. Ils observèrent, le soir qui précéda le massacre, que les sentinelles étaient doublées et la garde renforcée. John, le frère aîné, avait même entendu murmurer entre eux, qu'ils ne redouteraient pas de combattre les gens du vallon suivant les règles, mais qu'ils n'aimaient pas la nature du service dans lequel ils s'étaient engagés. Quelques uns se consolaient par une sorte de logique militaire, en disant que leurs officiers seraient responsables pour les ordres qui avaient été donnés, et qu'ils n'avaient d'autre alternative que l'obéissance. Alarmés de ce qu'ils avaient observé et entendu, ces deux jeunes gens se hâtèrent de se rendre aux quartiers de Glenlyon où ils trouvèrent cet officier et ses gens préparant leurs armes. Étant questionné sur ces préparatifs hostiles, Glenlyon arrangea une histoire, leur dit qu'il était envoyé dans une expédition contre quelques hommes de Glengarry, et faisant allusion à leur alliance, qui rendait sa cruauté plus détestable encore, il ajouta :—Si l'on avait quelques mauvaises intentions contre vous, n'en aurais-je pas parlé à Alaster et à ma nièce?

Rassurés par cette communication, les jeunes gens se retirèrent pour se livrer au repos, mais ils furent promptement réveillés par un vieux serviteur, qui avertit les deux frères de se lever et de fuir pour sauver leur vie. — Est-ce le temps pour vous de dormir? dit-il, lorsque votre père est assassiné dans ses propres foyers? Ils se levèrent précipitamment, sortirent de leur maison remplis de terreur, et entendirent dans toute l'étendue du vallon où il y avait quelque habitation humaine les cris des assassins, le bruit des mousquets, les plaintes des blessés, et les gémissemens des mourans. Leur parfaite connaissance des rochers au milieu desquels ils habitaient les mit à même de s'échapper inaperçus et de fuir dans la partie méridionale du Glen.

Pendant ce temps, l'œuvre de destruction s'exécutait avec aussi peu de remords que Stair lui-même aurait pu le désirer. Le faible adoucissement à ses ordres concernant les personnes au-dessus de soixante-dix ans fut même oublié des soldats dans leur horrible soif de sang, et plusieurs vieillards malades furent sacrifiés avec les autres.

Dans le hameau où Glenlyon avait ses quartiers, neuf hommes, en y comprenant celui chez lequel il logeait, furent liés et tués comme traîtres et félons. Un d'entre eux, Mac-Donald d'Auchentriaten, avait un sauf-conduit du général Hill dans sa poche. Un beau garçon de vingt ans avait été épargné des soldats dans un moment de compassion. Le capitaine Drummond arriva, et demandant pourquoi les ordres avaient été transgressés dans cette occasion, ordonna qu'on mît aussitôt le jeune homme à mort. Un enfant de cinq ou six ans se jeta aux genoux de Glenlyon, demandant grâce, en lui offrant, s'il voulait l'épargner, de devenir son domestique pour la vie. Glenlyon fut touché, mais le même Drummond frappa l'enfant de son poignard, tandis qu'il invoquait ainsi la pitié.

Dans un lieu appelé Auchnaion, un sergent nommé Barber, à la tête d'un parti de soldats, fit feu sur un groupe composé de neuf Mac-Donalds assemblés autour du feu du matin et dont ils tuèrent quatre. Le propriétaire de la maison, frère du Mac-Donald d'Auchentriaten, qui avait été tué, se sauva sans être blessé. Il avait exprimé le désir d'être mis à mort en plein air plutôt que dans la maison. — En souvenir de votre pain que j'ai mangé, répondit Barber, je vous accorderai votre demande. En conséquence Mac-Donald fut traîné à la porte: c'était un homme actif. Au moment où les soldats allaient tirer sur lui, il leur jeta son plaid à la figure, et profitant de la confusion qui s'ensuivit, il s'échappa dans le vallon.

L'alarme était devenue générale; un grand nombre d'autres personnes, hommes et femmes, se sauvèrent de la même manière que les fils de Mac-Ian et le montagnard que nous venons de nommer. S'enfuyant de leurs maisons enflammées et se trouvant hors de la portée des assassins, les fugitifs, à moitié nus, se confièrent aux ténèbres d'une matinée d'hiver, rendue plus affreuse encore par la neige et par la tempête, au milieu d'un des plus sauvages déserts des hautes-terres de l'ouest, laissant derrière eux une mort sanglante et ne voyant devant eux qu'orages, famine et désolation. Enveloppés dans des tourbillons de neige, beaucoup de ces malheureux tombèrent et ne se relevèrent plus. Mais les horreurs de la tempête leur semblaient douces en comparaison des cruautés de leurs persécuteurs. La neige abondante qui fut fatale à plusieurs fugitifs, devint un moyen de salut pour le reste. Le major Duncanson, suivant le plan indiqué dans les ordres de Glenlyon, n'avait pas manqué de se mettre en mouvement avec quatre cents hommes le soir qui précéda le massacre, et s'il eût atteint les passages de l'est à quatre heures du matin comme il se le proposait, il aurait intercepté l'issue et massacré tous ceux qui avaient suivi ce chemin, le seul par lequel ils pussent échapper à Glenlyon et à sa suite. Mais comme ce renfort n'arriva pas avant onze heures du matin, il ne trouva pas un Mac-Donald vivant dans Glencoe, excepté un vieillard de quatre-vingts ans que les soldats tuèrent; et après avoir brûlé les maisons qui n'étaient pas encore consumées, ils rassemblèrent les richesses de la tribu, consistant en douze cents bêtes à corne et chevaux, outre les chèvres et les moutons, et les emmenèrent à leur garnison.

Ainsi se termina cette œuvre horrible de destruction. Le nombre des personnes assassinées monta à trente-huit, celui des hommes qui se sauvèrent fut à peu près de cinquante. Ces malheureux, ainsi que les femmes et les enfans de la tribu, avaient à parcourir plus de douze milles, à travers les montagnes et les déserts, avant de pouvoir atteindre un abri et un lieu de sûreté.

Cette affreuse exécution excita une horreur générale, non seulement dans toute l'Écosse, mais dans les pays étrangers, et elle fit un tort irréparable au roi Guillaume, dont la signature et l'adresse écrites de sa main qui se trouvaient sur les ordres étaient la preuve qu'il approuvait ces horreurs.

Stair, cependant, conserva toute son audace. Il eut l'infamie d'écrire au colonel Hill, au moment où l'indignation publique était à son comble, que tout ce qu'on pouvait dire de cette affaire, c'était que l'exécution n'avait pas été aussi entière qu'elle aurait dû l'être. On publia aussi un pamphlet pour sa défense, justifiant maladroitement sa conduite, et dont le contenu portait qu'un homme remplissant les hautes fonctions du Maître de Stair, possédant des talens éminens, qui avait rendu à l'état de si grands services, dont les détails circonstanciés avaient été donnés; un homme (et l'on insistait particulièrement sur ce point) qui accomplit régulièrement dans sa famille ses devoirs de religion, ne devrait pas être jugé si sévèrement pour la mort de quelques montagnards papistes dont les mœurs ne valaient pas mieux que celles des voleurs de grand chemin en Angleterre.

Le gouvernement ne s'occupa en aucune manière de cet épouvantable massacre, jusqu'en 1695. Trois ans après qu'il eut été commis, une commission royale, demandée à grands cris par la nation écossaise, fut accordée avec répugnance et reçut l'ordre d'examiner cette affaire, afin d'en faire un rapport au parlement.

La commission ne partagea point l'opinion de l'apologiste du secrétaire d'état, et déclara que les lettres et les instructions de Stair au colonel Hill et à d'autres personnes étaient la seule cause du massacre. Ils excusèrent le roi de la part qu'il avait prise à cette action coupable, en assurant que les instructions du secrétaire d'état excédaient de beaucoup les ordres que Guillaume avait signés, le roi ayant seulement commandé que la tribu de Glencoe fût soumise à l'exécution militaire, *dans le cas* où l'on pourrait les séparer des autres habitans des hautes-terres. Ayant ainsi trouvé une excuse, quoique bien faible, pour la part que Guillaume avait prise dans cette affaire, le rapport de la commission fit tomber tout le poids de l'accusation sur le secrétaire Stair, dont les lettres n'indiquaient pas qu'il fallait séparer la tribu de Glencoe du reste des habitans des hautes-terres, mais au contraire, sous prétexte du bien public, ordonnaient que cette tribu, sans distinction d'âge ni de sexe, fût détruite de sang-froid, « subitement, secrètement et avec promptitude. » Ils ajoutèrent que ces instructions de Stair étaient la première cause du massacre, que ce massacre n'avait point été autorisé par les ordres du roi, et qu'il ne méritait d'autre nom que celui du plus affreux assassinat. Enfin le rapport nomma le Maître de Stair l'auteur de cette entreprise, et qualifia les différens officiers qu'il employa, du titre de ses coupables agens, suggérant avec une grande modération que le parlement s'adressât à sa majesté, pour la supplier d'envoyer Glenlyon en Ecosse, ainsi que les autres assassins, afin d'y être jugés, ou bien de prendre d'autres mesures suivant les désirs de sa majesté.

Le secrétaire, par cet inintelligible mode de raisonner, se trouva exposé à tous les coups de la tempête, et accablé en même temps du déplaisir du roi, par rapport à l'affaire de Darien (dont nous parlerons tout à l'heure); il fut privé de sa place, et obligé de se retirer des affaires publiques. L'indignation générale le bannit si complètement de la société, qu'ayant à peu près à cette époque succédé au titre de son père, le comte de Stair, il n'osa siéger au parlement, comme ce titre lui en donnait le droit, en conséquence de la menace du lord Justice-Clerk[1], qui assurait que s'il osait paraître, il demanderait que l'adresse et le rapport relatif au massacre de Glencoe fussent exhibés et examinés.

Ce ne fut que dans l'année 1700 que le comte de Stair trouva l'affaire assez oubliée pour hasarder de prendre dans le parlement la place que son titre lui accordait; il mourut en 1707, le jour même où le traité de l'Union fut signé, et non sans être soupçonné de suicide.

---

(1) Ce titre répond à celui de vice-président. — Éd.

Hamilton, un des principaux agens de cette affaire, se cacha d'abord, puis ensuite joignit l'armée du roi Guillaume en Flandre, où servait alors Glenlyon, ainsi que les officiers et les soldats qui avaient pris part au massacre. Le roi profita de la liberté qui lui était laissée par le parlement écossais, et n'ordonna point qu'ils fussent jugés. Il ne paraît pas non plus qu'aucun d'eux fut renvoyé du service, et puni pour son crime autrement que par la haine générale qu'ils inspirèrent dans le siècle où ils vécurent, et par le mépris de la postérité.

Quoique ce ne soit pas ici tout-à-fait sa place, je ne puis m'empêcher de vous raconter une anecdote qui a rapport aux évènemens précédens, et qui n'eut lieu que dans l'année 1745—6, pendant l'entreprise romanesque de Charles-Édouard, petit-fils de Jacques II, pour recouvrer le trône de ses pères. Ce prince s'avança dans les basses-terres, à la tête d'une armée composée de clans de montagnards, et obtint, pendant un temps, des avantages considérables. Le descendant de l'infortuné Mac-Ian de Glencoe se rangea sous l'étendard de Charles avec cent cinquante hommes. L'armée des montagnards passa près d'une demeure superbe, bâtie par le comte de Stair, dont nous avons si souvent fait mention il n'y a qu'un instant, et la principale propriété de sa famille. Le conseil du prince Charles fut alarmé de la crainte que les Mac-Donalds ne profitassent de cette occasion pour montrer le souvenir qu'ils conservaient de l'injustice commise envers leurs ancêtres, en brûlant et pillant la maison du descendant de leur persécuteur. Comme un acte semblable de violence eût fait le plus grand tort au prince dans l'opinion du peuple des basses-terres, on convint qu'une garde serait placée pour protéger la demeure du lord Stair.

Mac-Donald de Glencoe ayant eu connaissance de cette résolution, vit que son honneur et celui de son clan étaient intéressés dans cette affaire; il demanda une audience à Charles-Édouard, et admettant la nécessité de placer une garde devant une maison aussi odieuse à une armée des hautes-terres, et particulièrement à son propre clan, il demanda plutôt comme une chose qui lui était due que comme une faveur, que la garde protectrice fût choisie parmi les Mac-Donalds de Glencoe. Il déclarait que si cette demande n'était pas accordée, il s'en retournerait dans ses foyers, et ne concourrait pas plus longtemps à l'entreprise. — Les Mac-Donalds de Glencoe, dit-il, — seraient déshonorés en restant à un service où d'autres que leurs propres gens seraient employés à les retenir (malgré les provocations qu'ils avaient pu recevoir) dans les bornes de leur devoir militaire. Le royal aventurier accueillit la demande du noble chef, et les Mac-Donalds de Glencoe sauvèrent de la dévastation la maison de l'homme d'état cruel, astucieux, et qui avait provoqué et dirigé le massacre de leurs ancêtres. En considérant combien la soif de la vengeance est naturelle chez l'homme dans l'état primitif de la société, et combien surtout elle avait de charmes pour le montagnard écossais, la conduite de Glencoe dans cette occasion est le noble exemple d'une héroïque victoire remportée par le devoir sur les passions.

Nous devons maintenant abandonner cette terrible relation, pour en commencer une autre qui, bien qu'elle ne frappe pas aussi fortement l'imagination, offrira cependant un champ bien plus vaste de mort et de désastre.

CHAPITRE XXVI.

Projet d'établissement de l'Isthme de Darien. — Mort de Guillaume. — Avènement de la reine Anne.

Le caractère humain, soit en général, soit individuellement, présente souvent, lorsqu'on le considère de sang-froid, les plus étranges contrastes; mais il y en a peu de plus frappans que ceux que montrent les Ecossais dans leur conduite privée, si on la compare avec leurs idées lorsqu'ils sont unis ensemble pour quelque dessein national. Dans sa conduite particulière, l'Ecossais est sobre, circonspect et prudent jusqu'à l'excès : ne se permettant les amusemens et le repos que lorsqu'il a réalisé les moyens de se les procurer, et évitant soigneusement les tentations de plaisir auxquelles les hommes des autres pays cèdent avec facilité. Mais lorsque les Ecossais se réunissent en nombre pour une spéculation quelconque, on dirait que leur circonspection naturelle est détruite par l'union de toutes leurs espérances, et que leurs imaginations sont enflammées par toute perspective brillante qui s'offre à eux. Ils semblent surtout perdre le talent de calculer ou d'adapter leurs moyens aux desseins qu'ils désirent accomplir, et sont facilement portés à viser à un but magnifique en lui-même, mais qu'ils n'ont ni les moyens pécuniaires ni la force d'atteindre. Ainsi les Ecossais tentent souvent de belles entreprises qui échouent la plupart du temps par le manque de fonds, et ils donnent aux étrangers l'occasion de sourire du grand défaut et du grand malheur de cette nation, l'orgueil et la pauvreté. Il n'y a pas d'exemple plus frappant de cette tendance aux spéculations hardies, qui est cachée sous le caractère froid et prudent des Ecossais, que la désastreuse histoire de la colonie de Darien.

Paterson, homme d'une imagination entreprenante et d'une rare sagacité, fut l'inventeur de ce plan mémorable. Dans sa jeunesse, il avait voyagé dans les Indes Occidentales, on disait même qu'il avait été boucanier, c'est-à-dire une des espèces d'aventuriers alliés de près aux pirates, qui, formés par diverses nations, et divisés en différentes bandes, font la guerre au commerce et aux établissemens espagnols dans les mers du Sud et les parages des iles des Indes Occidentales. Dans cette vie errante, Paterson avait acquis une connaissance parfaite de la géographie de l'Amérique Méridionale, des productions du pays, de la nature de son commerce, et de la manière dont les Espagnols gouvernaient cette région immense.

Cependant, à son retour en Europe, le plan qu'il avait formé relativement au Nouveau-Monde fut mis de côté pour un autre projet de la plus haute importance. C'était le plan d'un grand établissement national, la Banque d'Angleterre, dont il eut l'honneur de suggérer la première idée. Pendant un temps il eut la direction de cet établissement; mais Paterson éprouva bientôt ce qui arrive ordinairement à ceux qui conçoivent les premières idées d'une découverte importante : d'autres personnes possédant des richesses et de l'influence profitent des talens d'un étranger obscur et sans protection, s'approprient ses idées en les altérant ou les améliorant, et enfin parviennent à remplacer l'inventeur dans tout ce qui concerne l'institution dont il a posé les fondemens.

Ainsi exclus de la Banque d'Angleterre, Paterson songea à établir une colonie en Amérique, pays si favorisé par sa situation, qu'il lui semblait créé pour être le siége de la capitale commerciale la plus florissante de l'univers.

Les deux grands continens de l'Amérique du Nord et de l'Amérique du Sud sont joints ensemble par un isthme ou une étroite langue de terre appelée l'Isthme de Darien. Cette langue de terre peut être parcourue dans un voyage d'une journée; elle est baignée par l'Océan Atlantique du côté de l'est, et par le grand Océan Pacifique à l'ouest. L'isthme semble désigné par la nature pour être le centre du commerce du monde. Paterson certifia qu'il avait vérifié que l'isthme n'avait jamais été la propriété de l'Espagne, mais était encore possédé par les indigènes, tribu d'Indiens cruels et belliqueux, et qui faisaient la guerre aux Espagnols. Suivant la loi des nations, chaque état avait le droit de former un établissement dans le Darien, pourvu qu'il obtînt d'abord le consentement des Indiens, et cette conduite n'était pas un sujet de guerre même pour l'Espagne, jalouse jusqu'à l'excès de toute relation avec ses provinces de l'Amérique du Sud. Ce projet d'établissement, recommandé par tant d'avantages, fut proposé par Paterson aux marchands de Hambourg, aux Hollandais, et même à l'électeur de Brandebourg; mais il fut reçu avec froideur dans tous ces états.

Le projet fut enfin présenté aux marchands de Londres, les seuls commerçans peut-être dans le monde qui eussent les moyens de réaliser les rêves brillans de Paterson. A l'époque où ce faiseur de projets était à Londres, il fit la connaissance intime du célèbre Fletcher de Salton, un des hommes les plus accomplis et un des meilleurs patriotes que l'Ecosse ait produits pendant plusieurs siècles. Il concevait des projets d'agrandissement pour sa terre natale, qui étaient plus séduisans que susceptibles d'être réalisés; et désirant avec passion être utile à son pays, il ne calculait pas avec assez de sang-froid les moyens par lesquels son bonheur pouvait être obtenu. Il fut ébloui par la vision d'opulence et de grandeur que Paterson fit paraître à ses yeux, et ne pensa plus qu'à réaliser pour le bien de l'Ecosse un plan qui donnait à l'état qui l'adopterait les clefs du Nouveau-Monde. Paterson fut promptement persuadé de consacrer à son propre pays son plan de colonie, et se rendit en Ecosse avec Fletcher. Là, le projet fut généralement accepté, surtout par l'administration écossaise, qui était grandement embarrassée à cette époque de l'ardente poursuite de l'affaire de Glencoe, et qui persuada facilement au roi Guillaume que quelque liberté et facilité de commerce accordée aux Ecossais ferait diversion à l'attention que le public portait à une poursuite qui ne ferait pas plus d'honneur à la réputation de sa majesté qu'à celle de l'administration. Stair en particulier, personnellement intéressé dans cette poursuite, appuya le projet d'une colonie de toute son éloquence, afin de regagner une partie de sa popularité perdue.

Les ministres écossais obtinrent donc la permission d'accorder aux Ecossais les priviléges de commerce qui ne seraient pas désavantageux à ceux de l'Angleterre. Dans le mois de juin de 1695, les ministres reçurent un arrêté du parlement, puis ensuite une charte de la couronne pour créer une corporation ou compagnie commerciale, sous le nom de Compagnie d'Ecosse, avec le droit de commercer en Afrique et dans les Indes, et le pouvoir de fonder des colonies, de bâtir des forts dans des lieux qui ne seraient pas la possession d'autres nations européennes, et après avoir obtenu le consentement des peuples qui les habitaient.

L'espérance des avantages qui devaient résulter de cette spéculation était ardente. La Ligue Solennelle et le Covenant ne furent pas signés avec un plus vif enthousiasme. Presque tous ceux qui possédaient ou pouvaient se procurer quelque somme d'argent comptant la placèrent dans la Compagnie Indienne et Africaine; un grand nombre mit toute sa fortune en souscription; les filles donnèrent leur dot, et les veuves ce qu'elles purent retirer de leur douaire, afin d'obtenir leur part de cette pluie d'or qui devait descendre sur les souscripteurs. Quelques uns vendirent leurs propriétés pour en verser l'argent dans les fonds de la compagnie; et le désir de spéculer était si vif, que la moitié des huit cent mille livres qui forment le capital en circulation en Ecosse, fut versée dans l'entreprise de Darien.

Mais ce n'étaient pas les Ecossais seulement dont les espérances étaient excitées par cette brillante perspective; une offre ayant été faite aux marchands anglais et étrangers par les directeurs de la compagnie, de partager les bénéfices espérés, elle fut acceptée avec tant d'ardeur, que la seule ville de Londres souscrivit pour trois cent mille livres de marchandises, dans les neuf jours qui suivirent l'ouverture des registres de souscription. Les marchands de Hambourg et ceux de Hollande souscrivirent pour deux cent mille livres.

Telles étaient les brillantes espérances de la nouvelle compagnie, lorsque la jalousie des Anglais détruisit une entreprise qui présentait tant d'avantages. L'idée qui dominait alors en Angleterre, et qui prévalut long-temps dans la suite, était que tout profit se trouvait perdu pour la Grande-Bretagne lorsqu'il n'était pas le résultat d'un commerce exclusivement anglais. Les Anglais considéraient l'augmentation du commerce en Irlande et en Ecosse, non pas comme un accroissement de la prospérité générale des nations unies, mais comme une perte positive pour l'Angleterre. Pour assurer leur propre suprématie, ils avaient depuis long-temps mis des entraves au commerce d'Irlande. Mais il n'était pas aussi aisé d'accabler l'Ecosse, qui avait non seulement une législature séparée, mais ne reconnaissait point sa subordination à l'Angleterre, et ne lui prêtait pas foi et hommage, étant sous tous les rapports une contrée étrangère, quoique gouvernée par le même roi.

Cette nouvelle espèce de rivalité de la part d'une vieille ennemie était alarmante. Les Anglais pensaient déjà que les Ecossais étaient une nation pauvre et belliqueuse qui, en dépit de son petit nombre d'habitans et de ses ressources médiocres, était toujours prête à s'engager dans une guerre avec ses plus puissans voisins, et il était embarrassant et humiliant de voir cette nation montrer, en dépit de sa circonspection proverbiale, l'ambition de les imiter dans leurs entreprises commerciales.

Ces appréhensions peu généreuses et injustes se répandirent promptement parmi la nation anglaise, et les deux chambres se joignirent dans une adresse au roi, assurant que les avantages accordés à la Compagnie Écossaise, Indienne et Africaine, donneraient à l'Ecosse une grande supériorité sur la Compagnie des Indes d'Angleterre, qu'une grande partie des marchandises et des embarcations anglaises seraient transportées dans le Nord, et que l'Ecosse deviendrait un port libre pour toutes les productions des Indes Orientales; que les Ecossais pourraient les fournir à un bien plus bas prix que les Anglais. De cette façon, l'Angleterre perdrait tous les avantages d'un commerce exclusif pour les productions de l'Orient, qui avaient toujours été un article considérable dans ses relations avec l'étranger, et supporterait un grand dommage dans la vente provenant de ses propres manufactures. Le roi, dans sa gracieuse réponse à cette adresse, reconnut la justice de son contenu, quoiqu'elle fût aussi peu juste que peu fondée suivant les lois. Cette réponse portait « que le roi avait été mal servi en Ecosse, mais qu'il espérait qu'il était encore temps de trouver des remèdes pour les maux à craindre. » Pour montrer que son ressentiment contre les ministres écossais était sérieux, le roi Guillaume priva Stair de sa charge de secrétaire d'état. Ainsi, l'homme qui avait conservé sa place en dépit de la scène sanglante de Glencoe, en fut privé pour avoir tenté de servir son pays en étendant son commerce et en augmentant son importance nationale.

Le parlement anglais persista dans la tâche de trouver des remèdes pour les maux qu'il lui plaisait de redouter d'un établissement dans l'isthme de Darien, en nommant un comité d'inquisition avec l'ordre d'appeler devant lui les personnes qui par leurs souscriptions en faveur de la compagnie avaient encouragé les progrès d'une entreprise si remplie de dangers pour le commerce de l'Angleterre. Ces personnes ayant été obligées de se présenter devant le parlement, reçurent l'ordre de renoncer à s'intéresser à cette entreprise, qui fut ainsi privée de l'aide des souscriptions anglaises, montant, comme nous l'avons déjà mentionné, à trois cent mille livres. Les membres du parlement anglais se montrèrent si actifs dans cette affaire, qu'ils étendirent même leurs menaces à quelques Ecossais, membres du parlement, qui avaient souscrit en faveur d'une compagnie formée dans leur propre pays et suivant leurs propres lois.

Afin que l'acte d'enlever les fonds à la compagnie fût

encore plus efficace, on employa l'influence du roi dans les pays étrangers pour diminuer le crédit de l'entreprise, et pour intercepter les souscriptions qui avaient déjà été obtenues. Dans ce dessein, l'envoyé anglais à Hambourg eut l'ordre de transmettre au sénat de cette cité commerçante une remontrance de la part du roi Guillaume, l'accusant d'avoir encouragé les commissaires de la Compagnie de Darien, les priant d'y renoncer à l'avenir, insinuant que ce projet rempli de dangers n'avait pas l'approbation de sa majesté, et protestant que le refus du sénat de retirer sa protection à ce projet occasionerait l'interruption des relations amicales que sa majesté désirait entretenir avec la bonne cité de Hambourg. Le sénat répondit avec une noble assurance : « La cité de Hambourg pense qu'il est étrange que le roi d'Angleterre indique à un peuple libre ceux avec lesquels il doit ou ne doit pas établir des relations commerciales. Elle est encore plus étonnée de se trouver blâmée pour être entrée en relation avec une partie de ses propres sujets écossais, incorporés à la nation anglaise par un acte spécial du parlement. » Mais comme la menace de l'envoyé annonçait que la Compagnie de Darien serait entravée dans tous ses efforts par le pouvoir supérieur de l'Angleterre, les prudens Hambourgeois, cessant de considérer cette entreprise comme une spéculation avantageuse, finirent par retirer leurs souscriptions. Les Hollandais, sur lesquels Guillaume possédait plus d'influence par son autorité sur ses états de Hollande comme Stathouder, et qui étaient inquiets que cette nouvelle entreprise ne nuisît à leur propre commerce dans les Indes Orientales, obéirent sans faire aucune représentation; ainsi la Compagnie, abandonnée en même temps par ses associés étrangers et anglais, fut paralysée dans ses efforts, et réduite aux ressources limitées de son propre pays.

Les entrepreneurs, soutenus par l'intérêt général du peuple écossais, firent de vives représentations sur les communications hostiles de l'envoyé du roi à Hambourg.

Guillaume, dans sa réponse, fut forcé d'éluder timidement ce qu'il était résolu de ne point accorder, et cependant ce qu'il ne pouvait refuser avec justice. « Le roi, promettait-on, ferait parvenir des instructions à son envoyé, afin qu'il ne se servît pas du nom ou de l'autorité de sa majesté pour entraver leurs relations avec la cité de Hambourg. » Les Hambourgeois, d'un autre côté, déclarèrent qu'ils étaient prêts à tenir leurs engagemens, s'ils étaient assurés qu'en agissant ainsi ils ne s'exposaient point au ressentiment du roi d'Angleterre.

Mais en dépit de promesses répétées, l'envoyé ne reçut aucun ordre de faire une semblable déclaration. Ainsi les membres de la Compagnie de Darien perdirent l'avantage des souscriptions, s'élevant à deux cent mille livres sterling, obtenues à Hambourg et en Hollande, et cela par l'intervention personnelle et hostile du monarque, malgré l'existence de la charte en vertu de laquelle ils avaient fondé leur entreprise.

L'Ecosse, réduite à ses propres et faibles ressources, aurait agi avec plus de prudence en renonçant à ses projets ambitieux de colonie, sûre, comme elle devait l'être, d'être traversée par la jalousie de ses voisins peu généreux. Mais ceux qui s'étaient engagés dans ce projet formaient une grande partie de la nation, et ne pouvaient pas être facilement persuadés d'abandonner des espérances qui avaient été si vives. Il restait encore chez les Ecossais une dose suffisante de la fierté et de l'obstination avec lesquelles leurs ancêtres avaient maintenu leur indépendance. Ils résolurent donc de prendre une détermination sur l'établissement de leur plan favori, en dépit de la désertion des souscripteurs anglais et étrangers, comme en défi de la jalouse opposition de leurs puissans voisins. Ils imitèrent le courage de leurs ancêtres, qui, après avoir perdu tant de terribles batailles, étaient toujours prêts à soutenir le fer à la main une nouvelle querelle. Les souscripteurs furent encouragés dans cette résolution obstinée par le tableau flatteur qu'on leur faisait du pays où la colonie devait s'établir, et dans lequel chaque classe trouvait des espérances faites pour captiver l'imagination. La description de Darien, donnée par Paterson, résultait en partie de ses propres observations, et en partie des rapports des boucaniers et aventuriers, et le tout était exagéré par l'éloquence de l'homme qui plaidait en faveur d'un projet favori.

Le climat était présenté comme très favorable à la santé, la chaleur du tropique étant tempérée par l'élévation du pays et par l'ombrage d'immenses forêts qui ne présentaient ni buissons ni taillis, et sous lesquelles un homme pouvait galoper à cheval sans craindre d'être arrêté dans sa course. Les armateurs étaient certains d'y trouver un havre magnifique et sûr où les avantages d'un commerce libre attireraient les marchands de toutes les parties du monde, tandis que les productions de la Chine, du Japon, des Iles et des Indes Orientales, amenées dans la baie de Panama, située dans l'Océan Pacifique, pourraient être transportées par une route sûre et aisée, à travers l'isthme, au nouvel établissement, et échangées pour toutes les productions de l'Europe. « Le commerce, dit l'enthousiaste spéculateur, engendrera le commerce, et l'argent engendrera l'argent. Le monde commercial n'aura pas besoin plus long-temps de travaux pour la main des hommes, mais plutôt de mains pour les travaux. Cette porte des mers, cette clef de l'univers, permettra à ses possesseurs de devenir les législateurs des deux mondes, et les arbitres du commerce. Les colons de Darien acquerront un plus noble empire que celui d'Alexandre et de César, sans fatigues, dépenses, ni danger, et surtout sans commettre les fautes sanglantes des conquérans ambitieux. » Aux esprits plus vulgaires qui ne pouvaient séparer l'idée du bonheur de celle du précieux métal, Paterson présentait la perspective de mines d'or. Les habitans des hautes-terres allaient laisser leurs marais stériles pour d'immenses savanes, couvertes de riches pâturages, avec l'espérance intérieure de quelques excursions sur les Espagnols ou sur les Indiens. Le laird des basses-terres devait échanger aussi son maigre héritage et ses redevances oppressives et féodales pour la libre possession d'une terre étendue, où le sol productif, profond de trois ou quatre pieds, lui offrirait les récoltes les plus abondantes pour se payer d'une légère culture. Attirés par ces espérances, plusieurs propriétaires abandonnèrent en effet leur héritage, et d'autres, en plus grand nombre, envoyèrent leurs fils ou leurs proches parens pour réaliser leurs brillantes espérances, tandis que les pauvres journaliers qui ne désiraient que du pain et la liberté de conscience, emportant leurs instrumens de travail sur leurs épaules, suivirent leurs maîtres dans le chemin de l'émigration.

Douze cents hommes, dont trois cents étaient des jeunes gens appartenant aux meilleures familles d'Ecosse, s'embarquèrent à bord de cinq frégates, acquises à Hambourg pour le service de l'expédition; car le roi refusa même à la Compagnie le léger avantage d'un vaisseau de guerre qui restait à l'ancre à Burntisland. Ils atteignirent leur destination en sûreté, et prirent terre dans un lieu appelé Acta, où, en traversant une péninsule, ils trouvèrent une position sûre pour une ville appelée la Nouvelle-Edimbourg et un fort nommé Saint-André. Le même tendre souvenir de leur terre natale les porta à nommer leur colonie elle-même, Calédonie. Ils reçurent un accueil favorable des princes indigènes, auxquels ils achetèrent les terres dont ils avaient besoin. Le havre, qui était excellent, fut déclaré port libre, et dans les premiers momens on espéra de cet établissement les plus heureux résultats.

L'arrivée des colons eut lieu en hiver, au moment où l'air était frais et tempéré; mais avec l'été revint la chaleur, et avec la chaleur les maladies d'un climat du tropique. Ceux qui avaient fait des descriptions favorables du climat de Darien étaient probablement des personnes qui en avaient seulement visité les côtes pendant l'hiver, ou des marins qui, vivant principalement à bord d'un vaisseau, trouvent favorables à la santé, des climats qui sont mortels pour des Européens vivant sur la terre ferme. Le tempérament des colons, habitués à un climat froid et montagneux, s'affaiblit par les exhalaisons constantes d'un climat de feu, et un danger plus pressant encore naquit du besoin d'alimens. Les provisions que les colons avaient apportées d'Ecosse étaient épuisées, et le pays n'offrait que les ressources qu'on pouvait se procurer par le succès incertain de la pêche ou de la chasse.

Cet inconvénient aurait pu être prévu, mais on n'avait jamais douté qu'on ne pût se procurer de nombreuses provisions des provinces anglaises dans l'Amérique du Nord, qui produisait avec abondance tout ce qui était nécessaire à la vie, et des colonies des Indes Occidentales, qui possédaient toujours du superflu.

Ce fut dans ce moment que l'inimitié du roi et de la nation anglaise se montra aux infortunés colons de la manière la plus cruelle et la plus inattendue. Dans l'Amérique du Nord et dans les îles des Indes Occidentales, sont les pirates et les flibustiers les plus féroces; ils pourraient être appelés les ennemis de la race humaine, ayant commis des crimes qui sembleraient devoir les exclure de toutes relations avec la société; ils y avaient néanmoins trouvé souvent un asile et un refuge; ils y avaient réparé leurs vaisseaux, s'y étaient procuré toutes les provisions nécessaires pour tenir la mer, et avaient remis à la voile dans l'intention de commettre de nouveaux meurtres et de nouvelles rapines. Mais de semblables secours ne furent point procurés aux colons écossais de Darien, quoiqu'ils se fussent établis en vertu d'une charte de leur souverain, quoiqu'ils eussent fondé une paisible colonie suivant les lois des nations, et pour l'avantage général du commerce.

Les gouverneurs de la Jamaïque, des Barbades et de New-York publièrent des proclamations portant qu'il leur avait été signifié par le secrétaire d'état anglais, que sa majesté n'était point informée des intentions et des desseins des colons écossais de Darien (ce qui était un mensonge positif), et qu'ils étaient contraires à la paix établie entre sa majesté et ses alliés. Aucun pouvoir européen ne s'était plaint de cet établissement ; cependant les gouverneurs des pays que nous venons de mentionner prétendaient qu'il leur avait été commandé de ne donner aucun secours aux Écossais. Ces gouverneurs défendirent donc aux colons sur lesquels ils avaient autorité, d'entretenir aucune relation avec lesdits Ecossais, et de leur donner ni armes, ni munitions, ni provisions, soit par eux-mêmes, soit par des intermédiaires. Ceux qui violeraient les défenses exprimées dans la proclamation répondraient sous les plus fortes peines de leur désobéissance aux ordres du roi.

Ces défenses furent strictement observées, et toute espèce d'assistance, non seulement celle que des compatriotes peuvent réclamer des sujets d'un même prince, et des chrétiens des enfans d'un même Dieu, mais celle que le plus vil criminel a droit de demander, parce qu'il est de la même nature que les hommes appartenant à la société dont il a violé les lois; la plus simple des demandes, celle des choses nécessaires à la vie, le don le plus modique qu'on accorde au plus misérable des mendians, tout fut refusé aux colons de Darien.

La famine se joignit à la maladie, et, sans aucun doute, ceux qui périrent ainsi par le manque de provisions qu'ils offraient de payer, furent aussi bien assassinés par le gouvernement du roi Guillaume que s'ils avaient été tués à coups de fusil dans les neiges de Glencoe. La situation de la colonie devint bientôt insupportable, et après avoir attendu des secours l'espace de huit mois, pendant lesquels la plus grande partie des aventuriers étaient morts, le reste abandonna l'établissement.

Peu de temps après le départ de la première colonie, une autre bande de quinze cents hommes envoyés d'Ecosse arriva à Darien, avec l'espérance de trouver leurs compatriotes vivans, et l'établissement dans un état de prospérité. Ce renfort souffrit dans la traversée; un de ses vaisseaux fut perdu, et plusieurs passagers moururent. Il prit tristement possession de l'établissement abandonné, et ne fut pas long-temps à ressentir les mêmes misères qui avaient détruit et dispersé la première colonie. Deux mois plus tard, ces nouveaux colons furent joints par Campbell de Finnab, avec un troisième renfort de trois cents hommes, la plupart habitans des domaines des hautes-terres, dont un grand nombre avait servi avec distinction sous lui en Flandre. Il était temps que la colonie reçût ces secours; car pour augmenter ses misères, elle était menacée par les Espagnols.

Deux ans s'étaient écoulés depuis que la colonie de Darien était devenue le sujet des discussions publiques. Et cependant, malgré leurs craintes jalouses pour leurs établissemens dans l'Amérique du Sud, les Espagnols n'avaient porté aucune plainte contre les Ecossais. L'intimité du roi d'Espagne et du roi Guillaume était si grande qu'il est probable que les Espagnols n'auraient jamais osé se plaindre, s'ils n'eussent pas été instruits que la colonie des Ecossais n'était point reconnue par leur souverain, comme s'ils eussent été des vagabonds ou des procrits. Mais les voyant ainsi traités par leur prince, les Espagnols se trouvèrent presque invités à attaquer les Ecossais, et ne firent pas seulement des représentations au cabinet anglais contre l'établissement, mais saisirent un des vaisseaux écossais naufragé sur les côtes, confisquèrent le bâtiment, et firent l'équipage prisonnier. La Compagnie de Darien envoya une pétition au roi par les mains de lord Basil Hamilton, dans laquelle elle se plaignait de cette insulte; mais Guillaume, qui cherchait toutes les occasions de traverser cette malheureuse entreprise, refusa, sous le prétexte le plus frivole, de recevoir la pétition. Cette conduite montrait une injustice si coupable, que ce seigneur prétendit que la pétition serait reçue n'importe de quelle manière ; et saisissant l'occasion d'approcher le roi, au moment où il quittait la salle d'audience, il se présenta en tenant la pétition avec plus de hardiesse que de cérémonie. « Ce jeune homme est trop hardi, dit Guillaume, mais rendant justice aux motifs de lord Basil, il ajouta aussitôt, si un homme *peut* être trop hardi dans la cause de son pays. »

Une crise se préparait pour la malheureuse colonie. Les Espagnols avaient réuni seize cents hommes qui étaient stationnés dans un lieu nommé Tubucantee, attendant l'arrivée d'un armement de onze vaisseaux avec des troupes à bord, et destinés à attaquer le fort Saint-André. Le capitaine Campbell, par le consentement unanime des colons, fut revêtu du commandement suprême. Il marcha contre les Espagnols avec deux cents hommes, surprit leur camp, l'emporta d'assaut, et dispersa leur armée avec une perte considérable. Mais en revenant de cette expédition triomphante, il eut le chagrin d'apprendre que les vaisseaux espagnols étaient arrivés devant le havre, avaient mis leurs troupes à terre, et investi la place. Pendant six semaines, les Ecossais se défendirent en désespérés. Enfin, la perte des soldats, le besoin de munitions, et les approches de la famine forcèrent les colons à se rendre honorablement. Ceux qui survécurent à ces désastres étaient en si petit nombre, et si épuisés, qu'ils furent incapables de soulever sans l'assistance de leurs vainqueurs l'ancre du vaisseau sur lequel ils devaient quitter cette terre fatale.

Ainsi se termina cette entreprise brillante en elle-même, mais déraisonnable ; parce qu'elle était au-dessus des forces de la nation aventureuse qui la tentait. Paterson survécut au désastre, et même, quand tout était perdu, il essaya de faire revivre ce projet, en accordant aux Anglais les trois quarts des bénéfices dans une nouvelle compagnie de commerce. Mais les animosités nationales étaient trop prononcées pour écouter une semblable proposition. Paterson mourut avancé en âge, pauvre et oublié.

La non-réussite de ce projet favori, le profond chagrin que causait la mort de ceux qui avaient succombé, dont la plupart étaient d'une naissance distinguée, le regret des pertes pécuniaires qui menaçaient la nation d'une banqueroute, l'indignation de la manière dont leur charte avait été oubliée; toutes ces choses réunies agitaient d'une extrémité jusqu'à l'autre un royaume dont les habitans sont jusqu'à l'excès fiers, pauvres et exaltés, surtout dans ce qui intéresse leur pays. On n'entendait dans toute l'Ecosse que le langage du deuil et du ressentiment. Une indemnité, des réparations, une vengeance, étaient demandées par toutes les bouches, et chacun semblait prêt à soutenir la justice de ces plaintes : depuis bien des années un sentiment aussi universel n'avait point occupé la nation écossaise.

Le roi Guillaume resta indifférent à toutes les demandes et à toutes les pétitions, excepté lorsqu'il se montra irrité par l'importunité des supplians, ou lorsqu'il fut obligé d'éluder ce qu'il lui était impossible de refuser avec la moindre apparence de justice. Les motifs d'un prince naturellement équitable, et qui, président lui-même d'une grande nation commerçante, connaissait bien l'injustice qu'il commettait, semblent avoir été premièrement une répugance à désobliger le roi d'Espagne, et secondement, dans un bien plus haut degré, la nécessité politique où il croyait être de sacrifier les intérêts de l'Ecosse à la jalousie de ses voisins. Mais ce qui est injuste ne peut jamais, dans un sens, être nécessaire, et le sacrifice d'un principe aux circonstances est dans tous les cas aussi peu sage que coupable.

On doit cependant rendre justice à Guillaume et dire que, bien qu'il refusât d'écouter les plaintes si bien fondées de l'Ecosse, il fut cependant la seule personne des deux royaumes qui proposa et désira obtenir une union entre l'Ecosse et l'Angleterre, comme le seul moyen efficace de prévenir à l'avenir de tels sujets de jalousie et de mécontentement. Mais les préjugés de l'Angleterre, aussi bien que ceux de l'Ecosse, rendus plus invétérés encore par cette malheureuse querelle, firent échouer les projets sages et politiques du roi.

Malgré l'intérêt que le roi Guillaume manifesta pour le bien-être de l'Ecosse, en exprimant le désir de former une union entre les deux pays, le peuple écossais ne put oublier les torts qu'on avait eus envers lui dans l'entreprise de Darien. Son ressentiment concentré se montra dans toutes les occasions pendant le règne de Guillaume. Cependant il n'excita point de rébellion ouverte.

De cette manière, l'Ecosse devint pour le roi une possession inutile. Guillaume ne put retirer un penny de ce royaume pour le service public, ou, ce qu'il aurait estimé davantage, des recrues pour l'aider dans ses guerres continentales. Ces sentimens hostiles se prolongèrent jusqu'à une époque éloignée.

Guillaume mourut en 1701, ayant survécu pendant six ans et plus à sa compagne bien-aimée la reine Marie. La mémoire de ce grand roi était et est encore justement honorée en Angleterre, comme celle de l'homme qui a délivré ce pays de l'esclavage civil et religieux. Guillaume est presque canonisé par les Protestans d'Irlande, qu'il retira de l'assujettissement pour les élever à la suprématie. Mais en Écosse, les services qu'il rendit à l'église et à l'état, quoique égaux à ceux qu'il avait rendus aux contrées voisines, furent en quelque façon effacés par la violation des droits nationaux des Ecossais dans plusieurs occasions. Plusieurs personnes, aussi bien que votre grand-père, peuvent se souvenir que le 5 novembre 1788, lorsqu'un siècle entier s'était écoulé depuis la révolution, quelques amis de la liberté constitutionnelle proposèrent que l'anniversaire de ce jour fût solennisé par un engagement d'ériger un monument à la mémoire du roi Guillaume et aux services qu'il avait rendus aux royaumes de la

Grande-Bretagne. A cette époque, il parut dans les journaux d'Edimbourg une lettre anonyme applaudissant ironiquement à cet engagement, et proposant comme sujet pour le bas-relief de la colonne projetée, le massacre de Glencoe et la catastrophe des colons écossais de Darien. La proposition fut abandonnée aussitôt que cette insinuation fut rendue publique. Vous devez remarquer, d'après cette circonstance, combien un monarque doit se garder de commettre des injustices, bien qu'elles lui soient fortement recommandées par ce qui lui semble une nécessité politique, puisque le souvenir de semblables actions étouffe la reconnaissance que devraient inspirer des services de la plus haute importance pour une nation. On peut citer à ce sujet ces paroles de l'Ecriture : « qu'une mouche morte souillera l'onguent le meilleur et le plus précieux. »

Jacques II mourut seulement quatre mois plus tôt que son gendre Guillaume. Le roi de France proclama le fils de Jacques, l'infortuné prince de Galles, né au milieu de l'orage de la révolution, comme successeur de Guillaume aux royaumes d'Angleterre, d'Ecosse et d'Irlande. Cette démarche irrita profondément les trois nations, auxquelles Louis semblait par cet acte disposé à imposer un souverain. Anne, sœur de la défunte reine Marie, monta sur le trône, suivant la décision qui avait été prise en 1688, lors de la révolution, par la législature des deux nations.

CHAPITRE XXVII.

État des partis en Écosse. — Acte de succession en Angleterre. — Opposition à cet acte en Ecosse, et acte de sécurité. — Procès et exécution du capitaine Green. — L'Union.

A l'époque de l'avènement de la reine Anne, l'Ecosse était divisée en trois partis. On comptait premièrement les Whigs, qui avaient favorisé la révolution, et qu'on appelait Williamites sous le règne précédent. Secondement, les Torys ou Jacobites, attachés au dernier roi, et troisièmement un parti qui s'était formé en conséquence du mécontentement général qu'avait causé la catastrophe de Darien, et dont les membres s'étaient associés pour assurer les droits et l'indépendance de l'Ecosse.

Cette dernière association possédait plusieurs hommes de talent, parmi lesquels Fletcher de Salton, dont nous avons déjà parlé, était un des plus distingués. Ils déclarèrent que jusqu'au moment où les priviléges et les droits de la nation seraient assurés, et garantis contre l'influence usurpatrice de l'Angleterre, il leur était indifférent qu'Anne, ou son frère, le prince titulaire de Galles, fussent appelés au trône. Ces hommes d'état se donnèrent à eux-mêmes le titre de Parti du Pays ou Patriotes, comme n'ayant d'autre but que les intérêts de l'Ecosse. Ce parti s'était formé sur un plan et un principe de conduite politique jusqu'alors inconnue dans le parlement écossais; il était nombreux, actif, hardi et éloquent. Une époque critique était arrivée où les mesures à prendre en Ecosse devaient avoir une grande influence sur l'union des deux nations. Les réclamations de l'Ecosse ne pouvaient pas être plus long-temps traitées avec indifférence ou laissées en oubli, et l'on était obligé d'écouter la voix de ces Patriotes.

Ce fut la circonstance suivante qui donna une nouvelle importance à l'Ecosse. Lorsque la reine Anne fut nommée pour succéder au trône après la mort de sa sœur Marie et de son beau-frère Guillaume III, elle avait des enfans, mais le dernier mourut avant son avènement à la couronne, et l'on ne pouvait pas espérer qu'elle en eût d'autres. Il devenait donc nécessaire de régler la succession au trône après la mort de la nouvelle reine. Le prince titulaire de Galles était incontestablement le plus proche héritier, mais il était catholique, élevé à la cour de France, et partageant peut-être les idées extravagantes et les vues arbitraires de son père. L'appeler au trône serait, suivant toutes les probabilités, détruire le pacte qui avait été fait à la révolution entre le roi et le peuple. Les législateurs anglais tournèrent donc les yeux vers un autre descendant du roi Jacques VI, Sophie, douairière de l'électorat de Hanovre, petite-fille de Jacques Ier d'Angleterre, et sixième d'Ecosse, par le mariage de sa fille Elisabeth avec le prince Palatin. Cette princesse était l'héritière la plus proche de la reine Anne, en supposant que les droits du fils de Jacques II ne fussent point reconnus. Elle était protestante, et en acceptant la couronne elle se trouverait nécessairement intéressée à maintenir les droits civils et religieux de la nation, comme ils avaient été établis à la révolution, puisque ses propres droits en dépendraient. Ces raisons péremptoires engagèrent le parlement à passer un Acte de Succession assurant la couronne, si la reine Anne mourait sans laisser d'enfans, à la princesse Sophie, électrice douairière de Hanovre, et à ses descendans. Cet acte, si important par ses conséquences, fut rédigé dans le mois de juin 1700.

Il devenait indispensable de déterminer la législature d'Ecosse à assurer la possession de ce royaume à la même ligne d'héritiers auxquels celui d'Angleterre était destiné. Si, après la mort de la reine Anne, la nation écossaise, au lieu de s'unir pour choisir la princesse Sophie, appelait au trône le prince titulaire de Galles, les deux royaumes se trouveraient de nouveau séparés, après avoir été gouvernés par les mêmes rois pendant un siècle, et tous les maux résultant d'hostilités mutuelles, encouragées par l'alliance et les secours de la France, accableraient encore la Grande-Bretagne. Il devint donc nécessaire de tenter toute espèce de persuasion pour prévenir une rupture qui aurait causé tant de malheurs.

Mais l'Ecosse n'était nullement disposée à se laisser menacer ou flatter pour céder aux vues de l'Angleterre dans cette importante occasion. Le parti entier des anti-Révolutionnistes ou Jacobites, ou bien encore, d'après le nom qu'ils se donnaient eux-mêmes, des Cavaliers, quoique ce parti trouvât prudent pour le moment de se soumettre à la reine Anne, entretenait l'espérance que cette reine était elle-même disposée à laisser à sa mort la couronne à son frère. Mais en même temps leurs principes leur dictaient que les injustices commises envers Jacques devaient être promptement réparées par la restauration de son fils. Ils étaient donc entièrement contraires à l'acte qui assurait la couronne à la princesse Sophie. Le Parti du Pays, guidé par le duc d'Hamilton et le marquis de Tweeddale, s'opposa à l'acte de succession par différentes raisons. Il résolut de profiter de cette occasion favorable pour diminuer ou détruire l'ascendant qui avait été exercé par l'Angleterre, relativement aux affaires d'Ecosse, ascendant qui, dans l'affaire de Darien, avait été employé avec tant de jalousie et d'injustice pour anéantir une entreprise nationale. Les membres de ce parti étaient déterminés à obtenir pour l'Ecosse une part dans le commerce de plantations d'Angleterre. Jusqu'au moment où ces points seraient établis en faveur de l'Ecosse, ils déclarèrent qu'ils ne s'uniraient point à l'acte de succession, assurant hardiment que jusqu'à ce que les droits et les priviléges de l'Ecosse fussent respectés, il était de peu d'importance que ce royaume choisît un roi dans le Hanovre ou à Saint-Germain.

Le peuple écossais tout entier, excepté ceux qui avaient des charges dans l'administration, ou ceux qui espéraient des faveurs de la cour, adopta les mêmes sentimens, et parut résolu à subir toutes les conséquences d'une séparation des deux royaumes, et même d'une guerre avec l'Angleterre, plutôt que de nommer la princesse Sophie habile à succéder à la couronne, jusqu'à ce que l'Ecosse fût admise à une part équitable des priviléges commerciaux que l'Angleterre retenait d'une main obstinée. Cette crise semblait une occasion envoyée par le ciel pour donner à l'Écosse assez d'importance pour réclamer ses droits.

Le parti Patriote, avec ce projet déterminé, au lieu d'adopter dans le parlement écossais, comme les ministres anglais le désiraient, l'acte protestant de la succession, proposa une mesure appelée l'Acte de Sécurité. Par cet acte il était dit qu'en cas que la reine Anne mourût sans enfans, le pouvoir entier de la couronne serait placé dans le parlement écossais, qui choisirait alors un successeur de la famille royale et de la religion protestante. Mais ce choix devait être fait sous la réserve spéciale que la personne préférée prendrait possession du trône, seulement à des conditions qui mettraient l'honneur et l'indépendance de la nation écossaise à l'abri de l'influence anglaise ou étrangère. On alla plus loin, et l'on stipula que la même personne serait inhabile à occuper en même temps le trône des deux royaumes, à moins que le peuple écossais ne fût admis à partager avec les Anglais les avantages du commerce et de la navigation. Afin que la nation pût présenter une apparence de force capable de soutenir de si hautes prétentions, il fut ordonné par le même acte que tous les Écossais capables de porter les armes seraient disciplinés et assujettis à un exercice chaque mois ; et afin aussi que l'influence de l'Angleterre pût cesser d'exister en même temps que la reine Anne, on établit que tous les officiers civils aussi bien que les officiers militaires soudoyés par l'Angleterre, résigneraient leur emploi aussitôt après la mort de la reine Anne.

Cet acte formidable qui par le fait jetait le gant du défi au royaume bien plus puissant d'Angleterre, fut débattu dans le parlement écossais clause par clause et article par article, avec autant de tumulte que d'emportement. Nous représentions souvent, dit un témoin oculaire, une espèce de diète polonaise, avec nos épées dans nos mains ou plutôt nos mains sur la garde de nos épées.

L'Acte de Sécurité fut enlevé dans le parlement par une majorité décidée ; mais le commissaire de la reine refusa le consentement royal pour un acte aussi violent. Le parlement de son côté ne voulut accorder aucun subside, et lorsqu'il en fut demandé par les membres de l'administration, on leur répondit par les cris de, Liberté avant les subsides! Le parlement fut ajourné au milieu du mécontentement réciproque des ministres et de l'opposition.

Les disputes entre les deux nations furent augmentées par des intrigues pendant la séparation du parlement. Simon Fraser de Beaufort, dans la suite lord Lovat, était devenu l'agent de la France dans une conspiration de Jacobites, qu'il découvrit plus tard au gouvernement, impliquant dans son accusation le duc d'Hamilton et d'autres seigneurs. Les personnes accusées se défendirent en alléguant que cette conspiration était un pur prétexte, inventé par le duc de Queensberry, auquel il avait été découvert par Fraser. La chambre des pairs d'Angleterre, en conséquence de cette prétendue découverte, déclara qu'un complot dangereux avait existé en Ecosse, et qu'il prenait son origine dans le désir d'interdire la succession de ce royaume à la ligne protestante. Cette résolution blessa vivement les Ecossais, étant considérée comme une intervention des pairs anglais dans les affaires d'un autre royaume. Chaque évènement semblait préparer une rupture positive entre l'Angleterre et l'Ecosse, et cependant, mon cher enfant, ce fut de cet état de choses que naquit le traité d'Union entre ces deux pays.

Dans la conduite difficile que la reine devait observer entre deux nations jalouses de leurs droits, dont l'intérêt véritable était de former la plus étroite alliance, mais dont les passions irritées par des querelles récentes soufflaient de toute part l'animosité, Anne eut le bonheur d'être guidée par les sages avis de Godolphin, un des ministres les plus prudents et un des plus profonds politiques qui aient jamais conseillé une tête couronnée. A sa recommandation, la reine forma un plan qui semblait au premier coup d'œil rompre tout espoir d'accommodement mais qui devait en réalité procurer les moyens de forcer les deux nations à mettre de côté leurs préjugés réciproques. Le plan d'une Union fut arrangé pour établir une parfaite harmonie entre deux peuples rivaux, comme on essaie d'amener deux chevaux fougueux à supporter le même joug, et de leur apprendre qu'en se laissant guider à l'unisson et d'un pas égal, leur tâche deviendra plus facile. Godolphin conseilla d'abord à la reine de laisser passer l'Acte de Sécurité. Les Anglais, fiers de leurs richesses et de leur importance, portaient depuis plusieurs années un grand mépris à la nation écossaise, lorsqu'ils la comparaient à la leur. Ils étaient contraires à l'Acte d'Union, comme un homme vain de sa fortune et de ses titres recevrait avec dédain une proposition d'alliance avec une femme appartenant aux classes inférieures. Il était nécessaire de changer cette manière de penser, et de montrer clairement au peuple anglais que s'il ne formait pas une liaison intime avec les Ecossais, ces derniers pourraient devenir des ennemis dangereux.

L'Acte de Sécurité passa enfin, en 1704, suivant les conseils de Godolphin, et reçut l'assentiment de la reine. Le parlement écossais, comme l'acte le portait, s'occupa aussitôt à discipliner les levées; ce qui fut une chose facile, les Ecossais ayant été familiarisés de tout temps à l'usage des armes.

Ces préparatifs étaient faits dans l'intention de réveiller les Anglais de leur indifférence en ce qui concernait les intérêts de l'Ecosse. Ce pays pouvait être pauvre; mais ses levées nombreuses, sanctionnées par l'Acte de Sécurité, n'en étaient pas moins redoutables. Une invasion soudaine à Newcastle, comme à l'époque de la grande guerre civile, inquiéterait Londres, en interrompant le commerce de charbon, et, quels que fussent les évènemens, une guerre civile après une aussi longue paix était aussi nuisible que le succès en était incertain.

Le parlement anglais montra donc un mélange de ressentiment, tempéré par un désir de conciliation. Il rendit des arrêts contre le commerce écossais, ordonna de fortifier les villes frontières et d'y placer une garnison; mais il refusa en même temps la mesure proposée, de s'enquérir des personnes qui avaient conseillé à la reine de consentir à l'Acte de Sécurité. En s'abstenant de cette perquisition, le parlement anglais rendait hommage à l'indépendance de l'Ecosse, et en même temps en donnant à la reine le pouvoir de nommer des commissaires pour une Union, il semblait présenter la branche d'olivier à ses voisins.

Tandis que l'orage paraissait peu à peu gagner de la force, un incident enflamma l'aversion mutuelle des deux nations. Un vaisseau écossais, équipé pour les Indes, avait été saisi et détenu dans la Tamise d'après les instances de la Compagnie anglaise des Indes Orientales. Les Ecossais n'étaient point d'humeur à supporter cette insulte, et par représailles ils s'emparèrent d'un grand vaisseau marchand, appelé *le Worcester*, qui avait été jeté dans le détroit du Forth par le mauvais temps. Il y avait quelque chose de suspect dans l'apparence de ce vaisseau. Son équipage était nombreux et ressemblait à une bande de pirates. Il était mieux approvisionné de fusils et de munitions qu'il n'est ordinaire pour des vaisseaux équipés seulement pour des objets de commerce. On trouva un chiffre parmi ses papiers par lequel le vaisseau correspondait avec les propriétaires. Tout annonçait que *le Worcester*, avec une apparence de vaisseau marchand, avait été équipé dans le dessein d'exercer le métier de pirate ou de boucanier, lorsqu'il serait parvenu à une latitude éloignée.

Un des matelots appartenant à ce vaisseau, et nommé Haines, ayant été à terre avec quelques uns de ses camarades, y but outre mesure, et tomba dans un accès de mélancolie, effet que produit souvent l'excès des liqueurs sur certains tempéramens. Dans cette humeur, il raconta à ceux qui étaient présens que c'était un miracle que le capitaine et l'équipage n'eussent pas fait naufrage, si l'on considérait tous les crimes commis à bord du vaisseau qui était à l'ancre dans le détroit. Ces discours, et quelques soupçons, engagèrent les autorités d'Ecosse à emprisonner les officiers et les matelots du *Worcester*, et à les interroger sévèrement, afin de découvrir ce que signifiaient les expressions du matelot.

Parmi les personnes interrogées, un esclave noir, appartenant au capitaine (et sans aucun doute le témoin le plus suspect), raconta que *le Worcester*, pendant son dernier voyage, avait, sur les côtes de Coromandel, près de Calicut, attaqué et capturé un vaisseau portant un pavillon rouge, et monté par des Anglais et des Ecossais, ou du moins par des gens parlant anglais; qu'ils avaient jeté l'équipage dans la mer, et vendu le vaisseau et la cargaison à un marchand du pays. Ce récit fut en quelque sorte confirmé par le chirurgien du *Worcester*, qui assura qu'étant descendu à terre sur les côtes du Malabar, il entendit des coups de canon en mer, et vit *le Worcester*, qui avait été en croisière, revenir le matin suivant avec un autre vaisseau à sa poupe, qui fut dans la suite, à ce qu'il comprit, vendu à un marchand du pays. Quatre jours plus tard il se rendit à bord, et trouvant les ponts du vaisseau remplis de marchandises, il s'informa comment on les avait obtenues; mais il fut réprimandé par le contre-maître pour s'être permis de semblables questions. Le chirurgien alla plus loin, et assura qu'il fut appelé pour panser les blessures de plusieurs matelots, mais que le capitaine avait défendu aux malades de dire comment ils avaient reçu ces blessures.

Un autre esclave noir n'avait pas vu la capture du vaisseau supposé, ni la mort de l'équipage, mais en avait été informé par le premier narrateur peu de temps après l'évènement. Enfin un témoin déclara que Green, le capitaine du vaisseau, lui avait montré un cachet portant les armes de la Compagnie Ecossaise, Africaine et Indienne.

Cette accusation était trop vague pour qu'elle eût été

admise par des esprits calmes. Mais la nation écossaise était aveuglée par le ressentiment que lui causait l'affaire de Darien. Un vaisseau appelé *le Soleil-Levant*, appartenant à la malheureuse Compagnie, et commandé par le capitaine Robert Drummond, était égaré depuis quelque temps, et l'on affirma comme une vérité incontestable que c'était celui qui avait été pris par *le Worcester*, et dont le capitaine et l'équipage avaient été assassinés, suivant la déclaration de l'esclave noir.

Sous cette simple supposition, appuyée par l'animosité, Green, son contre-maître, et l'équipage, consistant en quinze hommes, furent jugés. Cinq de ces malheureux, Linstead, le subrécargue, Bruckley, le tonnelier du *Worcester*, et Haines, dont l'accès de mélancolie avait élevé les premiers soupçons, firent, dit-on, avant le jugement, des déclarations confirmant la vérité de l'accusation, et admettant que le vaisseau saisi était *le Soleil-Levant*, et que le capitaine Robert Drummond et son équipage étaient les personnes que l'on avait assassinées. Mais Haines semblait sujet à des attaques d'hypocondrie qui font quelquefois croire qu'on est spectateur ou complice de crimes qui n'ont jamais existé. Linstead, ainsi que le chirurgien, ne parlaient de cet évènement que comme d'une histoire qui leur avait été racontée, et celle de Bruckley était loin d'être claire. Il sera prouvé plus loin que si quelque vaisseau fut réellement pris par Green et son équipage, ce ne pouvait être celui du capitaine Drummond, qui eut un sort différent. Cela rend probable que ces confessions ne furent faites par les prisonniers que dans l'espérance de sauver leur vie, mise en danger par la fureur du peuple écossais; et il est certain qu'aucune de ces déclarations ne fut lue ni produite comme preuve évidente devant la cour.

Le procès de ces marins eut lieu devant la haute-cour de l'amirauté, et devant un jury, sur la seule déclaration de l'esclave noir, car le reste fut établi sur des suggestions, insinuations et rapports, faits d'après des

ouï-dire. On prononça un verdict de culpabilité contre
Green et son équipage. Le gouvernement était disposé à
obtenir un sursis de la couronne, pour des prisonniers
dont le crime était si douteux. Mais la populace d'Edimbourg, qui fut de tous les temps la plus intraitable, s'assembla en grand nombre, et demanda la vie des condamnés avec une telle apparence de fureur que les autorités
furent intimidées et cédèrent. Le capitaine Green, le
contre-maître, et un autre malheureux, furent traînés
à Leith, chargés d'injures et de malédictions, et même
frappés par la multitude, et enfin exécutés suivant les
termes de leur sentence, niant jusqu'à leur dernier soupir le crime dont ils étaient accusés.

La fermentation en Ecosse fut un peu apaisée par cet
acte de vengeance, car on ne peut l'appeler une œuvre de
justice. Le reste de l'équipage fut acquitté après un long
emprisonnement, dans le cours duquel des réflexions
plus calmes firent naître des doutes sur la validité de la
sentence. Plus tard, on découvrit que si *le Worcester*
avait commis un acte de piraterie sur aucun vaisseau, ce ne
pouvait pas être du moins sur *le Soleil-Levant,* ce vaisseau
ayant été jeté sur les côtes de Madagascar, et l'équipage
massacré par les indigènes, excepté le capitaine Drummond, que Drury, marin anglais, jeté aussi sur les côtes
de Madagascar, avait trouvé vivant dans cette île.

Cette malheureuse affaire, dans laquelle les Ecossais,
par leur procédure injuste et précipitée, donnèrent à la
nation anglaise un profond sujet de mécontentement,
tendait fortement à augmenter la mutuelle animosité de
ces deux peuples. Mais l'excès même de leur inimitié disposa les gens sages, tant en Angleterre qu'en Ecosse, à
se soumettre au traité d'Union avec tous les inconvéniens
et les difficultés qui devaient naître d'une telle mesure,
pour éviter une guerre intestine dans l'île de la Grande-
Bretagne.

Le principal obstacle à une Union, en ce qui concernait

l'Angleterre, provenait des vues étroites sur les intérêts commerciaux de la nation, et de la crainte de la perte qui pourrait résulter de l'admission des Ecossais à une part de leur commerce des colonies, et autres priviléges.

Mais il n'était pas difficile de prouver, même aux personnes les plus intéressées, que le crédit public et les propriétés particulières souffriraient bien davantage par une guerre avec l'Ecosse, qu'en sacrifiant à la paix et à l'union une part du commerce général. Il est vrai que l'opulence de l'Angleterre, ses armées considérables et les troupes victorieuses qu'elle avait alors en campagne, sous les généraux les plus célèbres de l'Europe, semblaient devoir en dernier ressort lui assurer la victoire si les deux nations en venaient à une guerre ouverte. Mais une guerre avec l'Ecosse était toujours plus facilement commencée que terminée, et les gens sages pensaient qu'il vaudrait mieux s'assurer l'amitié de ce royaume, par un arrangement fondé sur de mutuels avantages, que d'être forcé à une invasion, et à la nécessité finale de s'assurer de ce pays par le moyen des forteresses et des garnisons. Dans un cas, l'Ecosse deviendrait une partie intégrante de l'Angleterre; dans l'autre cas, elle resterait long-temps une province mécontente, dans laquelle la famille exilée de Jacques et ses alliés français trouveraient toujours des amis et des intelligences. Les hommes d'état anglais désiraient donc une Union; mais ils prétendirent qu'elle devait être intime, pour éviter à l'Angleterre un grand inconvénient qui naîtrait de ce que l'Ecosse possédait une législature séparée et une constitution particulière. Ils demandèrent aussi que le suprême pouvoir de l'état fût placé dans un parlement des royaumes-unis, auquel l'Ecosse pourrait envoyer un certain nombre de membres, mais qui s'assemblerait dans la capitale de l'Angleterre, et serait, comme de raison, sous l'influence plus immédiate des conseils et des intérêts de ce pays.

La nation écossaise, d'un autre côté, qui depuis peu

de temps était devenue sensible aux avantages d'un commerce étranger, désirait extrêmement une union fédérative qui l'admettrait à de semblables avantages. Mais tandis que les Ecossais désiraient partager le commerce de l'Angleterre, ils voulaient que l'Ecosse conservât ses droits comme royaume séparé, faisant, comme dans le passé, ses propres lois, adoptant ses mesures publiques, sans être contrôlée par l'autorité de l'Angleterre. Il se présentait donc un point de discorde qu'il était nécessaire de régler avant de procéder à la conclusion du traité.

Voulant déterminer le caractère de l'Union projetée, on nomma des commissaires pour les deux royaumes, afin de prendre des informations préliminaires sur les articles qui seraient adoptés comme le fondement du traité.

Les commissaires anglais et écossais, étant choisis les uns et les autres par la reine, c'est-à-dire par Godolphin et les ministres de la reine, furent pris, il est vrai, dans les différens partis, mais choisis avec soin pour former une majorité parmi ceux qui approuvaient le traité, et qui feraient tous leurs efforts pour détruire les obstacles qui pourraient s'élever dans la discussion.

Je vais vous dire brièvement le résultat de ces débats nombreux et animés. Les commissaires écossais, après une lutte inutile, furent obligés de se soumettre à une Union qui assurait la facilité de réduire l'Angleterre et l'Ecosse en une seule nation, et gouvernée dans sa politique par le même parlement. Il fut convenu qu'en contribuant pour les dépenses générales du royaume, l'Ecosse paierait une certaine proportion de taxes qui serait fixée d'après un calcul. Mais en considération de ce que l'Ecosse, dont les revenus, quoique peu considérables, étaient dégagés de dettes, devait dans la suite partager en partie celles que l'Angleterre avait contractées depuis la révolution, une forte somme d'argent comptant fut avancée à l'Ecosse, comme un équivalent de cette nouvelle charge; mais cette somme cependant devait être graduellement restituée à l'Angleterre, sur les revenus écossais. Jusque là, tout alla passablement entre les commissaires des deux nations. Les hommes d'état anglais consentirent aussi, sans un grand scrupule, que l'Ecosse conservât son église nationale presbytérienne, son système de lois civiles et municipales, qui est entièrement différent de celui de l'Angleterre, et ses propres tribunaux pour l'administration de la justice. La seule innovation dans les établissemens judiciaires fut la création de la cour de l'échiquier, pour décider en matière de fisc et d'après les formes anglaises.

Mais le traité fut près de se rompre lorsque les Anglais annoncèrent que dans le parlement des royaumes-unis, l'Ecosse jouirait seulement d'une représentation égale à un treizième du nombre total. Cette proposition fut reçue par les commissaires écossais avec un cri de surprise et d'indignation. Ils dirent hautement qu'un royaume abdiquant son ancienne indépendance devait obtenir au moins dans ce grand conseil national une représentation dans la même proportion que la population de l'Ecosse comparée à celle de l'Angleterre, qui était d'un sur six. Si cette règle, qui semble la plus juste qu'on ait pu trouver, avait été adoptée, l'Ecosse aurait envoyé soixante-six membres au parlement. Mais les Anglais refusèrent positivement de consentir à une admission de plus de quarante-quatre, et les commissaires écossais furent informés qu'ils devaient acquiescer à ces propositions, ou déclarer le traité rompu. Avec plus de prudence peut-être que de courage, ils consentirent à céder sur ce point, plutôt que de courir le risque de rompre le traité.

La pairie écossaise devait conserver tous les autres priviléges de son rang; mais le droit qu'elle donnait de siéger au parlement fut bien limité. Seize pairs seulement eurent le droit de siéger dans la chambre des lords anglais, et ils devaient être choisis parmi le corps entier, par élection.

Les pairs qui se trouvaient parmi les commissaires furent forcés de consentir à cette dégradation de leur ordre, par l'assurance qu'ils seraient créés pairs de la Grande-Bretagne, afin de leur donner personnellement par la charte le droit que les seize autres n'obtiendraient que par élection.

Pour prévenir les difficultés, et réconcilier les commissaires écossais avec les conditions qui leur paraissaient dures, et par-dessus tout, pour leur offrir quelque compensation pour le blâme qu'ils étaient certains d'encourir, on leur donna à entendre qu'une somme considérable, tirée de celle qu'on devait avancer à l'Ecosse, leur serait offerte comme gratification particulière. Nous aurions eu pitié de ces hommes d'état, dont la plupart étaient des hommes capables, et de talens éminens, s'ils avaient accepté les conditions que les commissaires anglais avaient dictées, guidés par la sincère conviction que l'Ecosse était dans la nécessité de se soumettre à l'Union. Mais puisqu'ils firent tourner à la dégradation de leur patrie l'ambition d'obtenir des richesses personnelles et des émolumens particuliers, nous ne pouvons les acquitter de l'accusation d'avoir vendu leur honneur et celui de l'Ecosse. Ce point du traité fut gardé secret; il ne fut pas fixé non plus comment on disposerait du surplus de la somme. Il resta donc environ trois cent soixante livres sterling qu'on devait répartir sur l'Ecosse, comme une indemnité pour les pertes de Darien, et autres dons, sur lesquels tous ceux qui étaient disposés à vendre leur vote, et dont la bonne volonté valait la peine d'être achetée, pouvaient fixer leurs espérances.

Lorsque les articles dont les commissaires étaient convenus comme la base de l'Union furent connus en Ecosse, on s'aperçut qu'on obtiendrait peu de suffrages en faveur du traité, excepté par les menaces et les présens. Quelques personnes, il est vrai, jetant leurs regards dans l'avenir, considérèrent l'union de l'Angleterre et de l'Ecosse comme une chose utile qui ne pouvait être payée trop cher. Le peuple en général avait attendu avec angoisse les propositions sur lesquelles le grand traité national devait être fondé; mais ceux mêmes qui avaient craint les conditions les plus défavorables, n'étaient pas préparés à la rigueur de celles qui furent adoptées, et la promulgation des articles donna lieu, non seulement au plus grand mécontentement, mais à une espèce de rage et de fureur contre l'Union proposée.

Il n'y avait, en effet, aucun parti en Ecosse qui vît ses espérances réalisées dans le plan adopté par les commissaires. Je vais vous expliquer en peu de mots les différentes causes de leur mécontentement.

Les Jacobites voyaient dans le traité d'Union un obstacle à la restauration de la famille des Stuarts. Si ce traité était adopté, les deux royaumes devaient être naturellement gouvernés par l'acte anglais assurant la succession de la couronne à l'électrice de Hanovre. Ils étaient donc résolus de s'y opposer. Le clergé épiscopal avait, à si peu de chose près, les mêmes intérêts que les Jacobites, que, comme eux, il craignait le changement de succession qui devait avoir lieu à la mort de la reine Anne.

Les chefs montagnards, la portion la plus zélée et la plus formidable du parti jacobite, voyaient dans l'Union la décadence de leur pouvoir patriarcal. Ils se rappelaient le temps où Cromwell tenait en bride les habitans des hautes-terres, par le moyen des garnisons, et prévoyaient que lorsque l'Ecosse formerait seulement une partie de la Grande-Bretagne, une armée permanente constamment aux ordres du gouvernement détruirait par degrés l'indépendance guerrière des clans.

Les Presbytériens de l'église d'Ecosse, le clergé et les laïques s'opposaient également à l'Union, pensant qu'une incorporation si intime des deux nations finirait probablement par établir une uniformité de culte, et que la hiérarchie d'Angleterre s'étendant sur la contrée plus faible et plus pauvre d'Ecosse, détruirait l'établissement presbytérien. Cette crainte semblait d'autant mieux fondée, que les évêques ou lords spirituels formaient une partie considérable de ceux qui étaient proposés pour la législature des deux royaumes. Ainsi l'Ecosse, en supposant qu'une Union eût lieu, devait jusqu'à un certain point tomber sous la domination des prélats. Ces craintes étaient partagées par les Cameroniens eux-mêmes, qui, bien qu'ayant un grand nombre de raisons pour craindre la restauration des Stuarts et pour favoriser la ligne protestante, trouvaient presque que l'union proposée était un plus grand mal, et les éloignait davantage encore des engagemens de la Ligue Solennelle et du Covenant, qui, bien qu'oubliés par toutes les autres parties de la nation, étaient encore la règle principale de leur vie.

La noblesse et les barons du royaume craignaient d'être privés, d'après l'exemple de l'Angleterre, de ces juridictions territoriales et des priviléges qui conservaient leur influence féodale; tandis qu'en même temps le siége du gouvernement étant transporté à Londres, devait nécessairement être accompagné de l'abolition de plusieurs charges honorables et avantageuses, liées à l'administration de l'Ecosse comme royaume séparé, et qui étaient naturellement remplies par la noblesse du pays. Le gouvernement ayant moins à donner, les personnages d'importance avaient nécessairement moins à recevoir, et ceux qui auraient pu espérer des places du pouvoir et de l'autorité dans leur propre pays, tandis qu'il était indépendant, étaient à la veille de perdre, par le traité d'Union, leur pouvoir et leur patronage.

Les personnes qui étaient intéressées dans le commerce se plaignaient aussi que l'Ecosse eût été leurrée par un traité qui présentait au royaume l'espoir d'un commerce libre, lorsque en même temps il les assujettissait à tous les fardeaux et aux charges des Anglais, élevant les dépenses du commerce à un point que le capital de l'Ecosse ne pouvait atteindre. Aussi on craignait généralement que ce pays ne perdît le commerce séparé qu'il possédait, sans obtenir aucune part dans celui de l'Angleterre.

Les corps des artisans, particulièrement ceux de la métropole, prévoyaient qu'en conséquence de l'Union, un nombre considérable de nobles et de propriétaires quitteraient l'Ecosse, quelques uns pour remplir leur place dans le parlement anglais, d'autres par des motifs divers d'ambition, de plaisirs, de vanité, qui engagent les personnes riches à fréquenter les cours et à résider dans les capitales. Il s'ensuivait nécessairement que la métropole de l'Ecosse serait désertée par toutes les personnes favorisées de la fortune, et privée tout d'un coup de la considération et des avantages d'une capitale; que le pays en souffrirait proportionnellement, parce que les propriétaires aisés, cessant de résider dans leurs domaines, iraient dépenser leurs revenus en Angleterre.

Voilà les maux qui étaient appréhendés en Ecosse par les diverses classes. Mais le sentiment pénible de la dégradation d'un ancien royaume qui avait si long-temps défendu sa liberté et son indépendance contre l'Angleterre, était commun à tous les enfans de la Calédonie. Si l'Ecosse dans ce moment de crise abandonnait volontairement son rang parmi les nations, lorsque aucun avantage ne lui était présenté (excepté celui qui était obtenu par quelques personnes ayant des votes à vendre et des consciences dont elles voulaient trafiquer), chaque Écossais aurait sa part du déshonneur. Peut-être les habitans de l'Ecosse qui sentirent le mieux ces raisons furent ceux qui, n'ayant ni domaines, ni fortune à perdre, réclamaient une part avec les grands et les riches dans l'honneur de leur pays commun.

Ce sentiment de fierté nationale était enflammé par les préjugés nationaux et par le ressentiment. Le peuple écossais se plaignit de n'être pas obligé seulement d'abandonner ses droits publics, mais encore de les livrer à la nation la plus malveillante envers l'Ecosse sous tous les rapports, et qui avait été sa constante ennemie pendant dix siècles de guerres presque continuelles, et qui, depuis que les deux royaumes étaient unis sous la même couronne, avait montré dans le massacre de Glencoe et les désastres de Darien, combien elle attachait peu d'importance à la vie et aux droits de ses voisins du nord. Les mesures hostiles adoptées par le parlement anglais, les déclarations contre le commerce écossais, les préparatifs de guerre sur les frontières, étaient autant de circonstances qui envenimaient l'animosité du peuple, tandis que les levées qui avaient eu lieu depuis l'Acte de Sécurité inspiraient une grande confiance aux Ecossais en leurs forces militaires, et les disposaient à tout hasard à défendre leurs droits.

Remplie d'anxiété, de doute et de crainte, une foule innombrable de tout rang, de tout sexe et de tout âge, se précipita à Edimbourg des diverses parties de l'Ecosse, pour attendre l'assemblée du parlement de l'Union qui eut lieu le 3 octobre 1706.

Le parlement était divisé, généralement parlant, en trois partis; le premier était formé de courtisans ou partisans du gouvernement, déterminés, malgré tous les évènemens, à adopter l'Union aux conditions proposées par les commissaires. Ce parti était conduit par le duc de Queensberry, lord-commissaire, homme de talens, d'une politique adroite, qui avait rempli les charges les plus éminentes pendant les derniers règnes. Il était assisté par le comte de Mar, secrétaire d'état, que l'on soupçonnait avoir du penchant à favoriser la cause des Stuarts, mais qui sacrifiant ses principes politiques à l'amour du pouvoir ou à celui de l'argent, était profondément engagé dans les machinations secrètes par lesquelles l'Union était assurée. Mais ce fut principalement le comte de Stair, long-temps éloigné de l'administration, en conséquence de la part scandaleuse qu'il avait prise dans le massacre de Glencoe, et dans l'affaire de Darien, mais alors en grand crédit. Par son adresse, son éloquence et ses talens, il contribua à faire adopter l'Union, et obtint en conséquence, de la plupart de ses compatriotes mécontens, le surnom de la Malédiction de l'Ecosse.

Le parti opposé à l'Union consistait en Jacobites, auxquels se joignait le parti patriote, qui, comme Fletcher de Salton, résistait à un projet d'Union, non pas en ce qui avait rapport à la succession à la couronne, mais parce qu'il était incompatible avec l'indépendance du royaume. Ce parti était dirigé par le duc d'Hamilton, le premier pair de l'Ecosse, excellent orateur, doué de toutes les qualités d'un chef de parti dans des temps ordinaires, mais propriétaire de domaines trop considérables pour qu'il osât hasarder quelque démarche positive pouvant mettre ses grands biens en danger. On doit supposer que c'était par cette raison que les mesures les plus efficaces pour repousser le traité d'Union, quoiqu'elles aient eu son approbation pendant un temps, ne furent jamais ouvertement soutenues par lui.

Il y avait un troisième parti, beaucoup moins considérable que les autres, mais qui obtenait un certain degré d'importance en se tenant séparé, et en affectant d'agir avec une parfaite indépendance, ce qui le fit appeler l'Escadron volant. Il avait à sa tête le marquis de Tweeddale, et il était formé par les membres d'une administration dont le marquis avait été le chef, et qui fut renvoyée pour faire place au duc de Queensberry et au parti en faveur. Ces politiques n'étaient bien vus ni de la cour qui les avait congédiés, ni du parti de l'opposition. Pour parler clairement, dans une affaire où le pays aurait demandé une opinion décisive, l'Escadron volant semblait attendre, pour juger, quelle conduite serait plus favorable à ses intérêts. Nous verrons bientôt qu'il se décida enfin à soutenir le projet de traité par une réconciliation avec la cour.

Le peu de popularité que la mesure proposée obtint dans toute l'Ecosse était rendu évident par la mauvaise humeur du peuple à Edimbourg. Les citoyens des premières classes se récriaient contre les protecteurs de l'Union, comme consentant à rendre la souveraineté de l'Ecosse à son ancienne rivale, tandis que la populace exprimait la même idée d'une manière plus conforme à son peu de lumières, et s'écriait que la couronne d'Ecosse, le sceptre et l'épée, allaient être transférés à l'Angleterre, comme ils l'avaient été dans le temps de l'usurpateur Edouard Longues-Jambes.

Le 23 octobre, la fureur populaire était à son comble. La multitude se pressant dans High-Street et dans Parliament-Square, accueillait les représentans comme les amis ou les ennemis de leur patrie, suivant qu'ils étaient opposés à l'Union ou qu'ils la favorisaient. Le commissaire fut amèrement réprimandé et même insulté, tandis que dans la même soirée plusieurs centaines de personnes escortèrent le duc d'Hamilton à sa demeure, l'encourageant par de bruyans applaudissemens à soutenir la cause de l'indépendance nationale. La populace assaillit ensuite la maison du lord-prévôt, cassa ses fenêtres, brisa ses portes, et le menaça de le tuer, comme favorisant l'odieux traité.

Plusieurs actes de désordre furent commis qui n'étaient pas entièrement à l'avantage des Anti-Unionistes, puisqu'on s'en servit comme de prétexte pour introduire des corps de troupes dans la ville. Ces soldats montèrent la garde dans les rues principales, et le commissaire n'osa y passer dans sa voiture qu'au milieu d'une haie de soldats sous les armes, et cependant il fut conduit à sa maison dans la Canongate, au milieu d'une grêle de pierres et de bruyantes vociférations. Le duc d'Hamilton continua d'être escorté par une bande d'apprentis qui le reconduisaient chaque soir au bruit des plus vives acclamations. Mais la présence des troupes apaisa le tumulte tant dans la ville que dans l'intérieur du parlement, et malgré les plaintes du parti de l'opposition, qui s'écriait que c'était une usurpation sur les priviléges de la ville d'Edimbourg, ainsi que sur ceux du parlement, la salle des séances continua à être entourée par la force militaire.

Les sentimens du reste de l'Ecosse étaient aussi défavorables au traité de l'Union que ceux de la capitale. Les différentes provinces, les comtés, bourgs, villes et paroisses envoyèrent au parlement des adresses contre cette mesure. Les gens les plus opposés d'opinions, Whigs et Torys, Jacobites et Williamites, Presbytériens, Episcopaux et Cameroniens, tous s'unirent en s'opposant au traité, en implorant les états du parlement de soutenir et de conserver entière l'indépendance de la couronne et du royaume, avec les droits et les priviléges du parlement, vaillamment défendus pendant tant de siècles, afin que les générations à venir pussent les recevoir intactes. Dans cette cause honorable, les pétitionnaires offraient de concourir de leur vie et de leur fortune. Tandis que les adresses exprimant cette opinion couvraient la table du parlement, les avocats de l'Union réussirent à se procurer seulement une adresse signée d'une partie des habitans de la ville d'Ayr, en faveur de la mesure, et qui fut plus que contre-balancée par une autre tout opposée de la plus grande partie des habitans de la même ville.

Les Unionistes, confians dans leur triomphante majorité, traitèrent ces adresses avec dédain. Le duc d'Argyle assura qu'elles n'étaient bonnes qu'à faire des cerfs-volans, et le comte de Marchmont proposa de les rejeter comme séditieuses, recueillies collusoirement, et exprimant les sentimens d'un parti plutôt que ceux d'une nation. Sir James Foulis de Collinton répondit hardiment que si l'authenticité des adresses était attaquée, il n'avait aucun doute que les souscripteurs se présenteraient, si on le désirait, dans le parlement, et donneraient du poids à leur pétition par leur présence. Cette suggestion alarmante termina le débat.

Parmi ces adresses contre l'Union, il y en avait une de la commission de l'assemblée générale, qu'on supposa exprimer les sentimens du clergé de l'église d'Ecosse, qui voyait un grand danger pour le presbytérianisme dans la mesure sur laquelle on délibérait. Mais l'ardeur du clergé, dans l'opposition, fut apaisée en partie par un acte du parlement pour la sécurité de l'église d'Ecosse, comme établie par les lois à la révolution, et rendant cette déclaration une partie intégrante du traité de l'Union. Cette caution semble avoir paru suffisante; et quoique plusieurs presbytères envoyassent encore des adresses contre l'Union, et que bien des ministres continuassent à prêcher avec violence sur ce sujet, cependant le corps entier du clergé cessa de s'alarmer et d'inquiéter les autres sur la partie du traité qui intéressait la religion et la discipline de l'église.

Mais les Cameroniens restèrent mécontens, et n'ayant point oublié ce que leurs armes avaient produit à l'époque de la révolution, ils s'imaginèrent que cette crise dans les affaires publiques nécessitait leur active intervention. Etant réunis en corps et possédant des armes, il ne leur manqua que quelques chefs hardis et entreprenans pour renouveler les anciennes hostilités. Ils étaient si ardens et si décidés dans leur opposition contre l'Union, que plusieurs centaines d'entre eux parurent en corps de troupes, marchèrent sur Dumfries, et se rangeant en ordre de bataille autour de la croix de la ville, brûlèrent solennellement les articles de l'Union, et publièrent une déclaration portant que les commissaires qui les avaient rédigés étaient sans doute ou stupides, ou ignorans, ou traîtres. Ils protestèrent aussi que si l'on tentait d'imposer par force le traité à la nation, les signataires de cette déclaration étaient décidés, ainsi que leurs amis, à ne point devenir esclaves et tributaires des Anglais, avant de s'être défendus comme il convenait à des hommes et à des chrétiens. Après avoir publié ce menaçant manifeste, l'assemblée se sépara.

Cette conduite des Cameroniens aboutit à une formidable conspiration. Un nommé Cunningham d'Eckatt, de la secte des Caméroniens à l'époque de la révolution de 1688, et plus tard un des colons de Darien, offrit ses services aux chefs du parti de l'opposition, et proposa de conduire à Edimbourg une armée de Caméroniens capable de disperser le parlement, et de rompre le traité d'Union. Il fut excité par des promesses et de l'argent, et encouragé à sonder les sentimens du peuple sur sa proposition.

Cet agent trouva le pays de l'ouest prêt à la révolte, et prêt aussi à se joindre à ceux qui voudraient prendre les armes contre le gouvernement. Cunningham demanda qu'un corps de montagnards d'Athole s'assurât de la ville de Stirling, afin de tenir des communications ouvertes entre les chefs jacobites et l'armée des insurgés de l'ouest, qu'il devait commander lui-même. Si ce dessein avait réussi, le parti qui avait tant souffert pendant le règne des derniers Stuarts, et les habitans des hautes-terres qui avaient été les agens de l'oppression, se seraient trouvés unis dans une cause commune, car la haine universelle qu'inspirait l'Union effaçait tout autre sentiment.

Un jour fut indiqué où devait éclater l'insurrection de l'ouest, et où Cunningham affirma qu'il se faisait fort d'assembler à Hamilton, indiqué comme lieu du rendez-vous, sept ou huit mille hommes, ayant tous des fusils et des épées, plusieurs centaines ayant des mousquets et des baïonnettes, et environ mille chevaux. Avec cette armée, il se proposait de marcher immédiatement sur Edimbourg, et de disperser le parlement. Les habitans des hautes-terres devaient se lever en même temps, et il est probable que le pays entier eût pris les armes. Les premiers efforts auraient sans doute été heureux, mais cet évènement eût été un renouvellement sanglant des guerres entre l'Angleterre et l'Ecosse.

Le gouvernement écossais était averti du danger, et il employa parmi les Caméroniens deux ou trois agens de cette secte, particulièrement un nommé Ker de Kersland, qui possédait une influence héréditaire parmi les Cameroniens. Ces agens secrets ne tentèrent pas de choquer les opinions du peuple et d'argumenter en faveur de l'Union, mais ils cherchèrent de diverses manières à porter les soupçons des Cameroniens sur les Jacobites, à réveiller des souvenirs hostiles sur les persécutions qu'ils avaient essuyées, dans lesquelles les habitans des hautes-terres avaient été des acteurs de bonne volonté, et à élever quelques autres causes de jalousie, parmi des gens qui étaient plus influencés par l'humeur du moment que par tous les raisonnemens qu'on pouvait leur faire.

Malgré les menées sourdes de Kersland, et bien que Cunningham lui-même eût été gagné, dit-on, par le gouvernement, l'insurrection continua de marcher, et le jour du rendez-vous général fut fixé. Mais le duc d'Hamilton, soit répugnance à rallumer la guerre civile, soit qu'il doutât de la force du parti d'Eckatt, et même de la fidélité du chef, envoya des messagers dans les comtés de l'ouest pour contremander et ajourner l'insurrection. Il réussit à se faire obéir; quatre cents hommes seulement parurent au rendez-vous, au lieu de huit mille. Et ces quatre cents hommes se voyant déçus dans leur espoir, se dispersèrent paisiblement.

Un autre danger qui menaça le gouvernement, fut aussi facilement écarté. Une adresse contre l'Union avait été proposée à Glascow, où cet acte était désapprouvé comme dans toutes les villes importantes de l'Ecosse. Les magistrats, agissant sous la direction du lord-avocat, tentèrent de s'opposer à la pétition proposée, ou du moins de refuser qu'elle fût rédigée au nom de la ville. A cette époque orageuse, on ordonna un jeûne général, et un prédicateur aimé de la multitude fit choix de ce texte d'Esdras, liv. I, ch. viii, vers. 21: « Alors je proclamai un jeûne à la rivière d'Ahava, afin que nous puissions nous affliger nous-mêmes devant notre Dieu, et le supplier de nous enseigner ce qu'il nous est convenable de faire pour nous et pour nos enfans, et pour tout ce qui nous appartient. » Alors s'adressant au peuple qui était déjà suffisamment irrité, le prédicateur assura que les prières ne suffisaient pas. La prière était en effet un devoir; mais elle devait être secondée par des efforts d'une nature entièrement différente. Il conclut en ajoutant : « Levez-vous donc, et soyez vaillans pour la cité de votre Dieu. »

La populace de la ville supposa que c'était un encouragement direct à une insurrection. Elle s'assembla en tumulte, attaqua et dispersa les gardes, pilla les maisons des officiers publics, en un mot prit possession de la ville, et elle eut à sa disposition les propriétés et l'existence des citoyens. Aucune personne de marque ne parut à la tête de ces révoltés, et, après s'être mis sous les ordres d'un ouvrier nommé Finlay, qui avait été sergent, ils envoyèrent des partis dans les villes voisines pour les inviter à suivre leur exemple.

Ils ne réussirent pas dans cette tentative, les proclamations du parlement et l'ajournement du rendez-vous indiqué par les commissaires ayant arrêté ailleurs l'insurrection. Peu de temps après, le désordre de Glascow s'apaisa, et les insurgés évitèrent que le sang ne fût répandu en se dispersant tranquillement. Finlay et un autre des chefs furent saisis par un parti de dragons d'Edimbourg, conduits dans cette ville, et enfermés dans le château; ainsi fut éteint un feu dangereux et qui aurait pu produire un grand incendie.

Pour prévenir le retour d'évènemens semblables au rendez-vous d'Hamilton et au tumulte de Glascow, le parlement prit la résolution de suspendre la clause de l'Acte de Sécurité qui ordonnait des revues générales et militaires dans toute l'Ecosse, et statua qu'en considération des tumultes qui avaient eu lieu, toutes les assemblées en armes sans l'ordre spécial de la reine seraient punies comme un délit de haute trahison. Cette clause ayant été rendue publique par une proclamation, mit un terme aux soulèvemens.

Le projet de rompre le traité par la violence étant entièrement écarté, ceux qui s'opposaient à l'Union se déterminèrent à une tentative plus sûre et plus modérée. Il fut résolu que les barons et tous ceux qui étaient contraires au traité, dans la noblesse et parmi les propriétaires, s'assembleraient à Edimbourg, et se concerteraient pour une remontrance paisible mais ferme, adressée au lord-commissaire, demandant que l'odieuse mesure fût ajournée jusqu'au moment où les souscripteurs auraient reçu une réponse à une adresse qu'ils avaient l'intention de présenter à la reine. On supposait que cette demande auprès du commissaire serait si fermement soutenue, que le gouvernement d'Ecosse n'oserait plus hasarder de favoriser l'Union à la face d'une opposition aussi générale; que les ministres anglais eux-mêmes s'alarmeraient, et douteraient enfin de l'efficacité et de la durée d'un traité auquel la masse de l'Ecosse semblait entièrement contraire. Environ cent seigneurs et gentilshommes de la première distinction s'assemblèrent à Edimbourg, dans le dessein de se présenter devant le commissaire avec la remontrance projetée, et une adresse fut rédigée pour supplier sa majesté de retirer sa protection au traité, et de convoquer un nouveau parlement.

Lorsque le jour fut fixé pour exécuter ce plan, le duc d'Hamilton s'opposa à toute démarche avant qu'on eût inséré dans l'adresse une clause qui exprimât la bonne volonté des souscripteurs à assurer la succession à la maison de Hanovre. Cette proposition était entièrement contraire aux sentiments des Jacobites qui avaient signé l'adresse, et occasiona des discussions nombreuses et animées, ainsi qu'une perte considérable de temps. A la même époque, le commissaire observant que la ville était remplie de personnes de distinction, et ayant été instruit du dessein pour lequel tant de gentilshommes avaient paru dans la capitale, informa le parlement qu'une convocation de diverses personnes avait eu lieu à Edimbourg, sous le prétexte de demander une réponse à leurs adresses, ce qui mettait la tranquillité publique en danger. Alors il obtint une proclamation contre les rassemblemens sous de tels prétextes, pendant les assemblées du parlement, rassemblemens qu'il représentait comme inconvenans et contraires aux lois.

Tandis que le lord-commissaire soutenait ainsi son parti, les Anti-Unionistes étaient peu d'accord entre eux. Les ducs d'Hamilton et d'Athole se querellèrent relativement au retard occasioné par le premier plan primitif et de remontrances, et les gentilshommes campagnards qui avaient répondu à l'appel qu'on leur avait fait retournèrent chez eux, humiliés, désappointés, et, suivant l'opinion de plusieurs, trompés par leurs chefs.

Cependant le temps s'écoulait promptement, et le parlement, en discutant sur les articles séparés de l'Union, était arrivé au vingt-deuxième, celui qui était désigné pour fixer le nombre des représentans que l'Ecosse devait posséder dans le parlement anglais, et qui, par l'insuffisance d'une telle représentation, était le plus odieux de tout le traité.

Le duc d'Hamilton, affectant toujours d'être entièrement opposé au traité, assembla les chefs de l'opposition, et les conjura d'oublier toutes leurs anciennes divisions, et de concourir, dans un commun accord, à l'indépendance de l'Ecosse. Il proposa alors que le marquis d'Annandale ouvrît la discussion, en renouvelant une proposition qui avait été faite précédemment en faveur de la succession de la maison de Hanovre, proposition qui serait sûrement rejetée avec n'importe quelle mesure elle serait jointe, ce qui entraverait le traité d'Union. Le duc proposa ensuite que tous ceux qui s'opposaient à l'Union, après s'être unis dans une ferme protestation, sortiraient publiquement du parlement. Il en résulterait que le parti du gouvernement hésiterait à s'avancer plus loin, dans une matière qui produirait tant de changement dans la constitution d'Ecosse, ou que les Anglais commenceraient à penser qu'ils ne pouvaient pas, avec quelque apparence de sûreté, continuer un traité d'une si grande importance, avec une simple faction, et lorsque le parlement était abandonné par tant de personnes puissantes.

Les Jacobites s'opposèrent à ce projet, relativement à la proposition préliminaire, qui montrait une disposition à appeler la maison de Hanovre à la succession, si le gouvernement voulait renoncer au projet d'Union. Le duc d'Hamilton répondit que comme la proposition devait être certainement rejetée, elle ne porterait avec elle aucune obligation pour ceux qui l'avaient faite. Il dit qu'une telle offre détruirait les argumens qu'on employait pour forcer à l'Union, lesquels avaient tant de poids en Angleterre, où l'on croyait que si le traité n'avait pas lieu, les royaumes d'Angleterre et d'Ecosse passeraient à différens monarques. Alors il déclara franchement que si l'Angleterre continuait à presser le traité d'Union, après la formelle protestation qu'il proposait, il se joindrait aux Jacobites pour appeler le fils de Jacques II, et qu'il consentait à hasarder autant que personne pour cette mesure.

Il est difficile de supposer que le duc d'Hamilton ne fît pas cette proposition sérieusement, et il est présumable que si les membres opposés à l'Union s'étaient retirés de la manière projetée, le commissaire eût été obligé d'abandonner le traité, et eût prorogé le parlement ; mais le duc perdit courage lorsqu'il lui fut rapporté, dit-on, par le lord grand-commissaire, dans une entrevue particulière, que sa grâce serait personnellement responsable si le traité d'Union était entravé par l'adoption de l'avis qu'il avait donné, et qu'elle en souffrirait dans ses propriétés anglaises ; telle est du moins la croyance générale, et une telle entrevue pouvait être ménagée sans difficulté, ces deux personnages habitant l'un et l'autre le palais d'Holyrood.

Soit qu'il obéît à une versatilité naturelle, soit qu'il fût intimidé par les menaces de Queensberry, ou bien encore qu'il craignît de rencontrer au moment d'agir des difficultés qu'il n'avait pas prévues, il est certain qu'Hamilton fut le premier à abandonner le projet qu'il avait lui-même recommandé. Le matin du jour fixé pour l'exécution de leur plan, lorsque les membres de l'opposition avaient réuni toutes leurs forces et se rendaient au parlement suivis d'un grand nombre de gentilshommes et de citoyens préparés à les défendre si l'on eût tenté de les arrêter, ils apprirent que le duc d'Hamilton souffrait à un tel point d'un mal de dents, qu'il lui était impossible de se rendre au parlement. Ses amis se précipitèrent dans ses appartemens, et lui reprochèrent si amèrement sa conduite, qu'à la fin il se montra à la chambre, mais ce fut seulement pour étonner les membres de son parti, en leur demandant de quelle personne ils avaient fait choix pour présenter leurs protestations. Ils répondirent, avec une surprise extrême, qu'ils avaient compté que sa grâce, comme la personne qui tenait le premier rang en Ecosse, se chargerait de présenter un projet qu'elle avait proposé.

Le duc persista néanmoins dans son refus de s'exposer au déplaisir de la cour en étant le premier à renverser sa mesure favorite; mais il offrit de seconder celui que le parti choisirait pour présenter la protestation. Pendant cette altercation les questions à l'ordre du jour s'étaient avancées à un tel point, que l'article relatif à la représentation fut discuté, et l'occasion d'exécuter le plan que les membres mécontens avaient formé fut entièrement perdue.

Les membres qui s'opposaient à l'Union ayant été ainsi désappointés trois fois dans leurs espérances par la conduite indécise du duc d'Hamilton, se crurent abandonnés et trahis. Peu de temps après, la plupart d'entre eux se retirèrent du parlement, et l'on souffrit que ceux qui favorisaient le traité procédassent d'après leurs propres idées, peu embarrassés, soit par les remontrances, soit par l'opposition.

Le seul changement remarquable qui fut fait dans les articles de l'Union, outre celui qui avait rapport au gouvernement de l'église, fut rédigé dans le but de tranquilliser l'esprit du bas peuple, inquiété, comme je l'ai déjà dit, par le bruit qu'on avait fait courir que les Regalia d'Ecosse allaient être envoyés en Angleterre. Un article spécial fut inséré dans le traité, déclarant qu'en nulle occasion ces insignes ne seraient enlevés à l'Ecosse. En même temps, de peur que la vue de ces symboles de la souveraineté nationale n'excitât les sentimens jaloux du peuple écossais, ils furent dérobés aux regards du public et renfermés dans un appartement du château d'Edimbourg, appelé la Chambre de la Couronne, où ils restèrent si long-temps cachés à tous les yeux, que leur existence était généralement contestée. Mais sa majesté, aujourd'hui régnante, ayant ordonné qu'une commission s'occupât de rechercher ces vénérables reliques, elles furent trouvées en bon état dans le lieu où elles avaient été déposées, et elles sont maintenant montrées au public avec les précautions nécessaires.

On espérait que le traité d'Union serait soumis à des amendemens ou du moins à un délai dans le parlement anglais, mais il fut approuvé par une majorité considérable, et une expédition ou copie en fut envoyée pour être enregistrée dans le parlement écossais. Cet évènement arriva le 25 mars, et le 22 avril le parlement d'Ecosse était ajourné pour jamais. Seafield, le chancelier, dans une occasion qui devait remplir de tristesse le cœur de chaque Ecossais, se conduisit avec une étrange légèreté, qui, dans des temps plus patriotiques, lui aurait coûté la vie, et dit que — « c'était la fin d'une vieille chanson. »

Le 1er mai 1707, l'Union eut lieu au milieu du chagrin et du désespoir qu'occasione la chute d'une ancienne monarchie, et avec un sentiment concentré qui était loin de promettre la prospérité que le traité procura dans la suite.

Ici je dois vous faire remarquer que, quoiqu'il n'y ait aucun doute que l'Union en elle-même ne fût un évènement désirable, cependant les fausses mesures par lesquelles on favorisa ou on s'opposa à ce traité, mirent quelque obstacle aux bienfaits qu'il devait produire. Le temps qui s'écoula entre la date de cet évènement mémorable et les avantages nationaux qui en résultèrent fut plus long que le nombre d'années pendant lesquelles les Juifs errèrent dans le désert avant d'atteindre la Terre Promise. Dans ces deux cas la précipitation et les passions des hommes rejetèrent les bienfaits que la Providence leur offrait.

Pour comprendre ceci il faut que vous sachiez que tandis que les différens plans pour interrompre le traité étaient agités à l'extérieur, les débats dans l'intérieur du parlement étaient de la plus grande violence. « Leur bruit ressemblait, dit un témoin, non pas à celui que produisent des langues humaines, mais au choc des armes; et la haine, la rage, et surtout les reproches dont s'accablaient les deux partis, semblaient le présage d'une guerre civile plutôt que les préliminaires d'une discussion politique. » Beaucoup de talent fut déployé des deux côtés. Les partisans de l'Union fondaient leurs argumens, non seulement sur les avantages mais sur la nécessité d'associer l'indépendance des deux nations, pour leur honneur mutuel et pour leur sûreté, afin d'éviter le renouvellement des scènes sanglantes des siècles passés, rendues affreuses par le souvenir de trois cent quatorze combats que se livrèrent les deux nations, et de plus d'un million d'hommes restés sur le champ de bataille. Le sacrifice imaginaire de l'indépendance et de la souveraineté était représenté en réalité comme une abolition de la tyrannie de l'aristocratie écossaise, et comme une occasion de joindre le gouvernement mal défini et encore plus mal administré de l'Ecosse, à celui d'une nation plus jalouse qu'aucune autre de ses droits et de ses libertés.

Tandis que les Unionistes indiquaient l'utilité générale de la fusion de deux royaumes, l'opposition montrait le déshonneur et la dégradation immédiate que ce traité déversait sur l'Ecosse, et les avantages éloignés et douteux qui pourraient en résulter.

Lord Belhaven, dans un célèbre discours qui fit la plus profonde impression sur ses auditeurs, déclara qu'il voyait dans une vision prophétique les pairs d'Écosse, dont les ancêtres avaient levé un tribut en Angleterre, se rendant à la cour des requêtes comme autant d'attorneys anglais, mettant de côté leurs épées, de crainte qu'une défense personnelle ne fût appelée un meurtre. — Il voyait les barons écossais les lèvres fermées pour éviter les peines de lois inconnues ; — les avocats écossais rester muets et confondus, et étant assujettis au jargon technique et difficile d'une jurisprudence étrangère ; — les marchands écossais exclus du négoce par les accapareurs anglais ; — les artisans ruinés faute de pratiques ; — la haute bourgeoisie réduite à l'indigence, — les gens du peuple à la famine et à la mendicité. Et par-dessus tout, milords, continua l'orateur, je crois voir notre mère à tous, l'ancienne Calédonie, assise comme César au milieu de notre sénat, jetant autour d'elle des regards désespérés, se couvrant de son royal manteau, attendant le coup fatal, et s'écriant en rendant le dernier soupir, *Et toi aussi, mon fils!*

Ces paroles prophétiques produisirent la plus profonde impression dans le parlement, jusqu'à ce que l'effet en fût en partie effacé par lord Marchmont, qui, se levant pour répondre, dit que lui-même avait été frappé de la vision du noble lord, mais qu'il pensait que l'explication pourrait en être donnée en peu de mots : « Je m'éveillai, et je m'aperçus que c'était un rêve. »

Mais quoique la prophétie de lord Belhaven pût être appelée dans un sens une vision, ce fut une vision qui dura pendant plusieurs années ; il se passa près d'un demi-siècle avant que l'Union commençât à produire les avantages que ses partisans en avaient espérés, et les fruits que la génération présente a si pleinement recueillis. Nous devons rechercher dans le caractère des divers partis intéressés à proposer et à conclure ce grand traité, les raisons qui, pendant un grand nombre d'années, empêchèrent les bienfaits incalculables qui se sont réalisés dans la suite.

La première et peut-être la plus fatale erreur provint de la conduite et des sentimens des Anglais, qui étaient généralement indignés contre les Écossais relativement à l'Acte de Sécurité et à l'exécution précipitée de Green et de ses compagnons, que leurs compatriotes regardaient avec quelque raison comme assassinés sur une accusation vague et uniquement parce qu'ils étaient Anglais. Cette opinion était en partie véritable, mais si les Ecossais agirent avec cruauté, on aurait dû considérer qu'ils avaient été grandement provoqués, et qu'ils se vengeaient, quoique injustement, des désastres de Darien et de Glencoe. Mais les temps n'étaient pas favorables dans ces deux pays pour porter un jugement sain sur un tel sujet. On demandait à grands cris dans toute l'Angleterre que l'Écosse fût conquise par la force des armes, et soumise par des garnisons et des forts, comme sous le règne de Cromwell; ou si elle était admise à une Union, c'était le désir général en Angleterre de la forcer à recevoir des conditions aussi peu favorables que celles qu'on peut accorder à un royaume d'un rang inférieur, qu'on voudrait humilier.

Ces sentimens n'étaient point ceux d'un habile homme d'état, et ne pouvaient être ceux de Godolphin. Il devait savoir que le simple fait d'accomplir un traité ne produirait pas plus une union intime qui était le but auquel on visait, que l'action de coupler deux chiens hargneux ne pourrait les forcer à se supporter mutuellement. On doit donc supposer qu'un si grand homme d'état, s'il en avait été le maître, aurait tenté des moyens plus doux, pour réconcilier l'Ecosse avec la mesure projetée ; qu'il se serait fait une étude d'effacer tout ce qui paraissait humiliant dans l'abandon de l'indépendance nationale; qu'il aurait travaillé à aplanir les difficultés qui empêchaient les Ecossais de s'engager dans le commerce anglais, et qu'il leur aurait donné une représentation plus égale dans le parlement national; représentation qui, si elle avait été en proportion des dépenses publiques, aurait été augmentée de quinze membres dans la chambre des communes. Enfin, le ministre anglais aurait probablement essayé de présenter au plus pauvre des deux pays des conditions assez avantageuses pour qu'il convînt, après les avoir adoptées, qu'il aurait dû dans son propre intérêt concourir à les obtenir. De cette manière, l'ouvrage de plusieurs années aurait été en quelque sorte anticipé, et les deux nations se serait unies d'affection aussi bien que d'intérêts, peu de temps après qu'elles seraient devenues littéralement un même peuple. Ce que l'Angleterre eût sacrifié aurait été gagné par la Grande-Bretagne, dont l'Angleterre doit être nécessairement la partie la plus importante, et qui comme telle eût reçu la plus grande part de tout ce qui était avantageux pour les trois royaumes.

La sagesse de Godolphin aurait pu le conduire à de semblables conclusions ; mais les passions et les préjugés de sa nation ne lui en laissèrent pas les moyens. L'Angleterre vit ou crut voir une occasion de soumettre entièrement une nation qui avait été une ancienne ennemie, et une amie turbulente, et, quoique bien impolitiquement, elle désirait plutôt subjuguer que réconcilier l'Ecosse. Sur ce point, les hommes d'état anglais commirent une grande erreur, bien que peut-être elle fût rendue inévitable par les préjugés et le caractère de leur nation.

De leur côté, les Ecossais partisans de l'Union auraient pu montrer plus de fermeté, et exiger des conditions plus honorables en faveur de leur pays; et il est difficile de supposer que les Anglais eussent rompu un traité si important, soit pour un nombre plus considérable de représentans, soit pour quelques avantages commerciaux que l'Ecosse pouvait raisonnablement demander. Mais les commissaires écossais avaient, en grande partie, malheureusement si bien négocié pour eux-mêmes, qu'ils avaient perdu le droit d'être exigeans pour leur patrie. Nous avons déjà expliqué la nature de l'indemnité par laquelle une somme de quatre cent mille livres, ou à peu près, avancée par l'Angleterre, pour être remboursée sur les revenus de l'Ecosse pendant l'espace de quinze années, devait être distribuée, soit pour réparer les pertes supportées par la compagnie de Darien, soit pour payer les arrérages des charges publiques en Ecosse, dont la plupart étaient dus aux membres du parlement écossais; et enfin pour satisfaire aux réclamations sur les dommages que causait l'Union, lorsque ces réclamations étaient faites par des personnes dont le suffrage valait la peine d'être acheté.

La distribution de cette somme fut le vrai charme par lequel les membres réfractaires à l'Union furent séduits. J'ai déjà mentionné la somme de trente mille livres donnée aux commissaires qui primitivement posèrent les bases du traité. Je puis ajouter qu'il y eut une autre somme de vingt mille livres, employée à soumettre au parti de la cour la faction appelée l'Escadron volant. Le détail de la manière dont cette somme fut distribuée a été publié, et l'on peut douter si les descendans du noble lord ou de l'honorable gentleman qui acceptèrent cette gratification, sont plus choqués de ce que leurs ancêtres se soient laissé corrompre, que scandalisés de la modicité du présent. Un noble lord accepta une somme de onze guinées, et cependant le marché était d'autant plus honteux qu'il donna sa religion par-dessus le marché, et de catholique devint protestant, pour que son vote fût bon à quelque chose.

On pourrait citer d'autres bassesses de la même espèce, et il y en a davantage encore qu'on ne peut écrire. Le trésor fut envoyé d'Angleterre dans des fourgons, pour être déposé dans le château d'Edimbourg, et jamais certainement une telle importation ne fut reçue par le peuple avec de semblables marques d'indignation. Les dragons qui gardaient les voitures étaient accablés d'imprécations, les conducteurs et même les pauvres chevaux furent maltraités pour avoir amené à Edimbourg le prix de l'indépendance du royaume.

Les hommes d'état qui acceptèrent ces dons déguisés sous n'importe quel nom, encoururent la haine de leur pays, et n'échappèrent pas aux reproches, même dans le sein de leurs propres familles [1]. L'avantage de leurs services fut perdu par le mépris général qu'ils avaient mérité; et je puis ajouter ici que tandis qu'ils s'occupaient du traité, ceux qui favorisaient l'Union étaient obligés de tenir leurs assemblées dans des lieux de rendez-vous écartés et secrets, de crainte d'être insultés par la populace. Il y a un appartement souterrain dans High-Street, n° 177, appelé la Cave de l'Union, parce qu'il fut un de leurs refuges; et le pavillon dans le jardin dépendant de l'hôtel du comte de Murray, dans la Canongate, est célèbre pour avoir servi à ce traité.

Des hommes ainsi achetés et vendus se privaient de tout droit de réclamations dans les conditions que l'Angleterre voulait imposer, et l'Ecosse perdit encore ce soutien, qui si ces hommes d'état avaient été aussi intègres que quelques uns d'entre eux étaient capables et

---

[1] Le chancelier lord Seafield reprochait à son frère le colonel Patrick Ogilvie, qu'il dérogeait à son rang, parce qu'il faisait en grand le commerce des bestiaux. Gardez votre reproche pour vous, mon seigneur et frère, répondit le colonel, dans son dialecte de l'Angushire; je vends seulement des bestiaux, et vous, vous vendez des nations.

intelligens, n'aurait pu manquer d'être efficace. Mais méprisés par les Anglais, et détestés dans leur propre pays, *enchaînés par des liens d'or*, suivant l'expression de lord Belhaven, les Unionistes avaient perdu toute liberté, et aucune alternative ne leur était laissée, excepté celle d'accomplir l'œuvre inique qu'ils avaient commencée.

Le parti de l'opposition avait aussi sa part dans les fautes qui furent commises dans cette occasion. S'il avait employé une partie du zèle qu'il montra à défendre les droits obscurs de l'indépendance de l'Ecosse (qui après tout était alors gouvernée comme une province par un vice-roi)] à obtenir quelque amélioration dans les clauses les plus défavorables du traité, si, en un mot, il avait tenté de rendre l'Union plus convenable, au lieu de la rejeter entièrement, il aurait peut-être obtenu de grands avantages pour l'Ecosse. Mais la majeure partie des Anti-Unionistes était aussi jacobite; ainsi, loin de désirer rendre le traité plus avantageux, ils tentaient de le rendre aussi odieux que possible au peuple écossais, afin que le mécontentement tournât au profit de la famille exilée.

En conséquence de toutes ces fatales circonstances, les intérêts de l'Ecosse ne furent que trop négligés dans le traité d'Union; et la nation écossaise, au lieu de regarder ce traité comme l'identifiant à un autre royaume, n'y vit que la perte de son indépendance, vendue par des hommes d'état hypocrites et corrompus, à une rivale orgueilleuse et puissante. La noblesse d'Ecosse se considéra comme dépouillée de son importance et humiliée aux yeux du pays. Les marchands et négocians perdirent le commerce direct entre l'Ecosse et les pays étrangers, sans pouvoir, pendant un temps, se procurer une part dans celui des colonies anglaises. La populace dans les villes et les paysans dans tout le royaume, éprouvèrent le dégoût le plus implacable pour l'Union. Les factions qui jusque là avaient été opposées les unes aux autres, semblaient portées à se soulever à la première occasion qui se présenterait pour la rompre cette Union, et la cause de la famille des Stuarts gagna une armée de nouveaux adhérens, plutôt par aversion pour le traité que par amour pour le prince exilé. Une longue suite de désordres et de difficultés en fut la conséquence; ils déchirèrent l'Ecosse par les discordes civiles, et inquiétèrent aussi l'Angleterre. Trois rébellions, dont deux prirent un caractère alarmant, peuvent en grande partie être attribuées au peu de popularité de cet acte national, et les mots « Prospérité à l'Ecosse et point d'Union, » furent l'inscription favorite gravée sur les lames des épées de 1707 à 1746.

Mais quoique les passions et les préjugés pussent, pendant un temps, retarder et interrompre les avantages résultant de cette grande mesure nationale, la providence ne permit pas qu'ils fussent entièrement perdus.

La malheureuse insurrection de 1745-6 détruisit entièrement les espérances des Jacobites écossais, et occasiona l'abolition des juridictions héréditaires et des redevances militaires qui avaient été à la fois dangereuses au gouvernement, et une grande source d'oppression pour les sujets. Ces mesures, qui firent individuellement un grand tort, furent un moyen final de renverser tout d'un coup la tyrannie féodale, d'éteindre la guerre civile, et d'assimiler l'Ecosse à l'Angleterre. Après cette époque, les avantages de l'Union furent graduellement reconnus et pleinement ressentis.

Ce ne fut pas néanmoins avant l'avènement au trône du feu roi que les effets bienfaisans de ce grand traité national furent généralement reconnus. A cette époque, naquit un esprit d'industrie autrefois inconnu en Ecosse; et depuis, les deux royaumes, à leur profit mutuel, ont peu à peu oublié d'anciens sujets de discorde, et se sont unis cordialement, comme un seul peuple, pour l'amélioration et la défense de l'île qu'ils habitent.

Cet heureux changement, de la discorde à l'amitié, de la guerre à la paix, de la pauvreté et de la détresse à la prospérité nationale, ne fut pas atteint sans hasards et sans périls; et si je continue cet ouvrage, depuis l'époque de l'Union jusqu'à l'avènement de George III, je puis vous promettre que cette suite ne sera ni le moins intéressant ni le moins utile des travaux que votre grand-père a entrepris pour vous.

FIN DE LA DEUXIÈME SÉRIE DE L'HISTOIRE D'ÉCOSSE.

le commandement de l'armée, marche en Angleterre, est défait à Worcester et se sauve dans l'étranger. — Guerre en Écosse sous le général Monk. — Cromwell se fait déclarer Lord-Protecteur des républiques de la Grande-Bretagne et de l'Irlande. — Soulèvement de Glencairn. — Exploits d'Évan Dhu de Lochiel, chef des Camerons. 183

CHAP. XIV. Administration de la justice en Écosse sous Cromwell. — Impôts établis par lui. — Affaires de l'église. — Résolutionistes et Remonstrators. — Procès en sorcellerie. 219

CHAP. XV. Système de Cromwell en fait de gouvernement. — Sa mort. — Avènement de Richard Cromwell au Protectorat. — Il abdique. — Anecdotes. — Le général Monk s'approche de Londres. — Dissolution du Long-Parlement. — Entrevue de sir John Grenville avec Monk. — On propose de rappeler la famille des Stuarts. — La restauration. — Arrivée de Charles II à Douvres. 234

CHAP. XVI. — Caractère de Charles II. — Middleton envoyé comme grand-commissaire en Écosse. — Mesures du parlement écossais pour l'introduction de l'épiscopat. — Procès et exécution du marquis d'Argyle. — Procès du juge Swinton et autres. — Acte d'uniformité. — Renvoi du clergé non-conformiste. — Le comte de Lauderdale succède au pouvoir de Middleton. 253

CHAP. XVII. Conventicules. — Le Pentland se soulève. — Bataille de Rullion-Green. — Tolérance accordée. — Retirée. — Les Covenantaires proscrits. — Conventicules armés. — Superstition des Covenantaires. — Persécution des Covenantaires. — Aventures du capitaine Creichton. 272

CHAP. XVIII. Descente d'une armée des hautes-terres. — Lois des Lawburrows en faveur du roi, invoquées contre les gentilshommes de l'ouest. — Jugement et exécution de Mitchell, coupable d'assassinat sur la personne d'Honyman, évêque des Orcades. — Assassinat de l'archevêque Sharpe. — Les non-conformistes de l'ouest prennent les armes. — Défaite de Claverhouse à Drumclog. — Le duc de Monmouth envoyé en Écosse pour étouffer l'insurrection. — Bataille de Bothwell-Bridge. 291

CHAP. XIX. Le duc d'York administre les affaires en Écosse. — Persécution des Cameroniens. — Complots de Jerviswood et de Rye-House. — Mort de Charles II. 309

CHAP. XX. Invasion de Monmouth et d'Argyle. — Exécution de ces deux seigneurs. — Exécution de Rumbold, le principal conspirateur dans le complot de Rye-House. — Emprisonnement d'un corps de non-conformistes dans le château de Dunottar. — Distinction entre les deux partis des Whigs et des Torys. — Plans de Jacques II pour la restauration du papisme. 325

CHAP. XXI. Tentative de Jacques II pour annuler l'acte du test et les lois pénales contre les catholiques romains. — Proclamation annulant le serment de suprématie et le test. — Efforts prolongés pour établir l'ascendant du catholicisme. — Envahissement sur les droits de l'université. — Poursuite contre les évêques. —

Vues ambitieuses du prince d'Orange. — Elles sont modifiées par la naissance du prince de Galles. — Invasion du prince d'Orange. — Fuite de Jacques. — Guillaume et Marie occupent le trône d'Angleterre. 341

Chap. XXII. État des affaires en Écosse avant la révolution. — Tentatives de Jacques pour mettre les Écossais dans ses intérêts. — L'armée écossaise reçoit l'ordre de marcher contre l'Angleterre, et à la fuite de Jacques elle se joint au prince d'Orange. — Le capitaine Wallace est chassé d'Holyrood-House. — Assemblée de la convention écossaise. — Lutte entre le parti des Whigs et celui des Jacobites. — Le vicomte de Dundee se retire. — Le roi Guillaume prend possession du trône. — Distribution des charges de confiance en Écosse. — M. Carstairs est consulté confidentiellement par le roi Guillaume. 367

Chap. XXIII. Succès du roi Jacques en Irlande. — Préparatifs du vicomte de Dundee pour un soulèvement en faveur de Jacques en Écosse. — Querelle entre Mac-Donald de Keppoch et Mac-Intosh de Moy. — Le général Mac-Key marche vers le nord contre Dundee. — Mouvemens des deux armées. — Bataille de Killiecrankie, et mort de Dundee. 391

Chap. XXIV. Cannon succède à Dundee, il est défait à Dunkeld. — Régiment cameronien. — Escarmouche à Cromdale. — Pacification des hautes-terres, par l'intervention du comte de Breadalbane. — Compagnie d'officiers jacobites au service français comme simples soldats. — Réduction du rocher de Bass. — Règlement des affaires de l'église. — L'Assurance. 408

Chap. XXV. Le massacre de Glencoe. 425

Chap. XXVI. Projet d'établissement de l'Isthme de Darien. — Mort de Guillaume. — Avènement de la reine Anne. 442

Chap. XXVII. État des partis en Écosse. — Acte de succession en Angleterre. — Opposition à cet acte en Écosse, et Acte de sécurité. — Procès et exécution du capitaine Green. — L'Union. 459

FIN DE LA TABLE.

www.ingramcontent.com/pod-product-compliance
Lightning Source LLC
Chambersburg PA
CBHW071723230426
43670CB00008B/1106

aux autres, semblaient portées à se soulever à la première occasion qui se présenterait pour la rompre cette Union, et la cause de la famille des Stuarts gagna une armée de nouveaux adhérens, plutôt par aversion pour le traité que par amour pour le prince exilé. Une longue suite de désordres et de difficultés en fut la conséquence; ils déchirèrent l'Ecosse par les discordes civiles, et inquiétèrent aussi l'Angleterre. Trois rébellions, dont deux prirent un caractère alarmant, peuvent en grande partie être attribuées au peu de popularité de cet acte national, et les mots « Prospérité à l'Ecosse et point d'Union, » furent l'inscription favorite gravée sur les lames des épées de 1707 à 1746.

Mais quoique les passions et les préjugés pussent, pendant un temps, retarder et interrompre les avantages résultant de cette grande mesure nationale, la providence ne permit pas qu'ils fussent entièrement perdus.

La malheureuse insurrection de 1745-6 détruisit entièrement les espérances des Jacobites écossais, et occasiona l'abolition des juridictions héréditaires et des redevances militaires qui avaient été à la fois dangereuses au gouvernement, et une grande source d'oppression pour les sujets. Ces mesures, qui firent individuellement un grand tort, furent un moyen final de renverser tout d'un coup la tyrannie féodale, d'éteindre la guerre civile, et d'assimiler l'Ecosse à l'Angleterre. Après cette époque, les avantages de l'Union furent graduellement reconnus et pleinement ressentis.

Ce ne fut pas néanmoins avant l'avènement au trône du feu roi que les effets bienfaisans de ce grand traité national furent généralement reconnus. A cette époque, naquit un esprit d'industrie autrefois inconnu en Ecosse; et depuis, les deux royaumes, à leur profit mutuel, ont peu à peu oublié d'anciens sujets de discorde, et se sont unis cordialement, comme un seul peuple, pour l'amélioration et la défense de l'île qu'ils habitent.

Cet heureux changement, de la discorde à l'amitié, de la guerre à la paix, de la pauvreté et de la détresse à la prospérité nationale, ne fut pas atteint sans hasards et sans périls; et si je continue cet ouvrage, depuis l'époque de l'Union jusqu'à l'avènement de George III, je puis vous promettre que cette suite ne sera ni le moins intéressant ni le moins utile des travaux que votre grand-père a entrepris pour vous.

FIN DE LA DEUXIÈME SÉRIE DE L'HISTOIRE D'ÉCOSSE.

TABLE

DES CHAPITRES

RENFERMÉS DANS LA DEUXIÈME SÉRIE DE L'HISTOIRE
D'ÉCOSSE.

Dédicace. 3

Chapitre premier. Progrès de la civilisation. 5

Chap. II. Infirmités et mauvais caractère d'Élisabeth dans les dernières années de sa vie. — Avènement de Jacques VI, agréable sous ce rapport aux Anglais. — Affluence des Écossais à la cour de Londres ; querelle entre eux et les Anglais. — Combat singulier entre Stewart et Wharton. — Attentat de sir John Ayres contre lord Herbert. — Assassinat de Turner, maître d'armes, par deux pages de lord Sanquhar. — Exécution des trois assassins. — Statuts contre l'assassinat par le poignard. 20

Chap. III. Jacques essaie de mettre les institutions d'Écosse en harmonie avec celles d'Angleterre. — Commissaires nommés à cet effet. — Ce projet échoue. — Distinction entre les formes du gouvernement ecclésiastique des deux pays. — Introduction de l'épiscopat dans l'église d'Écosse. — Les cinq articles de Perth. — Le peuple est mécontent de ces innovations. 37

Chap. IV. Désordres des frontières. — Exemple caractéristique d'un mariage sur les frontières. — Querelle à mort entre les Maxwels et les Johnstones. — Bataille de Dryffesands. — Jacques use de tout le pouvoir que lui donnent les lois, après son avènement au trône d'Angleterre. — Mesure contre les maraudeurs des frontières. — Le clan de Graham transporté du lieu qui lui était contesté à Ulster en Irlande. — Levée de troupes pour servir à l'étranger. — Engagement mutuel des chefs pour maintenir le bon ordre. — Poursuites sévères contre les délinquans. — La ville de Berwick devient une juridiction indépendante. 48

Chap. V. État sauvage des îles occidentales ou hébrides. — On étouffe les habitans d'Eigg, en remplissant de fumée une caverne où ils étaient cachés. — Histoire d'Allan-à-Sop. — Mort affreuse causée par la soif. — Massacre des habitans des basses-terres, qui étaient établis dans Lewis et Harris. — Toutes les îles occidentales, excepté Skye et Lewis, offertes pour la somme de huit cents livres sterling au marquis de Huntley, qui refuse de les payer cette somme. 59

Chap. VI. Mépris des montagnards pour les arts. — Histoire de Donald du Marteau. — Exécution du laird de Mac-Intosh par ordre de la marquise de Huntley. Massacre des Farquarsons. — Race de la tribu de l'Auge. — Exécution du comte d'Orkney. 71

Chap. VII. La cour fait sa résidence à Londres, il en résulte de malheureux effets pour l'Écosse. — Un grand nombre d'Écossais quittent leur patrie, et prennent du service dans l'étranger. — D'autres parcourent l'Allemagne comme marchands ambulans. — Le clergé presbytérien tente de mettre un terme aux querelles de familles, et de perfectionner l'éducation. — Il établit les écoles paroissiales. — Jacques VI visite l'Écosse en 1617. — Sa mort, ses enfans 85

Chap. VIII. Le mécontentement excité pendant le règne de Jacques augmente sous celui de Charles. — Introduction de la liturgie anglaise dans l'église d'Écosse. — Covenant national. — L'armée d'Écosse entre en Angleterre. — Concession du roi au Long-Parlement, d'après laquelle l'armée retourne en Écosse. — Charles visite l'Écosse, et gagne à la cause royale le marquis de Montrose. — Partis des Cavaliers et des Têtes-Rondes. — Arrestation de cinq membres de la chambre des communes. — Guerre civile en Angleterre. 94

Chap. IX. L'Écosse envoie une armée pour soutenir celle du parlement. — Montrose prend avantage de l'absence des troupes, et étant joint par un corps d'Irlandais, il arbore l'étendard royal en Écosse. Bataille de Tippermuir, reddition de la ville de Perth. — Affaire du pont de Dee et sac de Perth. — Fin de la campagne. 117

Chap. X. Invasion du comté d'Argyle par Montrose. — Batailles d'Inverlochy, Aulderne, Alford et Kilsyth, gagnées par Montrose, qui devient, par la victoire remportée à Kilsyth, maître de toute l'Écosse. — Il est nommé capitaine-général, et lieutenant-gouverneur d'Écosse. — Il marche sur les frontières. — Il est défait par Lesly, à Philiphaugh. — Il se retire dans les montagnes et quitte l'Écosse. 134

Chap. XI. Le clergé presbytérien s'interpose dans l'exécution des prisonniers faits à la bataille de Philiphaugh. — Réflexions sur les malheureux effets des persécutions religieuses. — Vues respectives des Indépendans et des Presbytériens. — Succès de Cromwell. — Le roi Charles se rend à l'armée écossaise. — Les Écossais le livrent au parlement. 150

Chap. XII. Le roi est fait prisonnier par l'armée anglaise; il est enfermé dans le palais d'Hampton-Court. — Il s'évade et se réfugie dans l'île de Wight, on l'emprisonne dans le château de Carisbrook. — Traité avec les Écossais, connu sous le nom de l'Engagement. Les Engagistes entrent en Angleterre avec une armée, et sont défaits. — Cour de haute justice convoquée pour juger le roi. — Le jugement. — Exécution de Charles I*er*. 168

Chap. XIII. Montrose descend dans les hautes-terres, il est fait prisonnier et exécuté. — Charles II, étant déclaré roi, arrive en Écosse. — Invasion de Cromwell en Écosse. — Bataille de Dunbar. — Couronnement de Charles II. — Il prend

Vues ambitieuses du prince d'Orange. — Elles sont modifiées par la naissance du prince de Galles. — Invasion du prince d'Orange. — Fuite de Jacques. — Guillaume et Marie occupent le trône d'Angleterre. 341

CHAP. XXII. État des affaires en Écosse avant la révolution. — Tentatives de Jacques pour mettre les Écossais dans ses intérêts. — L'armée écossaise reçoit l'ordre de marcher contre l'Angleterre, et à la fuite de Jacques elle se joint au prince d'Orange. — Le capitaine Wallace est chassé d'Holyrood-House. — Assemblée de la convention écossaise. — Lutte entre le parti des Whigs et celui des Jacobites. — Le vicomte de Dundee se retire. — Le roi Guillaume prend possession du trône. — Distribution des charges de confiance en Écosse. — M. Carstairs est consulté confidentiellement par le roi Guillaume. 367

CHAP. XXIII. Succès du roi Jacques en Irlande. — Préparatifs du vicomte de Dundee pour un soulèvement en faveur de Jacques en Écosse. — Querelle entre Mac-Donald de Keppoch et Mac-Intosh de Moy. — Le général Mac-Key marche vers le nord contre Dundee. — Mouvemens des deux armées. — Bataille de Killiecrankie, et mort de Dundee. 391

CHAP. XXIV. Cannon succède à Dundee, il est défait à Dunkeld. — Régiment cameronien. — Escarmouche à Cromdale. — Pacification des hautes-terres, par l'intervention du comte de Breadalbane. — Compagnie d'officiers jacobites au service français comme simples soldats. — Réduction du rocher de Bass. — Règlement des affaires de l'église. — L'Assurance. 408

CHAP. XXV. Le massacre de Glencoe. 425

CHAP. XXVI. Projet d'établissement de l'Isthme de Darien. — Mort de Guillaume. — Avènement de la reine Anne. 442

CHAP. XXVII. État des partis en Écosse. — Acte de succession en Angleterre. — Opposition à cet acte en Écosse, et Acte de sécurité. — Procès et exécution du capitaine Green. — L'Union. 459

FIN DE LA TABLE.

le commandement de l'armée, marche en Angleterre, est défait à Worcester et se sauve dans l'étranger. — Guerre en Écosse sous le général Monk. — Cromwell se fait déclarer Lord-Protecteur des républiques de la Grande-Bretagne et de l'Irlande. — Soulèvement de Glencairn. — Exploits d'Évau Dhu de Lochiel, chef des Camerons. 183

Chap. XIV. Administration de la justice en Écosse sous Cromwell. — Impôts établis par lui. — Affaires de l'église. — Résolutionistes et Remonstrators. — Procès en sorcellerie. 219

Chap. XV. Système de Cromwell en fait de gouvernement. — Sa mort. — Avénement de Richard Cromwell au Protectorat. — Il abdique. — Anecdotes. — Le général Monk s'approche de Londres. — Dissolution du Long-Parlement. — Entrevue de sir John Grenville avec Monk. — On propose de rappeler la famille des Stuarts. — La restauration. — Arrivée de Charles II à Douvres. 234

Chap. XVI. — Caractère de Charles II. — Middleton envoyé comme grand-commissaire en Écosse. — Mesures du parlement écossais pour l'introduction de l'épiscopat. — Procès et exécution du marquis d'Argyle. — Procès du juge Swinton et autres. — Acte d'uniformité. — Renvoi du clergé non-conformiste. — Le comte de Lauderdale succède au pouvoir de Middleton. 253

Chap. XVII. Conventicules. — Le Pentland se soulève. — Bataille de Rullion-Green. — Tolérance accordée. — Retirée. — Les Covenantaires proscrits. — Conventicules armés. — Superstition des Covenantaires. — Persécution des Covenantaires. — Aventures du capitaine Creichton. 272

Chap. XVIII. Descente d'une armée des hautes-terres. — Lois des Lawburrows en faveur du roi, invoquées contre les gentilshommes de l'ouest. — Jugement et exécution de Mitchell, coupable d'assassinat sur la personne d'Honyman, évêque des Orcades. — Assassinat de l'archevêque Sharpe. — Les non-conformistes de l'ouest prennent les armes. — Défaite de Claverhouse à Drumclog. — Le duc de Monmouth envoyé en Écosse pour étouffer l'insurrection. — Bataille de Bothwell-Bridge. 291

Chap. XIX. Le duc d'York administre les affaires en Écosse. — Persécution des Cameroniens. — Complots de Jerviswood et de Rye-House. — Mort de Charles II. 309

Chap. XX. Invasion de Monmouth et d'Argyle. — Exécution de ces deux seigneurs. — Exécution de Rumbold, le principal conspirateur dans le complot de Rye-House. — Emprisonnement d'un corps de non-conformistes dans le château de Dunottar. — Distinction entre les deux partis des Whigs et des Torys. — Plans de Jacques II pour la restauration du papisme. 325

Chap. XXI. Tentative de Jacques II pour annuler l'acte du test et les lois pénales contre les catholiques romains. — Proclamation annulant le serment de suprématie et le test. — Efforts prolongés pour établir l'ascendant du catholicisme. — Envahissement sur les droits de l'université. — Poursuite contre les évêques. —

www.ingramcontent.com/pod-product-compliance
Lightning Source LLC
Chambersburg PA
CBHW071723230426
43670CB00008B/1106